JN418553

東洋古典譯註叢書 84

譯註 貞觀政要集論 3

撰 吳兢 集論 戈直 책임번역 李忠九
공동번역 金奎璇 黃鳳德 李承容

전통문화연구회

東洋古典譯註叢書를 발간하면서

우리의 古典國譯事業은 민족문화 진흥의 기초사업으로 1960년대부터 政府 支援으로 古文獻 現代化 작업을 추진하여 많은 成果를 거두었다. 당시 이 사업 추진의 先行課題로 東洋古典이라 일컬어지는 중국의 基本古典을 먼저 飜譯하여야 한다는 學界의 주장이 있었음에도 불구하고 우리 고전이 아니라는 일부의 偏狹한 視角과 財政 事情 등으로 인하여 배제되어 왔다.

전통적으로 중국의 기본고전은 우리 歷史와 함께 숨쉬며 각종 교육기관의 敎科書로 활용됨은 물론이고 지식인들의 必讀書가 되어 왔으며, 우리 文化의 基底에 자리잡고 거의 모든 방면의 體系와 根幹을 형성하여 왔다. 그래서 학문연구의 기본서 역할을 해 왔을 뿐만 아니라 오늘날에도 우리의 國學徒 및 東洋學 硏究者들에게 같은 역할을 하고 있음은 주지의 사실이다. 그럼에도 불구하고 中國古典은 우리 것이 아니라 하여 專門機關의 飜譯對象에 포함하지 않음으로써, 대부분 原典에서의 직접 번역이 아닌 重譯이나 拔萃譯의 방식이 주를 이루면서 敎養水準으로 出版되어 왔다.

오늘날 東洋 三國 중에서 우리의 東洋學 연구가 가장 부진한 이유는, 東洋基本古典에 대한 폭넓은 이해의 부족과 漢文古典 讀解力의 저하에 기인함을 우리는 솔직히 인정하여야 한다. 따라서 이들 중국고전에 대한 신뢰할 만한 國譯이 이루어지는 것이 한국학 연구를 촉진시키는 시급한 先行課題라 할 수 있다.

이에 韓國學 및 東洋學의 연구와 古典現代化의 基盤構築을 위해서는, 전문기관으로 하여금 동양고전을 단기간에 각 분야의 專門 硏究者와 漢學者가 상호 협동하여 연구번역하여 飜譯의 傳統性과 效率性, 硏究의 專門性을 높일 수 있도록 政策的 配慮가 있어야 한다.

이에 本會에서는 元老 및 中堅 漢學者와 斯界의 專攻者로 하여금 協同硏究飜譯하여 공부하는 사람들이 믿고 引用하거나 깊이 있는 註釋 등을 활용할 수 있게 하고, 知識人들의 敎養을 증진시켜 줄 수 있는 東洋古典의 國譯書 간행을 지속적으로 추진해 왔다. 근래에 다행히 이 사업에 대하여 각계 지도층의 폭넓은 이해와 지원에 힘입어 2001년도부터 國庫補助를 받아 東洋古典譯註叢書를 간행하게 되었다. 이를 계기로 우리 先學의 註釋과 見解를 반영하는 등 국역사업의 內實을 기하게 되었음을 이 자리를 빌려 衷心으로 감사드리며, 아울러 國譯에 參與하신 관계자 여러분의 勞苦에 깊은 謝意를 표한다.

끝으로 우리의 이러한 작업은 오랜 역사 위에 축적된 先賢들의 業績과 現代學問을 이어주는 튼튼한 架橋와 礎石이 되어 진정한 韓國學과 東洋學 발전에 기여할 것을 굳게 믿으며, 21세기를 우리 文化의 世紀로 열어 가는 밑거름이 되도록 우리의 力量을 本 事業에 경주하고자 한다. 江湖諸賢의 부단한 관심과 지원을 기대해 마지않는다.

社團法人 傳統文化硏究會 會長 李啓晃

凡 例

1. 본서는 ≪貞觀政要集論≫(吳兢(唐) 撰, 戈直(元) 集論)을 飜譯한 ≪譯註 貞觀政要集論≫ 제3책이다.
2. 본서의 底本은 국립중앙도서관 소장본인 戊申字本(古朝31-37, 朝鮮 英祖)이며, 규장각 소장본인 肅宗(朝鮮) 때 판본(古5130, 戊申字)과 英祖(朝鮮) 때 懸吐本(奎中 1471・1817・1821, 戊申字本), 중국 宏業書局에서 標點한 ≪貞觀政要≫(戈直 集論本, 1999), 謝保成의 ≪貞觀政要集校≫(中華書局, 2003), 일본 原田種成의 ≪貞觀政要≫(明治書院, 1983) 등을 참고하여 교감하였다.
3. 본서는 원전의 傳統性과 번역의 現代性을 구현하기 위해 노력하였다.
4. 原文 중 吳兢의 本文과 戈直의 集論은 우리나라 전통 방식으로 懸吐하고, 註는 標點하였다.
5. 原文이 길 경우 의미 단락에 따라 분절하였다. 吳兢의 본문은 篇, 章의 연계성을 고려하여 大文 위에 連番을 표시하였다.

   예 17-1-1 : ≪貞觀政要集論≫ 제17편 1장의 첫 번째 나오는 대문
   31-3-2 : ≪貞觀政要集論≫ 제31편 3장의 두 번째 나오는 대문
6. 飜譯은 原義에 충실하게 하되, 이해가 어려운 부분은 意譯 또는 補充譯을 하였다.
7. 飜譯文은 한글과 漢字를 混用하였으며, 맞춤법과 띄어쓰기는 한글 맞춤법과 표준어 규정을 따르는 것을 원칙으로 하였다.
8. 원문이나 번역문의 한자 중에 僻字나 讀音이 특수한 글자는 한글로 音을 달아주었다.
9. 譯註는 校勘, 人物, 制度, 官職, 역사적 사건, 인용문의 出典, 異說, 故事, 전문용어, 難解語 등에 관한 사항을 밝혔다.
10. 校勘은 원문의 誤字, 脫字, 衍文, 倒文 등을 대상으로 하였다.
11. 본서의 校勘에 사용된 符號는 다음과 같다.

   ( )〔 〕: (저본의 誤字)〔교감한 正字〕

〔 〕: 저본의 脫字 보충
( ): 저본의 衍字 표시

12. 본서에 사용한 주요 부호는 다음과 같다.
" ": 引用
' ': " " 안에서 再引用
「 」: ' ' 안에서 再引用
( ): 원문의 讀音 및 번역문의 間註
〔 〕: 번역문에서 뜻은 같으나 音이 다른 漢字, 원문의 漢字나 句節 표기
譯註에서 인용한 원문 표기
≪ ≫: 書名, 典據
〈 〉: 篇章名, 作品名, 補充譯
【 】: 集論의 구분 표시

13. 본서의 原註에 사용한 標點은 한국에서 재래로 사용해오던 표점방식을 보완하여 文理의 이해를 돕는 정도로 간략히 하였다. 본서에 사용된 표점은 다음과 같다.
. : 문장의 종결
, : 한 문장 안에서 句나 節의 구분이 필요한 곳
· : 대등한 명사나 구절의 병렬
" ": 引用
' ': " " 안에서 再引用
「 」: ' ' 안에서 再引用

參考書目

◇ 底本

• ≪貞觀政要≫, 吳兢 撰, 戈直 集論, 국립중앙도서관 소장본.(한古朝31-37)

◇ 底本 관련자료

• ≪貞觀政要≫, 吳兢 撰, 戈直 集論, 규장각 소장본.(古5130)
• ≪貞觀政要≫, 吳兢 撰, 戈直 集論, 규장각 소장본.(奎中 1471·1817·1821, 懸吐本)
• ≪貞觀政要≫, 吳兢 撰, 戈直 集論, 宏業書局, 1999.
• ≪貞觀政要集校≫, 謝保成 集校, 中華書局, 2003.
• ≪貞觀政要 上·下≫, 原田種成 譯, 新釋漢文大系, 明治書院, 1983.

◇ 經 部

• ≪論語集註大全≫, 朱熹(宋) 集註, 胡廣(明) 等 編, 朝鮮 內閣本, 影印本, 學民文化社.
• ≪讀禮通考≫, 徐乾學(淸) 撰, 文淵閣四庫全書 제112~114책 經部106~108, 臺灣商務印書館, 1983~1986.
• ≪毛詩正義≫, 阮元(淸) 校刻, 十三經注疏(淸 嘉慶刊本), 中華書局, 2009.
• ≪大學章句大全≫, 朱熹(宋) 集註, 胡廣(明) 等 編, 朝鮮 內閣本, 影印本, 學民文化社.
• ≪孟子集註大全≫, 朱熹(宋) 集註, 胡廣(明) 等 編, 朝鮮 內閣本, 影印本, 學民文化社.
• ≪四書或問≫, 朱熹(宋) 撰, 文淵閣四庫全書 제197책 經部191, 臺灣商務印書館, 1983~1986.
• ≪書傳大全≫, 蔡沈(宋) 集傳, 胡廣(明) 等 編, 朝鮮 內閣本, 影印本, 學民文化社.
• ≪詩傳大全≫, 朱熹(宋) 集傳, 胡廣(明) 等 編, 朝鮮 內閣本, 影印本, 學民文化社.
• ≪五禮通考≫, 秦蕙田(淸) 撰, 文淵閣四庫全書 제135~142책 經部129~136, 臺灣商務印書館, 1983~1986.
• ≪禮記集說大全≫, 陳澔(元) 集說, 胡廣(明) 等 編, 朝鮮 內閣本, 影印本, 學民文化社.

• ≪儀禮注疏≫, 阮元(淸) 校刻, 十三經注疏(淸 嘉慶刊本), 中華書局, 2009.
• ≪周禮注疏≫, 阮元(淸) 校刻, 十三經注疏(淸 嘉慶刊本), 中華書局, 2009.
• ≪周易傳義大全≫, 程頤(宋) 傳, 朱熹(宋) 本義, 胡廣(明) 等 編, 朝鮮 內閣本, 影印本, 學民文化社.
• ≪中庸章句大全≫, 朱熹(宋) 集註, 胡廣(明) 等 編, 朝鮮 內閣本, 影印本, 學民文化社.
• ≪春秋經傳集解≫, 左丘明(周) 傳, 杜預(晉) 註, 林堯叟(宋)·朱申(宋·元) 附註, 朝鮮 金屬活字本(戊申字), 影印本, 保景文化社.
• ≪韓詩外傳≫, 韓嬰(漢) 撰, 文淵閣四庫全書 제89책 經部83, 臺灣商務印書館, 1983~1986.
• ≪孝經注疏≫, 阮元(淸) 校刻, 十三經注疏(淸 嘉慶刊本), 中華書局, 2009.

◇ 史 部

• ≪高士傳≫, 皇甫謐(晉) 撰, 文淵閣四庫全書 제448책 史部206, 臺灣商務印書館, 1983~1986.
• ≪舊唐書≫, 劉昫(後晉) 撰, 中華書局, 1975.
• ≪國語≫, 左丘明(周) 撰, 文淵閣四庫全書 제406책 史部64, 臺灣商務印書館, 1983~1986.
• ≪唐會要≫, 王溥(宋) 撰,
• ≪北史≫, 李延壽(唐) 撰, 中華書局, 1974.
• ≪史記≫, 司馬遷(漢) 撰, 中華書局, 1959.
• ≪隋書≫, 魏徵(唐) 等 撰, 中華書局, 1971.
• ≪新唐書≫, 歐陽脩·宋祁(宋) 撰, 中華書局, 1975.
• ≪梁書≫, 姚思廉(唐) 撰, 中華書局, 1973.
• ≪資治通鑑≫, 司馬光(宋) 撰, 胡三省(元) 音註, 中華書局, 1956.
• ≪資治通鑑考異≫, 司馬光(宋) 撰, 文淵閣四庫全書 제311책 史部69, 臺灣商務印書館, 1983~1986.
• ≪周書≫, 令狐德棻(唐) 等 撰, 中華書局, 1974.
• ≪晉書≫, 房玄齡(唐) 等 撰, 中華書局, 1976.
• ≪通志≫, 鄭樵(宋) 撰, 文淵閣四庫全書 제372책~381책 史部130~139, 臺灣商務印書館, 1983~1986.
• ≪漢書≫, 班固(後漢) 撰, 中華書局, 1962.

- ≪後漢書≫, 范曄(南朝 宋) 撰, 中華書局, 1965.

◇ 子 部

- ≪孔子家語≫, 王肅(魏) 注, 文淵閣四庫全書 제695책 子部1, 臺灣商務印書館, 1983~1986.
- ≪管子≫, 房玄齡(唐) 注, 文淵閣四庫全書 제729책 子部3, 臺灣商務印書館, 1983~1986.
- ≪老子道德經≫, 王弼(魏) 注, 文淵閣四庫全書 제1055책 子部361, 臺灣商務印書館, 1983~1986.
- ≪論衡≫, 王充(後漢) 撰, 文淵閣四庫全書 제862책 子部10, 臺灣商務印書館, 1983~1986.
- ≪文子≫, 未詳, 文淵閣四庫全書 제1058책 子部365, 臺灣商務印書館, 1983~1986.
- ≪帝範≫, 唐 太宗 撰, 文淵閣四庫全書 제696책 子部1, 臺灣商務印書館, 1983~1986.
- ≪西山讀書記≫, 眞德秀(南宋) 撰, 文淵閣四庫全書 제705~706책 子部11~12, 臺灣商務印書館, 1983~1986.
- ≪性理群書句解≫, 胡廣(明) 等 受命編, 文淵閣四庫全書 제709책 子部15, 臺灣商務印書館, 1983~1986.
- ≪性理大全書≫, 熊節(宋) 編, 熊剛大(宋) 註, 文淵閣四庫全書 제710~711책 子部16~17, 臺灣商務印書館, 1983~1986.
- ≪荀子≫, 荀況(周) 撰, 文淵閣四庫全書 제695책 子部1, 臺灣商務印書館, 1983~1986.
- ≪說苑≫, 劉向(漢) 撰, 文淵閣四庫全書 제696책 子部2, 臺灣商務印書館, 1983~1986.
- ≪世說新語≫, 劉義慶(南朝 宋) 撰, 文淵閣四庫全書 제1035책 子部341, 臺灣商務印書館, 1983~1986.
- ≪呂氏春秋≫, 呂不韋(秦) 撰, 文淵閣四庫全書 제848책 子部154, 臺灣商務印書館, 1983~1986.
- ≪朱子語類≫, 朱熹(南宋) 撰, 黎靖德(南宋) 編, 文淵閣四庫全書 제700~702책 子部6~8, 臺灣商務印書館, 1983~1986.
- ≪莊子集釋≫, 莊周(周) 著, 郭象(晉) 注, 陸德明(唐) 釋文, 成玄英(唐) 疏, 郭慶藩(淸) 輯, 王孝魚 點校, 中華書局, 1961.
- ≪抱朴子≫, 葛洪(晉) 撰, 文淵閣四庫全書 제1059책 子部365, 臺灣商務印書館, 1983~1986.
- ≪淮南子≫, 劉安(漢) 撰, 文淵閣四庫全書 제848책 子部154, 臺灣商務印書館, 1983~1986.

- ≪漢武故事≫, 班固(後漢) 撰, 文淵閣四庫全書 제1042책 子部348, 臺灣商務印書館, 1983~1986.

◇ 集 部

- ≪唐文粹≫, 姚鉉(宋) 編, 文淵閣四庫全書 제1343~1344책 集部282~283, 臺灣商務印書館, 1983~1986.
- ≪東坡全集≫, 蘇軾(宋) 撰, 文淵閣四庫全書 제1107~1108책 集部46~47, 臺灣商務印書館, 1983~1986.
- ≪文選註≫, 蕭統(梁) 編, 李善(唐) 註, 文淵閣四庫全書 제1329책 集部268, 臺灣商務印書館, 1983~1986.
- ≪楚辭集註≫, 朱熹(宋) 集註, 文淵閣四庫全書 제1062책 集部1, 臺灣商務印書館, 1983~1986.
- ≪翰苑集≫, 陸贄(唐) 撰, 文淵閣四庫全書 제1072책 集部10, 臺灣商務印書館, 1983~1986.

◇ 研究論著 및 飜譯書

- 許嘉璐 主編, ≪舊唐書全譯≫(二十四史全譯) 1~6, 漢語大詞典出版社, 2004.
- ————, ≪新唐書全譯≫(二十四史全譯) 1~8, 漢語大詞典出版社, 2004.
- 加藤繁・公田連太, ≪國譯 資治通鑑≫, 景仁文化社, 1996.
- 權重達, ≪資治通鑑≫ 전1~32책, 삼화, 2007~2010.
- 金元中, ≪貞觀政要≫, 글항아리, 2010.
- 裴汝誠 等 譯注, ≪貞觀政要≫, 上海古籍出版社, 2007.
- 葉光大・李萬壽・黃滌明・袁華忠 譯注, ≪貞觀政要全譯≫, 貴州人民出版社, 1995.
- 王利器, ≪史記註譯≫, 三秦, 1997.
- 原田種成, ≪貞觀政要 上・下≫(新釋漢文大系), 明治書院, 1983.
- 劉配書・劉波・談蔚 譯, ≪貞觀政要≫, 新華出版社, 2006.
- 李國祥 等, ≪資治通鑑全譯≫, 貴州人民出版社, 1994.
- 정재훈 外, ≪舊唐書 外國傳 譯註 上・下≫, 동북아역사재단, 2011.
- ————, ≪新唐書 外國傳 譯註 上・中・下≫, 동북아역사재단, 2011.
- 布目潮風, ≪貞觀政要の政治學≫, 岩波書店, 1997.

- 許道勳 譯注, ≪新譯貞觀政要≫, 三民書局, 2008.
- 許嘉璐 主編, ≪舊唐書全譯≫(二十四史全譯) 1~6, 漢語大詞典出版社, 2004.
- ――――――, ≪新唐書全譯≫(二十四史全譯) 1~8, 漢語大詞典出版社, 2004.

◇ 사전 등 공구서

- 山腰敏寬, ≪中國歷史公文書讀解辭典≫, 汲古書院, 2004.
- 徐連達 主編, ≪中國歷代官制大詞典≫, 廣東教育出版社, 2009.
- 施丁・沈志華 共譯, ≪資治通鑑大辭典≫ 上・下, 吉林人民出版社, 1994.
- 呂宗力 主編, ≪中國歷代官制大辭典≫, 北京出版社, 1994.
- 王建, ≪史諱辭典≫, 上海古籍出版社, 2011.
- 兪鹿年, ≪中國官制大辭典≫, 黑龍江人民出版社, 1998.
- 張萬起 編, ≪新舊唐書人名索引≫, 上海古籍出版社, 1986.
- 中國歷史大辭典編纂委員會, ≪中國歷史大辭典≫, 上海辭書出版社, 2000.
- 倉修良 主編, ≪史記辭典≫, 山東教育出版社, 1991.
- ――――――, ≪漢書辭典≫, 山東教育出版社, 1996.
- 賀旭志 外, ≪中國歷代職官辭典≫, 中國社會出版社, 2003.
- 洪業 等 編纂, ≪漢書及補注綜合引得≫, 上海古籍出版社, 1988.

◇ 데이터베이스(DB) 자료

- 한국고전종합DB(http://db.itkc.or.kr)
- 동양고전종합DB(http://db.cyberseodang.or.kr)
- 電子版 文淵閣四庫全書, 上海古籍出版社.
- 상우천고(http://www.s-sangwoo.kr)

目 次

제17편 論誠信 성실과 신의를 논하다

이 편에서는 성실과 신의에 대해 논하고 있다. 太宗은 임금이 속임수를 쓰면서 신하에게 정직하기를 바라지 않는다고 하였는데, 이에 魏徵은 국가의 정치는 덕과 예, 임금의 지위는 성실과 신의에 달려 있다고 하였다. 또 태종의 즉위 초에 여러 신하들이 글을 올렸는데, 그중에서 위징만이 무력을 버려두고 문예를 부흥시키고 은덕을 베풀면 중국이 안정되고 외국이 저절로 머리를 굽힐 것이라고 하자, 태종이 이를 따라서 천하가 크게 안정되고 먼 나라의 군주들이 머리를 숙였다고 하였다. 이처럼 이 편에서는 군주가 어떤 자세와 마음가짐으로 나라를 통치해야 하는지를 보여주고 있다.

凡四章.
모두 4章이다.

17-1-1

貞觀初에 有上書請去佞臣者①어늘 太宗이 謂曰 朕之所任은 皆以爲賢하노니 卿知佞者誰耶아 對曰 臣居草澤하여 不的知佞者하니 請陛下佯怒하여 以試群臣하여 若能不畏雷霆하고 直言進諫하면 則是正人이요 順情阿旨면 則是佞人이니이다 太宗이 謂封德彝曰 流水淸濁은 在其源也니 君者는 政源이요 人庶는 猶水라 君自爲詐하여 欲臣下行直이면 是猶源濁而望水淸이니 理不可得이라 朕이 常以魏武帝多詭詐라 深鄙其爲人하노니 如此면 豈可堪爲敎令이리오 謂上書人曰 朕欲使大信行於天下하고 不欲以詐道訓俗하니 卿言이 雖善이나 朕所不取也로다

① 有上書請去佞臣者 : 去, 上聲.
去(제거하다)는 上聲이다.

貞觀 초기에 아첨하는 신하를 물리칠 것을 청하는 글을 올린 자가 있자, 太宗이 말하기를, "朕이 임명한 이들은 모두 賢者들이라 생각하는데 卿은 아첨하는 자가 누구라고 보는가?"라고 하니, 대답하기를, "臣은 초야에 머물어서 아첨하는 자에 대해서 분명히 알지 못합니다. 청컨대 폐하께서 거짓으로 노여워

하여 뭇 신하들을 시험하셔서, 그중에 우레와 번개 같은 폐하의 노여움을 두려워하지 않고 직언으로 간언하면 정직한 사람이고, 폐하의 뜻을 따르고 폐하의 뜻에 아첨하면 아부하는 사람일 것입니다."라고 했다.

태종이 封德彝에게 말하기를, "흐르는 물이 맑으냐 흐리냐는 그 근원에 달려 있소. 임금은 바로 근원이고 뭇사람들은 흐르는 물과 같소. 임금이 스스로 속임수를 쓰면서 신하들에게 정직을 행하게 하려 하면 마치 근원이 흐리면서 흐르는 물이 맑기를 바라는 것과 같으니, 이치에 맞지 않소. 짐은 언제나 魏武帝(曹操)가 속임수를 많이 사용했다고 해서 그 사람됨을 대단히 비루하게 여겼는데, 이렇게 한다면 어떻게 명령을 내릴 수 있겠소."라고 하고, 글을 올렸던 사람에게 다음과 같이 말하였다.

"짐은 큰 믿음을 천하에 행해지게 하려 하고 속임수로 세속을 교화하려 하지 않으니, 卿의 말이 훌륭하긴 하나 짐이 취하고 싶지 않소."

【集論】

范氏祖禹曰 太宗은 可謂知君道矣라 夫君이 以一人之身으로 臨四海之廣하고 應萬務之衆할새 苟不以至誠與賢하고 而役其獨智하여 以先天下하면 則耳目心智之所及者가 其能幾何리오 是故로 人君이 必淸心以莅之하고 虛己以待之하여 如鑑之明하고 如水之止하면 則物至而不能罔矣라 夫權衡設而不可欺以輕重者는 唯其平也요 繩墨設而不可欺以曲直者는 唯其正也니 我以其正이어늘 彼以其頗하고 我以其眞이어늘 彼以其僞할새 何患乎邪之不察하고 佞之不辨하여 而必行詐以試之哉리오 一爲不誠이면 則心且蔽矣니 邪正을 何能辨乎아 是故로 鑑垢면 則物不能察也요 水動이면 則形不能見也니 己不明故也라 且待物以誠이라도 猶恐其不動也어늘 況不誠而能動物乎아 夫爲君而使左右前後之人으로 皆莫測其所爲면 雖欲不欺나 不可得也니 唯能御以至誠이면 則忠直者進하고 而憸邪者無自入矣라

范祖禹가 말하였다.

"太宗은 임금의 도리를 안다고 할 만하다. 임금은 한 사람의 몸으로 드넓은 四海에 임하고 수많은 일들에 대응할 적에, 정말로 지극한 정성으로 현자와 어울리지 않고 혼자만의 지혜를 발휘해서 천하를 앞장서 다스리려 한다면 귀와 눈, 마음과 지혜가 미치는 것이 얼마나 되겠는가. 이 때문에 임금이 반드시 마음을 맑게 하여 다스리고 자신을 비워 백성들을 대하기를 마치 밝은 거울과 고요히 있는 물처럼 한다면 어떠

한 일이 와도 속일 수 없을 것이다.

저울을 설치하면 輕重을 속일 수 없는 것은 저울이 평형을 이루기 때문이며, 먹줄을 설치하면 曲直을 속일 수 없는 것은 먹줄이 반듯하기 때문이다. 내가 옳다고 여기는데 상대방은 치우친 것으로 여기고 내가 진실하다고 여기는데 상대방이 거짓으로 여길 때에 어찌 사악한 것을 살피지 못하고 아첨한 것을 판별하지 못할까를 걱정하여 굳이 속임수를 써서 시험할 것이 있겠는가. 한 번 진실하지 못하면 마음이 가려질 것이니, 사악함과 바름을 어찌 구분할 수 있겠는가. 이 때문에 거울에 때가 끼면 사물을 살필 수 없고 물이 요동하면 형체를 볼 수 없는 것이니, 이는 자신이 밝지 못하기 때문이다.

또 사물을 진실로 대해도 사물을 감동시키지 못할까 우려되는데 하물며 진실하지 않으면서 사물을 감동시킬 수 있겠는가. 무릇 임금이 되어 주변 측근들에게 무슨 일을 할지 예측할 수 없게 한다면 비록 속이지 않고자 하나 그럴 수 없을 것이다. 오직 임금이 지성으로 다스리면 충성스럽고 정직한 사람은 나아오고, 험악하고 사악한 사람은 저절로 들어올 수 없는 것이다."

愚按 昔夫子答顏淵爲邦之問에 終之曰 遠佞人이니 佞人은 殆[1]라하시니 甚矣라 佞人之足以喪家國也여 禹之答皐陶에 曰 知人則哲이니 何畏乎巧言令色孔壬[2]이리오하니라 蓋人主一心이로되 攻之者衆이라 一有所偏이면 則讒邪面諛之人이 乘隙而進이나 儻君心虛明하여 旁燭無疆이면 則正邪가 自不能逃吾水鑑矣라 太宗이 謂君自爲詐하여 欲臣下直이면 是猶源濁而望水淸이니 欲使大信行於天下하고 不欲以詐라하니 眞王言哉인저

내가 살펴보건대, 옛날 孔子가 나라를 다스림에 대한 顏淵의 물음에 답하면서 그 마지막에, "아첨하는 사람을 멀리해야 하니 아첨하는 사람은 위태롭다."고 하였으니, 심하구나, 아첨하는 사람이 국가를 망가뜨릴 수 있는 것이여. 禹임금이 皐陶에게 답하기를 "사람을 알면 명철하니 〈임금이 명철하다면〉 어찌 말을 좋게 하고 얼굴빛을 잘 꾸미되 간사한 마음을 품은 자를 두려워할 필요가 있겠는가."라고 했다.

임금은 마음이 하나인데 그것을 침공하는 것은 많으니, 한 번 치우치면 간사하고 면전에서 아첨하는 사람들이 빈틈을 타고 나온다. 그러나 임금의 마음이 밝고 텅 비

---

1) 遠佞人 佞人殆 : ≪論語≫ 〈顏淵〉에 보인다.

2) 知人則哲……何畏乎巧言令色孔壬 : ≪書經≫ 〈虞書 皐陶謨〉에 보인다. '孔壬'은 매우 간사한 자를 뜻하는데, 有苗와 驩兜를 말한다.

어 한량없이 두루 비춘다면 정직과 사악이 저절로 나의 밝은 마음으로부터 도피하지 못할 것이다. 태종이, “임금이 스스로 속임수를 쓰면서 신하에게 정직을 행하게 하려 하면 마치 근원이 흐리면서 흐르는 물이 맑기를 바라는 것과 같다.”고 하면서 “큰 믿음을 천하에 행해지게 하려 하고 속임수를 쓰려고 하지 않는다.”고 했으니 참으로 王者의 말이다.

17-2-1

貞觀十年에 **魏徵**이 **上疏曰 臣聞爲國之基**는 **必資於德禮**하며 **君之所保**는 **惟在於誠信**이라하니 **誠信立**이면 **則下無二心**하고 **德禮形**이면 **則遠人斯格**이니이다 **然則德禮誠信**은 **國之大綱**이니 **在於君臣父子**에 **不可斯須而廢也**니이다 **故孔子曰 君使臣以禮**하며 **臣事君以忠**①[3]이라하시고 **又曰 自古皆有死**어니와 **民無信**이면 **不立**②[4]이라하며 **文子**③**曰 同言而信**은 **信在言前**이요 **同令而行**은 **誠在令外**[5]라하니이다 **然則言而不信**은 **言無信也**요 **令而不從**은 **令無誠也**니 **不信之言**과 **無誠之令**은 **爲上則敗德**하고 **爲下則危身**이니 **雖在顚沛之中**이라도 **君子之所不爲也**니이다 **自王道休明**으로 **十有餘載**에 **威加海外**하고 **萬國來庭**하여 **倉廩**이 **日積**하고 **土地**가 **日廣**이나 **然而道德**이 **未益厚**하고 **仁義**가 **未益博者**는 **何哉**잇가 **由乎待下之情**이 **未盡於誠信**하여 **雖有善始之勤**이나 **未覩克終之美故也**니이다

① 故孔子曰……臣事君以忠 : 孔子對魯定公之辭.
孔子가 魯 定公에게 대답한 말이다.
② 又曰……民無信不立 : 孔子答子貢之辭.
孔子가 子貢에게 대답한 말이다.
③ 文子 : 姓辛, 名鈃, 一名計然, 濮上人, 師事老子. 著書十二篇, 名之曰 通玄眞經.
〈文子는〉 姓이 辛이고 이름이 鈃, 또는 計然이다. 濮上 사람이며 老子를 사사했다. 저서 12편을 남겼는데 ≪通玄眞經≫이라 부른다.

貞觀 10년(636)에 魏徵이 疏를 올려 말하였다.
“신이 들으니, ‘국가를 다스리는 기초는 반드시 德과 禮를 바탕으로 하며 임

---

3) 君使臣以禮 臣事君以忠 : ≪論語≫ 〈八佾〉에 보인다.
4) 自古皆有死……不立 : ≪論語≫ 〈顔淵〉에 보인다.
5) 同言而信……誠在令外 : ≪文子≫ 〈精誠〉에 보인다.

금이 자리를 보존하는 것은 오직 誠實과 信義에 달려 있다.'고 했으니, 성실과 신의가 확립되면 아랫사람 중에 두 마음을 먹는 이가 없고 덕과 예가 실현되면 먼 곳에 있는 사람도 옵니다. 그렇다면 덕과 예, 성실과 신의는 국가의 큰 근본이니, 君臣과 父子에게 있어 잠시라도 없어서는 안 되는 것입니다.

그래서 공자께서 말씀하시기를, '임금이 신하를 부릴 때 예로써 하고 신하가 임금을 섬길 때 충성으로써 한다.'라고 하셨고, 또 말씀하시기를, '예로부터 사람은 모두 죽기 마련이지만 백성은 신의가 없으면 존립하지 못한다.'라고 했으며, 文子가 말하기를, '같은 말을 하면서도 믿게 하는 것은 믿음이 말에 앞서 존재하기 때문이며 같은 명령을 내리면서도 실행하게 하는 것은 성실(진실)이 명령 이전에 존재하기 때문이다.'라고 했습니다. 그렇다면 말해도 믿지 않는 것은 말에 신의가 없어서이며 명령해도 따르지 않는 것은 명령에 성실이 없게 때문입니다. 미덥지 못한 말과 성실하지 못한 명령은 윗사람에겐 덕을 망가뜨리고 아랫사람에겐 몸을 위태롭게 하는 것이니, 위급한 상황에 있을지라도 군자는 하지 않는 것입니다.

王道가 아름답고 밝게 실행되어온 것이 10여 년에 이르며 위엄이 바다 너머까지 미치고 모든 나라들이 조정에 와서 조회하여 창고가 갈수록 가득 차고 국토가 갈수록 넓어졌습니다만, 그럼에도 道德이 더욱 두터워지지 못하고 仁義가 더욱 넓어지지 못하는 것은 어째서입니까. 아랫사람을 대하는 마음이 성실과 신의를 극진히 하지 못하여, 시작을 잘 하는 근면함은 있지만 끝을 잘 마무리하는 아름다움은 볼 수 없기 때문입니다.

17-2-2

昔貞觀之始에 乃聞善驚歎하시고 暨八九年間에 猶悅以從諫이나 自茲厥後로 漸惡直言④하사 雖或勉强有所容⑤이나 非復曩時之豁如니이다 謇諤之輩는 稍避龍鱗하고 便佞之徒는 肆其巧辯⑥하여 謂同心者를 〔爲朋黨이라하고 謂告訐者를 爲至公이라하고 謂强直者를〕[6] 爲擅權이라하고 謂忠讜者를 爲誹謗이라하니이다 謂之爲朋黨이면 雖忠信이나 而可疑요 謂之爲至公이면 雖矯僞나 而無咎니이다 强直者가 畏擅權之議하고 忠讜者가

6) 〔爲朋黨……謂强直者〕: 저본에는 없으나, ≪舊唐書≫ 〈魏徵列傳〉에 의거하여 보충하였다.

慮誹謗之尤하여 正臣이 不得盡其言하고 大臣이 莫能與之爭⑦하여 熒惑視聽하고 〔鬱〕[7] 於大道하니 妨政損德이 其在此乎리이다 故孔子曰 惡利口之覆邦家者[8]라하시니 蓋爲此也⑧니이다

④ 漸惡直言：惡, 烏, 去聲, 後惡利同.
惡(미워하다)는 音이 烏이며 去聲이다. 뒤에 있는 '惡利'의 惡도 같다.
⑤ 雖或勉强有所容：强, 上聲.
强(일부러, 억지로)은 上聲이다.
⑥ 便佞之徒 肆其巧辯：便, 平聲.
便(말을 잘하다, 아첨하다)은 平聲이다.
⑦ 大臣莫能與之爭：讀曰諍.
〈爭(간쟁하다)은〉 諍으로 읽는다.
⑧ 蓋爲此也：爲, 去聲.
爲(때문)는 去聲이다.

옛날 貞觀의 초기에는 선을 들으시면 깜짝 놀라며 감탄하셨고, 그로부터 8, 9년 동안에도 여전히 기쁜 마음으로 諫言을 따르셨습니다만 그 이후로는 점차 直言을 싫어하셔서, 이따금 애써 수용하시긴 하지만 다시는 지난날처럼 넓은 도량으로 받아들이지 않으셨습니다.

이에 따라 올곧은 말을 하는 무리들은 점차 임금의 노여움을 회피하고 말 잘하고 아첨하는 무리들은 현란한 말주변을 부려서, 마음을 함께하는 자를 붕당한다고 하고, 남의 잘못을 들추어내는 자를 지극히 공정하다고 하고, 강직한 자를 권력을 멋대로 부린다고 하고, 충성하며 정직한 자를 비방한다고 합니다. 붕당이라고 인식되면 충성과 믿음이 있어도 의심하고, 지극히 공정하다고 인식되면 거짓으로 꾸미더라도 탓하는 일이 없으십니다.

강직한 사람은 권력을 제멋대로 부린다는 말을 들을까 두려워하고, 충성하고 정직한 자는 비방한다는 비난을 받을까 염려하여, 정직한 신하가 그 말을 다할 수 없고 大臣이 상대해서 간쟁할 수가 없습니다. 성상의 눈과 귀를 현혹시키고 大道를 막으니 정사를 해치고 덕을 손상시키는 것이 바로 여기에 있을 것입니다. 그래서 孔子가, '말 잘하는 사람이 국가를 전복시키는 것을 미워한

7) 〔鬱〕: 저본에는 없으나, ≪舊唐書≫ 〈魏徵列傳〉에 의거하여 보충하였다.
8) 惡利口之覆邦家 : ≪論語≫ 〈陽貨〉에 보인다.

다.'라고 하였으니 이를 두고 말한 것입니다.

17-2-3

且君子小人은 貌同心異하여 君子는 掩人之惡하고 揚人之善하며 臨難無苟免⑨[9]하고 殺身以成仁[10]이나 小人은 不恥不仁하고 不畏不義하며 惟利之所在에 危人自安하나니 夫苟在危人이면 則何所不至⑩리잇가 今欲將求致理인댄 必委之於君子어늘 事有得失엔 或訪之於小人이니이다 其待君子也엔 則敬而疏하고 遇小人也엔 必輕而狎하나니 狎則言無不盡하고 疏則情不上通하니 是則毁譽가 在於小人⑪하고 刑罰이 加於君子니 實興喪之所在니 可不愼哉리잇가 此乃孫卿所謂使智者謀之하고 與愚者論之하며 使修潔之士行之하고 與汚鄙之人疑之하면 欲其成功이나 可得乎哉[11]아하니이다 夫中智之人은 豈無小惠리잇가 然才非經國이요 慮不及遠하여 雖竭力盡誠이나 猶未免於傾敗어늘 況內懷奸利하고 承顔順旨하면 其爲禍患이 不亦深乎잇가 夫立直木而疑影之不直하면 雖竭精神勞思慮나 其不得이 亦已明矣니이다

⑨ 臨難無苟免 : 難, 去聲.
難(환난)은 去聲이다.
⑩ 夫苟在危人 則何所不至 : 夫, 音扶, 後同.
夫(발어사)는 音이 扶이다. 뒤에도 같다.
⑪ 是則毁譽在於小人 : 譽, 平聲.
譽(명예, 칭찬)는 平聲이다.

또 군자와 소인은 겉모습은 같지만 속마음은 다릅니다. 군자는 다른 사람의 악을 덮어주고 다른 사람의 선을 드러내며 환난 앞에서 구차스럽게 모면하는 일이 없고 자신을 희생해서 仁을 완성합니다. 그러나 소인은 不仁을 부끄러워하지 않고 不義를 두려워하지 않으며 오직 이익이 존재한 곳에서 남을 위태롭게 하고 자신을 편안하게 하니, 정말 남을 위태롭게 하는 데 뜻이 있다면 무슨 짓인들 못 하겠습니까.

---

9) 臨難毋苟免 : ≪禮記≫ 〈曲禮 上〉에 보인다.
10) 殺身以成仁 : ≪論語≫ 〈衛靈公〉에 보인다.
11) 使智者謀之……可得乎哉 : ≪荀子≫ 〈君道〉에 보인다.

지금 치적을 이룰 방법을 구하려 하신다면 반드시 군자에게 책임을 맡겨야 하는데, 일의 득실에 있어서 간혹 소인에게 물으십니다. 군자를 대할 때에 존경하면서도 소원히 대하고, 소인을 대할 때에 반드시 경시하면서도 격이 없이 친하게 대하는데, 격이 없이 친하게 대하면 하지 못 할 말이 없고 소원히 대하면 실정이 위로 전달되지 못하니, 이는 헐뜯고 칭찬하는 것이 소인에게 달려 있고 형벌이 군자에게 가해지는 것이어서, 실로 국가가 흥하느냐 망하느냐가 달려 있는 것이니 조심하지 않을 수 있겠습니까.

이것이 바로 孫卿(荀子)이, '지혜로운 자에게 도모하게 하고서 우매한 자와 그를 논평하고, 행실이 정갈한 士에게 실행하게 하고서 누추하고 비루한 사람과 그를 의심하면 성공하려고 하나 가능하겠는가.'라고 한 것입니다.

중간 정도의 지혜를 갖춘 사람이 어찌 작은 지혜가 없겠습니까. 하지만 재능이 국가를 경영할 정도가 아니고 사려가 멀리까지 미치지 못하기에, 힘을 다하고 정성을 다해도 실패를 모면하지 못하는데, 더구나 마음속에 간악과 이익을 품고 임금의 비위를 맞추고 임금의 뜻을 받들기만 하면 그 재앙과 환란이 또한 깊지 않겠습니까. 곧은 나무를 세워놓고 그림자가 곧지 않은지를 의심하면 비록 정신을 쏟고 고뇌를 한다 해도 할 수 없는 것이 이미 분명합니다.

17-2-4

夫君能盡禮하고 臣得竭忠은 必在於內外無私하고 上下相信이니 上不信이면 則無以使下하고 下不信이면 則無以事上이니 信之爲道가 大矣니이다 昔에 齊桓公이 問於管仲曰 吾欲使酒腐於爵하고 肉腐於俎하노니 得無害霸乎아 管仲이 曰 此極非其善者나 然亦無害於霸也니이다 桓公이 曰 如何而害霸乎아 管仲이 曰 不能知人이 害霸也요 知而不能任이 害霸也요 任而不能信이 害霸也요 旣信而又使小人參之가 害霸也[12]라하니이다 晉中行(항)穆伯⑫이 攻鼓⑬하여 經年而弗能下러니 餽間倫⑭이 曰 鼓之嗇夫를 間倫이 知之하니 請無疲士大夫하고 而鼓를 可得이라호대 穆伯이 不應이어늘 左右曰 不折一戟⑮하고 不傷一卒하여 而鼓를 可得이어늘 君奚爲不取아하니 穆伯이 曰 間倫之爲人也가 佞而不仁하니 若使間倫下之하면 吾可以不賞之乎아 若賞之하면

12) 齊桓公問於管仲曰……旣信而又使小人參之 害霸也 : ≪說苑≫ 〈尊賢〉에 보인다.

是賞佞人也요 **佞人**이 **得志**하면 **是使晉國之士**로 **捨仁而爲佞**이니 **雖得鼓**나 **將何用之**[13)]리오하니이다

⑫ 晉中行(항)穆伯 : 中行氏穆伯, 晉卿也.
中行氏 穆伯은 晉나라 卿이다.

⑬ 攻鼓 : 城名.
〈鼓는〉 성의 이름이다.

⑭ 餽間倫 : 間, 去聲, 後同.
間(간격)은 去聲이다. 뒤에도 같다.

⑮ 不折一戟 : 折, 音舌.
折(부러지다)은 音이 舌이다.

임금이 예를 다할 수 있고 신하가 충성을 다할 수 있는 것은 반드시 안과 밖에 사심이 없고 윗사람과 아랫사람이 서로 믿는 데에 달려 있으니, 윗사람이 믿음을 갖고 있지 않으면 아랫사람을 부릴 수 없고 아랫사람이 믿음을 갖고 있지 않으면 윗사람을 섬길 수가 없으니 믿음의 도리가 큰 것입니다.

과거에 **齊 桓公**이 **管仲**에게 묻기를, '내가 술이 술잔에서 썩고 고기가 도마 위에서 썩게 하고자 하는데 **霸業**을 이루는 데 방해가 되지 않겠소?'라고 하자, **管仲**이 말하기를, '이것이 아주 고귀한 행실은 아닙니다만 역시 패업을 이루는 데에는 방해가 되지 않을 것입니다.'라고 하였다. 환공이 말하기를, '어때야 패업을 이루는 데 방해가 되오?'라고 하자, 관중이 말하기를, '사람을 제대로 알지 못하는 것이 패업을 이루는 데 방해가 되고, 알아보고도 임용하지 않는 것이 패업을 이루는 데 방해가 되고, 임용하고도 신임하지 않는 것이 패업을 이루는 데 방해가 되고, 신임하고서도 다시 소인들을 **政事**에 참여시키는 것이 패업을 이루는 데 방해가 되는 것입니다.'라고 했습니다.

晉나라 **中行穆伯**이 **鼓城**을 공격하여 한 해가 지나도록 함락시키지 못했는데, **餽間倫**이 이르기를, '고성의 **嗇夫**를 제가 잘 아니 **士大夫**들을 힘들게 하지 않고서도 고성을 차지할 수 있습니다.'라고 했으나, 중항목백이 응하지 않았다. 그러자 주변 사람들이 이르기를, '창 한 자루 부러뜨리지 않고 병사 하나 상하게 하지 않고서도 고성을 얻을 수 있는데, 군께서는 왜 이 방법을 취하지

13) 中行穆伯攻鼓……將何用之 : ≪淮南子≫ 〈人間訓〉에 보인다.

않으십니까?'라고 하니, 중항목백이 말하기를, '궤간륜이라는 사람은 아첨하고 어질지 못한데 궤간륜이 성을 함락시키면 내가 상을 주지 않을 수 있겠소. 그에게 상을 주게 되면 아첨하는 사람에게 상을 주는 것이고 아첨하는 사람이 뜻을 얻게 되면 晉나라 士들로 하여금 仁을 버리고 아첨을 일삼게 하는 것이니, 고성을 얻는다고 하더라도 무엇에 쓰겠소.'라고 했습니다.

17-2-5

夫穆伯은 **列國之大夫**요 **管仲**은 **霸者之良佐**로되 **猶能愼於信任**하여 **遠避佞人也如此**⑯어늘 **況乎爲四海之大君**하여 **應千齡之上聖**하여 **而可使巍巍至德之盛**으로 **將有所間乎**잇가 **若欲令**⑰**君子小人**으로 **是非不雜**인댄 **必懷之以德**하고 **待之以信**하고 **厲之以義**하고 **節之以禮**하며 **然後善善而惡惡**⑱하고 **審罰而明賞**이면 **則小人**이 **絶其私佞**하고 **君子**가 **自强不息**[14]하리니 **無爲之治**가 **何遠之有**리잇가 **善善而不能進**하고 **惡惡而不能去**⑲하며 **罰不及於有罪**하고 **賞不加於有功**하면 **則危亡之期**도 **或未可保**어든 **永錫祚胤**[15]을 **將何望哉**리잇가 **太宗**이 **覽疏歎曰 若不遇公**이면 **何由得聞此語**⑳리오

⑯ 遠避佞人也如此：遠, 去聲.
遠(멀리하다)은 去聲이다.

⑰ 若欲令：平聲.
〈令(하여금)은〉 平聲이다.

⑱ 然後善善而惡惡：上烏去聲[16]. 下如字. 後同.
위의 惡(미워하다)는 烏의 去聲이고, 아래의 惡(악)은 본래 音義대로 독해한다. 뒤에도 같다.

⑲ 惡惡而不能去：上聲.
〈去(버리다)는〉 上聲이다.

⑳ 太宗覽疏歎曰 若不遇公何由得聞此語：按史傳係十一年, 是歲大雨, 穀洛溢, 毁官寺十九, 漂居人六百家, 故徵上疏陳事, 帝手詔嘉答. 於是廢明德宮玄圃院, 賜遭水者. 疏文比此章尤多.
史傳(≪舊唐書≫)을 살펴보니, 貞觀 11년(637)에 이해에 큰 비가 내려 穀水와 洛水가 넘쳐 官寺 19개를 훼손시키고 거주민의 집 600채가 떠내려갔다. 그러므로 魏徵이 疏를 올려

14) 自强不息：≪周易≫ 乾卦에 보인다.

15) 永錫祚胤：≪詩經≫ 〈大雅 旣醉〉에 보인다.

16) 上烏去聲：直音을 변형한 표음 방법의 한 가지이다. 同類音이면서 성조가 다른 한자로 注音하는 방식이다. 惡(오)는 去聲이고 烏는 평성이므로, '惡 音烏'라고만 하면 성조가 맞지 않으므로, 烏의 성조를 거성으로 바꾸어야 惡의 음을 얻을 수 있는 것이다.

그 일을 아뢰니 太宗이 손수 詔書를 써서 가상히 여기는 답을 내렸다. 그리하여 明德宮과 玄圃院을 폐기하고 수해를 당한 사람들에게 구호품을 하사했다. 상소문의 글은 이 장의 내용보다 더 많다.

中行穆伯은 列國의 대부이고 管仲은 霸者의 훌륭한 보좌임에도 믿고 맡기는 것을 신중히 하여 아첨하는 사람을 멀리하고 피하기를 이와 같이 했습니다. 하물며 폐하께서는 四海의 위대한 임금이자 천 년을 구가할 위대한 聖王으로서, 드높고 극진한 덕에 간극이 있게 해서야 되겠습니까.

만일 군자와 소인의 시시비비가 뒤섞이지 않게 하려면 반드시 덕으로 품어주고 믿음으로 대하고 의리로 장려하고 예절로 절제해야 하며, 그런 다음에 善人을 좋아하고 惡人을 미워하며 형벌을 잘 살피고 포상을 분명히 하신다면, 소인이 사심을 품고 아첨 떠는 것을 중단하고 군자가 쉼 없이 스스로 힘쓸 것이니 무위의 정치가 어찌 먼 곳에 있겠습니까. 선인을 좋아하면서도 등용하지 않고 악인을 미워하면서도 제거하지 못하여 벌이 죄가 있는 사람에게 미치지 않고 상이 공이 있는 사람에게 가해지지 않는다면 〈나라가 언제 망할지 알 수 없어〉 망할 날짜를 보장할 수가 없는데 영원히 후손에게 복록을 끼치는 것을 어찌 바랄 수 있겠습니까."

태종이 상소를 보고 감탄하여 말하였다.

"만약 공을 만나지 못했다면 어떻게 이런 말을 들을 수 있겠소."

【集論】

唐氏仲友曰 徵이 論基於德禮하고 保于誠信이나 然而道德이 未益厚하고 仁義가 未益博은 由待下之情이 未盡誠信은 最中太宗之病이라 道德仁義禮를 儻皆以誠信行之하면 則終始惟一하고 時乃日新하리니 豈至有善始之勤하고 無克終之美哉리오

唐仲友가 말하였다.

"魏徵이 '〈국가의 통치는〉 덕과 예에 기초하고 〈임금의 자리는〉 성실과 신의에 보존되지만, 그럼에도 도와 덕이 더욱 두터워지지 않고 인과 의가 더욱 넓어지지 않는 것은 아랫사람을 대하는 태도가 성실과 신의를 다하지 못하기 때문이다.'라고 논한 것은 太宗의 문제점을 가장 잘 지적한 것이다. 道·德·仁·義·禮를 모두 성실과 신의로 실행한다면 처음과 끝이 한결같아서 나날이 새로워질 것이니, 어찌 시작을 잘

하는 근면함만 있고 끝을 잘 마무리하는 아름다움이 없는 데에 이르겠는가.”

愚按 天下之理는 一而已矣니 德者는 得此理者也요 禮者는 履此理者也며 而誠信者는 實此理者也라 魏徵之諫疏가 竝擧德禮誠信而言之호대 其要는 主於誠信이니 其間如文子管仲中行穆伯之言은 皆出於誠信而言之也라 夫誠信者는 實心也니 有德有禮하고 而以實心行之하면 則固善始而善終矣니 何憂於危亡哉리오 徵之言이 於是乎知本矣라

내(戈直)가 살펴보건대, 천하의 이치는 하나일 뿐이니, 덕은 이 이치를 터득하는 것이고, 예는 이 이치를 실행하는 것이며, 성실과 신의는 이 이치를 진실하게 하는 것이다. 魏徵의 간언한 疏에서 덕과 예, 성실과 신의를 함께 들어 말했는데 그 요점은 성실과 신의를 위주로 했으니, 중간에 文子와 管仲과 中行穆伯의 말은 모두 성실과 신의에 의거해서 말한 것이다. 성실과 신의는 진실한 마음이니 덕을 갖추고 예를 갖추되, 진실한 마음으로 덕과 예를 행한다면 참으로 시작도 잘하고 끝마침도 잘할 것이니, 어찌 나라가 위태롭고 멸망하는 것을 걱정할 것이 있겠는가. 위징의 말이 그 근본을 안 것이다.

17-3-1

太宗嘗謂長孫無忌等曰 朕卽位之初에 有上書者 非一이러니 或言人主必須威權獨任하여 不得委任群下하고 或欲耀兵振武하여 懾服四夷로대 惟有魏徵이 勸朕호대 偃革興文하고 布德施惠[①]하면 中國旣安하고 遠人自服이라하여늘 朕從此語하니 天下大寧하여 絶域君長이 皆來朝貢[②]하고 九夷重譯이 相望於道[③]라 凡此等事는 皆魏徵之力也니 朕任用이 豈不得人이리오 徵이 拜謝曰 陛下가 聖德自天하사 留心政術이니이다 實以庸短으로 承受不暇어늘 豈有益於聖明이리잇가

① 布德施惠 : 施, 平聲.
施(베풀다)는 平聲이다.

② 絶域君長 皆來朝貢 : 長, 音掌.
長(우두머리)은 音이 掌이다.

③ 九夷重譯 相望於道 : 重, 平聲.
重(중복)은 平聲이다.

太宗이 일찍이 長孫無忌 등에게 말하였다.

"짐이 즉위 초기에 글을 올린 자가 한둘이 아니었는데, 어떤 사람은, 임금은 반드시 권위를 홀로 가져야지 신하들에게 위임해선 안 된다고 건의하였고, 어떤 사람은, 武力을 과시하고 武威를 떨쳐 사방 오랑캐들을 굴복시켜야 한다고 건의했지만, 오직 위징만이 짐에게 무력을 쓰지 않고 文藝를 부흥시키며 은덕을 베풀면 중국이 안정되고 나서 먼 곳에 있는 사람들도 저절로 머리를 굽힐 것이라 권유했소. 짐이 이 말을 따르자 천하가 크게 안정되고 먼 곳의 君長들이 모두 찾아와 조공을 바쳤으며 여러 번 통역을 거쳐온 九夷(여러 오랑캐)의 사신들이 길 위에 이어졌소. 이러한 일은 모두 위징의 힘이었으니 짐이 임용에 있어 어찌 제대로 된 인물을 얻지 못했겠는가."

위징이 절을 하고 사례하며 말하기를, "폐하께서 성스러운 덕을 타고나셔서 정치에 마음을 두었기 때문입니다. 용렬하고 부족한 제가 성상의 뜻을 받들기에도 겨를이 없는데 어찌 성상께 보탬이 있겠습니까."라 하였다.

【集論】

愚按 先儒論學問엔 以變化氣質爲先하고 論克己엔 以性偏難克爲始하니 夫豈徒學者之事爲然哉리오 大臣正君之道도 亦如是而已矣라 愚觀太宗天資가 英武明敏하여 不患其不能爲요 而患其過於爲하며 不患其不能斷이요 但患其過於斷이라 當貞觀卽位之初에 或勸其獨運威權하고 或勸其懾服四夷하니 此皆太宗之所已能이니 所謂以水濟水요 以火濟火[17]者也라 魏徵이 獨勸以偃武興文하고 布德施惠하여 損其有餘하고 益其不及하니 玆非變其氣質而克其偏者歟아 甚矣라 徵之能正君也여 不然이면 貞觀之治에 太宗이 何以獨歸功於徵哉리오

내가 살펴보건대, 先儒가 학문에 대해 논할 때는 기질을 변화시키는 것을 우선으로 삼았고, 자기의 사욕을 극복하는 것을 논할 때는 성품이 치우쳐 극복하기 어려운 것을 시작으로 삼았는데, 이것이 어찌 학자들에게만 해당하겠는가. 대신이 임금을 바로잡는 방법 또한 이와 같을 뿐이다. 내가 살펴보건대, 太宗은 타고난 자질이 영준하고 명민해서 해내지 못할 것을 걱정한 것이 아니라 하는 것이 지나친 것을 걱정하였고, 결단하지 못할 것을 걱정한 것이 아니라 결단이 지나친 것을 걱정하였다. 즉위한

17) 以水濟水 以火濟火 : ≪莊子≫ 〈人間世〉에 "以火救火 以水救水(불로 불을 구제하고 물로 물을 구제한다.)"라고 하고, ≪春秋左氏傳≫ 昭公 20년에 "若以水濟水 誰能食之(물로써 물을 조미한 것과 같으니 누가 그것을 먹을 수 있겠는가.)"라고 하였다.

정관 초기에 어떤 이는 임금이 홀로 권위를 운용해야 한다고 권유하고 어떤 이는 사방 오랑캐들을 위세로 굴복시켜야 한다고 권유했는데, 이는 모두 태종이 이미 잘하고 있는 부분이니 이른바 물로 물을 조미하고 불로 불을 구제하는 격이다. 위징만이 홀로 武力을 쓰지 않고 文藝를 일으키며 은덕을 베풀어 남는 것을 덜고 부족한 것을 더하도록 권유했으니, 이것이 바로 그 기질을 변화시키고 그 편협한 것을 극복한 것이 아니겠는가. 대단하구나, 위징이 임금을 바로잡음이여. 그렇지 않았다면 정관의 정치에서 태종이 어떻게 유독 위징에게만 공을 돌렸겠는가.

17-4-1

貞觀十七年에 **太宗**이 **謂侍臣曰 傳**에 **稱去食存信**①이라하고 **孔子曰 人無信不立**②[18]이라하니 **昔**에 **項羽**가 **旣入咸陽**하여 **已制天下**할새 **向能力行仁信**이면 **誰奪耶**③아 **房玄齡**이 **對曰 仁義禮智信**을 **謂之五常**이니 **廢一不可**라 **能勤行之**하면 **甚有裨益**이니 **殷紂**는 **狎侮五常**이어늘 **武王**이 **奪之**④하고 **項氏**는 **以無信**으로 **爲漢高祖所奪**이니 **誠如聖旨**니이다

① 傳稱去食存信 : 傳, 去聲. 去, 上聲.
傳(기록)은 去聲이며, 去(제거하다, 버리다)는 上聲이다.

② 稱去食存信……人無信不立 : 竝孔子答子貢之辭.
〈'去食存信'과 '人無信不立'은〉 모두 孔子가 子貢에게 답한 말이다.

③ 昔項羽旣入咸陽……誰奪耶 : 項羽引兵屠咸陽, 殺秦降王子嬰, 燒秦宮室, 收其貨寶婦女而東, 秦民大失望.
項羽가 병사를 이끌고 咸陽을 도륙하고, 秦나라의 항복한 왕 子嬰을 죽이고 秦나라의 궁궐을 불태우고 나서 재화와 부녀자들을 모두 몰수하여 동쪽 楚나라로 가자, 秦나라 백성들이 크게 실망했다.

④ 殷紂狎侮五常 武王奪之 : 周書, 武王誓師之言曰 "今商王受, 狎侮五常."
≪書經≫ 〈周書 泰誓〉의 武王이 군사들과 서약을 맺으며 한 말에, "지금 商王 受가 五常을 조롱하고 무시한다."라고 했다.

貞觀 17년(643)에 太宗이 近臣에게 말하였다.

"傳(옛 책)에 '먹을 것을 버리고 신의를 보존해야 한다.'고 하고, 孔子께서 말씀하시기를, '사람이 신의가 없으면 서지 못한다.'라고 했소. 옛날 項羽가 咸陽

---

18) 去食存信……人無信不立 : ≪論語≫ 〈顔淵〉에 子貢이 양식, 군대, 신의 중에 버려야 할 순서를 묻자 孔子가 "양식을 버려야 한다.〔去食〕" 하고 "사람이 신의가 없으면 제대로 살아갈 수 없다.〔民無信不立〕"라고 하였다. '人'은 李世民의 民을 避諱한 것이다.

에 들어가서 이미 천하를 제어했을 때에 만일 어짊과 신의를 힘써 시행했다면 누가 천하를 빼앗을 수 있었겠소."

房玄齡이 대답하였다.

"仁·義·禮·智·信을 五常이라 하니 하나라도 없으면 안 됩니다. 이를 힘써 실행한다면 큰 보탬이 있을 것인데, 殷나라 紂王이 五常을 업신여기자 武王이 천하를 빼앗았고, 항우가 신의가 없으므로 인해 漢 高祖에게 천하를 빼앗겼으니, 이는 진정 성상께서 말씀하신 바와 같습니다."

【集論】

愚按 董子曰 仁義禮智信은 五常之道니 王者所宜修飾也[19]라한대 先儒謂此因武帝何修何飾之問而言이라 其意가 雖甚正이나 惜其剖析未明하니 使武帝知若何而爲仁하고 若何而爲義며 其修飾之方에 又孰先孰後也니 可爲仲舒惜[20]이라하니라 今觀太宗이 猶能以去食存信語群臣하고 而玄齡之對謂五常廢一不可하니 誠是已어니와 儻能一一而明辨之하여 使太宗知人之性情과 心之體用이 本然全具하되 而各有條理하니 必當反求默識而擴充之[21]케하면 不亦善乎아 愚가 於是에 復爲玄齡惜하노라

내가 살펴보건대, 董子(董仲舒)가 "仁·義·禮·智·信은 五常의 도이니 왕 노릇 하는 자가 마땅히 닦고 꾸며야 한다."라고 했는데, 先儒가 "이 말은 漢 武帝가 '무엇을 닦고 무엇을 꾸며야 하는가.'라는 물음에 의하여 말한 것이다. 그 뜻이 대단히 바른 것이긴 하지만 분석하여 밝히지 못한 것이 애석하다. 漢 武帝에게 어떻게 인을 행하고 어떻게 의를 행하며, 닦고 꾸미는 방법에 무엇을 먼저하고 무엇을 나중에 할지를 알게 해야 했으니, 이것이 동중서에게 아쉽다."라고 했다. 지금 오히려 태종이 먹을 것을 버리고 신의를 보존해야 한다는 것으로 뭇 신하들에게 이야기하자, 房玄齡이 '五常에서 하나라도 없으면 안 된다.'라고 대답하였으니, 진실로 옳다. 하지만 하나하나 명확히 분석해서 태종에게 사람의 性과 情, 마음의 體와 用은 본연히 완전히 갖추고 있으면서 제각기 條理가 있으니 반드시 돌이켜 구하고 마음속으로 인식해서 확충해야 한다는 것을 알게 했다면 또한 훌륭하지 않았겠는가. 나는 이 점에서 다시 방현령에게 아쉽다.

---

19) 仁義禮智信……王者所宜修飾也 : ≪漢書≫ 〈董仲舒傳〉에 보인다.

20) 此因武帝何修何飾之問……可爲仲舒惜 : ≪西山讀書記≫ 권5 〈仁義禮智信〉에 보인다.

21) 人之性情……而擴充之 : ≪孟子≫ 〈公孫丑〉 朱熹의 ≪集註≫에 보인다.

제18편 論儉約　儉約을 논하다

이 편에서는 검약에 대해 논하고 있다. 太宗은 秦 始皇의 阿房宮을 예로 들어 殿閣을 짓고 귀족들이 저택을 짓는 일 등에 있어 사치를 부리지 못하게 하자 20여 년간 풍속이 소박해졌으며, 또한 태종은 제왕의 사치는 백성이 원치 않는다고 하였으며, 魏徵 역시 제왕이 스스로 만족하지 않으면 그것을 만 배나 많게 하더라도 부족하게 여길 것이라 하였다. 이 편에서는 군주가 검소하지 못하면 그 폐해는 백성들에게 돌아가게 되는 점을 경계하고 있다.

凡八章.
모두 8章이다.

18-1-1

貞觀元年에 **太宗謂侍臣曰 自古帝王**이 **凡有興造**에 **必須貴順物情**하나니 **昔大禹鑿九山**①하시고 **通九江**②에 **用人力極廣**하되 **而無怨讟者**는 **物情所欲**이요 **而衆所共有故也**라 **秦始皇營建宮室**에 **而人多謗議者**는 **爲徇其私欲**③하고 **不與衆共故也**라 **朕今欲造一殿**하여 **材木已具**하되 **遠想秦皇之事**하여 **遂不復作也**④하니 **古人云 不作無益害有益**⑤이라하고 **不見可欲**이면 **使民心不亂**⑥이라하니 **固知見可欲**이면 **其心必亂矣**라 **至如雕鏤**⑦**器物**과 **珠玉服玩**히 **若恣其驕奢**하면 **則危亡之期**를 **可立待也**라 **自王公已下**로 **第宅車服婚嫁喪葬**⑧에 **準品秩不合服用者**를 **宜一切禁斷**하라하다 **由是二十年間**에 **風俗簡樸**하고 **衣無錦繡**하며 **財帛富饒**하여 **無飢寒之弊**하다

① 昔大禹鑿九山 : 禹貢曰 "九山刊旅." 蔡氏註 "九州之山也, 如冀州則梁岐之類."
≪書經≫ 〈夏書 禹貢〉에 "九州의 산을 깎아 旅祭祀를 지내다."라고 하였는데, 蔡氏의 註에 "구주의 산이니, 예컨대 冀州에서는 梁山과 岐山의 부류이다."라고 하였다.

② 通九江 : 禹貢曰 "九江孔殷." 蔡氏註 "卽今之洞庭也. 今沅水・漸水・元水・辰水・敘水・酉水・澧水・資水・湘水皆合於洞庭, 故曰九江. 漢志所謂九江, 非是."
≪書經≫ 〈夏書 禹貢〉에 말하였다. "九江이 매우 바르게 흐른다."라고 하였는데 蔡氏의 註에 "구강은 곧 지금의 洞庭湖이다. 지금 沅水・漸水・元水・辰水・敘水・酉水・澧水・資

水·湘水가 모두 동정호에서 합류하니, 그러므로 九江이라 한다. ≪漢書≫ 〈地理志〉에 말한 九江은 이것이 아니다.”

③ 爲徇其私欲 : 爲, 去聲.
爲(위하다)는 去聲이다.

④ 遂不復作也 : 復, 音缶.
復(다시)는 音이 缶이다.

⑤ 不作無益害有益 : 周書旅獒之辭.
≪書經≫ 〈周書 旅獒〉의 말이다.

⑥ 不見可欲 使民心不亂 : 老子之辭[1].
老子의 말이다.

⑦ 至如雕鏤 : 鏤, 音陋.
鏤(새기다)는 音이 陋이다.

⑧ 喪葬 : 喪, 平聲.
喪(초상)은 平聲이다.

貞觀 원년(627)에 太宗이 近臣에게 말하였다.

“옛날부터 제왕들은 토목공사를 일으킬 때에는 반드시 민심을 따르는 것을 귀하게 여겼소. 옛날 禹가 九州의 산을 뚫고 구주의 강을 소통시킬 적에 지극히 널리 사람의 힘을 사용하였지만 원망과 비방이 없었던 것은 민심이 원하는 바였고, 대중이 공유하는 바였기 때문이었소. 秦 始皇이 阿房宮을 세울 때 백성들이 대부분 비난한 것은 사욕을 따르고 대중들과 함께하지 않았기 때문이오.

朕은 지금 전각 하나를 지으려 하여 이미 재목을 갖추어놓았으나, 멀리 진시황의 일을 생각하여 결국 다시 짓지 않기로 하였소. 옛사람이 말하기를, ‘무익한 일을 하여 유익한 일을 해치지 않는다.’ 하고, ‘욕심을 드러내지 않으면 민심을 어지럽게 하지 않는다.’고 하였으니, 진실로 욕심을 드러내면, 그 마음이 반드시 어지러워진다는 것을 알 수 있소. 예를 들면 아름답게 조각된 그릇과 주옥과 옷과 노리개에 이르기까지 만일 교만과 사치를 마음대로 한다면 곧 멸망의 시기를 서서 기다리는 것이오. 왕공 이하로 저택·수레·의복과 혼례·장례 등에는 관품과 봉록에 준하여 쓰임이 합당치 않은 것을 일절 금하도록 하시오.”

이로 인해 20년간 풍속은 간결하고 소박해지고, 옷도 비단·자수물이 없어

---

1) 老子之辭 : ≪老子道德經≫ 3章에 보이는데, 다만 여기에는 心자가 없다.

졌으며, 재물과 비단이 풍부해져 굶주리거나 추위에 떠는 폐단이 없어졌다.

18-1-2

貞觀二年에 **公卿奏曰 依禮**하면 **季夏之月**에 **可以居臺榭**⑨하니 **今夏暑未退**하고 **秋霖方始**하니 **宮中卑濕**이라 **請營一閣以居之**하소서 **太宗曰 朕有氣疾**하니 **豈宜下濕**이리오마는 **若遂來請**이면 **糜費良多**라 **昔漢文將起露臺**라가 **而惜十家之產**⑩이어늘 **朕德不逮于漢帝而所費過之**하니 **豈爲人父母之道也**리오 **固請至于再三**하되 **竟不許**하다

⑨ 季夏之月 可以居臺榭 : 禮記 "仲夏之月, 毋用火. 南方, 可以居高明, 可以遠眺望, 可以升山陵, 可以處臺榭."
≪禮記≫ 〈月令〉에 "仲夏의 달에는 火를 사용하지 말라. 南方은 밝고 높아 거처할 만하고, 멀리 조망할 만하고, 산릉에 오를 만하고 누각에 거처할 만하다." 하였다.

⑩ 昔漢文將起露臺 而惜十家之產 : 見教戒篇註.
〈論教戒〉篇 註에 보인다.

貞觀 2년(628)에 **公卿**이 아뢰었다.

"≪**禮記**≫ 〈**月令**〉에 의하면 6월에는 누각에 머물 수 있다고 합니다. 지금 여름 더위가 물러가지 않았고 가을 장마가 막 시작되니 궁중이 낮고 습하므로 누각 한 채를 지어 머무시기를 청합니다."

태종이 말하였다.

"**朕**은 호흡기 질병이 있으니 어찌 낮고 습한 곳이 마땅하겠소. 그러나 만약 공경들이 와서 청한 것을 시행하면 과도한 낭비가 진실로 많을 것이오. 옛날 **漢**나라 **文帝**가 **露臺**를 세우려고 하다가 열 집쯤 되는 예산도 아껴서 짓지 않았는데, 짐의 덕이 한 문제에 미치지 못하고 낭비하는 것이 그보다 지나치니, 어찌 백성의 부모 된 도리이겠소."

굳이 청하기를 두세 번에 이르렀는데도 끝내 허락하지 않았다.

【集論】

朱氏黼曰 財用之贏縮은 關於侈儉하고 風俗好尙은 本之人主라 以儉約爲先이면 則公卿大夫 不敢踰制하고 朝廷以儉約爲先이면 則士庶人 不敢越分이니라 尊卑上下의 事事物物에

皆尙質崇朴하면 自然家給人足하여 貨財不可勝用矣라 苟或反是면 則朝廷百官이 夸多鬪靡하여 四方士民이 歆羡倣傚라 天地之生物有限하고 上下之財力有涯하니 烏能周贍而普足哉리오 漢文帝惜十家之産하여 基址旣成이어늘 而一臺不築하니 於是成富庶[2]之功이라 唐太宗監秦人之敝하여 材用旣具어늘 而一殿不爲하니 於是成貞觀之治라 撙節於一身者甚微나 而功利之及一世者甚大하고 窒遏一時之欲者甚微나 而培養數百年之基本者甚著하니 人主其可不察哉리오

朱黼가 말하였다.

"財用의 모자람과 남음은 검소와 사치에 관계하고 풍속의 아름다움과 숭상함은 임금에게 근본한다. 검약을 우선하면 공경대부가 감히 제한을 넘지 못하고 조정이 검약을 우선하면 士庶人이 감히 분수를 넘지 못한다. 존비와 상하의 모든 일과 모든 물건에 모두 질박함을 숭상하면 자연히 집집마다 넉넉하고 사람마다 풍족하여 貨財를 다 쓰지 못한다. 만일 혹은 이와 반대가 되면 조정의 모든 관리가 많음을 자랑하고 사치를 다투어 사방의 백성들이 부러워하여 본받는다.

천지의 생산에는 한계가 있고 상하의 재력에는 한계가 있으니, 어찌 두루 넉넉하게 하여 두루 만족시키겠는가. 漢 文帝는 열 집의 재산을 아껴서 이미 누각의 터가 마련되었으나 한 누대를 쌓지 않았으니 이에 부유해지고 인구가 많아진 공을 이루었다. 唐 太宗은 秦나라의 폐단을 거울로 삼아서 재용이 이미 갖추어졌으나 전각 하나를 짓지 않았으니, 이에 貞觀의 치적을 이루었다. 한 몸의 욕심을 절제하는 것은 매우 미미한 일이지만 功效와 利益이 세상에 미치는 것은 매우 크고, 한때의 욕심을 막는 것은 매우 미미한 일이지만 백 년의 기초를 배양하는 것에서는 매우 드러나게 되니, 임금이 살피지 않을 수 있겠는가.

愚按 太宗可謂知化民之本矣라 一殿之建에 材木已具하되 監秦皇之侈하여 而亟已之하고 一閣之營을 公卿所請하되 慕漢帝之儉하여 而竟不許하니 其所以致貞觀之富庶也宜哉라

내가 살펴보건대, 太宗은 백성을 교화하는 근본을 알았다고 말할 만하다. 전각 하나 짓을 적에 재목이 이미 갖추어졌으나 秦 始皇의 사치를 거울로 삼아 급히 중지하

---

2) 富庶 : 나라가 부유하고 백성이 많음을 말한다. ≪論語≫ 〈子路〉에 "孔子가 衛나라로 갔는데, 冉有가 수레를 몰았다. 공자가 '사람이 많구나.' 하였다. 염유가 '이미 사람이 많다면, 무엇을 더 하시겠습니까?'라고 여쭈자, 공자가 '부유하게 해주겠다.' 하였다.〔子適衛 冉有僕 子曰 庶矣哉 冉有曰 旣庶矣 又何加焉 曰 富之〕"라고 하였다.

였고, 누각 하나 건설하기를 公卿이 요청하였으나 漢 文帝의 검소함을 본받아서 마침내 허락하지 않았으니, 貞觀 때에 사람들이 부유해지고 인구가 많아진 것을 이룬 것이 마땅하구나.

18-2-1

貞觀四年에 **太宗謂侍臣曰 崇飾宮宇**하고 **遊賞池臺**는 **帝王之所欲**이나 **百姓之所不欲**이라 **帝王所欲者放逸**하고 **百姓所不欲者勞弊**하나니 **孔子云**호대 **有一言可以終身行之者**하니 **其恕乎**인저 **己所不欲**을 **勿施於人**①이라하시니 **勞弊之事**는 **誠不可施於百姓**이라 **朕尊爲帝王**하고 **富有四海**라 **每事由己**하니 **誠能自節**이라 **若百姓不欲**이어든 **必能順其情也**니라

① 勿施於人：施，平聲，後同．論語之辭．
施(은혜를 베풀다)는 平聲이다. 뒤에도 같다. 〈'勿施於人'은〉 ≪論語≫ 〈衛靈公〉의 말이다.

貞觀 4년(630)에 太宗이 近臣에게 말하였다.
"궁전을 높이 지어 꾸미고, 연못가 누대에서 노닐며 감상하는 것은 제왕 된 자의 원하는 것이지만, 백성은 원치 않는 것이오. 제왕이 원하는 것은 방탕한 것이고, 백성이 원치 않는 것은 수고롭고 피곤한 것이오. 孔子가 이르기를 '한 마디 말을 일생토록 행해야 할 것이 있으니 恕일 것이다. 자기가 원하지 않는 것을 다른 사람에게 행하지 말라.'고 하였소. 수고롭고 피곤한 일은 진실로 백성에게 행해서는 안 되오. 朕은 존귀함은 제왕이오. 부유함은 천하를 소유하고 있소. 매사가 나에게서 말미암으니, 진정 스스로 절제해야 하오. 만일 백성이 원치 않는다면 반드시 그 민심을 따라야 하오."

18-2-2

魏徵曰 陛下本憐百姓하여 **每節己以順人**하니 **臣聞以欲從人者昌**하고 **以人樂己者亡**②[3]이라하니 **隋煬帝志在無厭**③하여 **惟好奢侈**④하니 **所司每有供奉營造**⑤에 **小不稱**

3) 以欲從人者昌 以人樂己者亡：≪春秋左氏傳≫ 僖公 21년에 "자기의 욕심을 버리고 남을 따르면 좋지만, 남에게 제 욕심을 따르게 하면 이룸이 적다.〔以欲從人則可 以人從欲鮮濟〕"라고 하였다.

意⑥면 則有峻罰嚴刑이라 上之所好는 下必有甚[4]하니 競爲無限이라가 遂至滅亡이라 此非書籍所傳이오 亦陛下目所親見이니 爲其無道⑦라 故天命陛下代之하시니 陛下若以爲足인댄 今日不啻足矣⑧나 若以爲不足인댄 更萬倍過此라도 亦不足이니이다 太宗曰 公所奏對甚善하니 非公이면 朕安得聞此言이리오하더라

② 樂己者亡 : 樂, 音洛.
樂(즐겁다)은 音이 洛이다.
③ 隋煬帝志在無厭 : 平聲.
〈厭(만족하다)은〉 平聲이다.
④ 惟好奢侈 : 好, 去聲, 後同.
好(좋아하다)는 去聲이다. 뒤에도 같다.
⑤ 所司每有供奉營造 : 供, 平聲.
供(제공하다)은 平聲이다.
⑥ 小不稱意 : 稱, 去聲.
稱(걸맞다)은 去聲이다.
⑦ 爲其無道 : 爲, 去聲.
爲(위하다)는 去聲이다.
⑧ 今日不啻足矣 : 啻, 音翅.
啻(뿐)는 音이 翅이다.

魏徵이 말하였다.

"폐하께서는 본래 백성을 가엾어 하시어 매번 자신의 욕심을 절제하시어 사람들의 뜻을 따랐습니다. 신이 듣기에 '자기의 욕심을 버리고 남을 따르는 자는 창성할 것이나, 남에게 제 욕심을 즐겁게 하는 자는 망한다.'고 하였습니다. 隋 煬帝는 만족함이 없는 탐욕에 마음을 두어서, 오직 사치를 좋아하였는데, 담당 관청에서 공급하고 만드는 것마다 조금이라도 마음에 들지 않으면 준엄한 형벌을 주었습니다. 윗사람이 좋아하는 것은 아랫사람이 반드시 더 좋아하게 되는 것인데, 서로 경쟁하기를 끝이 없이 하다가 마침내 멸망에 이르게 되었습니다. 이것은 책으로 전해진 것이 아니고, 또한 폐하께서 친히 목도한 것이니, 수 양제가 무도하였기 때문에 하늘이 폐하께 명하여 그를 대신하게 하였

4) 上之所好 下必有甚 : ≪孟子≫ 〈滕文公 上〉에 "윗사람이 무엇을 좋아함이 있으면 아랫사람이 반드시 그보다 더 심하게 한다.〔上有好者 下必有甚焉者矣〕"라고 하였다.

습니다. 폐하께서 만일 만족스럽게 여기신다면 금일만 만족하지 않을 것이고, 만일 만족스럽지 못하다고 여기신다면 이보다 만 배가 된다고 하더라도 또한 만족하지 못하실 것입니다."

이에 태종이 말하였다.

"공의 아뢴 대답이 매우 훌륭하오. 공이 아니면 짐이 어찌 이와 같은 말을 들을 수 있겠소."

18-3-1

貞觀十六年에 **太宗謂侍臣曰 朕近讀劉聰傳**①하니 **聰將爲劉后**②하여 **起䳨儀殿**이어늘 **廷尉陳元達**③ **切諫**하니 **聰大怒**하여 **命斬之**한대 **劉后手疏啓請**하되 **辭情甚切**이라 **聰怒乃解**하고 **而甚愧之**④라 **人之讀書**는 **欲廣聞見以自益耳**니 **朕見此事**가 **可以爲深誡**이라 **比者**⑤**欲造一殿**하고 **仍構重閣**⑥하여 **今於藍田**⑦**採木**하여 **竝已備具**러니 **遠想聰事**하고 **斯作遂止**라

① 劉聰傳：去聲. 劉聰, 字玄明, 元海第四子, 本新興匈奴, 以漢高祖嘗以宗女妻冒頓, 故子孫冒劉姓. 元海於晉永興中立國, 是爲前趙. 聰殺兄自立.
〈傳(전기)은〉 去聲이다. 劉聰은 字가 玄明이니, 元海(劉淵)의 넷째 아들인데 본래 새로 일어난 匈奴이며, 漢나라 高祖가 宗女를 冒頓(묵특)의 처로 보낸 적이 있다. 그러므로 자손이 劉氏姓을 썼다. 원해는 晉나라 永興 연간(304~306)에 나라를 세우니 前趙이다. 유총이 형을 죽이고 스스로 즉위하였다.

② 聰將爲劉后：爲, 去聲. 后, 太保劉殷之女, 爲左貴嬪, 後立爲后.
爲(위하다)는 去聲이다. 后는 太保 劉殷의 딸이며 左貴嬪이 되었다가 뒤에 皇后에 세워졌다.

③ 廷尉陳元達：廷尉, 獄官也. 元達, 字長宏, 後部人. 本姓高, 以生月妨父, 改姓陳.
廷尉는 獄官이다. 元達은 字가 長宏이며 後部(匈奴 北部) 사람이다. 본래 성은 高이며 태어난 달이 아버지에게 좋지 않다고 하여 성을 陳으로 고쳤다.

④ 聰怒乃解 而甚愧之：晉載記,[5] "劉聰將起殿於後庭, 陳元達切諫, 聰大怒曰 '吾爲萬機主, (記)〔豈〕[6]問汝鼠子乎.' 將出斬之." 時在逍遙園李中堂, 劉后聞之, 密勅停刑. 上手疏曰 '今宮室已備, 宜愛民力, 廷尉之言, 四海之福也. 陛下宜加封賞, 而更誅之, 四海謂陛下如何哉. 陛下今興工費廣, 爲妾營殿, 而殺諫臣, 使天下罪妾, 妾何以當之. 願賜死, 以塞陛下之過.' 聰覽

---

5) 載記：列國에 관한 기록이란 뜻인데, ≪晉書≫에서는 권말에 江北에서 明滅했던 16國의 역사를 약술하여 붙였다. 역사에 名號를 세웠으나 정통이 아닌 자의 傳記를 '載記'라 하였다.

6) (記)〔豈〕：저본에는 '記'로 되어 있으나, ≪晉書≫ 〈劉聰載記〉에 의거하여 '豈'로 바로잡았다.

之, 命引元達, 謝之曰 '外輔如公, 內輔如后, 朕復何憂.' 更命園曰納賢園, 堂曰愧賢堂."
≪晉書≫ 〈劉聰載記〉에 "劉聰이 後庭에 전각을 지으려고 했는데, 陳元達이 절실하게 간하여 막자, 유총이 크게 노하여 말하였다. '내가 萬事를 총괄하는 군주가 되어 어찌 너 같은 쥐새끼에게 묻겠는가. 그를 데리고 나가서 참수하라.' 〈진원달이 끌려가다가〉 그때 逍遙園에 李中堂〈의 기둥을 잡고 울부짖고〉 있자, 劉后가 그 소식을 듣고 비밀 칙서를 내려 형벌을 정지하게 하였다. 그리고 직접 상소를 써서 올려 말하였다. "지금 궁실이 이미 갖추어져서 마땅히 백성의 힘을 아껴야 하니 廷尉의 말은 천하의 복입니다. 폐하께서 마땅히 봉지와 포상을 더하여야 할 터인데 그를 참수하려 하니 천하 사람들이 폐하를 어떻게 말하겠습니까. 폐하께서 지금 공사를 일으켜 비용이 많은 데다 첩을 위하여 전각을 짓느라고 간언하는 신하를 죽여서 천하 사람들이 첩을 탓하게 한다면 첩이 어찌 그것을 감당하겠습니까. 첩에게 죽음을 내리시어 폐하의 과실을 막기를 원합니다." 유총이 그것을 보고 진원달을 데리고 오게 하여 사과하며 말하였다. '밖에서 보필함이 公과 같고 안에서 보필함이 황후와 같다면 짐이 다시 무엇을 근심하겠소.' 다시 명하여 소요원을 納賢園으로 바꾸고, 이중당을 愧賢堂으로 바꾸라고 하였다.

⑤ 比者 : 比, 音鼻.
比(근래)는 音이 鼻이다.

⑥ 仍構重閣 : 重, 平聲.
重(거듭)은 平聲이다.

⑦ 於藍田 : 藍田, 縣名, 今仍舊, 屬奉元路.
藍田은 縣의 이름이고 지금도 옛날 그대로이며 奉元路에 속한다.

貞觀 16년(642)에 太宗이 近臣에게 말하였다.

"朕이 근래 〈劉聰傳〉을 읽었는데, 劉聰이 劉后를 위해서 鵄儀殿을 지으려 하자, 廷尉 陳元達이 간절히 간언하니, 유총이 크게 노하여 그를 목 베라고 명령하였소. 유후가 직접 상소를 써서 아뢰어 청하였는데 말과 정리가 매우 절절하였기 때문에 유총이 노여움을 풀고 매우 부끄러워하였소. 사람이 독서를 하는 것은 견문을 넓혀서 자기에게 보탬이 되게 하려는 것이니, 朕이 이 일이 깊이 경계로 삼을 만하다고 생각하였소. 근래에 전각 하나와 이어서 고층 누각을 지으려 하여 지금 藍田에서 목재를 채집하여 모든 준비가 다 되었는데, 멀리 유총의 일을 생각하고서 이 작업을 마침내 중지하였소."

【集論】

愚按 隋煬帝窮土木之工하고 極宮室之麗하여 迨有甚於紂之瓊宮[7]鹿臺[8]하여 卒致家國

不保나 然亦隋文帝有以啓之也라 文帝興王之君也니 天下旣平에 而仁壽之役으로 民不勝困이라 是以後嗣倣之하여 殆有甚焉이라 太宗取孤隋殘弊之天下하니 所宜休息이라 幸而營造之事에 或納人言而止하고 或監前古而止하니 其過隋文遠矣라 觀其言曰 帝王所欲者放逸이오 百姓所不欲者勞弊라하니 以聖人之所謂恕로 而推己所不欲하여 勿施於人之心이니 君人者而味斯言也하면 豈惟崇飾宮宇池臺爲然哉리오 樂聲色也 求神仙也 闢土地也 事畋獵也 肆遊觀也는 凡非百姓之所欲者라 一以恕之하고 一言行之하니 祈天永命[9)]之道也라 魏徵之復其君曰 陛下若以爲足하면 今日不啻足矣라 若以爲不足하면 更萬倍過此라도 亦不足이라하니 此言尤爲君人之格言也라 或曰 太宗之言은 固善矣나 飛山翠微玉華[10)]之作何居오 蓋飛山之作에 旣有魏徵之諫하고 而翠微玉華以有疾避暑어늘 而卽其舊以修之하니 未可以是而求其備也라

내가 살펴보건대, 隋 煬帝는 土木工事를 끝까지 하고 宮室의 화려함을 지극히 하여 紂王의 瓊宮과 鹿臺보다 심함이 있어서 마침내 국가를 보존하지 못하였으나 또한 隋文帝가 그 길을 열어놓은 것이다. 文帝는 왕업을 일으킨 군주였는데 천하가 태평해지고 나자 仁壽宮의 공사로 백성들이 곤궁함을 감당할 수 없었다. 이 때문에 후계자가 그것을 본받아서 그보다 더 심하게 하였다.

太宗이 고립된 隋나라의 피폐한 천하를 차지하였으니 쉬는 것이 마땅하다. 요행히 건물을 짓는 일에 남의 말을 받아들여 그치거나 옛날의 일을 살펴 그치니, 수 문제보다 매우 뛰어나다. 태종이 "제왕이 원하는 것은 방탕이고, 백성이 원하지 않는 것은 수고롭고 피곤한 것이오."라고 한 말을 살펴보면, 聖人이 말한 恕, 즉 자기가 원하지 않는 것을 미루어 보아서 남에게 베풀지 않는 마음으로 한 것이다. 군주가 된 자가 이 말을 음미하면 어찌 궁실과 연못가의 樓臺를 높이 꾸미는 일에서만 그렇겠는가. 聲色을 즐기고, 神仙을 구하고, 영토를 개척하고, 사냥을 일삼고, 유람을 제멋대로 하는 것은 모두 백성이 원하는 것이 아니다. 한 가지 일로 미루어 헤아리고 한 마디 말로 시행하니 하늘에 국가의 운명이 영원하도록 기원하는 방도이다.

魏徵이 다시 그 임금에게 말하기를 "폐하께서 만일 만족스럽게 여기신다면 금일만 만족하지 않을 것이고, 만일 만족스럽지 못하다고 여기신다면 이보다 만 배가 된다

7) 瓊宮 : 商나라 紂王이 세운 瓊室이다.

8) 鹿臺 : 옛날 臺의 이름으로 商나라 紂王의 珠玉錢帛을 저장한 곳이다.

9) 祈天永命 : ≪書經≫ 〈周書 召誥〉에 보인다.

10) 飛山翠微玉華 : 唐 太宗이 수리했거나 새로 지은 長安의 궁전 이름이다.

하더라도 또한 만족하지 못하실 것입니다."라고 하였으니, 이 말은 더욱 임금이 된 사람을 위한 格言이다. 혹자가 말하기를 "태종의 말이 진실로 좋습니다만, 飛山宮・翠微宮・玉華宮을 지은 것은 어찌된 것입니까." 하였는데, 비산궁을 짓고 나서 위징의 간함이 있었고 취미궁・옥화궁은 병이 있어 더위를 피하는 곳인데 옛것을 수리한 것이니 이것을 가지고 완비하기를 요구할 수는 없다.

18-4-1

貞觀十一年에 **詔曰 朕聞死者**는 **終也**니 **欲物之反眞也**[11)]요 **葬者**는 **藏也**니 **欲令人之不得見也**①[12)]라 **上古垂風**에 **未聞於封樹**하고 **後世貽則**하여 **乃備於棺槨**②이라 **譏僭侈者**는 **非愛其厚費**오 **美儉薄者**는 **實貴其無危**라 **是以唐堯**는 **聖帝也**라 **穀林有通樹之說**③하고 **秦穆**은 **明君也**라 **橐泉無丘隴之處**④하고 **仲尼**는 **孝子也**라 **防墓不墳**⑤[13)]하시고 **延陵**은 **慈父也**라 **嬴博可隱**⑥하니 **斯皆懷無窮之慮**하고 **成獨決之明**하여 **乃便體於九泉**이요 **非徇名於百代也**라 **洎乎闔閭違禮**하여 **珠玉爲鳧雁**⑦하고 **始皇無度**하여 **水銀爲江海**⑧하고 **季孫擅魯**하여 **斂以璵璠**⑨하고 **桓魋專宋**에 **葬以石椁**⑩하여 **莫不因多藏以速禍**하고 **由有利而招辱**이라 **玄廬旣發**에 **致焚如於夜臺**⑪하고 **黃腸再開**에 **同暴骸於中野**⑫하니 **詳思曩事**에 **豈不悲哉**아 **由此觀之**건대 **奢侈者 可以爲戒**요 **節儉者 可以爲師矣**라

① 欲令人之不得見也：令, 平聲.
令(하여금)은 平聲이다.

② 乃備於棺槨：易大傳曰 "古之葬者, 厚衣之以薪, 葬之中野, 不封不樹, 喪期無數. 後世聖人, 易之以棺槨."
〈易大傳〉(〈繫辭傳〉)에 말하기를 "옛날 葬禮하는 자들은 섶을 두껍게 입혀서 들 가운데 葬禮하여 封墳하지 않고 나무를 심지 않으며 喪期가 일정한 數가 없었는데, 후세에 聖人이 棺槨으로 바꾸었다." 하였다.

---

11) 死者……欲物之反眞也：≪漢書≫ 〈楊王孫傳〉에 "죽음은 일생의 큰 변화이고 만물의 본원으로 회귀하는 것이다. 회귀하는 것이 이르고 변화하는 것이 변화하면 이것이 바로 만물이 각각 그 眞源으로 돌아가는 것이다.〔夫死者 終生之化而物之歸者也 歸者得至 化者得變 是物各反其眞也〕"라고 하였다.

12) 葬者……欲令人之不得見也：≪禮記≫ 〈檀弓 上〉의 "葬也者 藏也 藏也者 欲人之弗得見也(장례는 감추는 것이니, 감추는 것은 사람이 볼 수 없게 하는 것이다.)"을 축약하여 변형한 것이다.

13) 防墓不墳：≪禮記≫ 〈檀弓 下〉에 보인다.

③ 穀林有通樹之說 : 呂氏春秋 "堯葬穀林, 通樹之."
≪呂氏春秋≫ 〈安死〉에 "堯임금을 곡림에 장사 지내고, 온 숲에 나무를 심었다."

④ 槖泉無丘隴之處 : 秦穆公, 名任好. 史記註 "穆公葬雍州槖泉宮祈年觀下."
秦 穆公은 이름이 任好이다. ≪史記≫ 註에 "穆公을 雍州 槖泉宮 祈年觀[14] 아래에 장사 지냈다."라고 하였다.

⑤ 防墓不墳 : 孔子合葬親於防, 曰 "吾聞古也墓而不墳."
孔子가 母親을 防에 합장하고서 말하기를 "나는 들으니 옛날에는 무덤만 쓰고 봉분은 하지 않았다."[15] 하였다.

⑥ 嬴博可隱 : 吳延陵季子, 名札, 適齊而返, 其子死, 葬於嬴・博之間, 不歸鄕里.
吳나라 延陵季子는 이름이 札인데 齊나라를 갔다가 돌아오다가 그 아들이 죽으니 嬴과 博의 사이에 장사 지내고 고향으로 돌아가지 않았다.

⑦ 洎乎闔閭違禮 珠玉爲鳧雁 : 闔閭, 吳王名. 葬虎丘山下, 發士十萬人治葬, 穿土爲川, 積壤爲丘, 銅棺三重, 墳池六尺, 以黃金珠玉爲鳧雁.
闔閭는 吳王의 이름이다. 虎丘山 아래에 장사 지냈는데, 군사 10만 명을 동원하여 장사를 치르게 하여 흙을 파서 시내를 만들고 흙덩이를 쌓아서 언덕을 만들고 銅棺을 세 겹으로 만들고 봉분 주변의 연못을 6척 깊이로 만들고 黃金과 珠玉으로 오리와 기러기를 만들었다.

⑧ 始皇無度 水銀爲江海 : 秦始皇葬於驪山, 吏徒數十萬, 曠日十年, 合采金石, 被以珠玉, 水銀爲江海, 人膏爲燈燭.
秦 始皇은 驪山에서 묻혔는데, 吏徒 수십만 명이 10년의 세월을 허비하고 金石을 채집하여 주옥으로 입히고 수은으로 강과 바다를 만들고 사람의 기름으로 등불을 켰다.

⑨ 斂以璵璠 : 斂, 去聲. 璵, 音與. 璠, 音煩. 季孫, 魯大夫季平子也. 左傳 "定公五年, 季平子行東野, 還, 未至, 卒於房. 陽虎將以璵璠斂, 仲梁懷不與曰 '改步改玉.' 陽虎欲逐之, 告公山不狃, 不狃曰 '彼爲君也, 子何怨焉.'"
斂(염습)은 去聲이다. 璵는 音이 與이다. 璠은 음이 煩이다. 季孫은 魯나라 大夫 季平子이다. ≪春秋左氏傳≫에는 "定公 5년에 계평자가 東野에 갔다가 노나라로 돌아오는 길에 이르지 못하고 房에서 죽었다. 陽虎는 璵璠이란 보옥을 넣어 염을 하려 했으나 仲梁懷가 내주지 않으면서 말하기를 '걸음걸이를 바꾸면 차는 옥도 지위에 따라 바꾼다.'라고 했다. 그래서 양호는 중량회를 쫓아내려고 公山不狃에게 고하니, 공산불뉴가 말하기를 '저 사람이 임금을 위해서 하는 것이니, 그대가 어찌 원망하겠는가.'라고 하였다." 하였다.

⑩ 桓魋專宋 葬以石槨 : 魋, 音頹. 桓魋, 宋向戍之孫, 爲司馬. 禮記 "子遊曰 '昔者夫子居於宋, 見桓司馬自造石槨, 三年而不成. 夫子曰「若是其靡也, 死不如速朽之愈也.」'"
魋는 音이 頹이다. 桓魋는 宋나라 向戍의 손자이고 司馬가 되었다. ≪禮記≫ 〈檀弓 上〉에 "子遊가 말하였다. '옛날에 선생님께서 송나라에 계실 때에 桓司馬가 스스로 석곽을 만드

14) 祈年觀 : 秦 穆公 때 만든 건물이다.
15) 孔子가……하였다 : 이는 ≪禮記≫ 〈檀弓 上〉의 글이다.

는데 3년이 되어도 이루지 못하는 것을 보고, 선생님께서 말씀하시기를 「이와 같이 사치하게 하는 것보다는 죽어서 빨리 썩는 것이 낫다.」 하였다.'"라고 하였다.

⑪ 致焚如於夜臺 : 玄廬・夜臺, 墓之別名也.
玄廬와 夜臺는 묘의 다른 이름이다.

⑫ 黃腸再開 同暴骸於中野 : 漢梁商薨, 賜以東園朱壽之器, 銀鏤黃腸. 註云 "器, 棺也, 以朱飾之, 以銀鏤之, 以柏木黃心爲槨, 曰黃腸也."[16)]
漢나라 梁商이 죽자 東園(장례 담당 관청)의 朱壽之器(붉은 빛 장식 관)에 은으로 아로새긴 黃腸을 썼는데, 그 註에 "器는 棺이다. 붉은색으로 장식을 하고 은으로 아로새기고 측백나무의 노란 木心으로 外槨을 만드는데 '黃腸'이라고 한다." 하였다.

貞觀 11년(637)에 太宗이 조서를 내렸다.

"朕이 듣기에 죽음은 끝마치는 것이니 만물이 眞源으로 되돌아가게 하는 것이고, 장례는 감추는 것이니 사람이 볼 수 없게 하는 것이라고 하였소. 오랜 옛날부터 전해온 풍속에는 봉분을 하거나 나무를 심었다는 것은 듣지 못하였고, 후세에 규범을 지어 비로소 관곽을 마련하게 된 것이오. 참람하며 사치스런 장례를 비난하는 것은 비용을 아끼지 않기 때문이고, 검약을 훌륭하다고 하는 것은 실로 도굴의 위험이 없는 것을 귀하게 여기기 때문이오. 그러므로 堯임금은 聖帝여서 〈장사를 지낸〉 穀林은 온통 나무를 심었다는 말이 있고, 秦나라 穆公은 명군이어서 〈장사를 지낸〉 橐泉은 구릉이 없는 곳이었으며, 仲尼는 효자여서 防墓(孔子 父母 合葬墓)를 만들 때에 봉분을 높이지 않았으며, 延陵季子는 자애로운 아버지여서 嬴邑과 博邑 사이에 아들을 장사 지냈소. 이는 모두가 끝없는 우려(도굴)를 생각하고, 홀로 현명하게 결정을 이루어서 시신을 九泉에 편히 있게 한 것이지, 후세에 이름을 남기기 위한 것이 아니오.

그런데 吳나라 闔閭가 예를 어겨서 주옥으로 물오리와 기러기를 만들었고, 秦 始皇은 법도가 없어서 수은으로 강과 바다를 만들었으며, 季孫은 魯나라 정권을 휘두르다가 죽어서는 아름다운 보옥인 璵璠(여번)으로 염습을 하였으며, 桓魋는 宋나라를 전횡하다가 죽어서는 石槨을 만들어 장례에 쓰려고까지 하여, 이들은 많은 부장품으로 인해서 화를 재촉하고, 이로운 물건 때문에 욕을 보았소. 玄廬(분묘의 이름)는 파헤쳐지고서 夜臺(분묘의 이름)를 불태우는 데에 이르렀고, 黃腸(관곽의 이름)은 다시 열려서 해골이 들에 모두 드러났소. 자세

16) 漢梁商薨……曰黃腸也 : ≪後漢書≫ 〈梁商傳〉에 보인다. 註는 唐 章懷太子 李賢이 지은 것이다.

히 지난 일을 생각해보면 어찌 슬픈 일이 아니겠소. 이를 통해 살펴보건대 사치하는 자는 경계로 삼을 만하며, 절검하는 자는 스승으로 삼을 만하오.

18-4-2

朕居四海之尊하고 承百王之弊하여 未明思化하고 中宵戰惕하니 雖送往之典이 詳諸儀制하고 失禮之禁이 著在刑書나 而勳戚之家가 多流通於習俗하고 閭閻之內가 或侈靡而傷風하여 以厚葬爲奉終하고 以高墳爲行孝하여 遂使衣衾棺槨으로 極雕刻之華하고 靈輀冥器로 窮金玉之飾하여 富者越法度以相尙하고 貧者破資產而不逮하여 徒傷教義하고 無益泉壤하니 爲害既深이라 宜爲懲革⑬이니 其王公已下로 爰及黎庶히 自今已後로 送葬之具에 有不依令式者면 仰州府縣官하여 明加檢察하여 隨狀科罪하고 在京五品已上과 及勳戚家를 仍錄奏聞⑭하라

⑬ 宜爲懲革：宜爲之爲, 去聲.
'宜爲'의 爲(위하다)는 去聲이다.
⑭ 貞觀十一年……仍錄奏聞：舊本此章在愼終篇, 今附入此.
舊本에 이 장이 〈論愼終〉篇에 있었는데 지금 여기에 붙인다.

朕은 천하의 존귀한 자리에 있으며 백왕의 폐단을 이어받아, 새벽부터 교화를 생각하고 밤늦도록 전전긍긍하고 있소. 비록 죽은 자를 보내는 장례 법식이 제도에 상세하고, 예에 어긋난 것을 금함이 형법책에 기록되어 있으나, 勳戚의 집안들이 대부분 습속을 따르고, 민간 집안에서도 간혹 화려한 장례를 하여 풍속을 해치고 있소. 장례를 후하게 하는 것을 죽은 자를 받드는 것으로 여기고 봉분을 높이는 것을 효를 행한다고 여겨서, 드디어 수의・이불・관곽에 치장하는 화려함을 다하고 영구차와 副葬하는 기물에 황금과 주옥의 장식을 극진히 하오. 부유한 자는 법도를 넘어 서로 높이고 가난한 자는 재산을 전부 팔아도 미치지 못하오. 이것은 교화 예의를 손상시키는 것이며 황천에 이익이 없으니, 해로움이 이미 크므로 마땅히 징계하고 고쳐야 할 것이오. 왕공 이하로부터 서민에 이르기까지 지금 이후로 장사 지내는 도구에 규정을 따르지 않는 자가 있으면 州・府・縣의 관리에 의하여 명확하게 검사하여 상황에 따라 죄를 내리도록 하고, 서울에 있는 5品 이상과 훈척 집안 중에 위반자를 그대로 기록

하여 보고하도록 하시오."

【集論】

愚按 漢文帝嘗曰 以北山爲槨하고 用紵絮斮陳하고 漆其間하면 豈可動哉리오하니 張釋之對曰 使其中有可欲者면 雖錮南山이라도 猶有隙也[17]라하다 異時文帝之遺詔曰 厚葬以破業은 吾甚不取라 霸陵山川을 因其故하여 毋有所改[18]라하니 斯言也 其有感於釋之之言乎인저 唐太宗初作獻陵에 務存隆厚하니 猶文帝初年之意也라 虞世南諫而不能止라 十一年之詔는 豈非世南之言啓之歟아 愚嘗合二君之詔觀之하니 則文帝之詔는 專爲己之一身而已라 太宗之意 則欲使天下之人으로 同爲儉約之歸하여 以免於暴骸之禍하니 此又文帝之所未及也니라

내가 살펴보건대 漢 文帝가 일찍이 말하기를, "北山의 石材로 槨을 만들고 삼과 솜을 써서 잘라 관 속에 진열하고 그 사이에 옻칠을 하면 어찌 움직여 열 수 있겠는가." 라고 하니, 張釋之가 대답하기를, "가령 그 속에 탐낼 만한 물건이 있으면 비록 쇳물을 부어 南山처럼 견고하게 만들더라도 오히려 틈이 있을 것입니다."라고 하였다. 뒷날 문제가 遺詔를 내려 말하기를 "후하게 장사 지내서 家業을 파산하는 것은 내가 절대 취하지 않는다. 霸陵의 산과 냇물을 예전의 지형을 따라서 봉분으로 쓰고 고치는 것이 없게 하라."라고 하였으니, 이 말은 장석지의 말에 감동을 받은 것이다.

唐 太宗이 처음에 獻陵(태종 능)을 만들 적에 융성하게 하는 데 힘썼으니, 문제 初年의 뜻(큰 능묘 만들 뜻)과 같은 것이어서, 虞世南이 간언하였으나 그치게 할 수 없었다. 그러나 貞觀 11년의 조서는 어찌 우세남의 말이 계도한 것이 아니겠는가. 내가 일찍이 두 임금의 조서를 합하여 보니, 문제의 조서는 오로지 자기의 한 몸만 위한 것이고, 태종의 뜻은 천하의 사람들로 하여금 모두 검약하는 데로 돌아가서 해골이 드러나는 화를 면하게 하고자 한 것이니, 이는 또한 문제가 미치지 못하는 것이다.

18-5-1

岑文本爲中書令하여 宅卑濕하고 無帷帳之飾이라 有勸其營産業者한대 文本歎曰 吾本漢南一布衣耳라 竟無汗馬之勞하고 徒以文墨致位中書令하니 斯亦極矣라 荷俸祿之重①하니 爲懼已多어늘 更得言産業乎아 言者歎息而退②하다

---

17) 漢文帝嘗曰……猶有隙也 : ≪漢書≫ 권50 〈張釋之傳〉에 보인다. '北山'은 '北山石'으로 되어 있다.
18) 厚葬以破業……毋有所改 : ≪漢書≫ 권4 〈文帝紀〉에 보인다. 霸陵은 文帝의 능이다.

① 荷俸祿之重 : 荷, 去聲.
　荷(메다)는 去聲이다.
② 岑文本爲中書令……言者歎息而退 : 舊本自此下四章, 竝在貪鄙篇, 今附入于此.
　舊本은 이로부터 아래 4장이 모두 〈論貪鄙〉篇에 있었는데, 지금 여기에 붙인다.

岑文本이 中書令이 되어서 지세가 낮고 습한 곳에 집을 짓고 휘장을 꾸밈이 없었다. 그에게 산업을 경영하기를 권하는 자가 있었는데 잠문본이 탄식하면서 말하였다.

"나는 본래 漢南 지역의 일개 백성일 뿐이오. 끝내 전쟁에서의 공로는 없고 다만 文墨으로 중서령의 지위에 이르렀으니 또한 지극한 것이오. 많은 봉록을 받아서 매우 두려운데 다시 사업을 말할 수 있겠소."

말한 자가 탄식하면서 물러갔다.

【集論】

愚按 儉約者는 人之所難能也라 何曾[19]之先見으로도 而日食萬錢하고 謝安[20]之相業으로도 而不忘聲色하니 儉約豈可易能哉리오 雖然이나 有其道矣라 孟子曰 志士는 不忘在溝壑하고 勇士는 不忘喪其元[21]이라하니 士之仕於人之國者가 唯不忘其貧賤之時하면 則自無侈靡之失矣라 岑文本[22]이 身爲中書令하여 而能不忘其爲漢南布衣時하니 玆所以能不營産業하여 而爲唐名相歟인저

내가 살펴보건대, 儉約은 사람이 능하기 어려운 것이다. 先見之明을 지닌 何曾도

---

19) 何曾 : 晉나라 때의 재상으로 사치를 좋아하였는데, 특히 음식의 사치는 임금보다 더하여 하루에 만 전이나 되는 많은 돈을 소비하면서도 수저를 댈 곳이 없다며 한탄하였다. 魏나라에서 벼슬할 적에 曹爽이 專權을 행사하자 병을 핑계로 물러났다가 조상이 伏誅된 뒤 다시 나간 적이 있다. ≪晉書 권33 何曾列傳≫

20) 謝安 : 東晉의 명사로 나이 40에 出仕하여 三公의 지위에까지 이르렀다. 會稽의 東山에 은거하면서 계속되는 조정의 부름에도 응하지 않고 유유자적했던 高臥東山의 고사가 전하는데, 20여 년 동안 한가로이 산수 간에 노닐 당시에 항상 가무에 능한 妓女를 대동하고서 풍류를 즐겼다. ≪世說新語 排調≫

21) 孟子曰……勇士不忘喪其元 : ≪孟子≫ 〈滕文公 下〉에 보인다.

22) 岑文本 : 字가 景仁이며 鄧州 사람이다. 貞觀 초기에 秘書郞에 임명된 뒤 〈籍田頌〉을 상주하여 中書舍人에 발탁되었는데, 관직을 잘 수행한다는 평판이 났고, 뒤에 侍郞으로 자리를 옮겼다. 정관 17년(643)에 岑文本이 東宮의 관직을 겸하고 싶어 하지 않자, 조칙을 내려 5일에 한 번 東宮에 참석하라고 했다. 뒤에 中書令으로 자리를 옮긴 뒤 세상을 떠났다.

날마다 만 전의 음식을 먹었고, 재상으로 뛰어난 공적을 세웠던 謝安도 聲色을 잊지 못하였으니, 검약을 어찌 쉽게 할 수 있겠는가. 그렇지만 그 방도가 있다. 孟子가 말하기를 "志士는 屍身이 도랑에 버려질 것을 잊지 않고, 勇士는 자기 머리를 잃을 것을 잊지 않는다."라고 하였으니, 남의 나라에 벼슬하는 선비가 오직 빈천한 때를 잊지 않으면 스스로 사치하는 잘못이 없게 된다. 岑文本은 몸이 中書令이 되어서, 능히 漢南의 평민이었던 때를 잊지 않았으니, 이것이 능히 산업을 경영하지 아니하여 唐나라의 이름 있는 재상이 된 까닭일 것이다.

18-6-1

戶部尙書戴胄[23]卒①하니 太宗以其居宅弊陋하고 祭享無所라하여 令有司特爲之造廟②하다

① 戶部尙書戴胄卒 : 子聿反.
〈卒(사망하다)은〉 子와 聿의 반절이다.
② 令有司特爲之造廟 : 令, 平聲. 爲, 去聲.
令(하여금)은 平聲이다. 爲(위하다)는 去聲이다.

戶部尙書 戴胄가 죽었다. 태종은 그의 집이 낡고 비루하여 제사 지낼 곳이 없다고 하여 有司에게 특별히 사당을 지어주게 하였다.

18-7-1

溫彦博[24]爲尙書右僕射(야)로되 家貧無正寢이러니 及薨①에 殯於旁室이라 太宗聞而嗟嘆하고 遽命所司爲造②正寢하고 厚加賻贈하다

---

23) 戴胄 : 字가 玄胤이며 相州 사람이다. 성품이 밝고 정직하였으며 재물의 출납장부를 잘 관리했다. 王世充이 찬탈을 도모할 때, 戴胄가 대의를 들어 유세하였다. 秦王(太宗)이 데려다 秦王府의 士曹參軍으로 삼았다. 貞觀 초기에 大理少卿으로 승진하고, 다시 尙書左丞으로 승진하였는데, 직책에 걸맞는다는 말이 있어 諫議大夫에 임명되었다. 杜如晦가 유언에서 인재의 선발과 등용을 대주에게 맡길 것을 청하여, 마침내 檢校吏部尙書가 되었다.

24) 溫彦博 : 字가 大臨이며 幷州 사람이다. 민첩하고 총명하며 말을 잘하였다. 隋나라 말엽에 幽州總管 羅藝가 幽州 지역을 들어서 항복할 때 온언박이 모의에 참여하였고, 온언박을 불러 郞으로 삼았는데 突厥과의 전쟁에서 포로로 잡혔다가 貞觀 초기에 비로소 돌아왔다. 얼마 후에 檢校吏部侍郎이 되었는데, 당시에 번잡하고 자질구레하다는 비난이 있었다. 그 뒤에 尙書右僕射로 자리를 옮겼다. 세상을 떠나자 特進을 추증하였다.

① 及薨：公侯死曰薨.
公侯가 죽는 것을 薨이라고 한다.
② 遽命所司爲造：爲, 去聲.
爲(위하다)는 去聲이다.

溫彦博이 尙書右僕射가 되었지만 집이 가난하여 正寢이 없어서 그가 죽었을 때 곁방에 殯所를 차렸다. 太宗이 듣고는 탄식하고 곧바로 관련 부서에 명하여 그를 위해 正寢을 짓고 부의를 넉넉히 주게 하였다.

18-8-1

魏徵宅內에 **先無正堂**이러니 **及遇疾**에 **太宗時欲造小殿**이러니 **而輟其材**하여 **爲徵營構**하니 **五日而就**커늘 **遣中使**①하여 **齎素褥布被而賜之**하여 **以遂其所尙**②하다

① 遣中使：去聲.
〈使(사신)는〉 去聲이다.
② 戶部尙書戴胄卒……以遂其所尙：此章重出任賢篇.
이 장은 〈任賢〉篇에 거듭 나온다.

魏徵의 집 안에는 과거에 正堂이 없었다. 위징이 병에 걸리자, 太宗은 그때 작은 전각을 지으려고 하였는데, 그 재목을 철거하여 위징을 위해 집을 지으니 5일 만에 준공되었다. 태종이 궁중의 사신을 보내어 흰색 이불과 베로 된 요를 내려주어 그의 검약 정신을 이루어주었다.

【集論】

愚按 奢侈者는 常情之所同樂이니 儉約者는 中人之所不堪이라 自非爲人君者가 於奢儉之際에 有以抑此揚彼하면 則爲人臣者가 何憚而去其所同樂하여 趨其所不堪乎아 戴胄居宅弊濕에 太宗爲之造廟하고 溫彦博死殯旁室에 太宗爲之造正寢하며 魏徵宅無正堂에 太宗輟其材而營之하니 三臣之儉德이 行於下하고 太宗之褒賞이 加於上하니 天下之士가 其有不聞風興起者哉아

내가 살펴보건대, 사치는 일반 사람의 감정에 똑같이 즐거워하는 것이니, 儉約은 보통 사람이 감당하지 못하는 것이다. 임금이 된 자가 스스로 사치와 검약의 사이에서 사치를 억제하고 검약을 드러내는 것이 아니라면, 신하된 자가 무엇을 꺼려서 사

람이 똑같이 즐거워하는 것을 버리고 보통사람이 감당하지 못하는 것을 추구하겠는가. 戴冑는 집이 낡고 누추하였는데 太宗이 그를 위하여 사당을 지어주었고, 溫彦博은 죽었을 때 곁방에 빈소를 차렸는데 태종이 그를 위하여 正寢을 만들어주었으며, 魏徵이 집에 正堂이 없었는데 태종이 전각을 지을 재목을 철거하여 정당을 지어주었다. 세 신하의 검약한 덕이 아래에서 행해지고 태종의 포상이 위에서 더해지니, 천하의 선비들 중에 풍문을 듣고 흥기하지 않는 자가 있겠는가.

제19편 論謙讓 謙讓을 논하다

이 편에서는 겸양에 대해 논하고 있다. 太宗은 天子는 스스로 겸양하면서 항상 두려운 마음을 지녀야 한다고 하자 魏徵은 황제가 항상 스스로 두려워하며 도를 지키면 나라가 위태롭지 않을 것이라 하였다. 孔穎達이 태종에게 존귀한 지위에 있는 황제는 남에게 총명을 뽐내고 자신을 꾸며 간언을 막으면 군신간의 도리가 무너질 것이라 하자 태종이 이 말을 훌륭하게 여겼다. 또한 당시 종친 중에 河間王 李孝恭과 江夏王 李道宗이 훌륭한 공적과 명망이 있는데도 항상 겸양하는 것을 높이 평가하였다.

凡三章.
모두 3장이다.

19-1-1

貞觀二年에 **太宗謂侍臣曰 人言 作天子**면 **則得自尊崇**하여 **無所畏懼**라하되 **朕則以爲正合自守謙恭**하여 **常懷畏懼**라 **昔舜誡禹曰 汝惟不矜**하나 **天下莫與汝爭能**이요 **汝惟不伐**하나 **天下莫與汝爭功**①이라하시고 **又易曰 人道惡盈而好謙**②이라하니 **凡爲天子**가 **若惟自尊崇**하고 **不守謙恭者**라 **在身儻有不是之事**면 **誰肯犯顔諫奏**리오 **朕每思出一言**하며 **行一事**에 **必上畏皇天**하며 **下懼群臣**하노라 **天高聽卑**[1]하니 **何得不畏**리오 **群公卿士**가 **皆見瞻仰**하니 **何得不懼**리오 **以此思之**하여 **但知常謙常懼**호대 **猶恐不稱天心及百姓意也**③하노라 **魏徵曰 古人云 靡不有初**나 **鮮克有終**④이라하니 **願陛下守此常謙常懼之道**하여 **日愼一日**[2]하면 **則宗社永固**하여 **無傾覆矣**리니 **唐虞所以太平**은 **實用此法**이니이다

① 汝惟不矜……天下莫與汝爭功 : 虞書大禹謨之辭.
《書經》〈虞書 大禹謨〉의 말이다.

② 人道惡盈而好謙 : 惡·好, 竝去聲. 易謙卦彖辭.
惡(싫어하다)와 好(좋아하다)는 모두 去聲이다. 《周易》 謙卦 〈彖傳〉의 말이다.

---

1) 天高聽卑 : 《史記》 〈宋微子世家〉에 보인다.

2) 日愼一日 : 《淮南子》 〈主術訓〉에 보인다.

③ 猶恐不稱天心及百姓意也：稱, 去聲.
稱(걸맞다)은 去聲이다.
④ 靡不有初 鮮克有終：鮮, 上聲. 詩大雅蕩篇之辭.
鮮(드물다)은 上聲이다. ≪詩經≫ 〈大雅 蕩〉篇의 말이다.

貞觀 2년(628)에 太宗이 近臣에게 말하였다.

"사람들의 말에 천자가 되면 자기를 높일 수 있어서 두려울 것이 없다고 하지만, 짐은 천자가 스스로 겸손과 공경을 지켜서 항상 두려운 마음을 지니는 것이 합당하다고 생각하오. 옛날 舜임금이 禹에게 훈계하여 말하기를 '그대가 능력을 자랑하지 않으나 천하에 그대와 더불어 능력을 다툴 자가 없고, 그대가 공을 자랑하지 않으나 천하에 그대와 더불어 공을 다툴 자가 없다.'고 하였고, 또 ≪周易≫ 謙卦 〈彖傳〉에 말하기를 '사람의 도는 가득함을 미워하고 겸손함을 좋아한다.'고 하였소.

무릇 천자가 만일 스스로를 높이고 겸손과 공경을 지키지 않는 자여서, 그 몸에 혹시 옳지 않은 일이 있게 되면 누가 안색을 범하면서 간쟁하려 하겠소. 짐은 항상 한 마디 말을 내거나 한 가지 일을 행할 때마다 반드시 위로는 하늘을 두려워하고 아래로는 여러 신하들을 두려워해야 한다고 생각하오. 하늘은 높은 곳에서 낮은 곳의 말을 다 들으니, 어찌 두려워하지 않을 것이며, 여러 공경과 선비들이 모두가 우러러 보고 있으니 어찌 두려워하지 않을 수 있겠소. 이를 생각하면 다만 항상 겸손하고 항상 두려워해야 함을 알지만, 그래도 하늘의 뜻과 백성의 뜻에 부합되지 않을까 두렵소."

魏徵이 말하였다.

"옛사람이 말하기를 '처음을 잘하지 않는 경우는 없으나 끝을 잘 맺는 경우는 드물다.'고 하였습니다. 바라건대 폐하께서도 이와 같이 항상 겸손하고 항상 두려워하는 도를 지키면서 날마다 더욱 삼가신다면 종묘사직은 영원히 군건하여 기울거나 전복되는 일이 없을 것입니다. 唐虞의 시대에 태평하였던 것은 실로 이 법을 사용하였기 때문입니다."

【集論】

呂氏祖謙曰 無逸之書에 稱商三宗[3]之享國하고 而周公蔽之以一言하여 曰畏而已라하다 蓋

惟天子之尊으로 苟以無所畏之心而自恃하면 則治易忘亂하고 安易忘危하여 危亂而不自知矣라 惟能以有畏爲心하면 則上焉天心享之하고 下焉臣民歸之하니 如是而不安者는 未之有也라 太宗貞觀之治가 所以致之者는 固有其道호대 而大要莫先於此라하다

呂祖謙이 말하였다.

"≪書經≫ 〈周書 無逸〉의 글에 商나라 三宗이 나라를 향유한 것을 말하고서 周公이 한마디 말로 총괄하여 말하기를 '〈삼종이〉 두려워하였다.'라고 하였다. 오직 천자의 존귀함으로도 진실로 두려워하는 마음이 없이 자신만을 믿으면, 다스려질 때 어지러움을 잊기가 쉽고 편안할 때 위태로움을 잊기가 쉬워서, 어지럽고 위태로워지는데도 스스로 알지 못한다. 두려워하는 것으로 마음가짐을 삼을 수 있다면 위로는 天心을 누리고 아래로는 臣民이 귀부하게 될 것이니, 이와 같이 하고 편안하지 않은 이는 아직 없었다. 太宗의 貞觀之治가 이루어진 까닭은 진실로 방도가 있었는데 큰 요점은 이보다 우선하는 것이 없다."

愚按 昔史臣贊堯曰 允恭克讓하여 光被四表[4]라하고 贊舜曰 濬哲文明하고 溫恭允塞[5]이라하니라 夫堯舜은 五帝之盛帝也라 聖德輝光이 在謙讓而已라 易之謙曰 天道下濟而光明[6]이라하니 天道而非下濟하면 則亢矣라 何自而見(현)其光明哉리오 太宗謂天子不當自尊崇하고 正合謙恭이라하니 此帝王之盛德也라 魏徵於此時에 不將順其美[7]하고 而擧詩之靡不有初나 鮮克有終하고 望其君謂常謙常懼하여 日愼一日이니 唐虞所以太平이 寔用此法이라하니 是固有以知太宗之心矣라 蓋以堯舜之所以謙讓終始如一은 非一時之言也니 後之人君이 志於帝王之道者는 勉之哉인저

내가 살펴보건대, 옛날에 史臣이 堯임금을 찬미하여 "진실로 공손하고 능히 겸양하시어 광채가 사방에 펴졌다."라고 하고, 舜임금을 찬미하기를 "깊고 명철하고 문채나고 밝으시며 온화하고 공손하고 성실하고 독실하시다."라고 하였다. 요순은 五帝의 시대에 성대한 임금이라, 성스러운 덕과 밝은 빛이 겸양에서 나올 뿐이었다.

≪周易≫ 謙卦 〈彖傳〉에 말하기를 "天道는 아래로 交際하여 光明하다."라고 하였는

3) 三宗 : 殷나라의 中宗·高宗·祖甲을 가리킨다.

4) 允恭克讓 光被四表 : ≪書經≫ 〈虞書 堯典〉에 보인다.

5) 濬哲文明 溫恭允塞 : ≪書經≫ 〈虞書 舜典〉에 보인다.

6) 天道下濟而光明 : ≪周易≫ 謙卦 〈彖傳〉에 보인다.

7) 將順其美 : ≪孝經≫ 〈事君〉에 보인다.

데, 天道가 아래로 교제하지 않으면 너무 높이 올라갈 것이니, 어찌 스스로 光明을 드러낼 수 있겠는가. 太宗이 '천자는 스스로 높이는 것이 마땅하지 않고 마땅히 겸손하고 공경하는 마음을 지녀야 한다.'고 하였으니, 이것이 제왕의 성대한 덕이다.

魏徵이 이때에 그 아름다움을 그대로 받들어 따르지 않고 ≪詩經≫ 〈大雅 蕩〉편의 "처음을 잘하지 않는 경우는 없으나 끝을 잘하는 경우는 드물다."를 거론하고, 임금에게 기대하여 말하기를 "항상 겸손하고 항상 두려워하여 날마다 더욱 삼가소서. 唐虞時代에 태평하였던 것은 실로 이 법을 사용하였기 때문입니다."라고 하니, 이는 진실로 태종의 마음을 안 것이다. 요순이 시종일관 겸양했던 것은 한때의 말이 아니니, 후대의 임금 중에 제왕의 도에 뜻을 두는 이들은 힘써야 할 것이다.

19-2-1

貞觀三年에 太宗問給事中孔穎達曰 論語云 以能問於不能하며 以多問於寡하며 有若無하고 實若虛라하니 何謂也①오 穎達對曰 聖人設教는 欲人謙光[8]이니 己雖有能이나 不自矜大하여 仍就不能之人하여 求訪能事하고 己之才藝雖多나 猶病以爲少하여 仍就寡少之人하여 更求所益하고 己之雖有나 其狀若無하고 己之雖實이나 其容若虛하니 非惟匹庶라 帝王之德도 亦當如此라 夫②帝王內蘊神明하고 外須玄默하여 使深不可知라 故易稱호대 以蒙養正③하고 以明夷莅衆④이라하니 若其位居尊極하여 炫耀聰明하고 以才陵人하며 飾非拒諫[9]하면 則上下情隔하고 君臣道乖니 自古滅亡이 莫不由此也니이다 太宗曰 易云호대 勞謙이니 君子有終하여 吉⑤이라하니 誠如卿言이로다하고 詔賜物二百段하다

① 以能問於不能……實若虛：論語曾子之言.
≪論語≫ 〈泰伯〉편의 曾子의 말이다.

② 夫：音扶.
〈夫(대저)는〉 音이 扶이다.

③ 以蒙養正：易蒙卦彖辭曰 "蒙以養正."
≪周易≫ 蒙卦 〈彖傳〉에 "어릴 때 바른 도리를 기른다."라 하였다.

④ 以明夷莅衆：莅, 音隸. 易象傳曰 "明入地中, 明夷, 君子以莅衆, 用晦而明."

---

8) 謙光：≪周易≫ 謙卦 〈彖辭〉의 "겸손하면 빛난다.〔謙尊而光〕"를 줄인 것이다.

9) 飾非拒諫：≪史記≫ 〈殷本紀〉의 "지혜는 간언을 막을 수 있고, 말은 잘못을 꾸밀 수 있다.〔知足以距諫 言足以飾非〕"에서 유래한 것이다.

莅는 音이 隸이다. ≪周易≫ 明夷卦 〈象傳〉에 말하였다. "밝음이 땅속으로 들어감이 明夷이니, 군자는 이를 본받아 무리를 대할 때에 어둠을 써서 밝게 한다."

⑤ 勞謙……吉 : 易謙卦九三爻辭.

≪周易≫ 謙卦 九三爻辭이다.

貞觀 3년(629)에 太宗이 給事中 孔穎達에게 물었다.

"≪論語≫ 〈泰伯〉에 '능하면서도 능하지 못한 이에게 묻고, 많은 학식을 가지고 있으면서도 학식이 적은 이에게 물으며, 있어도 없는 듯하고, 가득해도 빈 듯이 한다.'고 하였으니 무엇을 말함이오?"

공영달이 대답하였다.

"聖人이 가르침을 베푼 것은 사람으로 하여금 겸손하여 빛나게 하고자 한 것입니다. 자기가 비록 능하더라도 자랑하지 않고서 이로 인하여 능하지 못한 사람에게 가서 일을 잘 처리할 방도를 묻고, 자기의 재주가 비록 많다고 하더라도 오히려 부족하게 여겨서 이로 인하여 재주가 적은 사람에게 가서 더욱 보탬이 될 것을 구하며, 자기가 비록 가지고 있더라도 태도를 마치 변변치 못한 것처럼 하고, 자기가 비록 가득하더라도 모습을 마치 텅 빈 것처럼 하라는 것입니다. 필부나 서민뿐만 아니라 제왕의 덕 또한 당연히 이와 같아야 합니다.

제왕은 안으로는 신명을 간직하고 밖으로는 그윽한 침묵을 지켜, 그 깊이를 헤아릴 수 없게 해야 합니다. 그러므로 ≪周易≫ 蒙卦에 '어릴 때 바른 도리를 기른다.'라고 하고, 明夷卦에 '明夷로써 군중을 대한다.'라고 하였습니다. 만일 지극히 존귀한 지위에 있으면서 聰明을 뽐내고 재주로 남을 능멸하며, 자기의 잘못을 꾸며 간언을 막는다면, 상하에 마음이 막혀 군신 간에 도리가 어그러질 것입니다. 예로부터 멸망은 이를 말미암지 않은 것이 없습니다."

태종이 말하였다.

"≪周易≫ 謙卦 九三爻辭에 '공로가 있으면서도 겸손하니 군자가 끝을 좋게 마쳐 길하다.'고 하였으니, 실로 경의 설명과 같소."

태종은 조칙을 내려 비단 200단을 내렸다.

【集論】

胡氏寅曰 太宗之問은 疑其不必如是라 蓋其爲人已有善이면 惟恐人之不知라 故於不矜不

伐에 未能有行焉이니 孔穎達所對는 亦足以箴之矣라 雖然이나 吾友從事於斯之意엔 則未易曉也라 夫旣能矣에 不自以爲能 可也나 而又問於不能하고 旣多矣에 不自以爲多 可也나 而又問於少하면 彼不能與少者 將何益我리오 不幾於僞以下人者乎아 是不然하니 惟善學者는 志不倦하고 心不盈하여 一善之不聞하고 一義之不知를 歉然如飮食之不飽也라 此何所爲而然哉아 故曰 學然後에 知不足[10]이라하니라 夫聖如孔子라도 猶曰 我好古敏以求之[11]라하고 我學不厭[12]이라하니 誠以道無量하고 理無極하며 而事無方이라 太宗知之면 庶乎少進矣라

胡寅이 말하였다.

"太宗이 질문한 것은 반드시 이와 같지는 않을 것이라고 의심한 것이다. 사람됨이 이미 잘한 점이 있으면 오직 남이 알아주지 않을까 우려하기 때문에 자랑하지 않으며 과시하지 않는 것에 대해 잘 행하지 못하는 것이다. 孔穎達이 대답한 것은 또한 경계로 삼기에 충분하다.

그렇지만 〈曾子가〉 '나의 친구가 이것에 종사하였다.'고 한 뜻은 쉽게 깨닫지 못하였다. 능하고 나서 스스로 능하다고 여기지 않는 것은 괜찮지만 다시 능하지 못한 자에게 물으며, 아는 것이 많고 나서 스스로 아는 것이 많다고 여기지 않는 것은 괜찮지만 다시 아는 것이 적은 자에게 묻는다면 그 능하지 못한 자와 아는 것이 적은 자가 장차 나에게 무슨 유익함이 있겠는가. 이것은 거짓으로 남에게 스스로를 낮추는 것에 가깝지 않겠는가.

이는 그렇지 않으니 오직 잘 배우는 자는 뜻이 게으르지 않고 마음이 가득하지 않아서 하나의 선한 말을 듣지 못하거나 하나의 의리를 알지 못한 것을 마치 배불리 마시거나 먹지 못한 것처럼 부족하게 여긴다. 이것이 어찌 일부러 해서 그렇게 되는 것이겠는가. 그러므로 말하기를 '배운 뒤에 부족함을 안다.'라고 하였다. 孔子 같은 聖人도 오히려 말하기를 '나는 옛것을 좋아하여 시급히 그것을 구한 자이다.'라고 하고, '나는 배우는 것을 싫어하지 않는다.'라고 하였으니, 진실로 도는 헤아릴 수 없고 이치는 끝이 없으며 일은 방소가 없다. 태종이 이를 깨달았다면 아마도 조금은 聖人의 경지에 나아갈 수 있었을 것이다."

唐氏仲友曰 太宗之失은 正在矜伐하고 穎達之對는 箴其膏肓이라 太宗儻得此道인댄 雖帝

10) 學然後 知不足 : ≪禮記≫ 〈學記〉에 보인다.

11) 我好古敏以求之 : ≪論語≫ 〈述而〉에 보인다.

12) 我學不厭 : ≪孟子≫ 〈公孫丑 上〉에 보인다.

王이라도 可及也나 惜其資矯拂勉强之力이라 故時有用賢納諫之益하되 亦蹈飾非拒諫之悔也라

唐仲友가 말하였다.

"太宗의 잘못은 바로 자랑하고 과시하는 데에 있으며, 孔穎達의 대답은 膏肓(經穴 중 하나)에 침을 놓는 것이다. 태종이 만약 이 방법을 터득했다면 비록 聖王들의 경지라고 하더라도 미칠 수 있었을 것이다. 그러나 애석하게도 본성을 거스르고 억지로 애쓰는 힘을 바탕으로 삼았기 때문에 때로는 현인을 등용하여 간언을 받아들이는 유익함이 있었으나 또한 잘못을 꾸미고 간언을 거부한 것에 대한 뉘우침을 하게 되었던 것이다."

愚按 論語載曾子之言曰 以能問於不能하며 以多問於寡하며 有若無하고 實若虛라하니라 蓋惟知義理之無窮하고 不見物我之有間[13]하니 學者之所難能也라 故朱子集註에 以爲 吾友謂顔淵也라하니라 太宗以天下之君으로 擧此爲問하고 而孔穎達이 因而發明之호대 以聖門爲學之方으로 勉進於帝王之德이라 蓋以太宗英明之資와 雄傑之才로 易致炫耀陵慢之失이어늘 聞穎達之言하고 有勞謙有終之語하니 穎達其善於格君心歟인저

내가 살펴보건대, ≪論語≫ 〈泰伯〉에 실려 있는 曾子의 말에 "능하면서 능하지 못한 이에게 물으며, 학식이 많으면서 적은 이에게 물으며, 있어도 없는 것처럼 여기고, 가득해도 빈 것처럼 여긴다." 하였는데, 이는 오직 義理의 무궁함만 알고 만물과 내가 거리가 있음을 보지 않은 것이니, 배우는 자의 능하기 어려운 것이다. 그러므로 朱子의 ≪集註≫에 "나의 친구는 안연을 말한다."라고 하였다.

太宗이 天下의 임금으로서 이것을 들어서 질문하고, 孔穎達이 이를 인하여 그 뜻을 밝히되, 성인 문하의 배우는 방도로써 제왕의 덕에 힘써 나아가게 하였다. 태종의 영명한 자질과 영걸의 재주로는 뽐내며 능멸하고 자만하는 잘못에 이르기 쉬운데, 공영달의 말을 듣고는 '공로가 있으면서도 겸손하고 끝을 잘 마쳐야 한다.'라는 말을 하였으니 공영달은 임금의 마음을 바로잡는 데 잘하였다.

19-3-1

河間王孝恭①이 武德初에 封爲趙郡王하고 累授東南道行臺尙書左僕射하니 孝恭旣

---

13) 惟知義理之無窮 不見物我之有間 : ≪論語≫ 〈泰伯〉의 ≪集註≫에 "顔子之心 惟知義理之無窮 不見物我之有間"라고 하여 '顔子之心'으로 설명하였다.

討平蕭銑輔公祏하고 遂領江淮及嶺南北하여 皆統攝之하여 專制一方하니 威名甚著라 累遷禮部尙書나 孝恭性惟退讓하여 無驕矜自伐之色이라 時有特進江夏王道宗이 尤以將略馳名하고 兼好學[②]하여 敬慕賢士하고 動修禮讓이라 太宗竝加親待하니 諸宗室中에 惟孝恭道宗이 莫與爲比하니 一代宗英云이러라

① 河間王孝恭 : 太祖之子也. 佐高祖, 多進圖策, 獨存方面功, 寬恕退讓, 太宗親重之, 宗室莫比. 太祖의 아들이다. 高祖를 도와서 계책을 올린 것이 많았고 홀로 한 방면에 공이 있었으며 너그러우며 용서하고 물러나며 사양하니, 태종이 그를 친애하고 중히 여기기를 종실에 비교할 자가 없었다.

② 尤以將略馳名 兼好學 : 將·好, 竝去聲. 將(장수)과 好(좋아하다)는 모두 去聲이다.

河間王 李孝恭은 武德 초년에 趙郡王에 봉해지고 여러 번 東南道行臺尙書左僕射가 되었다. 이효공은 蕭銑과 輔公 祏을 토벌하여 평정하고 나서 마침내 江淮와 嶺南北을 점령하여 모두 통솔하여 한 방면을 마음대로 제어하니, 위엄과 명성이 매우 높았다. 여러 번 禮部尙書가 되었으나, 이효공은 성품이 겸양하여 교만하거나 스스로 자랑하는 기색이 없었다.

당시에 特進 江夏王 李道宗이 兵略으로 유명하고, 또한 학문을 좋아하여 현명한 인사를 존경하고 흠모하며, 늘 예의와 겸양을 닦았다.

太宗은 이들을 모두 친밀하게 대우해주자 여러 종실 중에 이효공과 이도종에게 함께 비할 자가 없었으니, 한 시대의 종실의 영걸이라 하였다.

【集論】

愚按 自古國家之將興也엔 天必生英傑奇偉之才於其子弟族屬之間에 所以昌大其門戶하여 而光啓其運祚也라 周之興也에 有周公康叔하고 漢之興也에 有朱虛[14]東平[15]하고 降及魏晉六朝하여도 蓋莫不然이라 唐起晉陽[16]하여 本支尤盛하니 孝恭之威名이 與李靖相亞하고 道

14) 朱虛 : 漢나라 劉章의 봉호. 惠帝의 이복형으로, 太尉 周勃과 함께 呂氏를 몰아내는 데 결정적인 공을 세웠다. ≪漢書 권38 高五王傳≫

15) 東平 : 後漢 光武帝의 第8子인 劉蒼의 봉호로, 明帝의 아우이다. 광무제에게 "선한 일을 하는 것이 가장 즐겁다.〔爲善最樂〕"라고 대답하여 칭찬을 받았다. ≪後漢書 권42 東平憲王蒼列傳≫

16) 唐起晉陽 : 唐 高祖 李淵이 留守太原領晉陽宮監으로 있을 때 隋나라에 반기를 들고 일어난

宗之將略이 與李勣齊肩이로되 又能好學習禮하고 退讓不伐하니 求之布素之士하여도 有不可多得者라 雖未可方之周公之才之美[17)]나 其亦康叔朱虛之流輩歟인저 嗚呼라 盛哉로다

내가 살펴보건대, 예부터 국가가 장차 흥성하려 할 적에는 하늘이 반드시 그 자제와 종족의 사이에서 영걸스럽고 뛰어난 인재를 태어나게 하여 그 문호를 번창하게 하여 그 길운은 밝게 열어주는 것이다. 周나라의 흥성에는 周公・康叔이 있었고, 漢나라의 흥성에는 朱虛・東平이 있었고, 魏・晉・六朝에 내려가서도 그렇지 않은 적이 없었다. 唐나라가 晉陽에서 일어나서 본손과 지손이 더욱 성대해졌으니, 李孝恭의 위엄과 명성은 李靖에 버금갈 정도였고 李道宗의 兵略은 李勣과 어깨를 나란히 하였으나, 또 배우기를 좋아하며 예를 익히고 겸양하며 자랑하지 않으니 포의의 선비 중에 찾아보아도 많이 얻지 못할 것이다. 비록 周公의 재주의 아름다움에는 견주지 못하더라도 그 또한 강숙・주허의 같은 부류의 사람일 것이다. 아, 성대하다.

것을 말한다.

17) 周公之才之美 : ≪論語≫ 〈泰伯〉에 보인다.

제20편 論仁惻 惻隱之心을 논하다

이 편에서는 惻隱之心에 대해 논하고 있는데, 太宗의 愛民 사상을 살펴볼 수 있는 편이다. 태종은 궁녀들이 깊은 궁궐에 갇혀 있는 것을 가엾게 여기고, 그들을 궁 밖으로 내보내어 결혼하게 하였다. 關中 지방에 큰 기근이 들자 당시에 자식을 파는 자가 있었는데, 태종이 이 소식을 듣고 궁궐의 재화를 내어 그들을 부모에게 돌아가게 하였으며, 高句麗 원정에서 전사한 자들에 대한 친히 조문을 짓기도 하였다.

凡四章.

모두 4장이다.

20-1-1

貞觀初에 **太宗謂侍臣曰 婦人幽閉深宮**하니 **情實可愍**이라 **隋氏末年**에 **求採無已**하여 **至於離宮別館**의 **非幸御之所**히 **多聚宮人**하니 **此皆竭人財力**이니 **朕所不取**요 **且灑掃之餘**에 **更何所用**이리오 **今將出之**하여 **任求伉儷**①하니 **非獨以省費**라 **兼以息人**이며 **亦各得遂其情性**이라하다 **於是**에 **後宮及掖庭前後所出**이 **三千餘人**②이러라

① 任求伉儷 : 上, 音抗, 敵也. 下, 音麗, 耦也.
위의 伉자는 音이 抗이니, 대등하다는 뜻이다. 아래의 儷자는 音이 麗이니 짝이다.

② 貞觀初……三千餘人 : 按通鑑 "貞觀二年九月, 天少雨, 中書舍人李百藥上言 '往年雖出宮人, 竊聞太上皇宮及掖庭宮人無用者尙多, 豈惟虛費衣食, 且陰氣鬱積, 亦足致旱.' 上曰 '云云' 於是遣尙書左丞戴胄給事中杜正倫, 於掖庭西門簡出之, 前後所出三千餘人."
살펴보면 ≪資治通鑑≫에, "貞觀 2년 9월에 하늘에서 비가 적게 내리자 中書舍人 李百藥이 글을 올렸다. '지난해에 궁인들을 내보냈으나 가만히 들으니 太上皇宮과 掖庭宮의 소용없는 궁인들이 아직도 많다고 합니다. 어찌 의식만을 허비할 뿐이겠습니까. 장차 음기가 쌓여 또한 가뭄에 이르게 될 것입니다.' 태종이 말하였다. '……' 이에 尙書左丞 戴胄와 給事中 杜正倫을 보내서 掖庭宮 西門에서 궁녀들을 선별하여 내보내니, 전후로 나간 사람이 3,000여 명이었다."

貞觀 초기에 太宗이 近臣에게 말하였다.

"여인들이 깊은 궁궐에 갇혀 있으니, 정리상 실로 가엾구려. 隋나라 말년에 미녀들을 찾아서 뽑은 것이 한정이 없어서 離宮이나 別館의 행차하지 않는 곳까지 궁인들을 많이 모았소. 이것은 모두 백성들의 재력을 소모시키는 것이니, 朕은 취하지 않을 것이요. 게다가 궁녀들은 청소를 하는 것 이외에 또한 무슨 소용이 있겠소. 이제 그들을 궁 밖으로 내보내어 배우자를 마음대로 구하게 하려고 하오. 이것은 비용을 절약하는 것만이 아니라 아울러 백성을 쉬게 하는 것이며, 또한 각기 그 인정과 본성을 이루게 하는 것이오."

이에 後宮과 掖庭의 궁녀들 중에 전후로 나간 자가 3,000여 명이었다.

【集論】

孫氏甫曰 隋煬荒虐이 自古無比하니 强取良家女하여 置後宮者가 固無其數라 高祖初入關하여 放離宮之人하고 還親屬[1)]하니 此得美事之一節이라 及受禪하여는 安然有其後宮이어든 欲不荒恣나 得乎아 賴聖子承之하여 立矯其過하고 計出三千之衆하니 使天下聳動하고 歌詠唐之盛德[2)]也라

孫甫가 말하였다.

"隋 煬帝는 포학함이 예부터 비교할 자가 없어서, 강제로 良家의 여식을 취하여 후궁에 둔 자가 진실로 그 수를 헤아릴 수 없다. 高祖가 처음에 關中에 들어가서 離宮의 사람들을 내보내고 親屬에게 돌아가게 하였으니, 이것은 아름다운 일의 한 가지이다. 선양을 받아 황제가 되어서는 태연하게 그 후궁들을 소유하였다면 주색에 빠지지 않으려 해도 되겠는가. 다행히 聖子(太宗)가 황제를 계승하여 즉시 그 과실을 바로잡고 3천 명을 헤아려 내보냈으니, 천하 사람들을 놀라게 하고 唐나라의 성대한 덕을 노래하게 하였다."

尹氏起莘曰 按禮컨대 天子立后에 固有六宮하고 三夫人九嬪二十七世婦八十一御妻矣[3)]나 然未聞千百其數也라 昔晉武平吳之後에 掖庭殆將萬人[4)]이러니 遂殞其軀하고 而亡其國이라

1) 高祖初入關……還親屬 : 이 사실은 ≪舊唐書≫ 〈高祖本紀〉에 高祖가 隋나라 궁중에 들어와서 "궁녀들을 풀어주어 친척에게 돌아가게 하였다.〔宮女放 還親屬〕"라고 한 것에서 확인된다.

2) 歌詠唐之盛德 : 唐나라의 성대한 덕을 노래한 것에는 元結의 〈大唐中興頌〉 등이 있다.

3) 天子立后……八十一禦妻矣 : ≪禮記≫ 〈昏義〉에 보인다.

4) 掖庭殆將萬人 : 晉 武帝는 본디 검소하였으나, 吳나라를 평정하여 삼국을 통일한 뒤에는 掖庭

今太宗卽位하여 首放宮女三千餘人하니 可謂盛德之事라 遂使後人으로 流之歌詠 不一而足也라

尹起莘이 말하였다.

"≪禮記≫ 〈昏義〉를 살펴보면, 天子는 后를 세울 적에 진실로 6宮이 있고 3명의 夫人, 9명의 嬪, 27명의 世婦, 81명의 御妻가 있었는데, 그 숫자가 수천 수백이라는 것은 듣지 못하였다. 옛날 晉 武帝가 吳나라를 평정한 후에 액정 궁녀가 거의 만 명이나 되었는데, 마침내 그 몸이 죽고 그 나라도 잃었다. 지금 太宗이 즉위하여 먼저 宮女 3,000여 명을 내보냈으니 성덕의 일이라고 말할 만하다. 마침내 뒷사람들이 노래하여 전파하게 한 것이 하나가 아니다."

愚按 仁哉라 太宗之心也여 玆事不見於武德之初하고 而見於貞觀之初라 論者謂聖子承統하여 行父之所未能行하니 誠可謂仁已라 然司晉陽之管鑰하여 遂犯分於宮闈하니 此謀臣因以迫之以興師也[5]라 有天下之後에 安其後宮은 猶晉陽之心也라 昔漢祖入秦宮室하여 能無所幸識者는 知其智不在小하여 奄奠區宇하니 規摹宏遠矣라 非唐祖所及也요 太宗其殆庶幾乎인저

내가 살펴보건대, 仁하도다 太宗의 마음이여. 이 일이 武德의 초기에는 보이지 않고 貞觀의 초기에 보인다. 논의하는 자는 聖子가 정통을 이어받아서 아버지가 미처 행하지 못한 것을 행하였으니, 진실로 仁하다고 말할 만하다고 한다. 그러나 〈李淵(唐 高祖)이〉 晉陽에서 빗장을 맡아보면서 마침내 궁궐을 범하니, 이는 도모하는 신하가 이를 이용해 압박하여 군사를 일으키게 한 것이다. 천하를 소유한 뒤에 후궁을 편안히 여긴 것은 진양에 있을 때의 마음과 같다. 옛날에 漢 高祖가 秦나라 宮室에 들어가서 여자를 총애하지 않은 것은 그 지혜가 작은 데 있지 않아서 천하를 안정시킬 수 있음을 알 수 있으니 규모가 원대하다. 당 고조가 미칠 수 있는 것이 아니고 태종은 여기에 가까울 것이다.

20-2-1

貞觀二年에 關中旱하여 大饑하니 太宗謂侍臣曰 水旱不調가 皆爲人君失德①이라 朕

이 거의 1만 명이나 되고 총애하는 자도 매우 많았다. ≪晉書 胡貴嬪傳≫

5) 謀臣因以迫之以興師也 : 晉陽宮監으로 있던 李淵의 아들 李世民이 晉陽副宮監 配寂과 공모하여 궁녀에게 이연을 시침하게 하고, 그날 밤에 군사를 정비하여 隋나라에 대항할 준비를 해놓고, 그 이튿날 이연에게 반기를 들지 않을 수 없게 한 일을 말한다.

德之不修라 **天當責朕**이어늘 **百姓何罪**완대 **而多遭困窮**가 **聞有鬻男女者**②라하니 **朕甚愍焉**이라하고 **乃遣御史大夫杜淹**③**巡檢**하고 **出御府金寶贖之**하여 **還其父母**하다

① 皆爲人君失德 : 爲, 去聲.
爲(위하다)는 去聲이다.
② 聞有鬻男女者 : 鬻, 音育, 賣也.
鬻은 音이 育이니 팔다는 뜻이다.
③ 乃遣御史大夫杜淹 : 字執禮, 如晦叔也. 材辯多聞, 秦王引爲文學館學士. 及卽位, 召爲御史大夫, 俄檢校吏部尙書, 所薦引贏四十人, 後皆知名.
〈杜淹은〉 字가 執禮이니, 杜如晦의 숙부이다. 말을 잘하는 재주가 있고 널리 알아서 秦王이 끌어들여 文學館 學士가 되었다. 太宗이 즉위하고 나자 불러서 御史大夫로 삼았고 얼마 뒤에 檢校吏部尙書가 되었으며 추천한 이들이 40명이 넘었는데 뒤에 모두 이름이 알려진 이들이었다.

貞觀 2년(628)에 關中이 가물어 큰 기근이 들자, 太宗이 近臣에게 말하였다. "수해와 한해가 고르지 못한 것은 모두 군주가 덕을 잃었기 때문이오. 짐이 덕을 닦지 않아 하늘이 마땅히 짐을 꾸짖는 것이거늘 백성들이 무슨 죄가 있기에 곤궁을 많이 받는 것이오. 아들과 딸을 파는 자도 있다고 들었소. 朕은 이들을 매우 불쌍히 여기고 있소."

이에 御史大夫 杜淹을 보내 순찰하여 조사케 하고 궁궐의 창고에서 금과 보화를 내어 그 속전을 갚고 그들의 부모에게 돌아가게 하였다.

【集論】

愚按 齊宣不忍牛之觳觫而就死地어늘 **孟子曰 是心足以王矣**[6]라하다 **然惜其愛物之心重**하고 **愛民之心輕**하여 **欲其擧斯心**하여 **加諸彼也**라 **太宗處九重之崇高**하여 **撫四海之廣大**로되 **而能軫念飢人之子女**하여 **出御府金寶以贖之**하니 **其愛民之心**이 **重矣**라 **夫萬姓至繁也**하여 **博施濟衆**[7]은 **聖人猶病**하니 **飢人子女**를 **豈能人人獲所哉**아 **然是心也 足以王矣**니 **貞觀之**

---

6) 不忍牛之觳觫而就死地……是心足以王矣 : ≪孟子≫ 〈梁惠王 上〉에 보인다.

7) 博施濟衆 : ≪論語≫ 〈雍也〉에 보인다. 何晏의 ≪集解≫에는 "임금이 恩惠를 널리 베풀어 백성을 환난에서 구제한다.〔君能廣施恩惠, 濟民於患難〕"라고 하였다. 이에 대하여 朱熹의 ≪集註≫〉에는 "이는 구제함이 많지 않음을 결점으로 여긴 것이다.〔此病其濟之不衆也〕"라고 하고, 또 ≪論語集註大全≫에는 新安 陳氏(陳櫟)의 견해를 제시하여 "마땅히 백성에게 널리 베풀고 또 구제하는 것이 많다.〔當是博施於民 而又能所濟者衆〕"라고 하여, '널리 베풀고 구제함이 많

盛을 孰謂非此心所致乎아

내가 살펴보건대, 齊 宣王이 소가 두려워 벌벌 떨며 죄 없이 죽을 곳으로 나아감을 차마 볼 수 없다고 하자, 孟子가 말하기를 "이 마음이 충분히 왕 노릇 하실 수 있습니다."라고 하였다. 그러나 물건을 아끼는 마음은 중하고 백성을 아끼는 마음은 가벼운 것을 애석하게 여겨 이 마음을 들어 저기에 더해주고자 하였다.

太宗이 九重宮闕의 높은 곳에 살면서 천하의 광대함을 어루만지면서도 굶주리는 백성의 자녀들을 생각하여 御府의 금과 보물을 꺼내서 속전을 갚게 하였으니 백성을 아끼는 마음이 크다. 백성은 지극히 많기 때문에 덕을 널리 베풀고 중생을 구제하는 것은 聖人도 오히려 〈다하지 못함을〉 병으로 여겼으니 굶주리는 백성의 자녀들을 어찌 사람마다 모두 제 살 곳을 얻게 할 수 있겠는가. 그러나 이 마음은 왕 노릇 하기에 충분한 것이다. 貞觀時代의 성대함을 누가 이 마음의 소치가 아니라고 하겠는가.

20-3-1

貞觀七年 襄州都督①張公謹卒하니 **太宗聞而嗟悼**하고 **出次[8]發哀**하니 **有司奏言**호대 **準陰陽書[9]云**컨대 **日在辰**이면 **不可哭泣**이라하니 **此亦流俗所忌**니이다 **太宗曰 君臣之義**는 **同於父子**하니 **情發於中**이어늘 **安避辰日**이리오하고 **遂哭之②**하다

① 襄州都督：襄州, 今爲襄陽, 隸河南.
지금 襄陽이고 河南에 속해 있다.

② 貞觀七年……遂哭之：按通鑑係六年夏四月辛卯, 襄州都督鄒襄公張公謹卒, 明日上出次發哀云云.
살펴보면 《資治通鑑》 貞觀 6년 여름 4월 辛卯日에 襄州都督 鄒襄公 張公謹이 죽었는데, 다음 날 태종이 교외에 나와서 애도 의식을 가졌다고 하였다.

貞觀 7년(633)에 襄州都督 張公謹이 죽었다. 太宗이 듣고 탄식하며 애도하였고, 교외에 머물면서 애도의식을 거행하자 일을 담당하는 관리가 말하였다. "陰陽書에 준하여 보건대 '辰日에는 곡하지 않는다.'라고 하니, 이는 또한 풍속에 꺼리는 것입니다."

다.'로 풀이된다.

8) 出次 : 죽은 이를 애도하여 正寢을 피해 교외에 나가 잠시 머무는 일이다.

9) 陰陽書 : 본래 戰國時代 때 鄒衍 등이 지은 陰陽 曆律에 대한 책이었는데, 뒤에는 擇日 · 占卜 · 星相 등의 책을 말하게 되었다.

태종이 말하기를 "군신의 의리는 부자와 같소. 슬픔이 마음속에서 우러나는데 어찌 辰日을 피하겠소."라 하고 마침내 곡을 하였다.

【集論】

唐氏仲友曰 太宗辰日哭張公謹하고 謂君臣猶父子라하여 義感人心하니 駕馭之略高矣라

唐仲友가 말하였다.

"太宗이 辰日에 張公謹을 곡하고 君臣은 父子와 같다고 말하여 의리로 사람의 마음을 감동시키니 制御하는 방략이 고상하다."

愚按 君於卿大夫에 比葬不食肉하고 比卒哭不擧樂[10]은 非私恩也라 蓋公義也라 是故로 衛之柳莊旣死에 而獻公祭吊하니 論者是之[11]하고 晉之荀盈未葬에 而晉侯飮樂하니 膳宰譏之[12]하니라 太宗於張公謹之卒에 雖辰日이라도 不爲之輟哭하니 可不謂賢君乎아

내가 살펴보건대, 임금이 卿大夫에 대해 장례 때까지 고기를 먹지 않고 卒哭 때까지 음악을 듣지 않음은 사사로운 은혜가 아니라 공정한 도리이다. 이 때문에 衛나라 柳莊이 죽고 나서 獻公이 제사와 조문을 하자 의논하는 자들이 옳다고 하였고, 晉나라의 荀盈을 장사 지내지 않았는데 晉侯가 마시고 음악을 연주하자 주방장이 그것을 기롱했다. 太宗이 張公謹의 죽음에 대해 비록 辰日이라도 곡을 그치지 않았으니, 어진 임금이라고 하지 않을 수 있겠는가.

20-4-1

貞觀十九年에 太宗征高麗하여 次定州①할새 有兵士到者하니 帝御州城北門樓하여 撫慰之러니 有從卒一人②이 病不能進이어늘 詔至床前하여 問其所苦하고 仍勅州縣醫療之하니 是以로 將士③莫不欣然願從이러라 及大軍回次柳城④하여 詔集前後戰亡人骸骨하여 設太牢致祭⑤하고 親臨하여 哭之盡哀⑥하니 軍人無不灑泣이라 兵士觀祭者가 歸家以言하니 其父母曰 吾兒之喪에 天子哭之하시니 死無所恨이라하다 太宗征遼東하여

---

10) 君於卿大夫……比卒哭不擧樂 : ≪禮記≫ 〈雜記 下〉에 보인다.

11) 柳莊旣死……論者是之 : 이에 대한 자세한 설명은 ≪禮記≫ 〈檀弓 下〉에 보인다.

12) 晉之荀盈未葬……膳宰譏之 : 이에 대한 자세한 설명은 ≪春秋左氏傳≫ 昭公 9년에 보인다.

攻白巖城⑦할새 **右衛大將軍李思摩**⑧가 **爲流矢所中**⑨이어늘 **帝親爲吮血**⑩하니 **將士莫不感勵**하니라

① 定州：今中山府, 隸腹裏.
〈定州는〉 지금의 中山府이니, 腹裏에 속해 있다.

② 有從卒一人：從, 去聲, 後同.
從(수행원)은 去聲이다. 뒤에도 같다.

③ 將士：將, 去聲, 後同.
將(장수)은 去聲이다. 뒤에도 같다.

④ 及大軍回次柳城：屬營州, 今廢.
〈柳城은〉 營州에 속하니, 지금은 폐하였다.

⑤ 設太牢致祭：牛羊豕曰太牢.
소·양·돼지로 제사하는 것을 太牢라고 한다.

⑥ 親臨 哭之盡哀：臨, 去聲.
臨(조문하다)은 去聲이다.

⑦ 攻白巖城：唐置巖州, 今廢.
唐나라가 〈白巖城에〉 巖州를 설치했는데, 지금은 폐하였다.

⑧ 右衛大將軍李思摩：頡利族人, 諸部納款, 思摩獨留. 高祖封和順郡王, 與秦王結爲兄弟, 賜姓李, 爲化州都督, 統頡利故部, 爲可汗, 思摩遣使謝曰 "望世世爲國一犬, 守天子北門, 如延陀侵逼, 願入保長城." 太宗詔許之, 居三年, 不得其衆, 入朝從伐遼.
〈李思摩는〉 頡利의 族人으로, 여러 部들이 唐나라에 귀부하였으나 이사마만이 힐리가한에게 홀로 남았다. 高祖가 和順郡王으로 봉하고, 秦王과 결연을 맺고 형제가 되었다. 李氏姓을 하사받고 化州都督이 되었고, 힐리의 옛날 部를 통솔케 하여 可汗으로 삼았다. 이사마가 사신을 보내 사양하며 말하기를 "대대로 당나라의 한 마리 개가 되어서 천자의 북문을 지키기를 바랍니다. 만약 延陀가 침범하면 長城을 보호하러 들어가기를 원합니다." 하니, 太宗이 조서를 내려 허락하였다. 장성 안에서 3년을 살았는데도 그 무리들의 뜻을 얻지 못하여 당나라 조정으로 들어와 遼東 정벌에 따라갔다.

⑨ 爲流矢所中：去聲.
〈中(들어맞다)은〉 去聲이다.

⑩ 帝親爲吮血：去聲. 吮, 粗兗切.
爲(위하다)는 去聲이다. 吮(빨다)은 粗와 兗의 반절이다.

貞觀 19년(645)에 太宗이 高句麗를 정벌하려고 定州에 머물고 있을 때 도착한 병사가 있었다. 태종이 定州城 북문의 망루에 나아가 위로하였는데 종군하던 군졸 한 사람이 병들어 진군하지 못하자 조칙으로 침상 앞으로 오게 하여

아픈 곳을 묻고 이어서 조칙으로 州縣의 의사에게 치료하도록 하였다. 이 때문에 장수와 병사들이 기뻐하며 종군하기를 원하지 않는 자가 없었다.

大軍이 회군할 적에 柳城에 머물면서 조칙을 내려 전후로 전사한 자들의 해골을 모아 太牢의 제물을 차려 제사를 지내고 친히 조문하여 곡하고 애도를 다하니 군인들은 눈물을 흘리지 않는 자가 없었다. 제사를 본 병사들이 집으로 돌아가서 이것을 전하니 그 부모들이 말하기를 "내 아들의 초상에 천자가 곡을 하셨으니, 죽었어도 여한이 없을 것이요."라고 하였다.

태종이 遼東을 정벌하여 白巖城을 공격할 때 右衛大將軍 李思摩가 어디선가 날아온 화살에 맞았는데, 태종이 친히 입으로 상처의 피를 빨아주니, 장수와 병사들은 감동하여 분발하지 않는 이가 없었다.

【集論】

愚按 太宗親征하여 葬戰亡之骨하고 吮思摩之瘡하니 可謂仁恕也已라 然遠國强臣이 雖不義라도 而未至於虔劉邊鄙也라 若以偏方不霑王化면 自有大司馬九伐[13]之制在어늘 何至躬率六師[14]乎아 思遼水之無極하고 慮扈從之匪輕이면 仁恕一念이 油然發生於中이니 則可以已矣라 惻隱之心은 何待形於遂事之後乎아

내가 살펴보건대, 太宗이 친히 정벌하여 戰死한 이의 뼈를 장사 지내고 이사마의 상처를 빨아주었으니, 仁恕라고 말할 만하다. 그러나 먼 나라의 강포한 신하가 비록 의롭지 않더라도 변방을 도륙할 지경에 이른 것은 아니었다. 만약 한쪽 변방이 제왕의 교화에 젖지 않으면 본래 大司馬가 九伐하는 제도가 있거늘 어찌 몸소 六軍의 군사를 거느리고 간 것인가. 遼水가 한없음을 생각하고 扈從이 가볍지 않음을 염려하였다면 仁恕의 한 가지 생각이 뭉클하게 마음에서 나왔을 것이니, 〈親征을〉 그만둘 수 있는 것이다. 측은한 마음은 어찌 일이 이루어진 후에 나타나기를 기다릴 것인가.

13) 九伐 : 征伐을 말한다.
14) 六師 : 천자의 군대를 말한다.

제21편 愼所好　좋아하는 것을 삼가다

이 편에서는 좋아하는 것을 삼갈 것에 대해 이야기하고 있다. 太宗은 군주를 그릇으로, 백성을 물로 비유하고는 군주가 좋아하는 것을 백성들도 따른다고 하면서 군주가 포학하면 백성들이 포학함을 좋아하고 군주가 仁을 좋아하면 백성들도 仁을 따른다고 하였다. 이처럼 태종은 군주의 행동에 따라 백성의 풍속이 변화될 수 있음을 알았던 군주였다.

凡四章.

모두 4장이다.

21-1-1

貞觀二年에 太宗謂侍臣曰 古人云 君은 猶器也요 人은 猶水也[1]라하니 方圓在於器하고 不在於水라 故堯舜率天下以仁而人從之하고 桀紂率天下以暴而人從之하니 下之所行은 皆從上之所好①[2]라 至如梁武帝父子는 志尙浮華하여 惟好釋氏老氏之敎러니 武帝末年에 頻幸同泰寺하여 親講佛經하니 百寮皆大冠高履로 乘車扈從하여 終日② 談論苦空③하고 未嘗以軍國典章爲意러니 及侯景[3]率兵向闕④하얀 尙書郎以下가 多不解乘馬⑤하여 狼狽步走⑥하여 死者相繼於道路하고 武帝及簡文⑦은 卒被侯景幽逼而死⑧하고 孝元帝⑨는 在于江陵⑩에 爲萬紐于謹所圍⑪호대 帝猶講老子不輟⑫하고 百寮皆戎服以聽이러니 俄而城陷하여 君臣俱被囚縶⑬하니라 庾信⑭[4]亦歎其如此하여 及

---

1) 君猶器也 人猶水也 : ≪抱朴子≫ 〈官理〉에 "임금은 그릇과 같고 신하는 물건과 같다.〔夫君猶器也 臣猶物也〕"라고 하였고, '人猶水也'는 ≪北史≫ 〈郎茂傳〉에 보인다.

2) 從上之所好 : ≪孟子≫ 〈滕文公 上〉에 "위에서 좋아하는 것이 있으면 아래에서 더 좋아하는 자가 반드시 있다.〔上有好者 下必有甚焉者歟〕"라고 하였다.

3) 侯景 : 南北朝 시대 사람으로 자는 萬景이다. 梁 武帝 때 河南王에 봉해졌으나 반란을 일으켜 臺城을 함락하고 簡文帝를 옹립하였다가 곧 간문제를 죽이고 스스로 漢帝라 칭하였으나, 얼마 안 가서 王僧辯 등에 의해 멸망되었다. ≪梁書 권56 侯景列傳≫

4) 庾信 : 梁나라 昭明太子 蕭統의 東宮侍讀官을 지냈는데, 北周의 孝明帝·武帝에게 발탁되어 현달하였으나 항상 고향에 대한 그리움을 떨치지 못하여, 이에 〈哀江南賦〉를 지었다. ≪周

作哀江南賦에 **乃云 宰衡以干戈爲兒戲**하고 **縉紳以淸談爲廟略**[5)]이라하니 **此事亦足爲鑑戒**라 **朕今所好者**는 **惟在堯舜之道**와 **周孔之敎**니 **以爲如鳥有翼**하며 **如魚依水**하여 **失之必死**라 **不可暫無耳**로라

① 皆從上之所好 : 去聲, 後同.
〈好(좋아하다)는〉 去聲이다. 뒤에도 같다.
② 乘車扈從 終日 : 乘, 平聲, 後同. 從, 去聲.
乘(수레)은 平聲이다. 뒤에도 같다. 從(수행원)은 去聲이다.
③ 談論苦空 : 佛敎也.
〈苦空은〉 佛敎이다.
④ 及侯景率兵向闕 : 見君道篇.
〈君道篇〉에 보인다.
⑤ 多不解乘馬 : 解, 音懈.
解(알다)는 音이 懈이다.
⑥ 狼狽步走 : 狼, 似犬, 銳首白頰, 高前廣後. 狽, 狼屬, 生子或欠一足, 二足相附而行, 離則蹭, 故猝遽謂之狼狽.
狼은 개와 비슷하고 머리가 날카롭고 뺨이 흰색이며 앞이 높고 뒤는 넓다. 狽는 狼의 종류인데 새끼를 낳으면 혹 다리 하나가 없어서 두 마리가 두 다리로 서로 붙어서 가는데, 떨어지면 비틀거린다. 그러므로 졸지에 일어나는 일을 狼狽라고 한다.
⑦ 武帝及簡文 : 簡文, 名綱, 武帝第三子, 侯景廢之.
簡文은 이름이 綱이니, 武帝의 세 번째 아들인데 侯景이 폐하였다.
⑧ 卒被侯景幽逼而死 : 被聿切.
〈卒(마침내)은〉 被와 聿의 반절이다.
⑨ 孝元帝 : 名繹, 武帝第七子, 起兵討侯景, 卽帝位.
〈孝元帝는〉 이름이 繹이니, 武帝의 일곱 번째 아들인데 병사를 일으켜 侯景을 토벌하고 황제에 즉위하였다.
⑩ 在于江陵 : 郡名, 今中興路, 隷荊湖.
〈江陵은〉 郡 이름이니 지금 中興路인데 荊湖에 속한다.
⑪ 爲萬紐于謹所圍 : 梁承聖三年, 元魏[6)]遣萬紐于謹, 將兵五萬, 入寇攻江陵.
梁나라 承聖 3년(554)에 元魏에서 萬紐于謹을 보내어 군사 5만 명을 거느리고 침략케 하여 江陵을 공격하였다.
⑫ 帝猶講老子不輟 : 元帝好玄談, 嘗於龍光殿講老子, 聞魏師至, 停講. 聞報帖, 然復開講.

書 권41 庾信列傳≫
5) 宰衡干戈爲兒戲 縉紳淸談爲廟略 : ≪周書≫ 〈庾信傳〉에 보인다.
6) 元魏 : 北朝의 北魏(386~534)로, 鮮卑族인 拓跋珪가 강북에 세웠다.

元帝는 玄談을 좋아하여 龍光殿에서 ≪老子≫를 강의한 적이 있는데, 魏나라 군사가 쳐들어온다는 소문이 있자 강의를 정지하였는데 보고를 듣고 나서는 다시 강의를 열게 하였다.

⑬ 君臣俱被囚縶 : 音蟄.

〈縶(포박하다)은〉 音이 蟄이다.

⑭ 庾信 : 爲梁將軍, 留於西魏.

〈庾信은〉 梁나라 將軍이 되어 西魏에 〈사신으로 갔다가〉 억류되었다.

貞觀 2년(628)에 太宗이 近臣에게 말하였다.

"옛사람이 말하기를 '군주는 그릇과 같고 백성은 물과 같다.'고 하였소. 모난 것과 둥근 것은 그릇에 달려 있는 것이지, 물에 달려 있는 것이 아니오. 그러므로 堯舜이 천하를 仁으로 통솔하자 백성들이 따랐고, 桀紂가 천하를 포악으로 통솔하자 백성들이 따랐소. 아랫사람의 행동은 모두 군주가 좋아하는 것을 따르는 것이오.

梁 武帝 부자는 뜻이 화려함을 숭상하여 오직 佛教와 老子의 가르침을 좋아하였소. 武帝는 말년에 자주 同泰寺에 행차하여 친히 佛經을 강론하니, 백관들이 모두 큰 관과 높은 신을 신고 수레를 타고 무제를 따랐소. 하루 종일 苦空(佛教)의 설을 담론하고 군사와 국정과 제도에 대한 것은 생각한 적이 없었는데, 侯景이 군대를 이끌고 궁궐로 향하게 되어서는 尙書郞 이하의 신하들은 대부분 말을 탈 줄 몰라 허겁지겁 맨발로 도망치다가 죽은 자가 길에 이어졌고, 武帝와 簡文帝는 마침내 후경에게 잡혀 핍박받아 죽고 말았소.

孝元帝는 江陵에 있을 때 萬紐于謹에게 포위되었소. 그런데도 효원제는 ≪老子≫ 강의를 그치지 않았고 백관들이 갑옷을 입은 채로 청강하고 있었는데, 얼마 후에 성이 함락되어 효원제와 신하들이 모두 잡혔소.

庾信이 또한 이와 같은 것을 한탄하여 〈哀江南賦〉를 지었는데, 이르기를 '재상은 전쟁을 아이들의 놀이로 생각하고, 고관들은 老莊의 淸談을 조정의 책략으로 삼았네.'라고 읊었으니, 이 일은 또한 거울삼아 경계할 일이오.

朕이 지금 좋아하는 것은 오직 堯舜의 도와 周公과 孔子의 가르침에 있소. 새가 날개가 있는 것과 같고 물고기가 물에 의지하는 것과 같아서 그 가르침을 잃게 된다면 반드시 죽을 것이니, 잠시도 없어서는 안 되는 것이오."

【集論】

胡氏寅曰 太宗不好釋氏하고 而好堯舜周孔之道하니 可謂知所去取矣라 而以爲如魚有水鳥有翼하여 失之必死니 不可暫無者는 則未知其誠能然乎인저 抑徒意之云爾也라 夫允執厥中[7)]者는 堯舜之盛也而始於道心하고 欲不踰矩[8)]者는 孔子之盛也而始於志學[9)]하니 志者는 非讀書記誦之謂라 道心之微는 又與老釋玄妙之言으로 何以別乎아 自此而入이면 庶乎其知道矣리라 孔子曰 知之者는 不如好之者[10)]라하니 知之如是면 則能好之矣라 未嘗知之로되 而以爲我好堯舜周孔之道云者는 妄也라 夫道는 非有一物可把玩而好之也니 百姓日用而不能離하여 亦猶鳥之有翼하고 魚之依水어늘 顧不自知耳라

胡寅은 말하였다.

"太宗이 釋氏를 좋아하지 않고 堯舜과 周公와 孔子의 도를 좋아하였으니 버리고 취할 것을 알았다고 말할 만하다. 그러나 '물고기가 물에 의지하는 것과 같고 새가 날개가 있는 것과 같아서 그 가르침을 잃게 된다면 반드시 죽을 것이니 잠시도 없어서는 안 되는 것이다.'라고 한 것은 진실로 그렇게 할 수 있는 것인지 알지 못하겠다. 아니면 다만 뜻만 말했을 뿐이다.

'진실로 그 중도를 잡는다.'는 것은 堯舜의 성대함으로 道心에서 시작하고, '하고 싶은 대로 해도 법도를 넘지 않는다.'는 것은 孔子의 성대함으로 배움에 뜻〔志〕을 두는 데서 시작되니, 志는 글을 읽고 외우는 것을 말함이 아니다. 도심의 은미함은 또 老子와 釋氏의 현묘한 말과 어떻게 구별되는가. 이로부터 들어가면 거의 도를 알 것이다.

공자가 말하기를 '아는 것은 좋아하는 것만 못하다.'라고 하였으니 도를 앎이 이와 같으면 도를 좋아할 수 있다. 도를 안 적이 없으면서도 '나는 요·순·주공·공자의 도를 좋아한다.'고 말하는 자는 경망한 것이다. 도는 손에 쥐고 완상하면서 좋아할 수 있는 하나의 물건이 아니다. 백성이 일상 생활에서 떨어질 수 없는 것이어서 또한 새가 날개가 있고 물고기가 물에 의지하는 것과 같거늘 또한 스스로 알지 못할 뿐이다."

---

7) 允執厥中 : ≪書經≫ 〈虞書 大禹謨〉에 보인다.

8) 欲不踰矩 : ≪論語≫ 〈爲政〉의 "마음에 하고 싶은 대로 따라 해도 법도에 넘치는 법이 없게 되었다.〔從心所欲 不踰矩〕"를 말한다.

9) 始於志學 : ≪論語≫ 〈爲政〉의 "내 나이 15세에 학문에 뜻을 두었다.〔吾十有五而志于學〕"를 말한다.

10) 孔子曰……不如好之者 : ≪論語≫ 〈雍也〉에 보인다.

眞氏德秀曰 太宗之言은 可謂知所擇矣라 然終身所行이 未能無愧者[11)]는 以其嗜學 雖篤이나 所講者가 不過前代之得失하고 而於三聖授受之微旨와 六經致治之成法엔 未之有聞이요 其所親者는 雖或一時名儒나 而姦諛小人도 亦厠其列하니 安得有佛時仔肩[12)]之益이리오 故名爲希慕前聖이나 而於道實無得焉하니 其亦可憾也夫인저

眞德秀가 말하였다.

"太宗의 말은 선택할 줄을 알았다고 말할 만하다. 그러나 죽을 때까지 행한 바가 부끄러움이 없지 못했던 것은 배우기를 즐김이 비록 독실하였으나 강구한 것은 이전 시대의 득실에 불과하였고, 三代 聖人의 주고받은 은미한 뜻과 六經의 지극한 치적의 법에는 들음이 없었다. 태종이 친한 사람은 비록 혹은 한때의 이름 있는 선비였으나 간사하며 아첨하는 소인들도 또한 그의 대열에 섞여 있었으니, 어찌 임금의 짐을 맡아 도와주는 이로움이 있겠는가. 그러므로 명분은 이전 聖人을 사모한다고 하지마는 道에서는 실로 터득함이 없었으니 그 또한 유감스럽다."

愚按 太宗知老釋之虛無空寂은 不適於用하고 知堯舜之道와 周孔之教가 不可暫無하니 斯言也는 三代而下로 君人者所罕聞也라 中庸曰 率性之謂道요 修道之謂教[13)]라하니 道者는 率性而已라 聖人以此道로 垂訓於天下後世하니 則謂之教라 堯舜之道는 此道也요 周公孔子之教는 以堯舜之道爲教也라 又曰 道也者는 不可須臾離也니 可離非道也[14)]라하니 不可暫無하면 其不可須臾離者乎인저 太宗未足以進此也나 而言則然也라

내가 살펴보건대, 太宗이 老子와 釋氏의 虛無와 空寂은 사용하는 데 적당하지 않음을 알았고, 堯舜의 도와 周公·孔子의 가르침이 잠시도 없어서는 안 된다는 것을 알았으니 이 말은 三代 이하로 임금들이 듣지 못하던 것이었다. ≪中庸≫에 말하기를 "性을 따름을 道라 이르고, 道를 닦는 것을 教라 이른다."고 하니, 도는 성을 따르는 것일 뿐이다. 聖人이 이 도로 천하 후세에 교훈을 드리웠으니 이를 教라고 한다. 요순의 도는 이 도이고, 주공과 공자의 가르침은 요순의 도로 가르침을 삼은 것이다. 또 말하기를 "도는 잠시도 떠날 수 없는 것이니, 떠날 수 있으면 道가 아니다."라고

---

11) 未能無愧者 : 唐 太宗이 형제간의 싸움으로 형 李建成과 아우 李元吉을 죽인 일, 이원길의 아내를 후궁으로 삼은 일, 아들들의 불화로 태자를 高宗으로 바꾼 일 등을 들 수 있다.

12) 佛時仔肩 : ≪詩經≫ 〈周頌 敬之〉에 보인다.

13) 率性之謂道 修道之謂教 : ≪中庸≫ 1장에 보인다.

14) 道也者……可離非道也 : ≪中庸≫ 1장에 보인다.

하니, 잠시라도 없어서는 안 되면, 잠시도 떠나서는 안 될 것이다. 태종이 아직 여기까지 나아가는 데에는 부족하였지만 말은 그렇게 한 것이다.

21-2-1

貞觀二年에 **太宗謂侍臣曰 神仙事**는 **本是虛妄**하여 **空有其名**이라 **秦始皇非分愛好**①하여 **爲方士所詐**하여 **乃遣童男童女數千人**하여 **隨其入海**하여 **求神仙**하니 **方士避秦苛虐**하여 **因留不歸**어늘 **始皇猶海側**에 **踟躕以待之**②라가 **還至沙丘而死**③라 **漢武帝爲求神仙**④하여 **乃將女嫁道術之人**이라가 **事旣無驗**에 **便行誅戮**⑤이라 **據此二事**면 **神仙不煩妄求也**니라

① 秦始皇非分愛好 : 分, 好, 竝去聲.
分(분수)과 好(좋아하다)는 모두 去聲이다.

② 踟躕以待之 : 踟, 音遲. 躕, 音廚, 遲回貌.
踟는 音이 遲이다. 躕는 음이 廚이니, 〈踟躕는〉 주저하는 모양이다.

③ 還至沙丘而死 : 始皇東遊海上, 方士徐市等上書, 請得與童男女入海, 求三神山不死藥, 始皇從之. 明年, 復遊海上, 後三年, 遊碣石, 考入海方士, 從上郡歸, 後五年, 復至海上, 冀遇仙藥不得, 還到沙丘, 崩. 沙丘, 在今順德路鉅鹿縣.
始皇이 동쪽 바닷가에서 유람할 적에 方士 徐市(불) 등이 글을 올려 童男童女와 바다에 들어가서 三神山의 불사약을 구해오겠다고 청하자 시황이 그의 말을 따랐다. 다음 해에 다시 바닷가를 유람하고, 3년 후에 碣石을 유람하고 바다로 들어간 方士를 살펴보고 上郡으로부터 돌아왔다. 5년 후에 다시 바닷가에 이르러 신선이 되는 약을 찾기를 기대하였으나 얻지 못하고 돌아오다가 沙丘에 이르러 죽었다. 사구는 지금 順德路 鉅鹿縣에 있다.

④ 漢武帝爲求神仙 : 爲, 去聲.
爲(위하다)는 去聲이다.

⑤ 便行誅戮 : 漢武帝元鼎四年, 樂成侯登薦方士欒大, 上見之, 大悅. 大言曰 "黃金可成, 河決可塞, 不死之藥可得, 神仙可致." 時上方憂河決, 而黃金不就, 迺拜大爲五利將軍, 賜列侯甲第童千人, 又以衛長公主妻之. 後竟坐誣罔, 遂腰斬.
漢 武帝 元鼎 4년(B.C. 113)에 樂成侯가 方士 欒大를 추천하자 무제가 그를 보고 크게 기뻐하였다. 〈난대가〉 큰소리치기를 "黃金을 만들 수 있고, 황하 터진 것을 막을 수 있고, 不死藥을 얻어서 신선이 될 수 있습니다."라고 하였다. 당시에 무제는 막 황하가 터지고 황금을 구할 수 없는 것을 근심하였다. 이에 난대를 임명하여 五利將軍을 삼고 列侯의 甲第(최고 저택)와 동자 1천 명을 내려주고 또 衛長公主(漢 武帝의 딸)로 아내를 삼아주었다. 뒤에 결국 誣罔한 죄에 걸려 마침내 요참을 당하였다.

貞觀 2년(628)에 太宗이 近臣에게 말하였다.

“신선의 일은 본래 허망하여, 공허하게 이름만 있을 뿐이오. 秦 始皇이 분에 넘치게 좋아하여 방사의 속임수에 넘어갔고, 童男童女 수천 명을 보내어, 방사를 따라 바다로 들어가 仙藥을 구하게 하였소. 방사는 秦나라의 가혹한 정치를 피하여, 그곳에 머물며 돌아오지 않았소. 진 시황은 〈깨닫지 못하고〉 해변에서 머뭇거리며 방사를 기다리다가 되돌아올 때 沙丘에 이르러 죽었소. 漢 武帝는 신선을 구하려고, 딸을 道術하는 사람에게 시집보냈다가 그 일이 효험이 없음을 알게 되자, 도술하는 사람을 죽여버렸소. 이 두 가지 사실에 의거하면 신선은 번거로이 허망하게 구하지 않아야 하오.”

【集論】

愚按 漢儒有言호대 明於天地之性者는 不可惑以神怪하고 通於萬物之情者는 不可罔以非類[15]라하니라 太宗深懲秦皇漢武之失하고 謂神仙虛妄하여 空有其名이라하니 可謂不惑於神怪하며 不罔於非類者矣라 然晩年深信婆羅門娑婆寐之說하여 使之合長生之藥하니 則又何所見而然耶아

내가 살펴보건대, 漢나라 儒學者의 말이 있는데, “천지의 性에 밝은 사람은 神怪로 미혹시킬 수 없고, 萬物의 실정에 통달한 사람은 다른 종류로 속일 수 없다.”라고 하였다. 太宗이 秦 始皇과 漢 武帝의 실수를 깊이 경계하고 ‘神仙은 허망하여 공허하게 이름만 있을 뿐이다.’라고 하였으니, 神怪에 미혹되지 않았으며 다른 종류로 속일 수 없다고 말할 만하다. 그러나 만년에 婆羅門인 那羅邇娑婆寐의 말을 깊이 믿어 그에게 오래 사는 약을 조제하게 하였으니, 또 무엇을 보고 그렇게 하였는가.

21-3-1

貞觀四年에 太宗曰 隋煬帝性好猜防①하고 專信邪道라 大忌胡人하여 乃至謂胡牀爲交牀하고 胡瓜爲黃瓜하며 築長城以避胡라가 終被宇文化及使令狐行達殺之②하니라 又誅戮李金才③하고 及諸李殆盡이나 卒何所益④이리오 且君天下者는 惟須正身修德而已니 此外虛事는 不足在懷니라

---

15) 明於天地之性者……不可罔以非類 : ≪漢書≫ 권25 〈郊祀志〉에 谷永의 말로 되어 있다.

① 隋煬帝性好猜防：好, 去聲.
好(좋아하다)는 去聲이다.
② 令狐行達殺之：令, 去聲. 令狐, 虜複姓, 行達, 其名, 時爲校尉.
令은 去聲이다. 令狐는 오랑캐의 복성이고, 行達은 그의 이름이며, 당시에 校尉가 되었다.
③ 又誅戮李金才：名渾, 爲將軍. 有方士言曉圖讖, 謂帝曰 "當有李氏爲天子." 渾與宇文述有隙, 述因誣搆之, 於是盡誅渾族.
〈李金才는〉 이름이 渾이며, 將軍이 되었다. 方士가 있는데 圖讖의 말을 환히 안다고 하고 隋 煬帝에게 말하기를 "마땅히 李氏가 天子가 될 것이다."라고 하였다. 李渾은 宇文述과 사이가 좋지 않아 우문술이 이를 이용하여 그를 모함하여 연좌시켰다. 이에 이혼의 종족이 모두 죽음을 당하였다.
④ 卒何所益：子聿切.
〈卒(마침내)은〉 子와 聿의 반절이다.

貞觀 4년(630)에 太宗이 말하였다.

"隋 煬帝의 성품은 의심하기를 좋아하고 오로지 바르지 않은 도를 믿었다. 胡人을 크게 꺼려서 胡床을 交床이라 하고, 胡瓜를 黃瓜라고 하였으며, 長城을 쌓아 胡人을 대비하다가 결국 宇文化及이 부하 令狐行達을 시켜 시해하게 하였소. 또한 양제는 李金才를 죽이고, 여러 李氏를 거의 다 죽였지만 결국 무슨 이익이 있었소. 천하의 군주 된 자는 반드시 몸을 바르게 하고 덕을 닦을 뿐이니, 이것 외에 다른 헛된 일은 마음에 둘 것이 못 되오."

【集論】

愚按 桑穀生於朝한대 而太戊以興하고 雉升鼎而雊한대 而殷道復盛[16]하니라 讖緯之書가 雖有定數나 然人君能至誠修德하면 未有不轉禍爲福하고 改妖爲祥者也라 太宗謂君天下者는 惟須正身修德이라하고 譏煬帝枉殺李金才等하니 其說是已라 然晚年竟以女主武王之讖으로 淫刑及於功臣[17]은 則又何耶아

---

16) 桑穀生於朝……而殷道復盛：≪漢書≫ 〈藝文志〉에 "桑나무와 穀나무가 함께 생겨나오자 太戊가 일어났고, 우는 꿩이 솥에 올라가자 武丁이 宗이 되었다.〔桑穀共生 太戊以興 雊雉登鼎 武丁爲宗〕"라 하고, ≪書經≫ 〈商書 咸有一德〉 附 亡書의 序에 "桑나무와 穀나무가 조정에서 함께 생겨나왔다.〔桑穀共生于朝〕"라고 하고, ≪論衡≫ 〈異虛〉篇에 "高宗이 成湯의 사당에 제사를 지내자 나는 꿩이 솥에 올라가 울었다.〔高宗祭成湯之廟 有蜚雉升鼎而雊〕"라고 하였다.

17) 晚年竟以女主武王之讖 淫刑及於功臣：貞觀 初에 太白星이 나타나자 太史가 점을 쳤는데 "女主가 창성할 것이다."라고 하고 또 노래에 "여자 武王이 있을 것이다.〔當有女武王者〕"라는 것

내가 살펴보건대, 뽕나무와 닥나무가 조정에서 생겨나오자 太戊가 덕을 닦아서 殷나라의 도가 일어났고, 꿩이 솥에 올라가 울자 은나라의 도가 다시 성대해졌다. 讖緯의 글이 비록 운수가 정해져 있으나 임금이 지극정성으로 덕을 닦으면 화를 돌려 복이 되고 요망한 것을 고쳐 상서롭게 되지 않는 것이 없다. 太宗이 '천하의 군주 된 자는 반드시 몸을 바르게 하고 덕을 닦을 뿐이다.'라고 하고, 煬帝가 李金才 등을 잘못 죽인 일을 기롱하였으니 그 말이 옳다. 그러나 만년에 마침내 여자 임금 武王이 나온다는 圖讖 때문에 지나친 형벌이 功臣에게 미친 것은 또 무엇인가.

21-4-1

貞觀七年에 **工部尙書①段綸②**이 **奏進巧人楊思齊**하다 **至**에 **太宗令試③**한대 **綸遣造傀儡戱具④**하니 **太宗謂綸曰 所進巧匠**은 **將供國事⑤**어늘 **卿令先造此物**하니 **是豈百工相戒**하여 **無作奇巧**[18]**之意耶**아하고 **乃詔削綸階級**하고 **竝禁斷此戱⑥**하니라

① 工部尙書 : 唐制, 工部掌山澤・屯田・工匠之事, 尙書其長也.
唐나라 제도에 의하면 工部는 山澤, 屯田, 工匠의 일을 담당하며 우두머리가 尙書이다.

② 段綸 : 段, 姓. 綸, 名.
段은 姓이고 綸은 이름이다.

③ 太宗令試 : 令, 平聲.
令(하여금)은 平聲이다.

④ 綸遣造傀儡戱具 : 傀, 古委切. 儡, 魯猥切. 木偶戱也. 世傳運機子, 起漢祖平城之圍, 其城一面卽冒頓妻閼氏(연지), 兵强於三面, 陳平訪之. 閼氏妬忌, 造木偶人, 運機關舞埤間, 閼氏望見, 謂是生人, 慮下城冒頓必納, 遂退軍, 後翻爲戱具.
傀는 古와 委의 반절이고, 儡은 魯와 猥의 반절이니, 〈傀儡는〉 나무로 만든 인형으로 놀이기구이다. 세상에 運機子로 전해지는데, 漢나라 高祖가 〈匈奴에게〉 平城의 포위를 당했을 때 생겨났다. 평성의 포위의 한 면은 바로 冒頓(묵특)의 처 연지가 담당하였고, 다른 삼면은 병사가 강대하자, 陳平이 〈연지를〉 찾아갔다. 연지는 투기가 있었는데 진평이 나무인형을 만들어 인형의 기관을 움직여 성가퀴 사이에서 춤을 추게 하였다. 연지가 바라보고는 살아있는 사람이라고 생각하고 성이 함락되면 묵특이 반드시 그녀를 받아들일 것이라고 생각하

이 있어 太宗은 이를 싫어하였다. 이 당시 李君羨(이군선)이 左武衛將軍이었는데 이군선의 封地 屬縣에 모두 '武'자가 들어 있어 싫어하였고, 마침 御史가 이군선은 妖人 員道信과 반역을 도모한다고 아뢰자 조서를 내려 주륙하였다. ≪舊唐書 李君羨傳≫

18) 百工相戒無作奇巧 : ≪禮記≫ 〈月令〉에 "모든 기능공을 다스려 일을 감독한다. 날마다 호령하여 그때에 어긋나지 않게 하고 지나친 기교를 부려 임금의 마음을 동요하게 해서는 안 된다.〔百工咸理 監工 日號毋悖于時 毋或作爲淫巧以蕩上心〕"라고 하였다.

여 마침내 군대를 후퇴하였다. 뒤에 바뀌어 오락기구가 되었다.

⑤ 將供國事 : 供, 平聲.

供(제공하다)은 平聲이다.

⑥ 貞觀七年……竝禁斷此戲 : 舊本此章在儉約篇, 今附於此.

舊本에 이 장은 〈論儉約〉篇에 있었는데, 지금 여기에 붙인다.

貞觀 7년(633)에 工部尙書 段綸이 아뢰어 기술이 뛰어난 사람 楊思齊를 추천하였다. 그가 이르자 太宗이 그 재주를 시험하게 하였는데 단륜은 나무인형 놀이기구를 만들어 보내왔다. 태종이 단륜에게 말하였다.

"그대가 추천한 재주가 뛰어난 匠人은 장차 나랏일에 쓰일 물품을 제공해야 하는데, 경이 먼저 이런 물건을 만들게 하였으니, 이것이 어찌 모든 장인들을 경계하여 기이한 기교를 부리지 않게 하는 뜻이겠소."

이에 조칙을 내려 단륜의 품계를 깎고 아울러 이 놀이는 금지하게 하였다.

【集論】

愚按 中庸曰 日省月試하여 旣(희)廩稱事는 所以勸百工也라하다 朱子釋之曰 日省月試는 以程其能이며 旣廩稱事는 以饋其勞니 則不信度作淫巧者는 無所容矣[19]라하다 段綸奏進工人하고 首令試造傀儡하니 非所謂作奇技淫巧者乎아 太宗旣削綸階級하고 且令禁斷此戲하니 可謂知所先矣라

내가 살펴보건대, ≪中庸≫ 20장에 말하기를 "날로 살펴보고 달로 시험하여 녹봉을 하는 일에 걸맞게 주는 것은 모든 기능공을 권면하는 것이다."라고 하고, 朱子가 해석하기를 "'日省月試'는 그 능력을 재는 것이며, '旣廩稱事'는 그의 노고에 양식을 내리는 것이니, 법도를 믿지 않고 지나친 기교를 부리는 자는 용납하지 않는다."라고 하였다. 段綸이 아뢰어 기능공을 추천하고는 시작에 나무인형을 만들어 시험하게 하였으니 기이한 재주와 지나친 솜씨를 부린다는 것이 아니겠는가. 太宗이 이미 단륜의 품계를 깎고 또 이 놀이를 엄하게 금지하였으니 먼저 할 것을 알았다고 말할 만하다.

---

19) 日省月試……無所容矣 : ≪中庸或問≫에 보인다.

제22편 愼言語 말을 삼가다

이 편에서는 말을 삼가는 것에 대해 이야기하고 있다. 太宗은 군주의 말이 얼마나 중요한 지를 잘 알고 있는 군주였다. 특히 태종은 자신의 한마디 말이 백성들에게 이익이 될 것인가 아닌가를 생각하여 감히 말을 많이 하지 않는다고 하였으며, 魏徵은 군주는 높은 곳에 있어 마치 日食과 月食처럼 사람들이 보기 때문에 그 말을 삼가야 한다고 하였다. 언변에서도 뛰어난 재주가 있었던 군주인 태종이 스스로 절제하고 조심하고자 했던 그의 모습을 이 편에서 볼 수 있다.

凡三章.
모두 3장이다.

22-1-1

貞觀二年에 **太宗謂侍臣曰 朕每日坐朝**에 **欲出一言**이면 **卽思此一言於百姓有利益否**아하니 **所以不敢多言**하노라 **給事中兼知起居事**①**杜正倫**이 **進曰 君擧必書**[1]하고 **言存左史**②[2]하니 **臣職當兼修起居注**하여 **不敢不盡愚直**하노이다 **陛下若一言**이 **乖於道理**면 **則千載累於聖德**③하여 **非止當今損於百姓**하리니 **願陛下**는 **愼之**하소서 **太宗大悅**하여 **賜綵百段**하다

① 給事中兼知起居事：唐制起居郞及舍人, 掌天子起居法度. 貞觀初, 以給事中・諫議大夫兼之, 執事記錄.
唐나라 제도에 의하면 起居郞과 舍人은 天子의 起居와 法度를 담당한다. 貞觀 초기에 給事中과 諫議大夫로 겸하게 하여 기록하는 일을 하게 되었다.

② 言存左史：春秋左氏傳也.
〈'左史'는〉 ≪春秋左氏傳≫이다.

③ 則千載累於聖德：累, 音類.

---

1) 君擧必書：≪春秋左氏傳≫ 桓公 23년에 보인다.

2) 言存左史：≪漢書≫ 〈藝文志〉에는 "左史는 말을 기록하고 右史는 일을 기록한다. 事는 ≪春秋≫가 되고 言은 ≪尙書≫가 되었다.〔左史記言 右史記事 事爲春秋 言爲尙書〕"라고 하였다.

累(누가 되다)는 音이 類이다.

貞觀 2년(628)에 太宗이 近臣에게 말하였다.

"朕은 매일 조정에 앉아 있을 때, 말 한마디를 하려 하면 곧 이 한마디 말이 백성들에게 이익이 될 것인가 아닌가를 생각하오. 그래서 감히 말을 많이 하지 않는 것이오."

給事中 兼知起居事 杜正倫이 나아가 말하였다.

"군주의 일은 반드시 기록되고, 말씀은 左史가 기록합니다. 신의 맡은 직분은 起居注를 겸하고 있어, 감히 우직함을 다해 말하지 않을 수 없습니다. 폐하께서 만일 한 말씀이라도 도리에 어긋난다면 천 년 후에 성대한 덕에 결함이 되어 지금의 백성에게만 손해를 끼칠 뿐만이 아닙니다. 원하건대 陛下의 말씀을 신중히 하십시오."

태종은 크게 기뻐하여, 두정륜에게 비단 100단을 주었다.

【集論】

唐氏仲友曰 太宗言不敢多言은 意在史筆이라 正倫之一言兩得하여 將順正救之美하니 宜乎太宗悅而賜之也라

唐仲友는 말하였다.

"太宗이 감히 말을 많이 하지 않겠다고 말한 것은 사관의 기록을 의식하였기 때문이다. 杜正倫이 한 마디 말로 두 가지를 얻어서, 장차 바르게 구제하는 아름다움을 따르게 한 것이니, 태종이 기뻐하고 비단을 내려준 것이 마땅하다."

愚按 易大傳曰 君子居其室하여 出其言善하면 則千里之外應之하고 出其言不善하면 則千里之外違之하니 況其邇者乎리오 甚矣라 人君之言이여 尤不可不愼也라 一言之善하여 行之當世하면 不惟天下蒙其利라 後世亦以爲訓하고 一言之不善하여 行之當世하면 不惟天下受其害라 後世亦以爲戒하니 人君之言을 可不愼哉아 太宗之言이 雖意在史筆이나 其關於君道는 則甚重也라

내가 살펴보건대, ≪易大傳≫(〈繫辭傳〉)에 "군자가 집에 있을 때 착한 말을 하면 천리의 밖에서도 응하고, 착하지 않은 말을 하면 천리 밖에서도 떠나가거늘, 하물며 가

까운 자에 있어서랴." 하니, 심대하구나 군주의 말이여. 더욱 삼가지 않아서는 안 되는 것이다. 한마디 말이 선하여 당세에 행해지면 천하가 그 이로움을 입을 뿐만 아니라 후세에 또한 교훈으로 삼고, 한마디 말이 선하지 않아서 당세에 행해지면 천하가 그 해로움을 받을 뿐만 아니라 후세에 또한 경계로 삼게 되니, 군주의 말을 삼가지 않을 수 있겠는가. 太宗의 말이 비록 사관의 기록을 의식한 것이기는 하지만 군주의 도에 관계되는 것은 매우 중하다.

22-2-1

貞觀八年에 **太宗謂侍臣曰 言語者**는 **君子之樞機**[3]니 **談何容易**(이)①[4]리오 **凡在衆庶**도 **一言不善**하면 **則人記之**하여 **成其恥累**②어늘 **況是萬乘之主**아 **不可出言有所乖失**이라 **其所虧損至大**하면 **豈同匹夫**아 **我常以此爲戒**라 **隋煬帝初幸甘泉宮**에 **泉石稱意**③나 **而怪無螢火**하여 **勅云**호대 **捉取多少**하여 **於宮中照夜**라하니 **所司遽遣數千人採拾**하고 **送五百轝於宮側**하니 **小事尙爾**어늘 **況其大乎**아 **魏徵對曰 人君居四海之尊**하니 **若有虧失**하면 **古人以爲 如日月之蝕**하여 **人皆見之**[5]하니 **實如陛下所戒愼**하니이다

① 談何容易(이) : 以豉切.
〈易(쉽다)는〉 以와 豉의 반절이다.
② 成其恥累 : 音類.
〈累(누가 되다)는〉 音이 類이다.
③ 泉石稱意 : 稱, 去聲.
稱(걸맞다)은 去聲이다.

貞觀 8년(634)에 太宗이 近臣에게 말하였다.

"언어는 군자의 樞機이니 말을 어찌 쉽게 하겠소. 일반인들도 한마디 말이 선하지 않으면 사람들이 기억하여 부끄러움과 누가 되거늘 하물며 萬乘의 군

---

3) 言語者 君子之樞機 : ≪周易≫ 〈繫辭傳 上〉에 "언행은 군자의 추기이다. 추기가 나오는 것은 영욕이 주체이다.〔言行 君子之樞機 樞機之發 榮辱之主也〕"라고 하였다.

4) 談何容易 : ≪漢書≫ 〈東方朔傳〉에 보인다.

5) 如日月之蝕 人皆見之 : ≪論語≫ 〈子張〉에 "군자의 허물은 일식이나 월식과 같다. 허물이 있을 때에는 사람들이 모두 보게 되고, 허물을 고치면 사람들이 모두 우러러본다.〔君子之過也 如日月之食焉 過也人皆見之 更也人皆仰之〕"라고 하였다.

주이겠소. 말을 할 때 어그러지며 실수가 있어서는 안 되오. 이지러지고 손상됨이 지극히 크면 어찌 필부와 같지 않겠소. 나는 항상 이것으로 경계를 삼고 있소. 隋 煬帝가 처음에 甘泉宮에 갔을 때 山水가 마음에 들었으나 반딧불이 없음을 좋지 않게 여겨 勅命을 내리기를 '채집을 많이 하여 궁중에 밤을 밝히라.' 하니, 해당 부서에서 수천 명의 사람을 동원해서 채집하게 하고 500대의 수레로 실어 궁궐에 보냈소. 작은 일도 오히려 이러하거늘 하물며 큰일이겠소."

魏徵이 대답하였다.

"임금은 천하의 지극히 높은 데 계시니 만약 어그러지고 실수가 있으면 옛날 사람은 일식·월식과 같아서 세상 사람들이 다 본다고 하였으니, 실로 폐하께서 경계하고 삼가는 것과 같은 것입니다."

【集論】

愚按 易大傳曰 言出乎身하여 加乎民하며 行發乎邇하여 見乎遠이라 言行는 君子之樞機니 樞機之發이 榮辱之主也라 可不愼乎리오 蓋能知所以愼言하면 則知所以愼行矣라 行之不愼하고 尙何望其愼言이리오 太宗謂 言語者는 君子之樞機니 衆庶猶爾어늘 況於萬乘가하니 可謂知所愼言矣라 魏徵謂호대 人君有失이면 如日月之蝕하여 人皆見之하니 實如陛下所戒愼이라하니 則足以兼愼言愼行之意也라

내가 살펴보건대, ≪易大傳≫(〈繫辭傳〉)에 "말은 몸에서 나와 백성에게 더해지며, 행실은 가까운 곳에서 나와 먼 곳에 나타난다. 말과 행실은 군자의 樞機이니, 추기가 나오는 것은 榮辱의 주체이다. 삼가지 않을 수 있겠는가."라고 하였다. 말을 삼갈 줄 안다면 행동을 삼갈 줄 안다. 행동을 삼가지 않고 오히려 어찌 말을 삼가기를 바라겠는가. 太宗이 말하기를 "언어는 군자의 추기이니 일반인들도 오히려 그렇게 하거늘 하물며 萬乘의 군주이겠소."라고 하니, 말을 삼갈 줄을 알았다고 말할 만하다. 魏徵이 말하기를 "임금이 실수가 있으면 일식·월식과 같아서 세상 사람들이 다 보니, 실로 폐하께서 경계하고 삼가는 것과 같은 것입니다."라고 하였으니, 말을 삼가고 행동을 삼가는 뜻을 겸하기에 충분하다.

22-3-1

貞觀十六年에 太宗每與公卿言及古道할새 必詰難往復①하니 散騎常侍劉洎上書諫曰

帝王之與凡庶와 聖哲之與庸愚는 上下相懸하여 擬倫斯絶하니 是知以至愚而對至聖이요 以極卑而對極尊하여 徒思自强이라도 不可得也니이다 陛下降恩旨하고 假慈顔하사 凝旒[6]以聽其言하시고 虛襟以納其說이라도 猶恐群下未敢對揚이어늘 況動神機하고 縱天辯하사 飾辭以折其理하시고 援古以排其議하시니 欲令凡蔽②何階應答이리잇고

① 必詰難往復 : 難, 去聲.
難(논박하다)은 去聲이다.
② 欲令凡蔽 : 令, 平聲.
令(하여금)은 平聲이다.

貞觀 16년(645)에 太宗이 公卿들과 함께 옛날 도리를 말할 때마다 반드시 힐난하기를 반복하니 散騎常侍 劉洎가 글을 올려 간하였다.

"제왕과 범인, 성현과 우매한 자는 상하가 서로 현격하여 비교하지 못할 지경이니, 이는 지극히 우매한 자가 지극한 성인을 대하고 지극히 낮은 자가 지극히 존귀한 사람을 대하여 스스로 노력하기를 생각하더라도 할 수 없는 것을 압니다. 폐하께서 은혜를 베풀고 자애로운 안색을 하시어 가만히 앉은 채로 신하의 말을 들어주시고, 마음을 비워 그 의견을 받아들이시더라도 많은 신하들이 감히 폐하께 의견을 펴지 못할까 염려됩니다. 하물며 폐하께서 신묘한 지혜를 내시고, 타고난 언변을 거침없이 구사하시면서 말을 꾸며 신하의 논리를 꺾고, 옛일을 근거하여 신하의 의론을 물리치시니 평범하고 구태의연한 자들이 무슨 방법으로 응답하게 하려 하십니까.

22-3-2

臣聞皇天以無言爲貴하고 聖人以不言爲德[7]하며 老子稱大辯若訥[8]이라하며 莊生稱

6) 凝旒 : 면류관 구슬줄이 정지하여 움직이지 않는다는 뜻으로, 제왕이 조용히 자리 잡고 있음을 말한다.

7) 皇天以無言爲貴 聖人以不言爲德 : ≪論語≫ 〈陽貨〉에 "孔子가 '나는 말이 없고자 하노라.〔予欲無言〕'라고 하니, 子貢이 '스승님께서 말씀하지 않으시면 저희들이 어떻게 도를 전해 받겠습니까.〔子如不言 則小子何述焉〕'라고 하였다. 이에 공자가 "하늘이 무슨 말을 하던가. 四時가 운행하고 만물이 생장하니, 하늘이 무슨 말을 하던가.〔天何言哉 四時行焉 百物生焉 天何言哉〕" 라고 하였다.

8) 大辯若訥 : ≪老子道德經≫ 45장에 보인다.

至道無文[9)]이라하니 此皆不欲煩也라 是以齊侯讀書에 輪扁竊議③하고 漢皇慕古에 張孺陳譏④하니 此亦不欲勞也라 且多記則損心하고 多語則損氣하나니 心氣內損하면 形神外勞하되 初雖不覺이나 後必爲累⑤하나니 須爲社稷自愛⑥하소서 豈爲性好自傷乎⑦이리잇고 竊以今日升平이 皆陛下力行所至니 欲其長久인댄 匪由辯博이라 但當忘彼愛憎하여 愼玆取舍하고 每事敦朴하여 無非至公을 若貞觀之初면 則可矣니이다 至如秦政[10)]强辯이나 失人心於自矜하고 魏文宏材나 虧衆望於虛說하니 此才辯之累를 皎然可知⑧니 伏願略玆雄辯하시고 浩然養氣⑨하시며 簡彼緗圖⑩하시고 澹焉怡悅하사 固萬壽於南岳⑪하시며 齊百姓於東戶[11)]하시면 則天下幸甚하여 皇恩斯畢이리이다

③ 輪扁竊議 : 桓公讀書於堂上, 輪扁斲輪於堂下, 釋椎鑿而上曰 "君之所讀者, 古人之糟魄已夫. 以臣之事觀之, 斲輪徐則甘而不固, 疾則苦而不入, 不徐不疾, 得之於手, 應之於心, 口不能言, 有數存焉. 古之人與不可傳也." 出莊子.
齊나라 桓公이 대청 위에서 책을 읽고 있었다. 輪扁이 대청 아래에서 수레바퀴를 깎고 있다가 망치와 끌을 놓고 대청 위의 환공에게 말하였다. "임금께서 읽고 계신 책은 옛사람의 찌꺼기일 뿐입니다. 제가 하는 일을 가지고 본다면 수레바퀴를 깎을 때 느리게 하면 굴대가 헐거워서 튼튼하지 못하고, 빨리 깎으면 빡빡해서 굴대가 들어가지 않습니다. 느리지도 않고 빠르지도 않는 것은 손짐작으로 터득하고 마음으로 느낄 수 있을 뿐이지, 입으로 말할 수는 없습니다. 그 도수는 그 사이에 있습니다. 옛날 사람이 전수할 수 없는 것을 함께 가지고 〈죽었을 것입니다.〉" ≪莊子≫ 〈天道〉에 나온다.

④ 張孺陳譏 : 漢張良嘗匿下邳, 見老父. 授之以書曰 "孺子可教." 故稱良曰 "張孺." 項羽圍漢王於滎陽, 王與酈食其謀撓楚, 食其曰 "昔湯武伐桀紂, 皆封其後, 請立六國後." 王曰 "善." 具以告張良, 良曰 "誰爲陛下畫此計. 陛下事去矣." 爲陳八不可之說. 見史.
漢나라 張良이 下邳에 숨은 적이 있었는데 노인을 만나게 되었다. 장량에게 책을 주면서 말하기를 "젊은이를 가르칠 만하다." 하였다. 그래서 장량을 "張孺(장씨 젊은이)"라고 부른다. 項羽가 漢王(劉邦)을 滎陽에서 포위하자 한왕이 酈食其(역이기)와 함께 楚나라를 약화시키고자 도모하였는데 역이기가 말하기를 "옛날에 湯王·武王이 桀王·紂王을 정벌할 때 그의 후예를 모두 봉해주었으니 六國의 후예를 세울 것을 청합니다." 하였다. 한왕이 말하기를 "좋다." 하였는데, 이를 자세히 장량에게 고하자 장량이 말하기를 "누가 폐하를 위하여 이 계책을 세웠습니까. 폐하의 일은 잘못될 것입니다."라고 하고, 여덟 가지 불가하

---

9) 至道無文 : ≪莊子≫ 〈在宥〉에 "至道의 정채는 흐리고 至道의 극치는 어둡다.〔至道之精 窈窈冥冥 至道之極 昏昏默默〕"라고 하였다.

10) 秦政 : 政은 秦 始皇의 이름이다.

11) 東戶 : 고대의 임금으로 ≪淮南子≫ 〈繆稱訓〉에 보인다.

다는 말을 진술하였다. ≪史記≫ 〈留侯世家〉에 보인다.

⑤ 後必爲累 : 音類, 後同.
〈累(누가 되다)는〉 音이 類이다. 뒤에도 같다.

⑥ 須爲社稷自愛 : 爲, 去聲, 後同.
爲(때문에)는 去聲이다. 뒤에도 같다.

⑦ 豈爲性好自傷乎 : 好, 去聲.
好(좋아하다)는 去聲이다.

⑧ 此才辯之累 皎然可知 : 累, 音類.
累(누가 되다)는 音이 類이다.

⑨ 浩然養氣 : 孟子曰 "我善養吾浩然之氣."
≪孟子≫ 〈公孫丑 上〉에 말하기를 "나는 내 호연지기를 잘 기른다." 하였다.

⑩ 簡彼緗圖 : 緗, 淺黃色. 圖, 書也.
緗은 옅은 황색이고, 圖는 책이다.

⑪ 固萬壽於南岳 : 詩曰 "不騫不崩, 如南山之壽."
≪詩經≫ 〈小雅 天保〉에 말하기를 "쓰러지지 않고 무너지지 않아 남산이 무궁함과 같아라." 하였다.

신이 듣기에 하늘은 말 없는 것을 귀하게 여기고, 聖人은 말하지 않는 것을 덕으로 삼는다고 하였습니다. 老子는 '훌륭한 변설은 어눌한 것처럼 보인다.'고 말하였으며, 莊子는 '지극한 도는 문채가 없다.'고 말하였으니, 이는 모두 번다하게 하려고 하지 않는 것입니다. 그러므로 齊 桓公이 책을 읽고 있을 때, 輪扁(수레바퀴 제작자)이 가만히 의론을 올렸으며, 漢 高祖가 옛날을 선망하여 〈六國 후예를 봉해주려 할 때〉 張孺(張良)가 비난하였으니, 이 역시 수고롭게 하려고 하지 않은 것입니다. 또 기억을 많이 하면 마음이 손상되고, 말을 많이 하면 기운이 손상됩니다. 心氣가 안에서 손상되면 육체와 정신이 밖에서 피로하되 처음에는 깨닫지 못하더라도 나중에는 반드시 누가 될 것이니 모름지기 사직을 위하여 스스로를 아끼십시오. 어찌 본성이 좋아하는 것 때문에 스스로 손상하게 할 수 있습니까.

삼가 생각해보니 오늘의 태평은 모두 폐하께서 힘써 행하여 이루어놓은 것입니다. 장구하기를 바라신다면 〈폐하 자신의〉 말재주와 많이 아는 것에 의지해서는 안 됩니다. 단지 애정과 증오를 잊으시어 취함과 버림을 신중히 하고 매사를 돈독하고 질박하게 하여 지극히 공평하지 않음이 없음을 마치 貞觀 초기와 같이 한다면 좋을 것입니다. 秦 始皇은 변설에 뛰어났으나 스스로 자랑하는 데서 인심을 잃었고, 魏나라 文帝는 재능이 굉장하였으나 허황된 말을 하는 것에서 백성의 바람을 잃었으니, 여기에서 재치 있게 말을 잘하는 피해를 분명히 알 수가 있습니다. 엎드려 원하건대 폐하의 웅변을 줄이고 浩然之氣를 기르며 서책을 보시고 담담히 기뻐하시어 南岳과 같이 萬壽를 굳건히 누리시며 百姓을 東戶의 세상과 같게 다스리소서. 그렇게 하신다면 천하가 매우 다행으로 여겨서 천자의 은혜가 모든 사람에게 미칠 것입니다."

22-3-3

太宗手詔答曰 非慮無以臨下오 **非言無以述慮**라 **比有談論**⑫하여 **遂至煩多**하니 **輕物驕人**이 **恐由玆道**나 **形神心氣**는 **非此爲勞**라 **今聞讜言**하니 **虛懷以改**⑬라하더라

⑫ 比有談論 : 比, 音鼻.
比(근래)는 音이 鼻이다.

⑬ 貞觀十六年……虛懷以改 : 按通鑑係十八年, 上好文學而辯敏, 群臣言事者, 多引古今以折之, 多不能對. 洎上書云云. 上飛白[12]答之.
살펴보면 ≪資治通鑑≫ 貞觀 18년에 太宗이 文學을 좋아하고 말을 민첩하게 잘하여 여러 신하들이 일을 말하는 것에 대부분 고금의 일을 인용하여 꺾으니 신하들이 대부분 대답할 수 없었다. 劉洎가 글을 올려 운운하자, 태종이 飛白書로 답하였다.

太宗이 친히 조서를 써서 답하였다.

"생각지 않는다면 아래의 백성을 다스릴 수가 없고 말이 아니면 생각을 표현할 수가 없소. 근래에 담론이 있어 마침내 번거로움이 많았소. 사람을 경시하고 교만하게 대하는 것은 아마도 이 말에서 연유된 듯하니, 육체와 정신, 心氣가 이처럼 수고롭게 해서는 아니되오. 이제 경의 直言을 들었으니 마음을 비워서 고치겠소."

【集論】

張氏九成曰 君子以謹密成德하고 **而疎直致患**이어늘 **而況處重之地**가 **可不戒哉**아 **洎每剛直敢言**에 **始以受知**라가 **終以速禍**하니 **蓋太宗英明剛武**로 **以取天下**하여 **挾振矜之態**일새니라

12) 飛白 : 서체의 하나로 筆勢가 나는 듯하고 붓 자국이 비로 쓴 자리같이 보이는 서체이다.

雖議論及於群臣이나 而是正之語는 或不容下하고 或往復詰難하고 或面折其短하며 才辯自逞하여 氣驕於人이라 夫以咫尺之威[13]로 生殺在手하니 非剛直之徒면 孰與抗哉아 而洎遠引聖人不言과 大辯若訥하여 深爲勸戒하니 所以恢寬厚之德하고 獎進言之路라 觀其所陳하면 若有優柔樂易之性矣나 及其發言處身하여는 或不自慮라 夫以太宗之明으로도 竟不深察하니 何知之不審하여 始卒有異乎아 抑疑似之詰이 有以啓之也라

張九成이 말하였다.

"군자는 신중함과 치밀함으로 덕을 이루고 경솔하고 솔직함으로 근심에 이르게 되거늘 하물며 중요한 처지에 있는 사람이 경계하지 않을 수 있겠는가. 유계가 매번 강직하고 과감하게 말할 때마다 처음에는 알아줌을 받다가 끝에는 재앙을 자초하게 되었다. 이는 太宗이 영명함과 강한 무용으로 천하를 취하여 오만한 태도를 지녔기 때문이다.

비록 여러 신하에게 의론하게 하였으나, 바로잡는 말을 하면 혹은 아랫사람을 용납하지 않고, 혹은 반복하여 힐난하고, 혹은 면전에서 단점을 꺾었으며, 교묘한 말솜씨를 마음껏 구사하여 남에게 교만한 기운이 있었다. 咫尺에 뵈옵는 위엄으로 죽이고 살리는 것을 수중에서 마음대로 하였으니 강직한 무리가 아니면 누가 상대하여 대들겠는가.

그러나 유계는 멀리 '성인이 말하지 않는다.'는 것과 '대단한 언변은 어눌한 것 같다.'는 것을 인용하여 깊이 권장하고 경계시켰으니 관후한 덕을 넓히고 진언하는 길을 장려한 것이었다. 그 진술한 것을 보면 마치 여유로우며 화락한 성품이 있는 듯하지만, 말을 하고 처신하는 데에 미쳐서는 조금도 자신을 우려하지 않았다. 태종의 명철함으로도 끝내 이를 깊이 살피지 못하였으니, 어찌 아는 것이 자세하지 않아서 처음과 끝에 다름이 있었던 것인가. 그렇지 않다면 반신반의하는 힐난이 그 길을 열어주었을 것이다."

唐氏仲友曰 上執其謙하고 下輸其直하니 此議論之體也라 以鯀之不才를 堯獨知之나 然從試可乃已[14]之論하니 則人君之言이 豈務求勝이리오 太宗以智辯自居하고 往復窮詰하니 此

13) 咫尺之威 : 매우 가까이 있는 임금의 위엄을 말한다. ≪春秋左氏傳≫ 僖公 9년의 "임금의 위엄이 얼굴에서 咫尺도 떨어져 있지 않다.〔天威不違顔咫尺〕"에서 변형한 것이다.

14) 試可乃已 : ≪書經≫ 〈虞書 堯典〉에 홍수를 다스릴 자로 四岳이 鯀을 추천하였는데, 堯임금이 하지 못할 것이라고 반대하자 사악이 "그만두더라도 할 수 있는지를 시험해보고 그만두어야 합니다.〔异哉 試可乃已〕"라고 하였다.

最足以害從諫之美라 洎兩言之는 切中其病이니 孟子所謂拒人於千里外[15]者也라 答詔猶有反覆是非之言하니 則太宗自聖之病은 頗亦難瘳라 賴洎言之不已하여 使太宗許以能改하니 不然其去德豈遠乎哉아 一鑑旣往[16]에 獨洎能出하니 此言이 不亦賢乎아

唐仲友가 말하였다.

"위에서 겸손함을 지니고 아래에서 직언을 바치니 이것은 논의의 대체이다. 鯀이 재주가 없음을 堯임금은 홀로 알았으나 鯀이 할 수 있는지 시험해보고 그만두게 해야 한다는 논의를 따랐으니 임금의 말이 어찌 힘써 이기기를 구하겠는가. 太宗이 지혜로움과 언변을 자처하고 반복하여 끝까지 물었으니, 이는 간언의 아름다움을 따르는 데에 가장 해로운 것이다. 유계의 두 가지 말은 태종의 결점을 잘 지적한 것이니 孟子가 말한 '천리의 밖에서 사람을 막는다.'라는 것이다. 답변 조서에 오히려 옳고 그름에 대한 말을 반복한 것이 있으니 태종의 聖人을 자처하는 병통은 매우 고치기 어려운 것이다. 유계가 끊임없이 간언하였기 때문에 태종이 고치겠다고 허락하게 되었으니 그렇지 않으면 덕과 거리가 어찌 멀어지지 않겠는가. 거울 하나(魏徵)가 떠나가자 홀로 유계가 나왔으니 이 말이 또한 어질지 않은가."

愚按 劉洎諫疏에 想見太宗以英雄之姿가 逞神機하고 縱天辯하여 未免有輕物驕人之失이라 儻非能剋己自勵하고 勉强從諫하면 則所謂智足以拒諫하며 辯足以飾非[17]가 由此乎生矣라 今聞讜言하니 虛懷以改라하니 其得爲賢君也가 宜哉로다

내가 살펴보건대, 劉洎의 상소에서 太宗이 영웅의 자태를 가지고도 신묘한 기지를 발휘하고 타고난 말재주를 마음껏 구사하여 남을 경시하고 교만하게 대하는 실수를 면하지 못함을 상상해보게 된다. 진실로 사욕을 극복하여 스스로 힘쓰고 노력하여 간언을 따르지 않으면, 이른바 지혜는 간언을 막기에 충분하며 말은 잘못을 꾸미기에 충분하다는 것이 이로 말미암아 생기는 것이다. 태종이 '지금 직언을 들었으니 마음을 비워서 고치겠다.'라고 하였으니, 태종이 어진 임금이 되는 것이 마땅하다.

---

15) 拒人於千里外 : ≪孟子≫ 〈告子 下〉에 보인다.

16) 一鑑旣往 : 諫官 魏徵의 죽음을 말한다. 위징이 죽자 3개 거울 중에서 人鑑을 잃었다고 하여 "지금 위징이 죽고 없으니 하나의 거울이 없어졌다.〔今魏徵逝 一鑑亡矣〕"라고 하였다. ≪舊唐書 魏徵傳≫

17) 智足以拒諫 辯足以飾非 : ≪史記≫ 〈殷本紀〉에 "知足以距諫 言足以飾非"라고 하였다.

제23편 杜讒邪　간사한 자의 참소를 끊다

이 편에서는 간사한 자의 참소에 대한 太宗의 견해를 이야기하고 있다. 태종은 隋나라가 망한 것은 간신들이 황제에게 충신들을 무고하였기 때문이라고 생각하였다. 또한 언로를 연 것은 백성의 실정을 알기 위한 것이지 관리를 거짓으로 헐뜯기 위한 것이 아니라 하여 남의 작은 잘못을 들추어서 남을 참소하는 자를 죄줄 것이라고 선포한다. 조언과 참소, 충언과 아첨은 진실로 똑같이 말에서 나오지만 군주가 이를 구별하기는 정말 어려우니, 역사에 기록된 獄事는 대부분은 한 사람의 참소에서 시작한 경우가 많았다. 태종에게 魏徵을 참소하는 자가 있자, 태종은 위징에게 묻지도 않고 곧바로 참소한 자를 처벌하였으니, 그가 명군이 된 것은 당연하다고 하겠다.

凡七章.

모두 7장이다.

23-1-1

貞觀初에 **太宗謂侍臣曰 朕觀前代**에 **讒佞之徒**하니 **皆國之蟊賊也**①라 **或巧言令色**[1]하여 **朋黨比周**②하니 **若暗主庸君**은 **莫不以之迷惑**이라 **忠臣孝子所以泣血銜冤**이라 **故蘩蘭欲茂**에 **秋風敗之**하고 **王者欲明**에 **讒人蔽之**[2]하나니 **此事著於史籍**하니 **不能具道**니라 **至如齊隋間讒譖事**하여는 **耳目所接者**를 **略與公等言之**하리라 **斛律明月**③은 **齊朝良將**④이라 **威震敵國**하니 **周家每歲**에 **斲汾河氷**은 **慮齊兵之西渡**러니 **及明月被祖孝徵**⑤**讒構伏誅**하여는 **周人始有呑齊之意**하고 **高熲**⑥**有經國大才**하여 **爲隋文帝贊成霸業**⑦하여 **知國政者**가 **二十餘載**에라 **天下賴以安寧**이러니 **文帝惟婦**[3]**言是聽**하여 **特令擯斥**⑧하고 **及爲煬帝所殺**하여는 **刑政由是衰壞**하니라 **又隋太子勇**⑨은 **撫軍監國**⑩이 **凡二十年間**에 **固亦早有定分**⑪이러니 **楊素**⑫**欺主罔上**하고 **賊害良善**하여

---

1) 巧言令色 : ≪論語≫ 〈學而〉에 보인다.

2) 叢蘭欲茂……讒人蔽之 : ≪文子≫ 〈上德〉에 "日月欲明 浮雲蔽之……叢蘭欲修 秋風敗之"라고 하였다.

3) 婦 : 隋 文帝의 獨孤皇后를 말하였다.

使父子之道로 **一朝滅於天性**⑬하니 **逆亂之源**이 **自此開矣**라 **隋文既混淆嫡庶**하여 **竟禍及其身**하고 **社稷尋亦覆敗**하니라

① 皆國之蟊賊也：蟊, 音矛, 蟲之害稼者.
蟊는 音이 矛이며, 곤충이 벼를 해치는 것이다.

② 朋黨比周：比, 音鼻.
比(편당하다)는 音이 鼻이다.

③ 斛律明月：斛律, 複姓. 明月, 其字. 名光. 後齊朝兼行將相, 有名譽, 隣敵所憚.
斛律은 복성이며, 明月은 그의 字이며, 名은 光이다. 後齊(北齊)의 조정에서 장군과 재상을 겸행하여 명예가 있었으며 이웃의 적들이 꺼렸다.

④ 齊朝良將：去聲.
〈將(장수)은〉 去聲이다.

⑤ 及明月被祖孝徵：名珽, 密爲謠言, 譏斛律光, 殺之.
〈祖孝徵은〉 이름이 珽이며, 은밀하게 노래를 만들어 斛律光을 참소하여 죽였다.

⑥ 高熲：隋之賢相.
〈高熲은〉 隋나라의 어진 재상이다.

⑦ 爲隋文帝贊成霸業：爲, 去聲. 後蓋爲同.
爲(때문에)는 去聲이다. 뒤의 '蓋爲'의 爲도 같다.

⑧ 特令擯斥：令, 平聲.
令(하여금)은 平聲이다.

⑨ 又隋太子勇：文帝太子, 名勇, 後廢爲庶人.
文帝의 太子는 이름이 勇이며, 뒤에 폐하여 서인이 되었다.

⑩ 撫軍監國：監, 平聲.
監(감시하다, 감독하다)은 平聲이다.

⑪ 固亦早有定分：去聲.
〈分(명분, 분수)은〉 去聲이다.

⑫ 楊素：玄感之父, 爲隋相.
〈楊素는〉 玄感의 아버지이며 隋나라의 재상이 되었다.

⑬ 使父子之道 一朝滅於天性：朝, 音昭. 楊素揣知獨孤后意, 盛言太子不才, 文帝於是禁太子勇, 部分收其黨與. 楊素舞文巧詆, 以成其獄. 廢勇立晉王廣爲皇太子, 是爲煬帝.
朝는 音이 昭이다. 楊素가 獨孤后의 뜻을 미루어 헤아려 알고 太子는 재주가 없다고 떠들썩하게 말하였다. 文帝가 이에 태자 楊勇을 금지하고 部를 나누어 黨與를 거두었다. 양소가 글을 교묘하게 꾸며 죄에 빠뜨려 그 옥사를 이루었다. 양용을 폐하고 晉王 楊廣을 세워 皇太子를 삼았는데 煬帝가 되었다.

貞觀 초기에 太宗이 近臣에게 말하였다.

"朕이 전대의 참소하고 아첨한 무리들을 보니, 모두 국가의 해충들이오. 혹은 말을 교묘하게 하고 얼굴색을 아름답게 하여 朋黨을 지어 친하니 어둡고 용렬한 군주들은 미혹되지 않은 자가 없었고, 충신과 효자들은 피눈물을 흘리며 원통함을 머금었소. 그러므로 난초가 무성히 자라려고 하여도 가을바람이 손상시키고 왕은 밝게 하려고 해도 참소하는 자가 가리는 것이오. 이 일은 역사책에 기록되어 있으니, 자세히 말하지 않겠소. 北齊와 隋나라 사이에 참소하였던 일에 대하여는 보고 들어 접한 것을 대략 공들과 함께 말해보겠소.

斛律明月(斛律光)은 北齊의 훌륭한 장수이므로 그 위세는 적국에까지 떨쳤소. 北周가 매년 汾河의 얼음을 자른 것은 北齊의 병사들이 서쪽 강을 건너올 것을 염려한 것이오. 곡률명월이 祖孝徵에게 참소당하여 죽게 되자, 북주 사람들은 비로소 북제를 병탄할 뜻을 품었소. 高熲은 나라를 경영할 큰 인재로서 隋 文帝를 위하여 패업을 도와 성사시키고 국정을 다스린 지 20여 년이 되자 천하는 그에 힘입어 평안하였소. 그러나 수 문제는 오직 황후의 말만 듣고서 다만 고경을 물러가게 하였소. 고경이 煬帝에게 죽임을 당하게 되어서는 형벌과 정치가 이로 말미암아 쇠퇴하여 무너졌소.

또한 수나라 태자 楊勇은 군대를 거느리고 국정을 감독한 것이 20여 년에 진실로 또한 일찍이 신분이 정해진 것이오. 楊素가 황제를 속이고 선량한 사람을 해쳐서 부자의 도리가 하루아침에 천성을 단절케 하니, 逆亂의 근원이 이로부터 열렸소. 수 문제는 이미 嫡子(楊勇)와 庶子(楊廣)의 구분에 혼란하여 마침내 재앙이 제 자신까지 미치고 사직도 곧이어 패망하였소.

23-1-2

古人云 代亂則讒勝[4]이라하니 **誠非妄言**이라 **朕每防微杜漸**[5]하여 **用絶讒構之端**하되 **猶恐心力所不至**에 **或不能覺悟**하노니 **前史云 猛獸處山林**⑭에 **藜藿爲之不採**하고 **直臣立朝廷**에 **姦邪爲之寢謀**[6]라하니 **此實朕所望於群公也**로다

---

4) 代亂則讒勝 : ≪春秋左氏傳≫ 昭公 5년에 "世亂讒勝"이라고 하여 代가 世로 되어 있다.

5) 防微杜漸 : ≪後漢書≫ 〈丁鴻傳〉에 보인다.

6) 前史云……姦邪爲之寢謀 : ≪漢書≫ 〈蓋寬饒傳〉에 보인다.

⑭ 猛獸處山林 : 處, 上聲.
處(처하다)는 上聲이다.

옛사람들이 말하기를 '시대가 혼란해지면 참언이 충언을 이긴다.'라고 한 것은 진실로 망언이 아니오. 朕은 항상 작을 때 방비하고 막아서 비방하는 단초를 끊되 오히려 마음과 힘이 미치지 못하는 곳에 혹 깨닫지 못하게 될까 염려하오. 이전 시대의 ≪漢書≫ 〈蓋寬饒傳〉에 말하기를 '맹수가 산림에 살게 되자 명아주 잎과 콩잎을 채취하지 못하고, 정직한 신하가 조정에 등용되자 간사한 자들이 음모를 그친다.'고 하였소. 이는 진실로 朕이 여러 공들에게 바라는 것이오."

23-1-3

魏徵曰 禮云 戒愼乎其所不睹하며 **恐懼乎其所不聞**⑮이라하고 **詩云 愷悌君子**여 **無信讒言**이어다 **讒言罔極**하여 **交亂四國**⑯이라하고 **又孔子曰 惡利口之覆邦家**⑰[7]라하시니 **蓋爲此也**라 **臣嘗觀自古有國有家者**하니 **若曲受讒譖**하여 **妄害忠良**이면 **必宗廟丘墟**하고 **市朝霜露矣**하니 **願陛下深愼之**하소서

⑮ 恐懼乎其所不聞 : 中庸首章之辭.
≪中庸≫ 首章의 말이다.
⑯ 愷悌君子……交亂四國 : 詩小雅靑蠅篇之辭.
≪詩經≫ 〈小雅 靑蠅〉의 말이다.
⑰ 惡利口之覆邦家 : 惡, 烏去聲.
惡(미워하다)는 烏의 去聲이다.

魏徵이 말하였다.

"≪禮記≫ 〈中庸〉에 이르기를 '아무도 보지 않는 곳에서도 경계하며 들리지 않는 곳에서도 두려워한다.'고 하였고, ≪詩經≫ 〈小雅 靑蠅〉에 이르기를 '화락하고 단아한 군자여, 참언을 믿지 말라. 참언은 끝이 없어서, 사방의 나라를 교란시킨다.'고 하였습니다. 또 孔子는 말하기를 '사악하고 그럴듯하게 꾸미는 말이 나라를 전복시킴을 미워한다.'고 하였으니, 대개 이 때문입니다. 신이 일찍이 예로부터 나라를 소유하고 집안을 소유한 자를 살펴보니 참소하는 말을

7) 惡利口之覆邦家 : ≪論語≫ 〈陽貨〉에 보인다.

잘못 받아들여서 충성하며 선량한 자를 함부로 해쳤으면 반드시 종묘는 폐허가 되고 시장과 조정은 〈인적이 없어〉 서리와 이슬에 젖었습니다. 원하건대 폐하께서는 깊이 삼가시길 바랍니다."

【集論】

愚按 自古讒邪之爲惑은 人主非有知人之明하여 不能辨也라 太宗援據古今하여 以責望於其臣한대 魏徵敷述經訓하여 以致戒於其君하니 可謂極君臣之契하여 讒邪無得而間矣라 厥後에 有毁徵阿黨者하니 使溫彦博按之한대 雖足以直徵之枉이나 而左右之爲讒者가 竟不聞顯正其罪하니 固非止讒之道라 及徵之卒에 乃因杜正倫之黜하여 復以阿黨疑之하고 疑情一萌하여 讒言遽入이라 謂徵錄諫辭示史官하여 有賣己直彰君過之意者라 遂有停婚仆碑之令[8]하니 何不察之甚邪아 使太宗他日無征遼東之悔[9]런들 尙得爲明主乎아 信夫知人之難也라

내가 살펴보건대, 군주가 옛날부터 참소와 간사함으로 미혹된 것은 사람을 아는 밝음이 있지 못하여 제대로 분별할 수 없었기 때문이다. 太宗이 옛날과 지금에 근거하여 그 신하들에게 책망하자, 魏徵이 경서의 훈계를 진술하여 그 임금에게 경계하기를 지극히 하니, 군신간에 합치된 것이 지극히 하여 참소와 간사함이 그 사이를 이간하지 못한다고 말할 만하다. 그 후에 위징이 아첨했다고 헐뜯은 자가 있자 溫彦博에게 그것을 조사하게 하였다. 비록 위징의 억울함을 펼 수 있었으나 참소한 측근의 죄를 끝내 드러내 바로잡았다는 말을 듣지 못하였으니, 진실로 참소를 그치게 하는 방법이 아니다. 위징이 죽은 뒤에 杜正倫이 내쫓김으로 인하여 태종은 다시 위징이 아첨했는지 의심하고, 의심하는 마음이 한 번 싹트자, 위징을 참소하는 말이 대번에

8) 及徵之卒……遂有停婚仆碑之令 : 魏徵이 일찍이 中書侍郎 杜正倫과 吏部尙書 侯君集을 추천하였는데, 위징이 죽고 난 후 두정륜은 죄를 지어 축출되고 후군집은 반역죄를 범해 주벌되었다. 太宗이 이에 비로소 위징이 阿黨했다고 의심하였으며, 위징이 또 전후에 간쟁했던 내용과 주고받은 말을 기록하여 史官인 褚遂良에게 보여준 것을 알고는 더욱 기분 나빠하였다. 이전에 위징이 위독할 때 태종이 병문안 가서 자신의 딸 衡山公主와 위징의 아들 魏叔玉을 맺어주자고 약조하고 그의 사후에 손수 비문을 지어 비석을 세워주었었는데, 위징을 의심하게 되면서 이 혼사를 파기하고 비석을 쓰러뜨렸다. 《舊唐書 권71 魏徵列傳》

9) 征遼東之悔 : 太宗이 高句麗 정벌을 실패하고 뉘우치며 魏徵을 다시 추모한 일을 말한다. 태종이 위징의 비석을 쓰러뜨리고, 얼마 뒤에 고구려 정벌을 나갔다가 실패로 돌아가자 돌아오면서 "위징이 만약 있었더라면 내가 이 출정을 하였겠는가.〔魏徵若在 吾有此行邪〕" 하고는 역마를 달려 보내어 少牢로 위징을 제사하고 쓰러뜨렸던 비석을 도로 세우게 하였다. 《新唐書 魏徵列傳》

들어왔다. 태종은 생각에 위징이 간언 기록을 사관에게 보여주면서 자기의 정직을 선전하고 임금의 과실을 드러내려는 뜻이 있었다고 하여 마침내 위징의 아들과 혼인을 정지하고 위징의 비석을 쓰러뜨리라는 명령을 내렸으니, 어찌 살피지 않음이 심한 것인가. 태종이 뒷날 遼東을 정벌한 후회가 없었다면 명철한 임금이 될 수 있었겠는가. 진실로 사람을 알기는 어렵다.

23-2-1

貞觀七年에 **太宗幸蒲州**할새 **刺史趙元楷**가 **課父老服黃紗單衣**하고 **迎謁路左**호대 **盛飾廨宇**하며 **修營樓雉**하여 **以求媚**하고 **又潛飼羊百餘口魚數千頭**하여 **將饋貴戚**이러니 **太宗知**하고 **召而數之曰**① **朕巡省河洛**②하여 **經歷數州**에 **凡有所須**가 **皆資官物**이라 **卿爲飼羊養魚**③하고 **雕飾院宇**는 **此乃亡隋弊俗**이니 **今不可復行**④이라 **當識朕心**하여 **改舊態也**하라 **以元楷在隋邪佞**이라 **故太宗發此言以戒之**하니 **元楷慙懼**하여 **數日不食而卒**⑤하다

① 召而數之曰 : 數, 上聲.
數(죄를 세어 따지다)는 上聲이다.
② 朕巡省河洛 : 省, 上聲.
省(살피다)은 上聲이다.
③ 卿爲飼羊養魚 : 爲, 去聲.
爲(위하다)는 去聲이다.
④ 今不可復行 : 復, 音缶.
復(다시)는 音이 缶이다.
⑤ 數日不食而卒 : 子聿反. 舊本此章在貪鄙篇, 今附入此.
〈卒(죽다)은〉 子와 聿의 반절이다. 舊本에 이 장은 〈論貪鄙〉篇에 있었는데 지금 여기에 붙인다.

貞觀 7년(633)에 太宗이 蒲州로 행차할 때에 刺史 趙元楷가 父老들을 모아 황색 비단의 홑옷을 입히고 길 왼쪽에서 맞이하고 배알하게 하였다. 관청을 성대히 꾸미며 누각과 雉堞(성가퀴)을 수리하여 아첨하고, 또 몰래 백여 마리의 양을 사육하고 수천 마리의 물고기를 길러서 왕실의 친척에게 주려고 하였다. 태종이 이를 알고 조원해를 불러 하나하나 죄를 따지며 말하였다.

“朕은 黃河와 洛水를 순행하여 여러 州를 지나오면서 필요한 것은 모두 관청에 의지하였소. 경이 양을 사육하며 물고기를 기르고 관청을 꾸민 것은 멸망한

隋나라의 폐풍이니, 지금은 다시 해서는 안 되는 것이오. 마땅히 짐의 마음을 알아서 지난날의 투식을 고치도록 하시오."

조원해가 隋나라의 간사한 인물에 들었기 때문에 태종이 이 말을 하여 경계시킨 것이다. 조원해는 부끄럽고 두려워서 수일 동안 먹지 못하다가 죽었다.

【集論】

愚按 元楷仕隋하여 爲歷陽郡丞할새 以獻異味하여 超遷江都郡丞하니 迹其邪佞이면 蓋與高德儒之指野鳥爲鸞[10]無異라 太宗이 縱不能誅之면 豈可復使爲民之父母乎아 異時潛飼羊魚하고 盛飾廨宇하니 蓋猶以事隋者而事唐也라 太宗이 數而責之가 是矣라 然使能黜其官하고 致其罪하여 布告天下하여 咸以爲戒하면 豈不尤偉矣乎아

내가 살펴보건대, 趙元楷는 隋나라에 벼슬하여 陽郡丞을 지낼 때 특이한 맛의 음식을 올려서 빨리 승진하여 江都郡丞이 되었으니 그 간사함을 추적해보면 高德儒가 들새를 가리켜 난새라고 한 것과 다름이 없다. 太宗이 만약 조원해를 꾸짖지 않았다면 어찌 다시 백성의 부모가 될 수 있겠는가. 종전에 몰래 양을 사육하며 물고기를 기르고 관청을 성대히 꾸몄으니, 여전히 隋나라를 섬기는 방법으로 唐나라를 섬긴 것이다. 태종이 죄를 세어 따지고 그를 꾸짖은 것이 옳다. 그러나 그를 관직에서 축출하고 그 죄를 다스려 천하에 선포하여 모두 경계로 삼았다면 어찌 더욱 위대하지 않은가.

23-3-1

貞觀十年에 太宗謂侍臣曰 太子保傅는 古難其選이라 成王幼小에 以周召爲保傅하고 左右皆賢하니 足以長仁①하여 致理太平하여 稱爲聖主라 及秦之胡亥하여는 始皇所愛요 趙高作傅하여 教以刑法이러니 及其簒也[11]에 誅功臣하고 殺親戚하여 酷烈不已하여 旋踵亦亡하니 以此而言이면 人之善惡이 誠由近習이라 朕弱冠②交遊가 惟柴紹③竇誕等④이라 爲人既非三益⑤이러니 及朕居茲寶位하여 經理天下가 雖不及堯舜之明이나 庶免乎孫皓高緯之暴⑥하니 以此而言이면 復不由染은 何也오 魏徵曰 中人은 可與爲

---

10) 高德儒之指野鳥爲鸞 : 李世民이 隋나라와 전쟁할 때 高德儒를 붙잡아 꾸짖기를 "너는 들새를 가리켜 난새라고 하여 임금을 속여서 높은 벼슬을 취하였다.〔汝指野鳥爲鸞 以欺人主 取高官〕"라고 하고 참수하였다. ≪資治通鑑 권184 隋 恭皇帝 義寧 元年≫

11) 及其簒也 : 胡亥가 태자인 형 扶蘇를 죽이고 皇帝 자리를 빼앗은 것을 말한다.

善이오 可與爲惡[12)]이나 然上智之人은 自無所染이니 陛下受命自天하사 平定寇亂하사 救萬民之命하시고 理致升平하시니 豈紹誕之徒가 能累聖德⑦이리오 但經云 放鄭聲하고 遠佞人⑧이라하니 近習之間에 尤宜深愼이니이다 太宗曰 善⑨타하다

① 足以長仁 : 長, 音掌.
長(우두머리)은 音이 掌이다.

② 朕弱冠 : 去聲.
〈冠(으뜸가다)은〉 去聲이다.

③ 惟柴紹 : 字嗣昌, 臨汾人, 以任俠聞, 高祖妻以平陽公主. 武德初, 拜左翊衛大將軍, 累從戰伐而有功.
〈柴紹는〉 字가 嗣昌이며, 臨汾 사람이다. 의협심으로 소문나서 高祖가 平陽公主로 아내를 삼아주었다. 武德 초기에 左翊衛大將軍에 임명되어 여러 번 전쟁을 따라가 공이 있었다.

④ 竇誕等 : 外戚也, 貞觀爲宗正卿, 太宗與語, 昏謬失對, 以光祿大夫罷.
〈竇誕은〉 外戚이다. 貞觀 시대에 宗正卿이 되어 太宗과 함께 대화하는데 흐리멍덩하게 대답을 잘하지 못해서 光祿大夫로 파직되었다.

⑤ 爲人旣非三益 : 論語曰 "益者三友, 友直, 友諒, 友多聞."
≪論語≫ 〈季氏〉에 말하기를 "유익한 것이 세 가지 벗이요, 손해되는 것이 세 가지 벗이니, 벗이 곧으며, 벗이 성실하며, 벗이 聞見이 많으면 〈유익하다.〉" 하였다.

⑥ 庶免乎孫皓高緯之暴 : 孫皓, 三國吳主, 是爲烏程侯, 降于晉. 高緯, 北齊後主, 爲周所虜.
孫皓는 三國時代의 吳나라 임금이며 烏程侯가 되어 晉나라에 항복하였다. 高緯는 北齊의 後主이며 北周에 사로잡혔다.

⑦ 豈紹誕之徒能累聖德 : 累, 音類.
累(누가 되다)는 音이 類이다.

⑧ 放鄭聲 遠佞人 : 遠, 去聲. 論語孔子答顏淵問爲邦之辭.
遠(멀리하다)은 去聲이다. ≪論語≫ 〈衛靈公〉에서 顏淵이 나라를 다스리는 방법을 질문하자 孔子가 대답한 말이다.

⑨ 貞觀十年……太宗曰善 : 按自誠由近習已上, 文重出師傅篇, 舊本此章在直諫篇, 今附入於此.
살펴보면 '誠由近習(진실로 가까운 습관을 따른다.)'으로부터 이상은 글이 〈論尊敬師傅〉편에 거듭 나온다. 舊本에 이 장은 〈直諫〉편에 있었는데 지금 여기에 붙인다.

貞觀 10년(636)에 太宗이 近臣에게 말하였다.

"太子의 保傅는 옛날에도 선발하기 어려웠소. 成王이 어려서 周公과 召公으로 보부를 삼고 측근의 신하를 모두 어진 사람으로 하였으니, 충분히 仁德을

12) 中人可與爲善 可與爲惡 : ≪漢書≫ 〈古今人表〉에 "함께 선을 할 수 있고 함께 악을 할 수 있는 사람을 中人이라 한다.〔可與爲善 可與爲惡 是謂中人〕"라고 하였다.

길러서 정치가 太平하게 되어 聖主라고 일컬었소. 秦나라의 胡亥는 秦 始皇에게 사랑을 받고 趙高가 스승이 되어서 형법으로 교육하였소. 호해가 찬탈하여 황제가 되어서는 공신을 죽이고 친척을 죽여서 잔혹함을 그치지 않아서 곧바로 또한 망했소. 이것으로 말하면 사람의 선악이 진실로 近臣에게 달려 있는 것이오. 朕이 弱冠에 교류한 사람은 오직 柴紹와 竇誕 등이었는데 사람됨이 이미 유익한 세 가지 벗이 아니었소. 짐이 이 寶位에 있으면서 천하를 경영함이 비록 堯임금과 舜임금의 명철함에 미치지는 못하지만 거의 孫皓와 高緯의 잔악함은 면하였으니, 이것으로 말한다면 다시 짐이 近臣에게 물들지 않은 이유는 무엇이오."

魏徵이 말하였다.

"中人은 함께 선을 할 수 있고 함께 악을 할 수 있습니다. 그러나 상등의 지혜를 가진 사람은 스스로 물들지 않습니다. 폐하께서 천명을 받아서 난리를 평정하시어 만민의 목숨을 구제하시고 다스림이 태평을 이루시니, 어찌 시소와 두연의 무리가 聖德에 누를 끼칠 수 있겠습니까. 다만 ≪論語≫ 〈衛靈公〉에 '鄭나라의 음악을 추방하고, 아첨하는 자들을 멀리하라.'고 하였으니, 근신들의 사이에는 더욱 마땅히 깊이 삼가야 할 것입니다."

태종이 좋다고 말하였다.

【集論】

愚按 帝堯與共驩同處로되 而不爲共驩之所化하고 周公與管蔡同處로되 而不爲管蔡之所化라 夫上智不移[13]는 唯堯與周公爲能耳라 然堯猶畏孔壬하고 周公猶懼流言하니 豈恃其資質之美하고 而謂惡人不能染哉아 下此는 則善人之芝蘭이요 惡人之鮑魚[14]하여 未有不與之俱化者也라 唐太宗이 少與柴竇爲友하되 而不能昏하니 太宗之德을 世莫不疑焉이라 以愚

13) 上智不移 : ≪論語≫ 〈陽貨〉에 "오직 上智와 下愚는 변화시킬 수 없다.〔唯上智與下愚不移〕"라고 하였다.

14) 善人之芝蘭 惡人之鮑魚 : ≪孔子家語≫ 〈六本〉에 "착한 사람과 함께 있으면 마치 지초와 난초의 방에 들어간 것 같아서 오래되면 그 향기를 맡지 못하더라도 곧 그것과 동화되고, 착하지 못한 사람과 함께 있으면 마치 절인 생선 가게에 들어간 것 같아서 오래되면 그 냄새를 맡지 못하더라도 또한 그것과 동화된다.〔與善人居 如入芝蘭之室 久而不聞其香 卽與之化矣 與不善人居 如入鮑魚之肆 久而不聞其臭 亦與之化矣〕"라고 하였다.

觀之컨대 太宗之所以爲太宗은 以其資質之過人也라 其不能進於三代之君者는 以柴竇輩爲之累也라 雖然이나 太宗少年之事爾요 及其君臨天下하여는 雖房杜王魏竝居輔相이나 而封權宇文之流가 亦得厠乎其間하니 此貞觀之治가 所以止於如是也라 然則太宗所謂不由漸染者는 其然가 豈其然乎[15)]리오

내가 살펴보건대, 堯임금이 共工·驩兜와 같은 곳에 살았지만 공공·환도가 〈요임금을〉 변화시키지 못하였고, 周公이 管叔·蔡叔과 같은 곳에 살았지만 관숙과 채숙이 주공을 변화시키지 못하였다. 上智를 변화시킬 수 없는 것은 오직 요임금과 주공만이 능할 뿐이다. 그러나 요임금은 오히려 크게 간악한 마음을 품은 자〔孔壬〕를 두려워하였고 주공은 오히려 유언비어를 두려워했다. 어찌 자질의 아름다움을 믿고 악인이 물들일 수 없다고 생각하였겠는가. 이보다 아래는 착한 사람이 지초와 난초의 향기와 같고 악한 사람이 절인 생선의 비린내와 같아서 그들과 함께 모두 변화되지 않는 자가 없다. 唐 太宗이 젊어서 柴紹와 竇誕과 함께 친구가 되었으나 어리석어지지 않았으니 太宗의 덕을 세상에서 의심하지 않은 자가 없었다. 내가 살펴보면 태종이 태종이 되는 이유는 그의 자질이 남보다 뛰어났기 때문이다. 태종이 三代의 임금 수준에 나가지는 못한 것은 시소와 두연의 무리들이 누가 되었기 때문이다. 그렇다고는 하지만 이는 태종의 나이가 젊어서의 일일 뿐이다. 그가 임금이 되어 천하를 다스리게 되어서는 비록 房玄齡·杜如晦·王珪·魏徵이 함께 재상에 있었으나 封德彝·權萬紀·宇文士及 같은 무리들 또한 그 사이에 섞여 있었으니, 이것이 貞觀의 치적이 이와 같음에서 그치게 된 이유이다. 그렇다면 태종이 이른바 따라 물들지 않았다고 한 것은 과연 그러한가. 어찌 그러하겠는가.

23-4-1

尙書左僕射杜如晦奏言호대 監察御史陳師合①이 上拔士論호대 (兼)〔謂〕[16)]人之思慮有限하니 一人不可總知數職으로 以論臣等이라한대 太宗謂戴冑曰 朕以至公으로 理天下하니 今任玄齡如晦는 非爲勳舊오 以其有才行也②라 此人妄事毁謗하여 止欲離間我君臣③하니 昔蜀後主昏弱④하고 齊文宣狂悖나 然國稱理者는 以任諸葛亮楊遵

15) 其然 豈其然乎 : ≪論語≫ 〈憲問〉에 보인다.

16) (兼)〔謂〕 : 저본에는 '兼'으로 되어 있으나, ≪新唐書≫ 권96 〈杜如晦〉에 의거하여 '謂'로 바로잡았다.

彦[5]**不猜之故也**라 **朕今任如晦等**은 **亦復如法**이라하고 **於是**에 **流陳師合於嶺外**[6]하다

① 監察御史陳師合：史無傳.
史書에 傳記가 없다.
② 非爲勳舊 以其有才行也：爲・行, 竝去聲.
爲(때문이다)와 行(행실이다)은 모두 去聲이다.
③ 止欲離間我君臣：間, 去聲.
間(이간질하다)은 去聲이다.
④ 昔蜀後主昏弱：名禪, 先主之子.
〈蜀나라 後主는〉 이름이 禪이며, 先主의 아들이다.
⑤ 諸葛亮楊遵彦：竝見前註.
〈諸葛亮과 楊遵彦은〉 모두 앞에 註에 보인다.
⑥ 此人妄事毁謗……流陳師合於嶺外：舊本自此已下三章, 在貪鄙篇, 今附入此.
舊本에 이로부터 이하 3장은 〈論貪鄙〉편에 있었는데 지금 여기에 붙인다.

尙書左僕射 杜如晦가 상주하였다.

"監察御史 陳師合이 〈拔士論〉을 올리고 이르기를 '사람의 생각은 한계가 있으니, 한 사람이 몇 가지 직책을 총괄해서는 안 된다.'고 하는 것으로 신 등을 논의하였습니다."

太宗이 戴冑에게 말하였다.

"朕은 지극히 공정함으로 천하를 다스리고 있소. 지금 房玄齡과 杜如晦를 임용한 것은 옛 공훈 때문이 아니라 재능과 덕행이 있기 때문이오. 이 사람이 경솔하게 훼방을 일삼아서 다만 우리 君臣 사이를 이간시키려 하고 있소. 옛날 蜀 後主는 어리석으며 유약하였고 北齊 文宣帝는 狂氣를 부렸으나, 나라가 다스려졌다고 일컬어지는 것은 諸葛亮과 楊遵彦을 임용하고 의심하지 않았기 때문이오. 짐이 지금 두여회 등을 임용한 것은 또한 다시 이 법대로 하는 것이오."

이에 진사합을 嶺外 지역으로 유배시켰다.

【集論】

孫氏甫曰 人主之任大臣은 **不可不專**하고 **亦不可專**이라 **若深知其人可付國事**하고 **不專任之**하면 **何以責成功**이리오 **蓋專任則責重**하고 **責重則人必盡其才力也**라 **若知人未至**하고 **而專任之**하면 **苟無成功則有敗事**라 **又或竊擅威福**하여 **有難制之患**이라 **二者**는 **惟在人主審之**하여

不可一失이니 失則事機難追矣라 太宗은 可謂能審知人之術者也라 知房杜之賢하여 而付以國事하니 房杜方盡心職事하여 已著功效라 陳師合이 以平常之見으로 欲移主意하니 如晦奏其事는 意似不廣이나 然慮小臣間言이 漸害於事하면 公言之爾라 太宗이 不惑師合之言하고 房杜荷信任如是하니 敢不盡其才力乎아 此所以成太平之治也라 然有太宗之明과 房杜之賢하면 則可專任하여 而不容人言이라 人主知人未至當하고 審其付任하면 不可執此爲法이라

孫甫가 말하였다.

"임금이 대신을 임명할 때엔 권한을 전적으로 맡기지 않을 수 없고 또한 전적으로 맡길 수도 없다. 만약 그 사람이 國事를 맡길 만한 인물인지를 잘 알면서 그에게 전적으로 맡기지 않으면 어찌 功을 이루기를 바랄 수 있겠는가. 전적으로 맡기면 책임이 무겁고 책임이 무거우면 사람이 반드시 재주와 힘을 다하게 된다. 만약 그 사람을 아는 데 지극하지 못하면서 그에게 전적으로 맡긴다면 진실로 功을 이룸이 없으니, 곧 일의 실패가 있게 된다. 또 혹은 몰래 위엄과 복록을 마음대로 하여 제어하기 어려운 근심이 있다.

두 가지는 오직 임금이 살피는데 달려 있어 한 가지도 그르쳐서는 안 되니 그르치게 되면 일의 기틀을 추후에 바로잡기 어렵다. 太宗은 사람을 잘 살펴 아는 기술자라고 말할 만하다. 房玄齡과 杜如晦의 어짊을 알아서 국가의 일을 주었으니 방현령과 두여회가 맡은 일에 마음을 다하여 이미 공효가 드러나게 되었다.

陳師合이 평상시의 견해로 임금의 뜻을 바꾸려고 하였으니, 두여회가 그 일을 아뢴 것은 생각이 넓지 않은 듯하지만 小臣의 이간하는 말이 점점 일을 해치는 것을 생각하면 공정하게 말한 것이다. 태종이 진사합의 말에 미혹되지 않고 방현령과 두여회가 신임을 받은 것이 이와 같았으니 감히 재주와 힘을 다하지 않을 수 있겠는가. 이것이 태평의 치적을 이룬 까닭이다.

그러나 태종의 명철함과 방현령·두여회의 현명함이 있다면 다른 사람의 말을 용납하지 않고 전적으로 맡길 수 있지만 임금이 사람을 아는 데 지당하지 못한 채 맡길 것을 살펴야 하면 이 방법을 고집해서는 안 된다."

說見後章[17]이라

〈내(戈直)가 생각건대〉 이 내용이 뒷장에 보인다.

17) 說見後章 : ≪貞觀政要≫(宏業書局, 1999)에는 이 앞에 '愚按'이 있다.

23-5-1

貞觀中에 **太宗謂房玄齡杜如晦曰 朕聞自古帝王**이 **上合天心**하여 **以致太平者**는 **皆股肱之力**이라 **朕比開直言之路者**①는 **庶知冤屈**하여 **欲聞諫諍**이라 **所有上封事人**이 **多告訐百官**②하여 **細無可採**라 **朕歷選前王**하니 **但有君疑於臣**이면 **則下不能上達**이라 **欲求盡忠極慮**나 **何可得哉**아 **而無識之人**이 **務行讒毁**하여 **交亂君臣**하니 **殊非益國**이라 **自今以後**로 **有上書訐人小惡者**어든 **當以讒人之罪罪之**하리라

① 朕比開直言之路者 : 比, 音鼻.
　比(근래)는 音이 鼻이다.
② 多告訐百官 : 訐, 音結.
　訐(헐뜯다)은 音이 結이다.

貞觀 연간에 太宗이 房玄齡과 杜如晦에게 말하였다.

"짐이 듣건대 예로부터 제왕이 위로 천심에 합하여 태평시대를 이룬 것은 모두 신하들의 힘이라고 하였소. 짐이 근래에 직언의 길을 열어 놓은 것은 백성의 원통한 실정을 알고자 해서 간쟁을 들으려 한 것이오. 밀봉된 상서를 올리는 사람의 대부분은 여러 관리를 헐뜯어 고발하는 것이 많고 미미한 일이어서 채택할 만한 것이 없소. 짐이 역대의 왕들을 꼽아보니, 다만 군주가 신하를 의심함이 있으면 아래에서 위에 통할 수가 없소. 충성을 다하고 생각을 다하려고 하여도 어찌 할 수가 있겠소. 그러나 무식한 사람이 힘써 참소하거나 헐뜯는 일을 행하여 군신간을 어지럽히니, 전혀 나라에 이익이 되지 않소. 지금 이후로 글을 올려 남의 작은 잘못을 들추어낸 자는 마땅히 남을 참소하는 죄로 죄를 줄 것이오."

23-6-1

魏徵爲秘書監이러니 **有告徵謀反者**어늘 **太宗曰 魏徵**은 **昔吾之讐**나 **祇以忠於所事**로 **吾遂拔而用之**하니 **何乃妄生讒構**리오 **竟不問徵**하고 **遽斬所告者**하다

魏徵이 秘書監이 되었는데 위징이 모반하였다고 고하는 자가 있었다. 太宗이 말하였다.

"위징이 옛날에 나의 원수였으나 다만 섬기는 자에게 충성하였기 때문에 내가 마침내 발탁하여 그를 등용하였으니 어찌 경망하게 참소하여 모함하는가."

마침내 위징에게 묻지도 않고 곧바로 위징을 참소한 자를 참수하였다.

【集論】

范氏祖禹曰 太宗이 欲聞直言而惡告訐하고 不惟塱譖讒而又罪之하니 可謂至明且遠矣라 此爲君爲長之道라

范祖禹가 말하였다.

"太宗이 직언을 들으려고 하여 헐뜯는 말을 고하는 것을 싫어하였고, 참소하는 것을 싫어했을 뿐만 아니라 또 그에게 죄까지 내렸으니, 지극히 명철하고 또 원대하다고 말할 만하다. 이는 임금이 되고 우두머리가 되는 방법이다."

愚按 上封事者가 訐人小惡하니 而太宗罪之요 讒人告魏徵謀反한대 而太宗誅之하니 此可謂明也已라 陳師合이 上拔士論하여 謂一人不可總知數職이라하니 斯乃天下之確論也라 如晦遽以爲議論臣等이라하니 太宗遽以爲毁謗離間이라하고 至流師合於嶺外하니 亦可謂寃也已라 然則合三事而觀之컨대 太宗은 得其二하고 而失其一乎인저

내가 살펴보건대, 밀봉하여 상소를 올리는 자가 남의 작은 악행을 헐뜯자 太宗이 그를 죄준 것이고, 참소한 사람이 魏徵이 모반하였다고 고하자 태종이 그를 죽였으니, 이는 명철하다고 말할 만하다. 陳師合이 〈拔士論〉를 올려서 말하기를 "한 사람이 몇 가지 직책을 총괄해서는 안 된다."고 하였으니, 이는 천하의 정확한 의론이다. 杜如晦가 갑자기 "신 등을 비난하는 논의입니다."라고 말하자 태종이 갑자기 "훼방하여 이간시킨다."고 하고 진사합을 嶺外 지역으로 귀양을 보냈으니 또한 원통하다고 말할 만하다. 그렇다면 세 가지 일을 합하여 보건대 태종은 두 가지를 얻고 한 가지를 잃었다고 할 것이다.

23-7-1

貞觀十六年에 太宗謂諫議大夫褚遂良曰 卿知起居하니 比來[①]記我行事善惡가 遂良曰 史官之設은 君擧必書하나니 善旣必書하고 過亦無隱이니이다 太宗曰 朕今勤行三事는 亦望史官不書吾惡이라 一則鑑前代成敗事하여 以爲元龜[18]하고 二則進用善人하여

共成政道하고 **三則斥棄群小**하여 **不聽讒言**하노니 **吾能守之**하여 **終不轉也**하노라

① 比來 : 比, 音鼻.
比(근래)는 音이 鼻이다.

貞觀 16년(642)에 太宗이 諫議大夫 褚遂良에게 말하였다.
"卿이 起居의 직무(황제의 언행을 기록하는 직무)를 담당하는데 근래에 내가 일을 행한 기록이 좋은가 나쁜가."
저수량이 대답하였다.
"史官의 설치는 군주의 거동을 반드시 기록하는 것입니다. 선한 일은 반드시 기록되고 과실 또한 숨김이 없습니다."
태종이 말하였다.
"짐이 지금 세 가지 일을 부지런히 행하고 있는 것은 또한 〈내가 악행을 저지르지 않아서〉 사관이 나의 악행을 기록할 일이 없기를 바라는 것이오. 첫째는 전대의 성공과 실패한 일을 거울삼아 이로써 훌륭한 본보기로 삼으며, 둘째는 선한 사람을 등용하여 함께 정치의 도를 이루는 것이고, 셋째는 소인들을 물리쳐서 참언을 듣지 않게 하는 것이오. 나는 능히 이것을 지켜서 끝까지 바꾸지 않고자 하오."

【集論】

唐氏仲友曰 太宗所言은 皆君道라 然謂守而不失하고 亦望史官不書吾惡하니 則有護過之意矣라 伐遼之監不遠而窮兵하고 用魏徵而仆碑於身後하고 知宇文士及佞而游言自解[19]하니 謂守而不失은 未免自矜也라

唐仲友가 말하였다.
"太宗이 말한 것은 모두 임금의 도이다. 그러나 지켜서 잃지 않겠다고 말하고 또 사관이 자신의 악행을 기록할 일이 없기를 바라니 잘못을 옹호하려는 뜻이 있다. 遼東을 정벌하였던 경계가 멀지 않은데 전쟁을 끝까지 추구하고, 魏徵을 등용하였다가

18) 元龜 : 훌륭한 본보기를 뜻한다.

19) 知宇文士及佞而游言自解 : 太宗 자신이 "隋 煬帝는 사치하며 스스로 현명하다고 하다가 몸이 필부(煬帝의 신하 宇文化及)의 손에 죽었으니 또한 비웃을만하오.〔隋煬帝奢侈自賢 身死匹夫之手 亦爲可笑〕" 하였다. ≪貞觀政要集論 論貪鄙 1章≫

위징이 죽은 뒤에는 비석을 뒤엎어버리고, 宇文士及이 아첨하는 줄을 알았지만 우스갯소리로 자신을 해명하였으니, 지켜서 잃지 않겠다고 말한 것은 스스로 자랑함을 면하지 못한다."

愚按 善惡直書하여 而義自見은 此史臣之職也요 揜其不善하여 而著其善은 此人情之常也라 爲人上者는 其於言行之際에 知善而力行之하고 知惡而力改之는 在我而已라 史臣直筆은 吾不知也라 太宗嘗欲觀史矣한대 而復問起居所記之行事하니 是欲史臣每有以彰其善하고 而有不善者어든 則削而不書也라 所行果出於善하여 始終如一하면 史臣豈得而揜其善乎아 勤行三事之言은 雖爲君道之善이나 而表襮於起居注之臣하니 則似有矜善之意矣라

내가 살펴보건대, 선악을 곧바로 기록하여 의리가 저절로 나타나는 것은 사관의 직책이고, 불선을 가려서 선을 드러내는 것은 인지상정이다. 윗사람이 된 자는 말과 행동을 할 때에 선을 알아 힘써 그것을 행하고 악을 알아 힘써 그것을 고치려고 하는 것은 나에게 있을 뿐이니, 史官의 直筆은 나는 알지 못하는 것이다. 太宗이 일찍이 史草를 보려고 한 적이 있는데 또 起居(사관)가 기록한 일의 행적을 물었으니, 이는 사관에게 매양 자기의 선을 드러내게 하고, 불선이 있거든 삭제하여 기록하지 않게 하려는 것이다. 행한 것이 과연 선에서 나와서 처음과 끝이 똑같다면 사관이 어찌 그의 선을 가릴 수 있겠는가. 부지런히 세 가지 일을 행한다는 말은 비록 임금의 도이지만 ≪起居注≫(황제의 언행록)를 담당하는 신하에게 드러내었으니, 선을 자랑하는 뜻이 있는 듯하다.

제24편 論悔過 회개를 논하다

이 편에서는 회개에 대한 太宗의 견해를 논하고 있다. 군주가 자신을 반성하고 이를 신하들에게 직접 이야기하는 것은 매우 어려운 일이다. 황제는 천하를 담당하므로 언행과 행실, 그리고 일에 있어 잘못이 없어야 하지만 사람 중에 실수하지 않는 사람은 없다. 따라서 군주가 자신의 잘못을 깨닫고 스스로 반성하는 것은 매우 중요한 일이다. 태종은 뛰어난 군주이지만 자신의 잘못을 인정하고 고치는 데 인색하지 않았다. 특히 魏王 李泰를 武德殿에 살게 한 일, 徐幹의 글을 읽고 자신이 부모의 삼년상에 소략했던 일, 공경들의 의견에 대해 면전에서 논란한 일에 대해 반성하고 고치려 하였다.

凡四章.

모두 4장이다.

24-1-1

貞觀二年에 **太宗謂房玄齡曰 爲人大須學問**이라 **朕往爲**[①]**群兇未定**하여 **東西征討**에 **躬親戎事**하여 **不暇讀書**라 **比來**[②]**四海安靜**하여 **身處殿堂**[③]이나 **不能自執書卷**하여 **使人讀而聽之**하니 **君臣父子**와 **政敎之道**가 **共在書內**라 **古人云 不學**이면 **墻面**이라 **莅事惟煩**[④]이라하니 **不徒言也**라 **却思少小時行事**[⑤]하니 **大覺非也**라하다

① 朕往爲 : 去聲.
〈爲(위하다)는〉 去聲이다.

② 比來 : 比, 音鼻.
比(근래)는 音이 鼻이다.

③ 身處殿堂 : 處, 上聲.
處(처하다)는 上聲이다.

④ 不學墻面 莅事惟煩 : 周書周官之辭.
≪書經≫ 〈周書 周官〉의 말이다.

⑤ 却思少小時行事 : 少, 去聲.
少(젊다)는 去聲이다.

貞觀 2년(628)에 太宗이 房玄齡에게 말하였다.

"사람은 크게 학문을 해야 하오. 朕은 과거에 흉악한 자들이 평정되지 않아 동서로 토벌하느라고 몸소 전쟁을 하여 독서할 여가가 없었소. 근래에 천하가 안정되어서 몸이 궁전에 머물러 있으나 스스로 책을 잡을 수 없어 다른 사람에게 읽게 하고 그것을 듣고 있는데 군신 부자와 정치 교화의 도리가 모두 책 속에 들어 있소. 옛사람이 말하기를 '배우지 않으면 담장을 마주하고 있는 것과 같아서, 일을 대함에 있어 번거롭기만 하다.'고 하였으니, 헛된 말이 아니요. 문득 젊었을 때 행한 일을 생각하니 그 잘못을 크게 깨달았소."

【集論】

愚按 夫子於易之益曰 君子以見善則遷하고 有過則改라하니라 釋者謂호대 見善能遷이면 則可以盡天下之善이요 有過能改면 則無過矣니 益於人者에 無大於是[1)]라하니라 夫遷善改過는 學者之所難이라 而太宗定天下之亂하고 處帝王之尊하여 乃能知讀書之善하여 而能遷之하고 知少時之過하여 而能改之하니 可謂知爲益之道矣라 充是心也가 爲益之道하니 豈有窮際乎아

내가 살펴보건대, 孔子가 ≪周易≫ 益卦 〈象傳〉에 말하기를 "군자가 선을 보면 옮겨가고 허물이 있으면 고친다."라고 하였다. 解釋者가 말하기를, "선을 보고 옮겨가면 천하의 선을 극진하게 할 수 있고, 허물이 있어 능히 고치면 허물이 없게 되니, 사람에게 유익함이 이보다 큰 것이 없다."라고 하였다. 선에 옮겨가고 허물을 고치는 것은 배우는 자가 어려운 것이다. 그러나 태종이 천하의 난리를 평정하고 제왕의 높은 지위에 처하여 글을 읽는 훌륭함을 알아서 옮겨갈 수 있었고 젊을 때의 과실을 알아서 고칠 수 있었으니 익괘의 도를 알았다고 할 만하다. 이 마음을 가득 채우는 것이 익괘의 도이니 어찌 곤궁할 때가 있겠는가.

24-2-1

貞觀中에 太子承乾이 多不修法度하고 魏王泰는 尤以才能으로 爲太宗所重이라 特詔泰移居武德殿이어늘 魏徵上疏諫曰 魏王既是陛下愛子라 須使知定分①이라야 常保安全이라 每事抑其驕奢하여 不處嫌疑之地也어늘 今移居此殿하여 使在東宮之西하시니

1) 見善能遷……無大於是 : 이는 ≪周易≫ 益卦 ≪程傳≫에 보인다.

海陵[2]**昔居**라 **時人以爲不可**라 **雖時移事異**나 **猶恐人之多言**하노이다 **又王之本心**이 **亦不寧息**하고 **旣能以寵爲懼**하니 **伏願成人之美**하소서 **太宗曰 我幾不思量**이라 **甚大錯誤**②라하고 **遂遣泰歸於本第**하다

① 須使知定分 : 去聲.
〈分(분수)은〉 去聲이다.

② 我幾不思量 甚大錯誤 : 幾・量, 竝平聲.
幾(거의)와 量(헤아리다)은 모두 平聲이다.

貞觀 연간에 太子 李承乾이 법도를 지키지 않는 일이 많았고 魏王 李泰는 많은 재능을 가져서 太宗에게 소중하게 여겨져서 특별히 조서를 내려서 이태를 武德殿으로 옮겨와 살게 하였다. 魏徵이 상소를 올려 간하였다.

"위왕은 이미 폐하의 사랑하는 자식입니다. 반드시 그에게 정해진 분수를 알게 하여야 항상 안전을 보전하게 됩니다. 매사에 그의 교만과 사치를 억누르게 하여 혐의가 있는 곳에 처하지 않도록 해야 하거늘, 지금 무덕전으로 옮겨와 살게 하여 東宮의 서쪽에 있게 하시니, 〈무덕전은〉 海陵王의 옛날 거처여서, 지금 사람들이 옳지 않다 합니다. 비록 시대가 다르고 일이 달라졌다고 할지라도, 오히려 사람들의 말이 많을까 두렵습니다. 또 위왕의 본심이 또한 편안히 쉬지 못하고 이미 총애를 받은 것을 두렵게 생각할 것이니, 원하건대 사람의 훌륭함을 이룰 수 있게 하십시오."

태종이 말하였다.

"내가 거의 헤아리지 못하였소. 매우 크게 잘못한 것이오."

드디어 이태를 보내어 본래 집으로 돌아가게 하였다.

【集論】

愚按 古者世嫡之位旣定하면 **而衆子各有定分**이라 **觀於周官之衣服膳羞之不會者**하면 **必曰 惟王及后世子**[3]라하니 **王及后**는 **固也**나 **而世子與焉者**는 **所以示尊隆絶(覲)〔覬〕**[4]**覦**

2) 海陵 : 海陵王으로 太宗의 아우 李元吉이다.

3) 惟王及后世子 : ≪周禮≫ 〈天官 膳夫〉에 보인다.

4) (覲)〔覬〕 : 저본에는 '覲'으로 되어 있으나, ≪貞觀政要≫(宏業書局, 1999)에 의거하여 '覬'로 바로잡았다.

也라 太宗之時에 旣知承乾不修法度矣나 乃重魏王泰之才하니 固以踰分越制矣라 又使居武德殿하여 他日兩廢之事하니 寧非太宗有以啓之也아 雖以魏徵之言으로 覺大錯誤하나 終非宜爲矣라 重天下之本者는 愼之哉로다

내가 살펴보건대, 옛날은 적자의 지위가 정해지고 나면 여러 아들이 각각 정해진 분수가 있다. 周官의 의복과 음식을 회계에 넣지 않은 경우를 살펴보면 반드시 말하기를 "오직 왕과 왕후와 세자이다."라고 하였으니, 왕과 왕후는 본래 그러할 것이지마는 세자가 거기에 들은 것은 높음을 보여 넘보는 것을 단절케 하는 것이다. 太宗의 때에 이미 李承乾이 법도를 닦지 않는다는 것을 알았으나, 魏王 李泰의 재주를 소중하게 여겼으니, 진실로 분수를 넘고 제도에 넘치게 하는 것이다. 또 이태를 武德殿에 살게 하여 뒷날에 둘 다 폐하는 일이 있게 되었으니, 어찌 태종이 그 일을 열어놓은 것이 아니겠는가. 비록 魏徵의 말로 큰 잘못을 깨달았으나 끝내 마땅하게 하지 못하였다. 천하의 근본(太子)을 중시하는 이는 삼가야 할 것이다.

24-3-1

貞觀十七年에 太宗謂侍臣曰 人情之至痛者는 莫過乎喪親也라 故孔子云 三年之喪①은 天下之通喪②[5]이니 自天子達於庶人也[6]라하시고 又曰 何必高宗③이리오 古之人이 皆然④[7]이라하시니 近代帝王이 遂行不逮하여 漢文以日易月之制⑤는 甚乖於禮典이라 朕昨見徐幹中論⑥復三年喪篇하니 義理甚深이라 恨不早見此書하여 所行大疏略⑦하니 但知自咎自責이라 追悔何及이리오하고 因悲泣久之러라

① 三年之喪：平聲, 後同.
〈喪(초상)은〉 平聲이다. 뒤에도 같다.

② 三年之喪 天下之通喪：孔子答宰我之辭.
孔子가 宰我에게 대답한 말이다.

③ 高宗：商君武丁也.
〈高宗은〉 商나라 임금 武丁이다.

---

5) 三年之喪 天下之通喪：≪論語≫ 〈陽貨〉에 보인다.

6) 自天子達於庶人：≪孟子≫ 〈公孫丑〉에 보인다.

7) 何必高宗 古之人皆然：≪論語≫ 〈憲問〉에 보인다. 子張은 殷나라 高宗이 居喪하는 3년 동안 말하지 않았다는 뜻에 대해 묻자 孔子가 "어찌 반드시 고종뿐이랴, 옛사람이 다 그러했으니, 임금이 죽으면 백관들이 자신의 직책을 총괄하여 3년 동안 冢宰에게 명령을 들었다."고 하였다.

④ 古之人皆然 : 孔子答子張之辭.
孔子가 子張에게 대답한 말이다.
⑤ 近代帝王……漢文以日易月之制 : 漢文帝行短喪,[8] 以日易月.
漢 文帝는 喪期를 단축하는데 날로 달을 바꾸었다.
⑥ 朕昨見徐幹中論 : 後漢徐幹撰中論二十篇.
後漢 徐幹이 지은 ≪中論≫은 20편이다.
⑦ 所行大疏略 : 疏, 平聲.
疏(소홀하다)는 平聲이다.

貞觀 17년(643)에 太宗이 近臣에게 말하였다.

"人情의 가장 아픈 것은 어버이를 잃은 것보다 더한 것이 없소. 그러므로 孔子는 이르기를 '三年喪은 천하의 공통된 제도이니 天子로부터 庶民에 이르기까지 공통된 것이다.'고 하였고, 또 '어찌 반드시 殷나라 高宗뿐이랴, 옛날의 사람들은 모두 다 그렇게 하였다.'고 하였소. 그러나 근대의 제왕들이 마침내 행함이 못 미쳐서 漢 文帝가 〈喪期를 단축하여〉 날로 달을 바꾼 제도는 禮典에 매우 어긋난 것이오. 짐이 어제 徐幹이 지은 ≪中論≫의 〈復三年喪〉篇을 보니, 의리가 매우 깊었소. 이 책을 일찍 보지 못하여 내가 행한 것이 크게 소략함을 한스럽게 생각하고 있소. 다만 스스로 허물하고 스스로 책망할 줄 알겠으나, 뒤늦게 후회한들 어찌 미칠 수 있겠소." 이어서 슬피 울기를 오래도록 하였다.

【集論】

愚按 孟子曰 三年之喪에 齊疏之服과 飦粥之食은 自天子達於庶人하여 三代共之[9]하니라 夫三年之喪者는 子生三年이라야 然後免於父母之懷라 故父母之喪은 必以三年하니 古今貴賤通行之禮也라 然自漢文短喪하여 以日易月로 歷代因之하고 恬不知改하니라 天子遂無三年之喪하여 人紀廢壞하여 綱常不明이 莫甚於此라 太宗雖不能蚤遵經訓이나 躬行其禮하고 而能引咎自責하여 追悔悲泣하니 抑亦可以爲孝矣라 後之人君이 所宜遵復古制하여 以詔後世하여 俾子孫守之하고 永永無斁하니 罔使蹈漢文之失이라 貽太宗之悔가 豈不卓冠千古哉아

내가 살펴보건대, 孟子가 말하기를 "三年喪에 齊疏(자소)의 상복을 입으며 미음과

---

8) 短喪 : 상례에서 복을 입는 기간을 단축하는 것을 말한다. 예컨대 날〔日〕로 달〔月〕을 바꾸는 것인데, 3년의 36개월을 36일로 고치는 것과 같은 종류이다.
9) 三年之喪……三代共之 : ≪孟子≫ 〈滕文公〉에 보인다.

죽을 먹는 것은 천자로부터 서인에 이르기까지 三代에 공통이었다." 하였다. 삼년상은 자식이 태어나 3년이 지난 후에야 부모의 품을 벗어날 수 있으므로 부모의 상은 반드시 3년으로 하니 옛날과 지금, 귀한 자나 천한 자에 통용되는 예이다. 그러나 漢文帝가 喪期를 단축하여 날로 달을 바꾸고 나서부터 여러 시대에 그것을 따르고 편안히 여겨 고칠 줄 몰랐다. 천자는 마침내 3년의 상이 없어서 인륜의 기강이 무너지고 폐기되어 綱常이 밝지 못함이 이보다 심한 것이 없다. 太宗이 비록 경서의 뜻을 일찍이 따르지 못하였으나 몸소 그 예를 행하고 허물을 스스로 자책하여 후회하여 슬피 울었으니, 또한 효라고 할 만하다. 뒤의 임금이 마땅히 옛날 제도를 따라 회복하여 후세에 조서를 내려서 子孫에게 지키게 하고 영원히 싫어함이 없게 하였으니 한 문제의 실수를 밟지 않도록 하였다. 태종이 후회를 남긴 것이 어찌 천고에 우뚝한 것이 아니겠는가.

24-4-1

貞觀十八年에 **太宗謂侍臣曰 夫①人臣之對帝王**에 **多承意順旨**하여 **甘言取容**이라 **朕今欲聞己過**하노니 **卿等皆可直言**하라 **散騎常侍劉洎對曰 陛下每與公卿論事**와 **及有上書者**에 **以其不稱旨②**로 **或面加詰難③**하시니 **無不慙退**라 **恐非誘進直言之道**로소이다 **太宗曰 朕亦悔有此問難**이라 **當卽改之④**하리라

① 夫 : 音扶.
〈夫(대저)는〉 音이 扶이다.

② 以其不稱旨 : 稱, 去聲.
稱(걸맞다)은 去聲이다.

③ 或面加詰難 : 去聲.
〈難(논란하다)은〉 去聲이다.

④ 貞觀十八年……當卽改之 : 此章重出納諫篇直諫類, 比此爲詳.
이 장은 〈論納諫〉편 〈直諫〉[10] 부류에 거듭 나오는데 이것보다 자세하다.

貞觀 18년(644)에 太宗이 近臣에게 말하였다.

"신하가 제왕에게 대답할 때는 대부분 제왕의 뜻을 이어받고 뜻을 따라 달콤한 말을 하여 받아들이기를 바라오. 朕은 지금 나의 과오를 들으려고 하니 경

10) 〈論納諫〉편 〈直諫〉 : 吳兢이 玄宗에게 바친 再進本에는 〈直諫〉이 없다. 이에 戈直이 오긍이 中宗에게 바친 初進本에 의거하여 〈論納諫〉 뒤에 부록으로 〈直諫〉을 두었다.

들은 모두 바른말을 해야 하오."

散騎常侍 劉洎가 대답하였다.

"폐하께서 매양 공경들과 더불어 일을 토론할 때와 상서를 올린 것이 있을 적에 폐하의 뜻에 맞지 않는 것으로 혹은 면전에서 논란을 더하시니 부끄러워 물러나지 않는 이가 없습니다. 이것은 직언을 유도하는 방법이 아닌 듯합니다."

태종이 말하였다.

"朕도 또한 이런 논란이 있는 것을 후회하고 있소. 당장 그것을 고칠 것이오."

제25편 論奢縱 사치한 행실을 논하다

이 편에서는 사치한 행실에 대해 논하고 있다. 太宗이 재위에 있는 지 오래되어 밖으로 전쟁을 일으키고 안으로 궁실을 지으려고 하자 馬周가 貞觀의 초년처럼 검소하고 절제해야 한다고 하였다.

凡一章.
모두 1장이다.

25-1-1

貞觀十一年에 **侍御史馬周**가 **上疏陳時政曰 臣歷觀前代**하니 **自夏殷周及漢氏之有天下**에 **傳祚相繼**하여 **多者八百餘年**①이요 **少者猶四五百年**②이라 **皆爲**③**積德累業**하여 **恩結於人心**하니 **豈無僻王**이리오마는 **賴前哲以免爾**요 **自魏晉已還**으로 **降及周隋**에 **多者不過五六十年**이요 **少者纔二三十年而亡**④하니 **良由創業之君**이 **不務廣恩化**하여 **當時僅能自守**요 **後無遺德可思**라 **故傳嗣之主**는 **政教少衰**면 **一夫大呼**⑤에 **而天下土崩**[1]**矣**라 **今陛下雖以大功**으로 **定天下**하사대 **而積德日淺**하시니 **固當崇禹湯文武之道**하여 **廣施德化**⑥하여 **使恩有餘地**하여 **爲子孫立萬代之基**니 **豈欲但令政教無失**⑦하여 **以持當年而已**리오 **且自古明王聖主**가 **雖因人設教**하여 **寬猛隨時**나 **而大要以節儉於身**하고 **恩加於人**하여 **二者**를 **是務**라 **故其下愛之如父母**하고 **仰之如日月**하고 **敬之如神明**하고 **畏之如雷霆**하니 **此其所以卜祚遐長而禍亂不作也**니이다

① 多者八百餘年 : 史記註 "周凡三十七主, 八百六十七年."
≪史記≫〈周本紀〉註에 "周나라는 모두 임금이 37명이며 867년이다."라고 하였다.

② 少者猶四五百年 : 史記 "夏從禹至桀十七君, 十四世, 有王與無王, 通四百七十一年. 殷凡三十一世, 六百二十九年." 東西兩漢共二十四帝, 凡四百二十四年, 見漢書.

---

1) 一夫大呼 而天下土崩 : ≪史記≫〈谷永傳〉에 "한 사람이 크게 소리치자 천하가 흙이 무너져 갈라지듯 하였다.〔一夫大呼而海內崩析者〕"라고 하고, 또 ≪사기≫〈賈山傳〉에 "한 사람이 크게 소리치자 천하 사람들이 호응한 것은 陳勝이 그 사람이다.〔一夫大諄 天下嚮應者 陳勝是也〕"라고 하여 一夫는 陳勝임을 알 수 있다.

≪史記≫〈夏本紀〉〈註에〉"夏나라는 禹임금에서부터 桀王까지 임금이 17명이며 14世에 왕과 왕이 없는 자가 있는데 모두 471년이다. 殷나라는 모두 31世에 629년이다." 하였다. 東西 兩漢이 모두 황제가 24명이며, 모두 424년인데 ≪漢書≫에 보인다.

③ 皆爲 : 去聲, 後同.

〈爲(위하다)는〉 去聲이다. 뒤에도 같다.

④ 少者纔二三十年而亡 : 三國蜀二主, 四十五年. 魏五主, 四十五年. 吳四主, 五十九年. 西晉四主, 五十三年. 南齊七主, 二十二年. 蕭梁四主, 五十六年. 陳五主, 二十三年. 東晉十一主, 一百三年. 劉宋八主, 六十年. 元魏十二主, 一百一十九年. 東魏一主, 十七年. 西魏三主, 二十二年. 北齊五主, 二十八年. 後周五主, 二十五年. 隋三主, 三十七年.

三國時代의 蜀나라는 임금이 2명이며 45년이다. 魏나라는 임금이 5명이며 45년이다. 吳나라는 임금이 4명이며 59년이다. 西晉은 임금이 4명이며 53년이다. 南齊는 임금이 7명이며 22년이다. 蕭梁은 임금이 4명이며 56년이다. 陳나라는 임금이 5명이며 23년이다. 東晉은 임금이 11명이며 103년이다. 劉宋은 임금이 8명이며 60년이다. 元魏(北魏)는 임금이 12명이며 119년이다. 東魏는 임금이 1명이며 17년이다. 西魏는 임금이 3명이며 22년이다. 北齊는 임금이 5명이며 28년이다. 後周는 임금이 5명이며 25년이다. 隋나라는 임금이 3명이며 37년이다.

⑤ 一夫大呼 : 去聲.

〈呼(소리치다)는〉 去聲이다.

⑥ 廣施德化 : 施, 平聲.

施(베풀다)는 平聲이다.

⑦ 豈欲但令政敎無失 : 令, 平聲, 後同.

令(하여금)은 平聲이다. 뒤에도 같다.

貞觀 11년(637)에 侍御史 馬周가 상소를 올려 당시의 정치에 대하여 진술하였다.

"신이 이전 시대를 두루 살펴보니, 夏·殷·周로부터 漢나라가 천하를 소유함에 이르기까지 그 천자의 지위를 전하여 서로 계승하여 길게는 800여 년이며, 짧게는 그래도 4, 5백 년입니다. 이는 모두 덕과 업적을 쌓고, 은혜가 사람 마음에 맺혔기 때문입니다. 어찌 간사한 왕이 없었겠습니까마는 이전 시대의 명철한 왕 때문에 멸망을 면하였던 것입니다.

魏나라와 晉나라 이후로 北周와 隋나라에 내려와서는 많게는 5, 60년에 불과하고, 적게는 겨우 2, 30년에 망하였습니다. 진실로 창업한 군주가 은혜와 교화를 넓히는 데에 힘쓰지 않아서 당시에만 겨우 스스로 지위를 지킬 수 있었고 후세에 덕을 남길 생각을 하지 못하였습니다. 그러므로 계승한 군주는 정치 교화가 조금 쇠퇴하면 한 사람이 크게 소리치자 천하가 땅이 꺼지듯 무너졌습니다.

지금 폐하께서는 비록 큰 공으로써 천하를 평정하셨으나, 덕을 쌓은 날이 얼마 되지 않았습니다. 진실로 마땅히 禹王·湯王·文王·武王의 도를 숭상하여 널리 덕화를 베풀어서 은혜를 넉넉히 하여 子孫을 위해 萬代의 기초를 세워야 하시니, 어찌 다만 정치 교화의 과실을 없게 하여 그 해만을 유지하려고 하시는 것입니까. 또 예로부터 明王과 聖主는 비록 사람을 따라 가르침을 베풀어 관대하거나 엄하게 함을 시국에 따랐으나 큰 요점은 자신을 절제하고 남에게 은혜를 베푸는 두 가지에 힘썼습니다. 그러므로 그 아랫사람이 군주를 사랑하기를 부모와 같이 하고, 군주를 우러러 보기를 해와 달과 같이 하고 군주를 공경하기를 神明과 같이 하고, 군주를 두려워하기를 우레와 같이 하였으니, 이것이 천자의 지위가 길게 가고 禍亂이 일어나지 않게 되는 까닭입니다.

25-1-2

今百姓承喪亂之後하여 比於隋時에 纔十分之一하여 而供官徭役이 道路相繼하고 兄去弟還하여 首尾不絶이라 遠者往來五六千里하여 春秋冬夏에 略無休時하니 陛下雖每有恩詔하사 令其減省이나 而有司作旣不廢하여 自然須人하니 徒行文書요 役之如故라 臣每訪問할새 四五年來에 百姓頗有怨嗟之言하니 以陛下不存養之라하니 昔唐堯는 茅茨土階요 夏禹는 惡衣菲食하니 如此之事는 臣知不復可行於今어니와 漢文帝惜百金之費하여 輟露臺之役하고 集上書囊하여 以爲殿帷하고 所幸夫人⑧은 衣不曳地하고 至景帝하여 以錦繡綦組妨害女工으로 特詔除之하니 所以百姓安樂이러니 至孝武帝에 雖窮奢極侈나 而承文景遺德이라 故人心不動하니 向使高祖之後에 卽有武帝면 天下必不能全하리니 此於時代에 差近하여 事跡을 可見이라 今京師及益州諸處⑨에 營造供⑩奉器物과 幷諸王妃主服飾을 議者皆不以爲儉하니 臣聞昧旦丕顯이라도 後世猶怠[2]하고 作法於理라도 其弊猶亂[3]하나니 陛下少處人間⑪하여 知百姓辛苦하고 前代成敗를 目

2) 昧旦丕顯 後世猶怠 : ≪春秋左氏傳≫ 昭公 3년에 보인다.

3) 作法於理 其弊猶亂 : ≪文選≫ 권49 〈晉紀總論〉에 "이치에 맞게 법을 만들더라도 잘못되면 어

所親見이로되 **尙猶如此**어든 **而皇太子生長**⑫**深宮**하여 **不更**⑬**外事**하시니 **卽萬歲之後**는 **固聖慮所當憂也**니이다

⑧ 所幸夫人 : 愼夫人也.
〈夫人은〉 愼夫人이다.
⑨ 今京師及益州諸處 : 益州, 今仍舊隷四川.
益州는 지금 옛날 그대로 四川에 예속되었다.
⑩ 營造供 : 平聲.
〈供(제공하다)은〉 平聲이다.
⑪ 陛下少處人間 : 少, 去聲. 處, 上聲.
少(젊다)는 去聲이다. 處(처하다)는 上聲이다.
⑫ 皇太子生長 : 長, 音掌.
長(성장하다)은 音이 掌이다. 更(바꾸다)은 平聲이다.
⑬ 不更 : 平聲.
〈更(경험하다)은〉 平聲이다.

지금 백성들은 혼란의 뒤를 이어 隋나라 때에 비교하면 인구가 겨우 10분의 1 정도여서 관청의 徭役 가는 이가 도로에서 서로 이어지고 형이 가면 동생이 돌아와서 앞과 뒤가 끊이지 않고 있습니다. 먼 곳은 왕복 5, 6천 리나 되어 봄·여름·가을·겨울에 조금도 쉴 때가 없습니다. 폐하께서 비록 은혜로운 조서를 내리실 때마다 부역을 줄이라는 명령을 하시지만 有司가 공사를 그만둘 수 없어서 자연히 사람들이 필요하니, 〈부역을 줄이라는 명령은〉 한갓 문서로만 시행되고 부역은 예전과 같습니다. 신이 물어볼 때마다 4, 5년간에 백성들은 꽤 원망과 탄식을 하는 말이 있으니 폐하께서 백성을 마음 써서 기르지 않는다고 합니다.

옛날 唐堯는 띠로 이은 지붕에 흙 계단으로 된 집에서 살았고, 夏나라 禹임금은 소박한 의복과 변변치 않은 식사를 하였으니, 이와 같은 일은 신이 지금에 다시 행할 수 없다는 것을 알고 있습니다. 그러나 漢 文帝는 百金의 비용을 아까워하여 露臺의 부역을 그치게 하고 上疏한 자루를 모아 궁전의 휘장으로 사용하고 총애한 愼夫人은 옷을 짧게 하여 땅에 끌리지 않았습니다. 景帝에 이

지러워질 수 있다.〔作法於治 其弊猶亂〕"라고 보인다. 治는 唐 高宗의 이름이므로 忌諱하여 理로 쓴 것이다.

르러 아름답게 수놓은 비단옷과 비단 끈이 부녀자의 길쌈을 방해함으로 특별히 조서를 내려 폐지하였으니, 백성들은 안락하게 된 까닭입니다. 孝武帝에 이르러 비록 사치가 극심하게 되었으나, 문제와 경제가 남긴 덕을 이어받았기 때문에 인심이 동요하지 않았으니, 만약 漢 高祖 이후에 바로 武帝가 있었다면, 천하는 반드시 온전할 수 없었을 것입니다. 이는 지금 시대와 가까워서 일의 자취를 볼 수 있습니다.

지금 京師와 益州 등 여러 곳에서 만들어 왕실에 바치는 기물과 여러 왕비와 공주의 옷을 의론하는 자들은 모두 검소하다고 말하지 않습니다. 신이 듣기에 이른 새벽에 일어나 큰 業績을 드러내기를 생각하더라도 後代의 자손은 오히려 게을러질까 염려하고, 이치에 맞게 법을 만들더라도 잘못되면 어지러워질 수 있다고 하였습니다. 폐하께서는 젊어서 민간에 살아서 백성의 고통을 알고 계시고 전대의 성공과 실패를 눈으로 친히 보셨는데도 오히려 이와 같습니다. 황태자는 깊은 궁궐에서 성장하여 궁 밖의 일을 경험하지 못하셨으니, 만세 후의 일은 진실로 폐하께서는 근심해야 할 것입니다.

25-1-3

臣竊尋往代以來成敗之事하니 **但有黎庶怨叛**하여 **聚爲盜賊**하면 **其國無不卽滅**이라 **人主雖欲改悔**나 **未有重能安全者**하나니 **凡修政教**는 **當修之於可修之時**니 **若事變一起**하면 **而後悔之**는 **則無益也**라 **故人主每見前代之亡**하면 **則知其政教之所由喪**이나 **而皆不知其身之有失**하나니 **是以**로 **殷紂笑夏桀之亡**하고 **而幽厲亦笑殷紂之滅**⑭하고 **隋帝大業之初**에도 **又笑周齊之失國**이나 **然今之視煬帝**가 **亦猶煬帝之視周齊也**라 **故京房**⑮**謂漢元帝云**호대 **臣恐後之視今**이 **亦猶今之視古**[4)]라하니 **此言不可不戒也**니이다

⑭ 幽厲亦笑殷紂之滅 : 周幽王, 名宮涅. 厲王, 名胡, 皆無道之主.
周 幽王은 이름이 宮涅이며 厲王은 이름이 胡이니 모두 무도한 임금이다.

⑮ 京房 : 京, 姓. 房, 名. 字, 君明. 漢東郡人, 治易.
京은 姓이며 房은 名이며 字는 君明이다. 漢나라 東郡 사람이며 ≪周易≫을 공부하였다.

신이 삼가 역대의 성공과 실패의 일을 찾아보니, 다만 백성들이 원망하고 배

4) 臣恐後之視今 : ≪後漢書≫ 〈京房傳〉에 보인다.

반하여 모여서 도적이 되면 그 나라는 바로 멸망하지 않음이 없었습니다. 군주가 비록 후회하고 고치려고 하나 나라를 다시 안전하게 할 수 있는 사람은 없었습니다. 무릇 정치 교화를 닦는 것은 닦아야 할 시기에 닦아야 하니 만일 사변이 한번 일어나면 이후에 뉘우치는 것은 무익합니다. 그러므로 군주는 이전 시대의 망함을 볼 때마다 정치 교화에 따라 망한 원인을 알지만 모두가 자신의 과실에 있음을 알지 못합니다. 이 때문에 殷나라 紂王은 夏나라 桀王의 망함을 비웃었고, 周나라 幽王과 厲王이 또 殷나라 紂王의 멸망을 비웃었고, 隋 煬帝는 大業(煬帝 연호) 초기에 또한 北齊와 北周가 나라를 잃은 것을 비웃었습니다. 그러나 지금의 수 양제를 보는 것은 또한 양제가 북제와 북주를 보는 것과 같습니다. 그러므로 京房이 漢 元帝에게 말하기를 '신은 후세 사람들이 지금을 보는 것이 또한 지금 우리가 옛 세대를 보는 것과 같을까 두렵습니다.'고 하였으니, 이 말을 경계하지 않을 수 없습니다.

25-1-4

往者貞觀之初에 率土霜儉[5)]하여 一匹絹纔得粟一斗라도 而天下怡然하니 百姓知陛下甚憂憐之라 故人人自安하여 曾無謗讟이러니 自五六年來로 頻歲豐稔하여 一匹絹得十餘石粟이라도 而百姓皆以陛下不憂憐之라하여 咸有怨言하니 又今所營爲者가 頗多不急之務故也라 自古以來로 國之興亡이 不由蓄積多少요 唯在百姓苦樂⑯하니 且以近事驗之하면 隋家貯洛口倉[6)]이라가 而李密因之하고 東京積布帛라가 王世充據之하고 西京府庫가 亦爲國家之用하여 至今未盡하니 向使洛口東都無粟帛이면 卽世充李密未必能聚大衆이라 但貯積者는 固是國之常事나 要當人有餘力이라야 而後收之요 若人勞而彊斂⑰之면 竟以資寇하나니 積之無益也라 然儉以息人은 貞觀之初에 陛下已躬爲之라 故今行之不難也라 爲之一日이면 則天下知之하여 式歌且舞矣리니 若人旣勞矣에 而用之不息이라가 儻中國被水旱之災하고 邊方有風塵之警하여 狂狡因之竊發이면 則有不可測之事니 非徒聖躬旰食晏寢而已⑱리니 若以陛下之聖明으로 誠

5) 霜儉 : 무성한 벼에 된 서리가 내려서 흉년이 듦을 말한다.

6) 洛口倉 : 隋나라의 양식 창고 이름으로 大業 2년(606)에 지었다. 그러므로 지금 河南省 鞏縣 동남쪽에 터가 있다. 옛날 洛水가 黃河로 들어가는 곳이라, 이를 이름으로 삼은 것이다.

欲勵精爲政인댄 **不煩遠求上古之術**이요 **但及貞觀之初**면 **則天下幸甚**이니이다 **太宗曰 近令造小隨身器物**이러니 **不意百姓遂有嗟怨**하니 **此則朕之過誤**라하고 **乃命停之**[19]하다

⑯ 唯在百姓苦樂：音洛.
〈樂(즐겁다)은〉 音이 洛이다.
⑰ 若人勞而彊斂：去聲.
〈斂(세금을 거두다)은〉 去聲이다.
⑱ 非徒聖躬旰食晏寢而已：旰, 居案切, 日晩也.
旰은 居와 案의 반절이며 날이 늦은 것이다.
⑲ 貞觀十一年……乃命停之：按史傳·通鑑, 此與論諸王定分·刺史縣令同一疏.
史傳과 ≪資治通鑑≫을 살펴보면 이는 여러 왕의 신분을 정하는 것과 刺史와 縣令을 동일하게 할 것을 논한 상소와 함께 들어있다.

지난 貞觀 초기에는 온 나라의 땅이 가을 흉년이 들자 비단 한 필이 곡식 1말이나 되었지만 천하는 편안하였으니, 백성들은 폐하께서 자기들을 매우 근심하고 어여삐 여긴다는 것을 알았습니다. 그러므로 사람들마다 스스로 편안하게 여겨서 일찍이 비방함이 없었던 것입니다. 정관 5, 6년 이후로는 해마다 풍년이 들어 비단 한 필이 곡식 10여 석이 되었으나 백성들은 모두 폐하께서 자기들을 근심하고 어여삐 여기지 않는다고 하여 모두들 원망하는 말을 하니, 또 지금의 일을 하는 것은 자못 급하지 않은 일에 힘을 쓰는 것이 많기 때문입니다. 예로부터 나라의 흥망은 저축의 많고 적음에 연유하지 않고 오직 백성의 고통과 즐거움에 달려 있습니다.

또한 근래의 일로 증명해보면 隋나라는 洛口倉을 〈물자를〉 채워두었다가 李密이 그대로 사용하였고, 東京(낙양)에 비단을 쌓아두었다가 王世充이 차지하였고, 西京(장안)의 창고가 또한 우리나라의 재용이 되어 지금까지 아직 다 쓰지 못하고 있습니다. 만약 낙구창이나 東都에 식량과 비단이 없었다면 왕세충과 이밀은 반드시 많은 무리를 모으지는 못하였을 것입니다. 다만 저축은 진실로 나라의 일상적인 일이지만 마땅히 사람에게 여력이 있은 후에 거두어야 합니다. 만일 사람들이 수고로운데 강제로 거둔다면 결국은 적의 물자로 만드는 것이니, 저축해도 유익함이 없습니다.

그러나 검소함으로 사람을 쉬게 하는 것은 정관 초기에 폐하께서 이미 몸소 그렇게 하셨으므로 오늘날 실행이 어렵지 않습니다. 하루를 실행하면 천하의

사람들이 알아서 노래 부르며 춤을 출 것입니다. 만일 사람들이 이미 수고로운데 그들을 써서 쉬지 못하게 하다가 혹 중국이 수재와 가뭄의 재앙을 입게 되고 변방에 전쟁의 경고가 있어 간교한 무리들이 이를 틈타 반란을 일으키게 되면 예측할 수 없는 일이 있을 것이니, 비단 폐하께서 〈부지런히 정사를 돌보시어〉 늦게 드시고 늦게 주무시는 일에 그치지 않을 것입니다. 만일 폐하의 聖明으로 진실로 정신을 가다듬어 정치를 하려고 하신다면 번거로이 멀리 上古의 계책을 구할 것이 없이 다만 정관 초기에만 이르신다면 천하가 매우 다행할 것입니다."

太宗이 말하였다.

"근래에 몸에 딸리는 작은 器物을 만들게 하였는데, 뜻밖에 백성들이 마침내 원망과 탄식이 있다고 하니, 이것은 朕의 잘못이오."

이에 명하여 그것을 중지하게 하였다.

【集論】

范氏祖禹曰 紂積鉅橋[7]之粟을 武王發之하니라 人主不務德而務聚斂者는 民散而國亡하다 太宗在位寖久에 將外事四夷하고 內治宮室하여 聚財積穀하여 欲以有爲하다 馬周先事而諫하여 欲如初年之節儉하니 可謂順其美하고 而救其惡[8]矣라

范祖禹가 말하였다.

"紂王이 鉅橋에 쌓은 곡식을 武王이 사용하였다. 덕에 힘쓰지 않고 재물을 거두는 데에 힘쓰는 군주는 백성이 흩어지고 나라가 망한다. 太宗이 재위에 있은 지 오래되자 장차 밖으로 四夷와 전쟁을 벌이려 하고 안으로 궁실을 지으려 재물을 모으고 곡식을 저축하여 훌륭한 일을 하려고 하였다. 馬周가 일에 앞서 간언하여 정관의 초년처럼 검소하게 하려 하였으니 임금의 아름다움을 따르고 임금의 잘못을 구제하였다고 말할 만하다."

胡氏寅曰 馬周所言四五事에 太宗從其一而已라 其要曰 陛下當隆禹湯文武之業이로되 豈

7) 鉅橋 : 商나라 紂王 때의 양식 창고 이름으로, 창고의 터는 지금 河北省 曲周縣 東北에 있다.

8) 順其美 而救其惡 : ≪孝經≫ 〈事君〉에 "임금의 아름다움을 받들어 따르고 임금의 잘못을 바로잡아 구제한다.〔將順其美 匡救其惡〕"라고 하였다.

得但持當年而已라하니 此最太宗之病也라 豈特太宗이리오 凡三代已後에 得天下者皆然하니 皆不知治蠱先甲後甲[9]之義하여 前弊未盡革에 而後患已生矣라 汲黯謂武帝호대 內多欲하고 而外施仁義[10]라 太宗嬪御[11]不爲稀하고 營造不爲少하고 窮兵黷武하여 以收遠하니 略在位十餘年矣라 年豐食足이어늘 而百姓怨咨를 馬周言之나 帝未改也하니 豈非經濟之術已殫하여 無所可爲乎아

胡寅이 말하였다.

"馬周가 말한 네다섯 가지 일 가운데 太宗은 한 가지를 따랐을 뿐이다. 그 요점은 '陛下께서 마땅히 禹王·湯王·文王·武王의 일을 숭상하셔야 하는데, 어찌 다만 그 해의 일만을 유지하려고 하시는 것입니까.'라고 한 것이니, 이것이 가장 太宗의 병통이다. 어찌 태종뿐이겠는가. 三代 이후에 천하를 얻은 자가 모두 그러한 것이니, 모두 ≪周易≫ 蠱卦에 일〔蠱〕을 다스릴 적에 일의 시작 3일 전에 생각하고 일을 시작한 뒤 3일 동안 생각하는 뜻을 알지 못하여, 앞의 폐단이 다 개혁되지 못했는데 뒤의 근심이 이미 생겨난 것이다. 汲黯이 武帝에게 말하기를 '안으로 욕심이 많고, 밖으로는 仁義를 베푼다.'고 하였다. 太宗은 嬪御가 적지 않았고 건축 공사가 적지 않았고 무력을 남용하여 전쟁을 하여 먼 지역을 거두어들이려 하였으니, 대략 재위에 있은 지 10여 년이었다. 풍년으로 식량이 풍족하였는데 백성들이 원망하고 한탄하는 것을 마주가 말하였으나 태종은 바꾸지 않았으니, 어찌 經世濟民의 방법이 이미 고갈되어 시행할 만한 것이 없었던 것이 아니겠는가."

愚按 馬周此疏는 以三代帝王取天下하여 保天下之道를 望之太宗하니 可謂能責難於其君矣라 夫禹湯文武之道를 修之於身하여 推之於家國天下하여 而後道洽政治하고 澤潤生民은 非可以勉强而爲之也라 太宗爲唐賢君하니 謂其行事有合於禹湯文武則可나 概以禹湯文武之道는 則未之盡也라 孟子曰 王者之民은 皥皥如也[12]라하니 營造器物에 而百姓怨嗟는 與皥皥之氣象으로 有間矣라 幸而因周之言하여 卽命停罷하니 其足以保貞觀之盛也以此라 若夫廣施德化하고 爲子孫立萬代之基는 此王者必世後仁[13]之事니 未能進於是矣라 三代

9) 先甲後甲 : 사전에 생각하고 사후에도 생각함을 말한다. ≪周易≫ 蠱卦에 "일의 시작에 앞서 3일 동안 그 이유를 궁구하고, 일이 시작된 뒤에 앞일을 3일 동안 생각한다.〔先甲三日 後甲三日〕"라고 하였다.

10) 內多欲 而外施仁義 : ≪史記≫ 〈汲黯傳〉에 보인다.

11) 嬪御 : 古代 帝王·諸侯의 侍妾과 宮女를 가리킨다.

12) 王者之民 皥皥如也 : ≪孟子≫ 〈盡心 上〉에 보인다.

之所以長治久安者는 其必有道也夫라

내가 살펴보건대, 馬周의 이 상소는 三代 帝王이 천하를 취하여 천하의 도를 보존하였던 것을 太宗에게 희망하였으니 그 임금에게 어려운 일을 권면하였다고 말할 만하다. 禹王·湯王·文王과 武王의 도를 몸에 닦아서 천하 국가에 미루어 나간 후에 도에 흡족하며 정사가 다스려지고 백성이 윤택하게 되는 것은 억지로 힘써서 되는 것이 아니다. 태종이 唐나라의 어진 임금이 되었으니, 정사를 행함에 우왕·탕왕·문왕과 무왕에 합치되는 것이 있다고는 말할 수 있지만, 대개 우왕·탕왕·문왕과 무왕의 도는 다하지 못했다. 孟子가 말하기를 '王者의 백성들은 기뻐한다.'라고 하니, 건물을 지으며 기물을 만들 때에 백성들이 원망과 탄식을 한 것은 기뻐하는 기상과는 차이가 있다. 다행히 마주의 말로 인하여 바로 명하여 정지하게 하였으니, 貞觀의 성대함을 이것으로 보존할 수 있었다. 덕화를 널리 베풀고 자손을 위하여 만대의 기틀을 만드는 것은 王者가 있더라도 반드시 30년이 지난 뒤에야 仁政이 이루어진다는 일이니 여기까지 나아가지는 못한다. 삼대가 오랜 동안 잘 다스려지고 오랜 동안 편안했던 것은 반드시 도가 있었던 것이다.

13) 王者 必世而後仁 : ≪論語≫ 〈子路〉에 보인다.

第26편 論貪鄙 탐욕을 논하다

이 편에서는 탐욕에 대해 논하고 있다. 太宗은 隋 煬帝는 탐욕과 사치로 망했다고 인식하였으며, 조정의 고위 관리들이 뇌물을 받다가 자신의 지위를 잃는 것도 탐욕으로 인한 것이라고 여겼다. 개인의 탐욕은 자신만을 망칠 뿐이지만 군주와 신하의 탐욕은 곧 국가의 흥망과 직결됨을 태종은 직시하고 있다. 새는 숲속에 살면서 나뭇가지 끝에 둥지를 트는데 사람에게 잡히는 것은 먹이를 탐내기 때문이다. 이처럼 군주와 신하들의 탐욕은 재앙을 불러들이니, 禍福은 문이 없고 오직 사람이 불러들이는 것이다.

凡六章.
모두 6장이다.

26-1-1

貞觀初에 **太宗謂侍臣曰 人有明珠**면 **莫不貴重**하나니 **若以彈雀**이면 **豈非可惜**고 **況人之性命**은 **甚於明珠**한대 **見金錢財帛**하면 **不懼刑網**하여 **徑即受納**하니 **乃是不惜性命**이라 **明珠是身外之物**이로되 **尙不可彈雀**이어늘 **何況性命之重**으로 **乃以博財物耶**아 **群臣若能備盡忠直**하여 **益國利人**이면 **則官爵立至**어늘 **皆不能以此道求榮**하고 **遂妄受財物**이라가 **贓賄既露**에 **其身亦殞**하니 **實可爲笑**라 **帝王亦然**하니 **恣情放逸**하며 **勞役無度**하며 **信任群小**하며 **疏遠忠正**①에 **有一於此**면 **豈不滅亡**이리오 **隋煬帝奢侈自賢**이라가 **身死匹夫之手**하니 **亦爲可笑**니라

① 疏遠忠正：遠, 去聲.
遠(멀리하다)은 去聲이다.

貞觀 초기에 太宗이 近臣에게 말하였다.

"사람들이 밝은 구슬을 가지고 있으면 귀중하게 여기지 않는 자가 없는데 만일 참새를 잡는 탄환으로 사용한다면 어찌 아깝지 않겠소. 더구나 사람의 생명은 밝은 구슬보다도 더 귀중한데, 금이나 돈이나 비단을 보면 법의 그물에 걸리는 것을 두려워하지 않고 즉시 받으니, 생명을 아까워하지 않는 것이오. 밝

은 구슬은 몸 밖의 물건이라도 오히려 참새를 잡는 탄환으로 쓰지 않거늘, 어찌 하물며 귀중한 생명을 재물과 바꾸겠소.

여러 신하들이 만일 능히 忠直을 다하여, 국가에 유익하고 사람을 이롭게 한다면, 관작이 즉시 이르게 될 것인데 모두 이 방법으로 영달을 구하지 않고, 마침내 함부로 재물을 받았다가 뇌물 받은 것이 발각되고 나서 그 몸 또한 죽게 되니, 진실로 가소로운 일이오. 帝王 또한 그러하니, 교만 방종하며 노역에 한도가 없으며 소인들을 신임하며 충성하고 정직한 이를 멀리하는 것 중에서 하나라도 있으면, 어찌 멸망하지 않겠소. 隋 煬帝는 사치하며 스스로 현명하다고 하다가 자신은 필부의 손에 죽임을 당하였으니 또한 비웃을 만하오."

【集論】

愚按 周禮天官에 以聽官府之六計[1)]하고 弊群吏之治라하니 必察之以廉이라 甚矣라 貪之足以禍其身也여 夫利는 所以資身이나 利積而身敗하면 則利乃所以殞身也니 可不戒哉아 然自昔戒貪之言多矣나 善乎라 太宗之言曰 明珠身外之物이나 尙不可以彈雀이어늘 何況性命之重으로 乃以博財物이라하니 此可爲有官君子之箴이라 終之曰 帝王亦然이라하니 是不惟有以戒其臣이요 而亦以自戒也니 可不謂賢君乎아

내가 살펴보건대, ≪周禮≫ 〈天官 小宰〉에 '官府의 六計를 다스리고 여러 관리의 고과를 결단한다.'라고 하니, 반드시 청렴으로 살피는 것이다. 심하구나, 탐욕이 그 몸에 재앙이 되기에 충분함이여! 이익은 자신이 의지하는 것이지만 이익이 쌓여 자신이 망하게 된다면 이익은 바로 자신을 죽이는 것이니, 경계하지 않을 수 있겠는가. 그러나 예부터 탐욕을 경계하는 말이 많았으나, 훌륭하구나, 太宗의 말에 "밝은 구슬은 몸 밖의 물건이지만 오히려 참새를 잡는 탄환에 쓰지 않거늘, 어찌 더구나 귀중한 생명을 재물과 바꾸겠는가."라고 하였으니, 이는 관직에 있는 군자의 경계가 될 만하다. 마지막에 말하기를 "帝王 또한 그러하다."라고 하니, 이는 그 신하를 경계시킬 뿐만 아니라 또한 스스로 경계한 것이니, 어진 임금이라고 말하지 않을 수 있겠는가.

1) 六計 : 官吏를 考課하는 6가지 항목이다.

26-2-1

貞觀二年에 **太宗謂侍臣曰 朕嘗謂 貪人不解愛財也**[①]라하노니 **至如內外官五品以上**이 **祿秩優厚**하여 **一年所得**이 **其數自多**라 **若受人財賄**에 **不過數萬**이요 **一朝彰露**면 **祿秩削奪**하나니 **此豈是解愛財物**이리오 **規小得而大失者也**라 **昔公儀休**[②]**性嗜魚**나 **而不受人魚**하니 **其魚長存**이라 **且爲主貪**이면 **必喪其國**하고 **爲臣貪**이면 **必亡其身**하나니 **詩云 大風有隧**하니 **貪人敗類**[③]라하니 **固非謬言也**라 **昔秦惠王**[④]이 **欲伐蜀**하되 **不知其逕**하여 **乃刻五石牛**하고 **置金其後**하니 **蜀人見之**하고 **以爲牛能便金**[⑤]이라하여 **蜀王使五丁力士**로 **拖牛入蜀**하니 **道成**이라 **秦師隨而伐之**하여 **蜀國遂亡**[⑥]하고 **漢大司農**[⑦]**田延年**[⑧]이 **贓賄三千萬**이라가 **事覺自死**[⑨]하니 **如此之流**를 **何可勝記**[⑩]리오 **朕今以蜀王爲元龜**하니 **卿等亦須以延年爲覆轍也**하라

① 貪人不解愛財也 : 解, 音懈, 後同.
解(알다)는 音이 懈이다. 뒤에도 같다.

② 公儀休 : 公儀, 複姓. 休, 名. 魯相也.
公儀는 複姓이며 休는 이름이니, 魯나라 재상이다.

③ 大風有隧 貪人敗類 : 詩大雅桑柔篇之辭.
≪詩經≫ 〈大雅 桑柔〉편의 말이다.

④ 秦惠王 : 卽秦惠公, 僭稱王, 是爲惠文王.
〈秦 惠王은〉 바로 秦 惠公인데 王이라고 참칭하였으니 바로 惠文王이다.

⑤ 以爲牛能便金 : 便, 平聲.
便(똥)은 平聲이다.

⑥ 秦師隨而伐之 蜀國遂亡 : 事見蜀記.
사실이 ≪蜀記≫에 보인다.

⑦ 漢大司農 : 漢制, 掌諸錢穀金帛貨幣之職.
漢나라 제도에 여러 錢・穀・金・帛・貨幣를 관장하는 직책이다.

⑧ 田延年 : 字子賓, 齊諸田之後, 漢昭帝時爲大司農.
〈田延年은〉 字는 子賓이며 齊나라 田氏들의 후손으로 漢 昭帝 때에 大司農이 되었다.

⑨ 事覺自死 : 時茂陵富人焦氏賈氏, 以數千萬積貯炭葦諸葬物. 昭帝大行, 用度未辦, 延年奏言 "豫收不祥物, 冀疾用以求利, 非臣民所當爲, 請沒入官." 奏可, 富人皆怨, 出錢求延年罪. 初大司農取民牛車三萬兩, 爲僦車, 直千錢. 延年詐增二千, 凡六千萬, 盜取其半. 焦・賈告其事, 時議以延年廢昌邑王時, 嘗發大議, 當以功覆過. 霍光曰 "往就獄, 公議過." 延年曰 "我何面目入牢獄." 遂刎死.[2)]

당시에 茂陵의 부자 焦氏와 賈氏는 수천만 錢으로 숯 갈대 등 장례에 필요한 물품으로 저축하여 쌓아놓았다. 昭帝의 喪事에 물품을 마련하지 못하자 田延年이 아뢰기를 "〈상인이〉 미리 물건을 매점하여 모아두고서 좋지 못한 물건을 올리는 것은 급한 용도로 쓰일 때 이익을 취하려고 하는 것이니, 臣民이 해야 할 짓이 아닙니다. 이것을 몰수하여 관청에 넣기를 청합니다."라고 하니, 상주한 것을 옳다고 하였다. 부자들이 모두 원망하며 돈을 내어 전연년의 죄를 구하였다. 이전에 大司農으로 백성에게 소가 쓰는 수레 3만 兩을 취하여 수레를 세주게 하였는데 값이 1,000錢이나 되었다. 전연년이 속여 2,000을 더하여 도합 6천만이 되었는데 그 반절을 절취하였다. 焦氏와 賈氏가 그 일을 고발하였는데, 時論에 昌邑王을 폐하기로 논의할 때에 전연년이 大義(창읍왕의 폐위)를 발론하였기 때문에 공으로 과실을 덮어야 한다고 하였다. 霍光이 말하기를 "〈전연년을〉 감옥으로 나아가게 하라. 공정하게 과오를 논의하겠다." 하니, 전연년이 말하기를 "내가 무슨 면목으로 牢獄에 들어가겠는가." 하고서 마침내 목을 찔러 죽었다.

⑩ 何可勝記 : 勝, 平聲.

勝(견디다, 교화하다)은 平聲이다.

貞觀 2년(628)에 太宗이 近臣에게 말하였다.

"朕이 일찍이 말하기를 '탐욕스런 사람은 진실로 재물을 아낄 줄 모른다고 하였소. 조정 안과 밖의 관리로서 5품 이상인 자는 봉록이 후하여, 1년의 소득이 본래 많소. 만일 수만 전에 불과한 뇌물을 남에게 받고서 하루아침에 뇌물 받은 것이 발각되면 봉록을 삭탈당하니 어찌 재물을 아낄 줄 안다고 하겠소. 작은 것을 얻기를 바라다가 큰 것을 잃는 것이오. 옛날 公儀休는 생선을 좋아하였지만, 다른 사람의 생선을 받지 않았기 때문에 〈재상직을 유지하여〉 자기가 생선을 먹는 것을 오래도록 유지할 수 있었소.

또한 군주가 탐욕스러우면 반드시 나라를 잃게 되고, 신하가 탐욕스러우면 반드시 그 몸을 망치게 되는 것이오. ≪詩經≫ 〈大雅 桑柔〉에 '큰 바람이 불어오는 데 길이 있으니 탐욕스런 사람이 일족을 해친다.'고 하였으니, 진실로 잘못된 말이 아니오. 옛날 秦나라 惠王은 蜀나라를 정벌하려고 하였으나, 그 길을 모르자 다섯 개의 돌로 소를 조각하고 그 항문 쪽에 황금을 놓아두었소. 촉나라 사람이 보고, 소가 황금 똥을 누었다고 하였소. 촉나라 임금이 力士 다섯 사람을 보내어 돌 소를 촉나라로 끌어오니 길이 만들어졌소. 진나라 군대가 이 길을 따라 정벌하여 촉나라는 드디어 멸망하였소. 漢나라의 大司農 田延年은

2) 時茂陵富人焦氏賈氏……遂刎死 : ≪漢書≫ 권90 〈田延年列傳〉에서 축약한 것이다.

뇌물 3천만을 받았다가 이 일이 발각되어 자결하였으니, 이와 같은 부류들을 어찌 다 기록하겠소. 짐은 지금 촉나라 임금을 거울로 삼을 것이니, 경들 또한 전연년을 기억하여 전철을 밟지 않도록 하시오.

【集論】

愚按 書曰 凡厥正人은 旣富方穀[3]이라하고 中庸曰 忠信重祿은 所以勸士[4]라하니라 蓋分田制祿은 所以養其愧恥之心하고 而厲其忠廉之節也라 太宗謂當時五品已上은 祿秩自厚하니 若受財라도 不過數萬이라하니 其知所以勸矣라 自以蜀王爲監하여 以牛金而亡國하고 欲臣下以田延年爲監하여 以贓賄而殞身은 非特以此戒臣下요 且以此律其身하니 則列于庶位者는 寧不知所懲哉리오

내가 살펴보건대, ≪書經≫ 〈周書 洪範〉에 "무릇 正人(벼슬아치)들은 부유하게 된 뒤에야 비로소 선하다."라고 하고, ≪中庸≫에 "忠信으로 대하고 녹을 많이 주는 것은 선비들을 권면하는 것이다."라고 하였다. 토지를 나눠주고 봉록을 제정하는 것은 염치를 아는 마음을 기르고 忠廉한 절개를 힘쓰게 하기 위한 것이다. 太宗이 '당시 5品 이상은 봉록이 본래 후하니, 만약 재물을 받아도 수만에 지나지 않는다.'라고 하였으니, 태종이 신하를 권면하는 방법을 알았던 것이다. 태종 스스로 蜀나라 임금을 본보기로 삼아서 소의 황금 똥 때문에 나라를 멸망시켰다고 하고, 신하들에게 田延年을 본보기로 삼게 하여 뇌물을 받아서 자신을 죽게 하는 것이라 하였으니, 이는 신하를 경계하고자 하는 것만이 아니고, 또 이것으로 자신을 단속하였으니, 여러 지위에 있는 자들이 어찌 징계할 바를 알지 못하겠는가.

26-3-1

貞觀四年에 太宗謂公卿曰 朕終日孜孜는 非但憂憐百姓이라 亦欲使卿等長守富貴하노니 天非不高오 地非不厚나 朕常兢兢業業하여 以畏天地하나니 卿等若能小心奉法하여 常如朕畏天地하면 非但百姓安寧이라 自身常得驩樂①하리니 古人云 賢者多財損其志하고 愚者多財生其過[5]라하니 此言可爲深誡라 若徇私貪濁이면 非止壞公

3) 凡厥正人 旣富方穀 : ≪書經≫ 〈周書 洪範〉에 보인다.

4) 忠信重祿 所以勸士 : ≪中庸≫ 20장에 보인다.

5) 賢者多財損其志 愚者多財生其過 : ≪漢書≫ 〈疏廣傳〉에 "현명하면서 재물이 많으면 그 뜻을 손

法하고 **損百姓**이라 **縱事未發間**이나 **中心豈不常懼**아 **恐懼既多**면 **亦有因而致死**하나니 **大丈夫豈得苟貪財物**하여 **以害及身命**하고 **使子孫每懷愧恥耶**아 **卿等宜深思此言**하라

① 自身常得驩樂 : 音洛.
〈樂(즐겁다)은〉 音이 洛이다.

貞觀 4년(629)에 太宗이 公卿들에게 말하였다.

"朕이 종일 부지런히 노력하는 것은 백성을 걱정하고 불쌍히 여기는 것뿐만이 아니라, 또한 경들의 부귀를 오래도록 지키게 하려는 것이오. 하늘은 높지 않는 것이 아니며 땅은 두텁지 않는 것이 아니나, 朕은 항상 조심하고 공경하여 삼가하며 하늘과 땅을 두려워하오. 경들이 만일 법을 지키기를 조심하여 항상 朕이 하늘과 땅을 두려워하는 것과 같이 한다면 백성들이 안녕할 뿐 아니라, 자신에게도 항상 기뻐하고 즐거워함이 있을 것이오. 옛사람이 말하기를 '현명한 사람에게 재물이 많으면 그 뜻을 손상시키고, 우매한 사람에게 재물이 많으면 과실을 낳는다.'고 하였으니, 이 말을 깊이 훈계로 삼아야 하오. 만일 사사로움을 따라 탐욕을 부려 혼탁해지면, 公法을 무너뜨리고 백성을 손상시킬 뿐만 아니라, 비록 일이 그동안 발각되지 않더라도 어찌 마음속에 늘 두려움이 없겠소. 두려움이 이미 많으면 또한 그 이유로 죽게 될 것이요. 大丈夫가 어찌 구차하게 재물을 탐내어 생명을 해치고 자손에게 부끄러움을 품고 살게 하겠소. 경들은 마땅히 이 말을 깊이 생각해야 하오."

【集論】

愚按 詩云 上帝臨女하시니 **毋貳爾心**[6]이어다 **自古聖人**이 **拳拳於畏天者**가 **豈謂人主尊無與敵**하여 **借天以壓之哉**아 **蓋兢業祗懼**는 **是乃天心之所存**이니 **而堯舜禹湯所傳之大原也**라 **太宗自謂常兢兢業業以畏天地**하고 **又使群臣當如朕畏天地**케하니 **是眞能合乎聖人畏天之學矣**라 **然太宗之所謂天者**는 **蒼蒼之天耳**라 **昊天曰明**하사 **及爾出王**하시며 **昊天曰旦**하사 **及爾游衍**[7]이라하니 **何往而非天哉**리오 **一息之間斷**에 **非畏天也**요 **一事之作輟**에 **非畏天也**라

상시키고, 우매하면서 재물이 많으면 과실을 더한다.〔賢而多財則損其志 愚而多財則益其過〕"라고 하였다.

6) 上帝臨女 毋貳爾心 : ≪詩經≫ 〈大雅 大明〉에 보인다.

7) 昊天曰明……及爾游衍 : ≪詩經≫ 〈大雅 板〉에 보인다.

詩曰 文王之德之純이라하니 聖人之所以事天者는 純而已矣라 愚觀太宗之行事하니 知謹刑矣나 而復濫殺하고 知尙文矣나 而復慕武하고 知任賢矣나 而復聽讒하고 知斷恩矣나 而復牽愛하니 甚矣라 其雜而不純也여 此豈足爲畏天之實哉아

내가 살펴보건대, ≪詩經≫ 〈大雅 大明〉에 "上帝가 그대에게 오셨으니 그대의 마음에 의심하지 말라." 하였다. 예부터 聖人이 가슴속 깊이 하늘을 두려워하는 것은 어찌 군주의 존귀함이 대적할 것이 없어 하늘의 위엄을 빌려서 군주의 존귀함을 누르고자 해서 말한 것이겠는가. 공경하고 삼가며 조심하고 두려워하는 것은 天心을 보존한 것이니, 堯임금・舜임금・禹임금・湯임금이 전한 큰 근본이다. 太宗이 스스로 항상 조심하고 공경하여 삼가는 것으로 천지를 두려워한다고 말하고, 또 여러 신하들에게 마땅히 짐이 천지를 두려워하는 것처럼 하도록 하였으니 이는 진실로 聖人이 하늘을 두려워하는 학문에 합치된다. 그러나 太宗이 하늘이라고 말한 것은 푸르고 넓은 하늘이다. "하늘은 밝으신지라 그대 어딜 나가든 함께하시고, 하늘은 훤히 아시는지라 그대 노닐 적에도 살펴보시니라."라고 하니, 어디를 간들 하늘이 아니겠는가. 한 번 숨 쉬는 사이에 하늘을 두려워하는 마음이 끊어지면 하늘을 두려워하는 것이 아니고, 하나의 일을 할 때에 하늘을 두려워하는 마음이 중단되면 하늘을 두려워하는 것이 아니다. ≪詩經≫ 〈大雅 大明〉에 "文王의 덕의 순수함이다."라고 하니, 성인이 하늘을 섬기는 것은 순수할 뿐이다. 내가 태종이 일을 행하는 것을 보니 형벌을 신중히 할 것은 알았으나 다시 사람을 함부로 죽였고, 문장을 숭상할 것은 알았으나 다시 무력을 좋아하였고, 어진 이를 임용할 것은 알았으나 다시 참소를 들어주었고, 은혜를 단절할 것은 알았으나 다시 사랑에 매이게 되었다. 심하도다, 뒤섞여서 순수하지 못함이여. 이것이 어찌 충분히 하늘을 두려워하는 실상이라고 하겠는가.

26-4-1

貞觀六年에 **右衛將軍陳萬福**이 **自九成宮**[8]**赴京**할새 **違法取驛家麩數石**이어늘 **太宗賜其麩**하고 **令自負出以恥之**①하다

① 今自負出以恥之 : 令, 平聲.
令(하여금)은 平聲이다.

---

8) 九成宮 : 唐代의 宮 이름으로, 陝西省 麟游縣 서쪽에 있다. 본래 隋나라 仁壽宮이었고 이어 황제가 피서하는 곳이었다. 唐 太宗이 貞觀 5년(631)에 重修하였는데 산에 九重이 있어서 이름을 九成으로 바꾸었다.

貞觀 6년(632)에 右衛將軍 陳萬福이 九成宮에서 長安으로 가다가 법을 어기고 역 객사의 밀기울 몇 섬을 빼앗았다. 태종은 그 밀기울을 진만복에게 내려주고 자신이 등에 짊어지고 나가게 하여 수치심을 주었다.

【集論】

愚按 大學引孟獻子之言曰 與其有聚斂之臣으론 寧有盜臣[9)]이라하니 蓋君子寧亡己之財언정 而不忍傷民之力故也라 陳萬福違法取驛家麩은 非有取於民者나 其盜臣之謂乎인저 太宗賜其麩하여 令自負出하여 以愧其心하되 而不加罪하니 可謂寬仁也已라

내가 살펴보건대, ≪大學≫에 孟獻子의 말을 인용하기를 "거두어 모으는 신하를 두기보다는 차라리 도둑질하는 신하를 두는 것이 더 낫다."라고 하니 군자는 차라리 자신의 재물을 없앨지라도 백성의 힘을 상하게 하는 것은 차마 하지 못하기 때문이다. 陳萬福이 법을 어기고 역의 객사에서 밀기울을 뺏은 것은 백성에게서 뺏은 것이 아니지만 도적질하는 신하라고 말할 수 있을 것이다. 太宗이 밀기울을 내려주어 스스로 지고 가도록 하여 그 마음에 부끄러움을 알게 하였지만 죄를 더하지는 않았으니, 너그럽고 어질다고 말할 만하다.

26-5-1

貞觀十年에 治書侍御史權萬紀上言호대 宣饒二州①諸山大有銀坑하니 采之極是利益이라 每歲可得錢數百萬貫이라하여늘 太宗曰 朕貴爲天子하니 是事無所少乏이요 惟須納嘉言하고 進善事하여 有益於百姓者하노라 且國家賸得數百萬貫錢이나 何如得一有才行人②이리오 不見卿推賢進善之事하고 又不能按擧不法하여 震肅權豪하고 惟道稅鬻銀坑以爲利益이온여 昔堯舜抵璧於山林하고 投珠於淵谷하니 由是崇名美號가 見稱千載하고 後漢桓靈二帝③는 好利賤義④하여 爲近代庸暗之主하니 卿遂欲將我比桓靈耶아하고 是日勅放令萬紀還第⑤하다

① 宣饒二州 : 宣州, 今爲寧國路. 饒州, 今仍舊, 竝隷江東.
宣州는 지금 寧國路이다. 饒州는 지금 옛날 그대로 江東에 속한다.
② 何如得一有才行人 : 行, 去聲.

9) 與其有聚斂之臣 寧有盜臣 : ≪大學≫ 傳 10장에 보인다.

行(행실)은 去聲이다.

③ 桓靈二帝：後漢桓帝, 名志. 靈帝, 名宏.

後漢 桓帝는 이름이 志이고 靈帝는 이름이 宏이다.

④ 好利賤義：好, 去聲. 漢靈帝時, 開西邸, 賣官自關內侯·虎賁羽林, 入錢各有差. 私令左右賣公卿, 公千萬, 卿五百萬. 又賣關內侯, 假金印紫綬傳世, 入五百萬.

好(좋아하다)는 去聲이다. 漢 靈帝 때에 西邸를 열고 關內侯·虎賁羽林에서부터 관직을 팔았는데 돈을 바치는 것에 따라 각기 차등을 두었다. 사사로이 측근들에게 公卿을 팔았는데 公은 1천만이고 卿은 5백만이었다. 또 關內侯를 팔 때 黃金 印章과 자주색 인끈을 주어 대대로 전하게 하는 데는 5백만을 바치게 하였다.

⑤ 是日勅放令萬紀還第：令, 平聲.

令(하여금)은 平聲이다.

貞觀 10년(636)에 治書侍御史 權萬紀가 글을 올려 말하였다.

"宣州·饒州의 여러 산에 큰 은 광산이 있는데, 은의 채굴을 극도로 하면 이익이 있을 것이니, 해마다 돈 수백만 貫을 얻을 수 있습니다."

太宗이 말하였다.

"朕은 존귀한 천자가 되었으니, 천자의 일에 조금도 흠결이 없고자 하고, 오직 훌륭한 말을 받아들이고 훌륭한 일을 진언하게 해서 백성에게 이익이 있게 하려고 하오. 또 국가가 수백만 貫錢을 얻을 수 있으나 어찌 뛰어난 재주와 훌륭한 행실이 있는 사람을 얻는 것만 하겠소. 경이 어진 이를 추천하고 훌륭한 말을 올리는 일을 보지 못하였고, 또 불법을 저지르는 것을 살펴서 권세가를 肅正하지 못하였소. 오직 은 광산의 채굴권을 빌려주고 세금을 거두어 이익으로 삼자고 말하는구려. 옛날에 堯임금·舜임금이 山林에 璧을 던지고, 진주를 깊은 골짜기에 던지니, 이로 말미암아 훌륭한 명성이 천 년 동안 일컬어졌소. 後漢 桓帝·靈帝는 이익을 좋아하고 義를 천하게 여겨서 근대에 어리석고 우매한 군주가 되었는데, 卿은 끝내 나를 환제·영제에 견주려고 하시오."

이날 칙서를 내려 권만기를 집으로 돌아가게 하였다.

【集論】

孫氏甫曰 太宗所以能斥言利之臣者는 無他라 內能節用하고 外謹制度하고 絶權倖하고 抑

恩寵하고 無妄費耳라 宮中欲修一殿할새 則想秦皇之過하고 公卿請營一閣할새 則念文帝之儉하고 將修洛陽殿할새 則聽張玄素之言而遂止하고 嫁送長樂할새 則納魏徵之諫而從薄하고 宮人罷遣而出者三千이라 此其謹身節用하여 天下已陰受其賜矣라 而文武官止六百四十三員하고 府兵止六十萬하고 又皆散之農畝以自給하니라 天子惟務德義하고 以致治平薄賦斂하여 以厚風俗而已니 此言利之臣이 所以不能合也라

孫甫가 말하였다.

"太宗이 이익을 말하는 신하를 물리칠 수 있었던 이유는 다른 것이 없다. 안으로 비용을 절감하고 밖으로 제도를 삼가고 權倖을 단절하고 恩寵을 억제하고 낭비를 없애는 것이었다. 궁중에 하나의 궁전을 수리하려고 할 때 秦 始皇의 과실을 생각하였고, 公卿이 하나의 전각을 만들기를 청할 때 漢 文帝의 검소함을 생각하였고, 장차 洛陽殿을 수리하려고 할 때 張玄素의 말을 들어 마침내 그치게 했고, 長樂公主를 시집보낼 때 魏徵의 간언을 받아들여 소박함을 따랐고, 宮人들을 가정으로 돌려보낸 자가 3천 명이었다. 이는 몸을 삼가고 비용을 절감하여 천하 사람들이 이미 그의 내려줌을 은연중에 받은 것이다. 문무 관원의 인원을 643員에 그쳤고 府兵의 인원을 60萬에 그쳤고, 또 이들 모두에게 農地를 나누어서 자급할 수 있도록 하였다. 天子는 오직 德과 義에 힘쓰고 태평을 이루고 세금을 적게 걷어 風俗을 후하게 할 뿐이다. 이것은 이익을 말하는 신하가 부합할 수 없는 이유이다."

胡氏寅曰 大學之教曰 長國家而務財用者는 必自小人矣니 與其有聚斂之臣으론 寧有盜臣이라 故治國은 不以利爲利요 以義爲利也[10]라하니라 自事言之컨댄 國家歲得數百萬緡이로되 非因頭會箕斂[11]하고 而取之山澤하니 似亦未有害者라 太宗不惟置其利라 又且黜其人하고 而專以進賢利民爲急이라 以桓靈私藏爲戒하고 審所取舍하며 明示好惡하니 可爲人君法矣라하다

胡寅이 말하였다.

"≪大學≫의 가르침에 '국가에 어른이 되어 財用에 힘쓰는 자는 반드시 小人으로부터 시작되니, 걷어 모으는 신하를 두기보다는 차라리 도둑질하는 신하를 두는 것이 낫다. 그러므로 나라를 다스림에는 利를 이익으로 여기지 않고, 義를 이로움으로 여긴다.'고 하였다. 일로 말을 하면 국가가 해마다 수백만 緡을 얻을 수 있는데, 가혹한 세금에 의하지 않고 山澤에서 취하니 또한 해로움도 없는 듯하였다. 그러나 太宗은

---

10) 大學之教曰……以義爲利也 : ≪大學≫ 傳 10장에 보인다.

11) 頭會箕斂 : 부세가 가혹하고 번잡하고 많음을 말한다.

그 이로움을 내버려두었을 뿐만 아니라 또 그 사람을 쫓아내고, 오로지 어진 사람을 등용하여 백성을 이롭게 하는 것을 급선무로 여겼다. 桓帝・靈帝가 사사로이 재물을 모으는 것으로 경계를 삼고 취사선택할 것을 살피며 좋아함과 싫어함을 분명히 하였으니, 군주의 법이 될 만하다."

愚按 大學曰 治國은 不以利爲利요 以義爲利也라하니라 觀太宗却權萬紀銀坑之奏컨대 眞能不以利爲利者라 蓋當是時하여 宮室服用을 每能愼乃儉德하니 是宜諄諄訓下에 無愧辭也라 夫表正而景隨[12)]하고 源淸則流淸[13)]하니 表未正而求正於景하고 源未淸而求淸於流는 無是理也라 是故로 欲臣下厲廉名하면 當自人君之崇儉德始라

내가 살펴보건대, ≪大學≫에 "나라를 다스림에는 利를 이로움으로 여기지 않고, 義를 이로움으로 여긴다."라고 하였다. 太宗이 權萬紀의 은광 채굴에 관한 상소를 물리친 것을 보면 진실로 利를 이로움으로 여기지 않은 것에 능한 것이다. 당시에 궁실과 의복을 늘 삼가서 검소한 덕으로 하였으니, 이는 마땅히 간곡하게 아랫사람을 훈계하는 데에 부끄러울 말이 없는 것이다. 형체가 바르면 그림자가 따르고 샘이 맑으면 흐르는 물이 맑다. 형체가 바르지 않는데 그림자가 바르기를 구하고, 샘이 맑지 않은데 흐르는 물이 맑기를 구하는 것은 이런 이치가 없다. 이 때문에 신하에게 청렴한 명예를 닦게 하려면 마땅히 군주가 검소한 덕을 높이는 것으로부터 시작해야 한다.

26-6-1

貞觀十六年에 太宗謂侍臣曰 古人云 鳥棲於林에 猶恐其不高하여 復巢於木末하고 魚藏於水에 猶恐其不深하여 復穴於窟下나 然而爲人所獲者는 皆由貪餌故也라하니 今人臣受任하여 居高位하고 食厚祿하니 當須履忠正하고 蹈公淸이면 則無災害하고 長守富貴矣리니 古人云 禍福無門이라 惟人所召라하니 然陷其身者는 皆爲①貪冒財利니 與夫②魚鳥何以異哉리오 卿等은 宜思此語爲鑑誡③하라

① 皆爲 : 去聲.

12) 表正而景隨 : ≪荀子≫ 〈君道〉에 "임금은 儀表이니 의표가 바르면 그림자가 바르다.〔君者 儀也 儀正而景正〕"라고 하고, ≪孟子≫ 〈離婁 下〉 孫奭의 疏에 "또 荀卿이 말한 의표가 바르면 그림자가 바르다는 것이다.〔又荀卿所謂表正則影正〕"라고 하였다.

13) 源淸流潔 : ≪荀子≫ 〈君道〉에 보인다.

〈爲(위하다)는〉 去聲이다.

② 與夫 : 音扶.

〈夫(대저)는〉 音이 扶이다.

③ 卿等宜思此語爲鑑誡 : 舊本此章重出鑑戒篇, 今按此章喩貪爲切, 故去彼存此.

舊本에 이 장은 〈論君臣鑑戒篇〉에 거듭 나오는데 지금 살펴보면 이 장은 탐욕을 비유함이 절실하므로 저쪽을 버리고 이쪽을 보존한 것이다.

貞觀 16년(642)에 太宗이 近臣에게 말하였다.

"옛사람이 말하기를 '새는 숲 속에서 살면서 높지 않은 것을 두려워하여 또한 나뭇가지 끝에 둥지를 틀고, 물고기는 강물 속에 숨어 살면서 오히려 깊지 않은 것을 두려워하여 또 동굴 아래의 구멍에서 산다. 그러나 사람에게 잡히는 것은 모두 먹이를 탐내기 때문이다.'라고 하였소.

지금 신하들이 임용되어 높은 지위에 있으면서 봉록을 후하게 받고 있으니, 마땅히 충성과 정직을 이행하고, 공평과 청렴을 실천한다면 재해가 없고 오래도록 부귀를 지킬 수 있소. 옛사람이 이르기를 '禍福은 문이 없고 오직 사람이 불러들이는 것이다.'라고 하였소. 그러나 몸이 재해에 빠지는 것은 모두 재물과 이익을 탐내기 때문이니, 저 물고기나 새와 무엇이 다르겠소. 卿들은 마땅히 이 말을 생각하여 감계로 삼아야 하오."

【集論】

愚按 太宗訓臣下廉潔之爲美하고 貪利之爲害者가 數(삭)矣나 魚鳥之喩가 尤其明白痛切하여 令人讀之竦然이라 誠足懲創人之逸志也니 可不戒哉아

내가 살펴보건대, 太宗이 신하를 훈계할 때 廉潔을 아름다움으로 삼고 이익을 탐하는 것을 해로움으로 삼은 것이 자주 있었으나, 물고기와 새의 비유가 더욱 명백하고 통절하여 사람들이 읽으면 두려워하게 한다. 진실로 사람의 안일한 마음을 징계하기에 충분하니 경계하지 않을 수 있겠는가.

제27편 崇儒學 儒學을 존숭하다

이 편에서는 太宗이 儒學을 존숭한 것에 대해 말하고 있다. 태종은 弘文館을 설치하고 천하의 유학자들을 선발하여 숙직하게 하면서 틈이 날 때마다 그들을 불러 典籍을 토론하고 정사를 논의하였다. 또한 孔子를 先聖으로 삼고 國子學에 사당을 세웠다. 孔穎達에 의해 이전의 유교의 학설이 정리되어 五經正義가 편찬되었던 것 역시 태종의 유학 장려 정책과 연관이 있다.

凡六章.
모두 6장이다.

27-1-1

太宗이 **初踐祚**에 **卽於正殿之左**에 **置弘文館**[1]하여 **精選天下文儒**하여 **令以本官**①**兼署學士**하고 **給以五品珍膳**하여 **更日宿直**②하고 **以聽朝之隙**에 **引入內殿**하여 **討論墳典**③[2]하고 **商略政事**하여 **或至夜分乃罷**하다 **又詔勳賢三品已上子孫**하여 **爲弘文學生**④하다

① 令以本官：令, 平聲.
令(하여금)은 平聲이다.
② 更日宿直：更, 平聲.
更(바꾸다)은 平聲이다.
③ 討論墳典：論, 平聲.
論(논하다)은 平聲이다.
④ 太宗……爲弘文學生：舊本, 此與後三章通爲一章, 今按崇儒雖同, 典故則異, 分爲三章. 又

1) 弘文館：唐나라 武德 4년(621)에 門下省에 설치했던 修文館인데 太宗 즉위 후 弘文館으로 개칭했다. 20여만 권의 서적을 모으고 學士를 두어서 圖籍을 교정하고 生徒를 가르치는 한편 政事에 참여해 논의하도록 했으며, 校書郎을 두어 典籍을 교감·정리하고 오류를 교정하도록 했다. 또 館主 한 명을 두어서 관내 사무를 모두 관리하게 했다. 학생 수십 명이 學士에게 經史와 書法에 대해 전수받았는데 모두 皇族·貴戚 및 고급 京官 子弟 중에서 선발했다.

2) 墳典：본래 三墳(伏羲·神農·黃帝의 저서)과 五典(少昊·顓頊·高辛·唐·虞의 저서)의 병칭인데, 전하여 고대의 전적을 통칭하기도 한다.

按通鑑，武德九年九月，上於弘文殿，聚四部書二十餘萬卷，置弘文館於殿側，精選天下文學之士虞世南・褚遂亮・姚思廉・歐陽詢・蔡允恭・蕭德言等，竝以本官兼學士云云．又取三品已上子孫，充弘文館學生．

舊本에는 이 장과 뒤 3장이 통합되어 한 장으로 되어 있는데, 지금 살펴보니 崇儒의 내용은 같지만 典故가 다르기에 3장으로 나눴다. 또 ≪資治通鑑≫을 살펴보면 武德 9년(626) 9월에 太宗이 弘文殿에 四部의 책 20여만 권을 모아두고 정전 옆에 弘文館을 설치하여 천하의 文學이 뛰어난 선비인 虞世南・褚遂亮・姚思廉・歐陽詢・蔡允恭・蕭德言 등을 선발하여 본 관직과 함께 學士를 겸하게 했다라고 하였다. 또 3품 이상의 자손을 취택하여 弘文館 학생으로 충원했다고 하였다.

太宗이 처음 황제에 올라서 正殿 왼쪽에 弘文館을 설치하여 천하의 文事에 뛰어난 선비들을 선발해서 본 관직과 함께 學士를 겸직하게 하고 5품 이상의 관리가 먹는 진귀한 음식을 주어 날짜를 교대하면서 숙직하게 하고, 조정 일을 보고 나서 틈이 날 때마다 內殿으로 불러들여 墳典을 토론하고 정사를 상의하며 때론 한밤중이 되어서야 자리를 마치기도 했다. 또 3품 이상의 勳臣과 賢臣의 자손을 弘文館 학생으로 삼으라고 조칙을 내렸다.

【集論】

眞氏德秀曰 後世人主之好學者에 莫如唐太宗이라 當戰攻未息之餘에 已留情於經術하여 召名儒學士하여 以講磨之하니 此는 三代以下之無有也라 旣卽位하얀 置弘文館於殿之側하여 引內學士하여 番宿更休하고 聽朝之暇에 與討古今論成敗호대 或日昃夜艾라도 未嘗少怠하니 此는 三代以下之所又無也라 故陸贄擧之以告德宗謂호대 言及稼穡艱難엔 則務遵節儉하고 言及閭閻疾苦엔 則議息征徭[3]라하니 此所以致貞觀之治也라 後之人君이 有志於帝王之事業인댄 則貞觀之規模를 不可以不復이라

眞德秀가 말하였다.

"학문을 좋아하는 후세의 임금 가운데 唐 太宗만 한 이는 없다. 전쟁이 채 마무리되기 전부터 이미 經學에 마음을 두어 名儒와 學士들을 초빙하여 講磨했으니, 이것은 三代 이후에 없었던 일이다. 황제에 오르고 나서는 正殿 옆에 弘文館을 설치하여 大內로 학사들을 불러들여 당번을 정해 숙직하고 번갈아가며 쉬게 하고, 조정의 정무를 보고 나서 여가가 있을 때에 그들과 더불어 고금의 역사를 토론하고 성공과 실패

3) 言及稼穡艱難……則議息征徭：陸贄의 ≪翰苑集≫ 권12의 〈奉天論前所答奏未施行狀〉에 보인다.

를 이야기하였는데 때론 해가 기울고 밤이 깊어서도 조금도 나태하게 한 적이 없었으니, 이것은 三代 이후에 또 없었던 일이다. 그래서 陸贄가 이러한 예를 들어 德宗에게 아뢰기를 '논의가 농사의 어려움에 미치게 되면 절약과 검소를 힘써 준수하였고, 논의가 백성의 고통에 미치게 되면 조세와 요역을 중단하기를 논의하였다.'라고 하였으니, 이것이 貞觀의 치세를 이룩한 원인이다. 후대의 임금들이 제왕의 사업에 뜻을 둔다면 정관의 규모를 회복하지 않아서는 안 된다.

愚按 太宗之好學은 可謂至矣라 其未卽位也엔 廣招瀛洲之賢[4)]하고 其旣卽位也엔 大啓弘文之館하여 討論墳典하고 商略政事하니 蓋自三代以下로 人君講學之勤이 未能或之先也라 然嘗論之컨대 太宗之所講學이 豈眞堯舜禹湯文武孔顔之學也리오 夫允執厥中[5)]은 堯之學也요 危微精一[6)]은 舜禹之學也요 建中建極[7)]은 湯武之學也요 忠恕一貫[8)]은 孔門師友之學也어늘 瀛洲諸賢之所講이 亦嘗及於此乎아 愚不得而知也라 弘文諸儒之所講이 亦嘗及於此乎아 愚不得而知也라 愚獨怪夫君臣問答之際와 詔令章疏之間에 一事之微를 無不講也요 一物之細를 無不講也로되 獨於統宗會元[9)]之地에 迺無一語及之하니 是則太宗之學이 學其所學이요 非堯舜禹湯文武孔顔之學也라 嗚呼라 周公沒에 而百世無善治하고 孟軻死에 而千載無眞儒[10)]가 詎不信哉리오

내가 살펴보건대, 太宗이 학문을 좋아하는 것은 지극하다 할 만하다. 황제에 오르기 전엔 瀛洲의 현자들을 널리 초빙하고 황제에 오르고 나서는 弘文館을 크게 확대하

---

4) 瀛洲之賢 : 이른바 貞觀 18學士인 褚亮, 杜如晦, 房玄齡, 于志寧, 蘇世長, 薛收, 姚思廉, 陸德明, 孔穎達, 李玄道, 李守素, 虞世南, 蔡允恭, 顔相時, 許敬宗, 薛元敬, 蓋文達, 蘇勖 등을 가리킨다.

5) 允執厥中 : ≪書經≫ 〈虞書 大禹謨〉에 보인다.

6) 危微精一 : ≪書經≫ 〈虞書 大禹謨〉의 "人心은 위태롭고 道心은 미약하니 정밀하고 한결같아야만 참으로 그 中道를 잡을 수 있다.〔人心惟危 道心惟微 惟精惟一 允執厥中〕"를 축약한 것이다.

7) 建中建極 : 蔡沈의 〈書經集傳序〉에 "精一執中은 堯・舜・禹가 전수한 心法이고 建中建極은 商의 湯王과 周의 武王이 전수한 심법이다.〔精一執中 堯舜禹相授之心法也 建中建極 商湯周武相傳之心法也〕"라고 했다.

8) 忠恕一貫 : '忠恕'와 '一貫'은 ≪論語≫ 〈里仁〉에 나오는 말이다. 孔子가, "우리의 도는 하나로써 관통한다.〔吾道一以貫之〕"라고 하니, 曾子가 門人들에게, "夫子의 道는 忠恕일 뿐이다.〔夫子之道 忠恕而已矣〕"라고 했다.

9) 統宗會元 : 周公 孔子 孟子 이래의 유학의 정통 요지이다.

10) 周公沒……而千載無眞儒 : 宋나라의 학자 程頤가 〈明道先生墓表〉에 보인다.

여 墳典(經傳)을 토론하고 정사를 상의하였다. 三代 이후로부터 학문을 열심히 강론한 임금들 가운데 아마 唐 太宗보다 앞선 이가 없다 할 것이다.

하지만 일찍이 논하건대, 태종이 익힌 학문이 어찌 진정한 帝堯·帝舜·禹王·湯王·文王·武王·孔子·顔子의 학문이겠는가. '참으로 그 中道를 견지함'은 제요의 학문이고, '人心은 위태롭고 道心은 희미하므로 정밀하고 한결같이 해야 함'은 제순과 우왕의 학문이고, '中心을 세우고 기준을 세움'은 탕왕과 무왕의 학문이고, '忠과 恕가 하나로 관통됨'은 孔子 문하의 師友들의 학문인데, 영주의 현자들이 강구했던 것이 어찌 여기에 미치겠는가. 나는 알지 못하겠다. 홍문관의 諸儒들이 강론했던 것이 또 일찍이 여기에 미치겠는가. 나는 알지 못하겠다. 내가 홀로 이상하게 여긴 점은, 군신간의 문답할 때와 詔令과 疏章 사이에서 작은 일 하나도 논하지 않은 것이 없고 미세한 사물 하나도 거론하지 않은 것이 없지만 유독 宗統을 이어받고 핵심을 모은 부분에 대해선 한마디 언급도 없으니, 이는 태종의 학문이 그들이 배운 것만을 배운 것일 뿐 제요·제순·우왕·탕왕·문왕·무왕·공자·안자의 학문이 아닌 것이다. 아, 周公이 세상을 떠난 뒤 백 세 동안 훌륭한 정치가 없고 孟子가 세상을 떠난 뒤 천 년 동안 진정한 유학자가 없다는 말이 어찌 사실이 아니겠는가.

27-2-1

貞觀二年에 **詔停周公爲先聖**하고 **始立孔子廟堂於國學**하여 **稽式舊典**하여 **以仲尼爲先聖**하고 **顔子爲先師**하여 **兩邊俎豆干戚**[11]**之容**이 **始備于玆矣**라 **是歲**에 **大收天下儒士**하여 **賜帛給傳**①하여 **令詣京師**②하여 **擢以不次**[12]하여 **布在廊廟者**가 **甚衆**이요 **學生通一大經已上**은 **咸得署吏**③라 **國學**에 **增築學舍四百餘間**하여 **國子太學四門廣文**에 **亦增置生員**하고 **其書算**에도 **各置博士學生**하여 **以備衆藝**④라 **太宗**이 **又數幸國學**⑤하여 **令祭**(좨)**酒司業**⑥**博士講論**하고 **畢**이어든 **各賜以束帛**하니 **四方儒士負書而至者**가 **蓋以千數**라 **俄而吐蕃及高昌高麗新羅等諸夷酋長**⑦이 **亦遣子弟**하여 **請入于學**이라 **於是**에 **國學之內**에 **鼓篋**[13]**升講筵者**⑧가 **幾至萬人**⑨하니 **儒學之興**이 **古昔未有也**⑩러라

---

11) 俎豆干戚 : 俎와 豆는 祭祀에 사용하는 祭器이고, 干과 戚은 祭祀의 樂舞에 사용하는 도구이다.

12) 不次 : 일정한 절차에 의하지 않는다는 것으로, 특별한 진급을 가리킨다.

13) 鼓篋 : 북을 쳐서 학생들을 소집하고 篋(책 상자)에서 책을 꺼내 수학한다는 말로, 입학 의식의 하나이다. ≪禮記≫ 〈學記〉에 "입학하여 북을 쳐 울리고 상자에서 책을 꺼내는 것은 학업을 공손히 받기 위함이다.〔入學鼓篋 孫其業也〕"라고 했다.

① 賜帛給傳 : 去聲, 驛傳也.
〈傳은〉 去聲이니 驛傳이다.

② 令詣京師 : 令, 平聲, 後同.
令(하여금)은 平聲이다. 뒤에도 같다.

③ 咸得署吏 : 署, 吏職入仕也.
署는 吏職으로 入仕하는 것이다.

④ 國子太學四門廣文……以備衆藝 : 唐制, 國子・太學・廣文・四門・律・書・算, 凡七學, 皆置博士. 國子, 掌敎三品以上及國公[14)]子孫・從二品以上曾孫爲生者. 太學, 掌敎五品以上及郡縣公子孫從三品曾孫爲生者. 廣文館, 掌領國子學生業進士者. 四門館, 掌敎七品以上侯伯子男爲生及庶人子爲俊士生者. 律學書學算學, 掌敎八品以下及庶人子爲俊士生[15)]者. 又有五經博士, 掌以其經敎國子.
唐나라 제도에 의하면, 國子學・太學・廣文館・四門館・律學・書學・算學 등 모두 7개의 학교가 설치되었는데 모두 박사를 배치했다. 국자학은 3품 이상과 國公의 아들・손자, 從2品 이상의 曾孫으로 학생이 된 자를 교육하는 것을 담당한다. 太學은 5품 이상과 郡公・縣公의 아들・손자, 종3품의 증손으로 학생이 된 자를 교육하는 것을 담당한다. 廣文館은 국자학의 학생으로서 進士 수업을 받는 자를 통솔하는 것을 담당한다. 四門館은 7품 이상의 侯・伯・子・男으로서 학생이 된 자와 庶人의 아들로 俊士의 학생을 교육하는 것을 담당한다. 律學・書學・算學은 8품 이하와 庶人의 아들로 준사의 학생을 교육하는 것을 담당한다. 또 五經博士가 있는데 그가 전공한 經傳으로 國子學의 학생을 교육하는 일을 담당한다.

⑤ 又數幸國學 : 數, 音朔.
數(자주, 곧잘)은 音이 朔이다.

⑥ 令祭(좨)酒司業 : 凡會同饗醮, 必尊長先, 以酒祭先, 故曰祭酒, 長者之稱也. 唐制, 國子監祭酒, 掌邦國儒學訓導之政, 兼領諸學. 凡釋奠, 則爲初獻. 司業, 其貳職也.
무릇 회동과 연회가 있을 땐 반드시 장자와 선배를 존중하는데, 술로 선인에게 제를 올리므로 祭酒라 하는 것인바, 장자에 대한 호칭이다. 唐나라 제도에 의하면, 國子監 좨주는 국가의 儒學에 대한 訓導 정책을 관장하고 여러 학교를 겸하여 통솔한다. 釋奠 때는 初獻이 된다. 司業은 그의 차관이다.

⑦ 諸夷酋長 : 音掌.
〈長(윗사람)은〉 音이 掌이다.

⑧ 鼓篋升講筵者 : 篋, 方竹器, 所以盛書籍者.
篋은 대나무로 만든 모난 도구로, 책 등을 담는 용도로 쓰인다.

---

14) 國公 : 爵位 명칭으로 9등급(國王・郡王・國公・郡公・縣公・侯・伯・子・男)에서 세 번째이다.
15) 俊士生 : ≪新唐書≫ 권44 〈選擧志〉에 學館에서 나온 자를 生徒라 하고 州縣에서 나온 자를 鄕貢이라 하는데, 그 과목 중에 俊士가 있다.

⑨ 幾至萬人：幾, 平聲.
幾(거의)는 平聲이다.

⑩ 貞觀二年……古昔未有也：按儒林傳 "貞觀十四年, 召天下惇師老德, 以爲學官, 數臨幸觀釋菜.[16] 廣學舍千二百區, 益生員至三千二百. 自屯營飛騎,[17] 皆給博士受經. 能通經者, 聽入貢限,[18] 四方秀艾, 坌集京師. 於是新羅・高昌・百濟・吐蕃・高麗等群酋長, 竝遣子弟入學. 鼓笥踵堂者, 凡八千餘人, 雖三代之盛, 所未聞也."
≪新唐書≫ 권198 〈儒林傳〉을 살펴보면, "貞觀 14년(640)에 천하에 돈독하고 노숙한 스승과 원로들을 초빙하여 學官으로 삼고, 자주 행차하여 釋菜를 살펴보았다. 1,200곳의 학사를 증축하여 생도 수를 3,200명까지 늘렸다. 屯營의 飛騎부터 모두 박사에게 경전 수업을 받게 했다. 경전에 능통한 자는 貢擧 考試에 참여하게 하니 사방의 준수한 자들이 서울로 모여들었다. 그리하여 新羅・高昌・百濟・吐蕃・高句麗 등의 뭇 酋長들이 모두 자제들을 파견하여 입학시켰다. 북을 쳐 울리고 상자에서 책을 꺼내어 學堂에 연이어 온 자가 8,000여 명에 이르렀으니 비록 三代의 성대한 때라도 듣지 못한 일이다."라고 했다.

貞觀 2년(628)에 조칙에 의해 周公을 先聖으로 삼는 것을 멈추고, 國子學에 孔子의 사당을 처음 건립하여 옛 의전을 참고해 규정을 만들어 仲尼(공자의 字)를 先聖으로 삼고 顔子를 先師로 삼아 사당의 양쪽에 俎豆와 干戚을 진설하는 형식이 비로소 구비되었다. 이해에 天下의 儒士들을 널리 모아 비단을 하사하고 역말의 편의를 제공하여 서울로 오게 해서 서열에 상관없이 발탁하여 廊廟에 나열된 이들이 매우 많았고, 학생 가운데 大經을 하나 이상 통달한 사람은 모두 관리에 임용되었다. 國子學에 學舍 400여 칸을 증축하여, 國子學・太學・四門館・廣文館에도 생도를 증원하고, 書學・算學에도 각자 博士와 學生을 배치하여 뭇 기예들을 완비했다. 太宗이 또 자주 國子學에 행차하여 祭酒・司業・博士로 하여금 학문을 강론하게 하고 마치고 나면 각자에게 비단 1束을 하사하니 책을 짊어지고 찾아오는 사방의 儒士들이 천 명을 헤아릴 정도였다. 얼마 후 吐蕃・高昌・高麗(高句麗)・新羅 등 여러 오랑캐의 酋長들이 또한 자제들을 파견해서 國子學에 입학을 요청했다. 그리하여 國子學 안에서 북을 쳐 울리고 상자에서 책을 꺼내어 강연석에 참여하는 자가 거의 만여 명에 이르렀

16) 釋菜：학교에 들어올 때 先聖과 先師에 올리는 제례 의식으로 釋采라고도 한다.

17) 飛騎：貞觀 11년(637)에 北衙禁軍에 설치된 황제의 친위 기병대로 시험을 통해 선발되었다. 長安城의 북문인 玄武門 위로 펼쳐진 禁苑에 주둔하였다.

18) 貢限：貢擧 考試로, 貢擧는 학문과 품행이 뛰어난 지방의 선비들을 천거하는 법이다.

으니 유학의 흥성이 예전에 없던 것이었다.

【集論】

范氏祖禹曰 古之教者는 家有塾하고 黨有庠하고 遂有序하고 國有學[19]하여 士修之於家而後升於鄕하고 升於鄕而後升於國하고 升於國而後達於天子하나니 其教之有素하고 其養之有漸이라 故成人有德하고 小子有造하니 賢才不可勝用은 由此道也라 後世鄕里之學廢하여 人君能教者는 不過聚天下之士하여 而烏合於京師라 學者衆多나 眩耀於一時而已요 非有教養之實也라 唐之儒學은 惟貞觀開元爲盛이요 其人才之所成就者를 亦可睹矣나 孟子曰 學所以明人倫也[20]라하니 無學이면 則人倫不明이라 故有國者以爲先하나니 如不復三代之制면 未知其可也라

范祖禹가 말하였다.

"고대의 교육기관은 家에 塾이 있고 黨에 庠이 있고 遂에 序가 있고 國에 學이 있어서, 선비가 家에서 닦고 나서 鄕學에 오르고 향학에 오르고 나서 國學에 오르고 국학에 오르고 나서 天子에게 도달하게 되니, 교육에 기본이 되는 학교들이 있고 함양에 교육의 단계가 있다. 그러므로 成人은 덕을 갖추고 어린 사람은 조예가 있었으니, 훌륭하고 재능 있는 자가 이루 쓸 수 없을 만큼 많은 것은 이러한 제도 때문이다. 후세엔 鄕里에서의 배움이 폐기되어, 임금이 교육을 시킬 수 있는 것이 천하의 인사들을 서울에 옹기종기 모이게 하는 데에 지나지 않기 때문에 배우는 자들이 많기는 하지만 한 시대에 빛날 뿐, 교육과 함양의 실체를 갖춘 것이 아니었다. 唐나라의 儒學은 貞觀과 開元의 시대만 성대하였고 인재의 성취를 또한 볼만했다. 孟子가 말하기를, '學(학교)은 人倫을 밝히기 위한 것이다.'라고 했으니, 배움이 없으면 인륜이 밝지 못하다. 그러므로 국가를 다스리는 자는 이를 우선으로 삼아야 하니, 만일 三代의 제도를 복원하지 않는다면 그것이 가능할지 모르겠다."

愚按昌黎韓子原道曰 堯以是傳之舜하고 舜以是傳之禹하고 禹以是傳之湯하고 湯以是傳之文武周公孔子라하니 然周公而上은 得位與時者也요 孔子不得位與時者也니 得位與時者는 其道見之於事하고 不得位與時者는 其道託之於言이로되 而宰我曰 以予觀於夫子컨대

19) 古之教者……國有學 : ≪禮記≫ 〈學記〉에 보인다. 遂는 구역 이름으로 郊 밖에 있는 곳을 가리킨다.

20) 學所以明人倫也 : ≪孟子≫ 〈滕文公 上〉에 보인다.

賢於堯舜遠矣[21)]라하니 夫堯舜而至周公히 去夫子之時邈矣라 正道日以榛蕪하니 非得夫子면 則堯舜之道가 何由而明於後世哉리오 六經[22)]之訓이 如日行天은 夫子之功也라 先儒周子謂 宜乎後世無窮토록 王祀夫子[23)]하여 報德報功之無盡焉[24)]이라하니 夫周公이 固爲先聖이나 而立孔子廟堂於國學하여 以夫子爲先聖은 實始於太宗이라 遂爲萬代之定制하여 廟祀徧天下하여 人知尊夫子之道하고 卽知尊堯舜禹湯文武周公之道矣라 太宗은 聰明英睿之君이라 眞特見也니 王封起於開元도 亦太宗有以致之라

내가 살펴보건대, 韓昌黎(韓愈)의 〈原道〉에 "帝堯는 이 道를 帝舜에게 전수하고 제순은 이 도를 禹王에게 전수하고 우왕은 이 도를 湯王에게 전수하고 탕왕은 이 도를 文王·武王·周公·孔子에게 전수했다."라고 했다. 그런데 주공 이전의 분들은 지위와 시기를 얻은 분들이고 공자는 지위와 시기를 얻지 못한 분이다. 지위와 시기를 얻은 분들은 그 도를 정사에 실현하였지만 지위와 시기를 얻지 못한 분은 그 도를 말에 의탁할 뿐이다. 그런데도 宰我가 이르기를, "나의 관점에서 夫子(孔子)를 볼 때 堯舜보다 훨씬 훌륭하시다."라고 했다.

요순에서 주공에 이르는 시기까지 부자가 살던 시대와는 거리는 멀기 때문에 正道가 나날이 황폐해졌으니 부자가 아니었다면 요순의 도가 어떻게 후세에 밝아질 수 있겠는가. 六經의 가르침이 하늘을 운행하는 태양처럼 훤히 빛나는 것은 부자의 공로이다. 先儒 周子(周敦頤)가 '의당 후세에 무궁토록 부자를 帝王으로 제사를 올려 영원히 그 공덕에 대한 보답을 해야 한다.'라고 하였는데, 주공이 실로 先聖이긴 하지만 國子學에 공자 사당을 세워 부자를 先聖으로 삼은 것은 실로 太宗에게서 시작된 것이다. 결국 萬代의 정해진 법도가 되어 사당의 제사를 천하에 두루 지내서 저마다 부자의 도를 존중해야 할 줄 알게 되고 동시에 제요·제순·우왕·탕왕·문왕·무왕·주공의 도를 높일 줄을 알게 됐다. 태종은 총명하고 영매하고 지혜로운 임금으로 참으로 특별한 견해를 가졌으니, 開元 때에 공자를 文宣王[25)]으로 책봉한 것도 태종이 그 기초를 닦아놓은 것이다.

---

21) 以予觀於夫子 賢於堯舜遠矣 : 《孟子》 〈公孫丑 上〉에 보인다.

22) 六經 : 儒家의 《詩經》·《書經》·《易經》·《春秋》·《禮記》·《樂經》을 가리킨다.

23) 王祀夫子 : 《性理群書句解》에 이 구절에 대해 "王으로 封爵하고 제사로써 높이다.〔爵之以王尊之以祀〕"라 하였다.

24) 宜乎後世無窮……報德報功之無盡焉 : 《性理大全》 권3 〈孔子 上 제38〉에 보인다.

25) 文宣王 : 孔子는 唐 玄宗 開元 27년(739)에 文宣王이 된 이후, 宋 眞宗 大中祥符 원년(1008)에 至聖文宣王, 元 成宗 大德 10년(1306)에 大成至聖文宣王으로 추봉되었다.

27-3-1

貞觀十四年에 **詔曰 梁皇侃**①**褚仲都**②와 **周熊安生**③**沈重**④과 **陳沈文阿**⑤**周弘正**⑥**張譏**⑦와 **隋何妥**⑧**劉炫**⑨은 **竝前代名儒**로 **經術可紀**요 **加以所在學徒**가 **多行其講疏**하니 **宜加優賞**하여 **以勸後生**하고 **可訪其子孫見**(현)**在者**⑩하여 **錄姓名奏聞**하라 **二十一年**에 **詔曰 左丘明**⑪**卜子夏**⑫**公羊高**⑬**穀梁赤**⑭**伏勝**⑮**高堂生**⑯**戴聖**⑰**毛萇**⑱**孔安國**⑲**劉向**⑳**鄭衆**㉑**杜子春**㉒**馬融**㉓**盧植**㉔**鄭玄**㉕**服虔**㉖**何休**㉗**王肅**㉘**王弼**㉙**杜預**㉚**范甯**㉛**等二十有一人**은 **竝用其書**하여 **垂於國胄**하고 **旣行其道**하니 **理合褒崇**이라 **自今有事於太學**이어든 **可竝配享尼父廟堂**㉜하라하니 **其尊儒重道如此**하다

① 梁皇侃：苦旦切. 皇, 姓, 侃, 名. 明三禮, 爲散騎侍郎. 一作皇甫侃者非.
〈侃(간)은〉 苦와 旦의 반절이다. 皇은 성이고 侃은 이름이다. 三禮(≪禮記≫·≪周禮≫·≪儀禮≫)에 밝았고 散騎侍郎을 역임했다. 皇甫侃으로 쓴 판본이 있는데 잘못이다.

② 褚仲都：明周易.
〈褚仲都는〉 ≪周易≫에 밝았다.

③ 周熊安生：字植之, 長樂人, 爲國子博士.
〈熊安生의〉 字는 植之이고 長樂 사람이며 國子博士가 되었다.

④ 沈重：字子厚, 通春秋群書, 爲五經博士.
〈沈重은〉 字가 子厚이고 ≪春秋≫ 등 여러 경전에 능통했고 五經博士가 되었다.

⑤ 陳沈文阿：字國衛, 通三禮·春秋, 爲五經博士.
〈沈文阿는〉 字가 國衛이고 三禮와 ≪春秋≫에 능통했으며 五經博士가 되었다.

⑥ 周弘正：字思行, 晉周顗之後, 爲國子博士.
〈周弘正은〉 字가 思行이고 晉나라 周顗의 후손이며 國子博士가 되었다.

⑦ 張譏：字直言, 武城人, 爲國子博士.
〈張譏는〉 字가 直言이고 武城 사람이며 國子博士가 되었다.

⑧ 隋何妥：字栖鳳, 西城人, 爲國子祭酒.
〈何妥는〉 字가 栖鳳이고 西城 사람이며 國子祭酒가 되었다.

⑨ 劉炫：字光明, 河間人, 爲太學博士.
〈劉炫은〉 字가 光明이고 河間 사람이며 太學博士가 되었다.

⑩ 可訪其子孫見(현)在者：見, 音現.
見(현재)은 音이 現이다.

⑪ 左丘明：左丘明, 見於論語. 程子謂"古之聞人."[26] 唐啖·趙氏謂"孔子所言左丘明, 在孔子前, 則左氏傳, 非丘明所爲, 亦有姓左而不得其名者, 爲此傳也." 或問朱子, 朱子曰"未可知

---

26) 程子謂古之聞人：≪論語≫〈公冶長〉 제24장 朱熹의 ≪集註≫에 보인다.

也. 先友鄧著作[27]考姓氏書曰 '蓋左丘姓, 而名明, 傳春秋者乃左氏耳.'"[28] 然則太宗詔從祀諸儒, 以左丘明爲首, 而寘於公穀之列者, 蓋漢晉以來相傳誤, 以左氏爲左丘明也.

左丘明은 ≪論語≫에 보이는데 程子(程頤)가 "옛날의 명사이다."라고 했다. 唐나라 啖助와 趙匡이, "孔子가 말한 좌구명이 공자 이전에 있었던 사람이라면 ≪春秋左氏傳≫은 좌구명이 저작이 아닌 것이고, 또한 그 성이 左氏인데 그 이름은 알 수 없는 사람이 이 傳을 지은 것이다."라고 했다. 혹자가 朱子에게 이에 대해 묻자, 주자가 말하기를, "알 수 없다. 先人(선친)의 벗 鄧著作(鄧名世)이 지은 성씨를 고증한 책(≪古今姓氏書辯正≫)에서, '左丘는 성이고 이름은 明인데 ≪春秋≫에 傳을 쓴 사람은 바로 좌씨이다.'라고 했다."라고 했다. 그렇다면 太宗이 조칙을 내려 諸儒들을 사당에 從祀할 때 좌구명을 우두머리로 삼아 公羊高와 穀梁赤과 나란히 둔 것은 漢나라와 晉나라 이래의 오류를 그대로 이어받아 좌씨를 좌구명으로 본 것이다.

⑫ 卜子夏 : 名, 商, 孔子弟子, 以文學稱, 序詩, 傳易禮春秋.

〈卜子夏는〉 이름은 商이고 孔子의 제자이며 文學에 뛰어나다는 평을 들었다. ≪詩經≫을 전해 서술하고, ≪周易≫·≪禮記≫·≪春秋≫에 傳을 지었다.

⑬ 公羊高 : 公羊, 姓, 高, 名, 子夏弟子. 傳春秋.

〈公羊高는〉 公羊은 姓이고 高는 이름이며 子夏의 제자이다. ≪春秋≫에 傳을 지었다.

⑭ 穀梁赤 : 穀梁, 姓, 赤, 名, 子夏弟子. 傳春秋.

〈穀梁赤은〉 穀梁은 姓이고 赤은 이름이며 子夏의 제자이다. ≪春秋≫에 傳을 지었다.

⑮ 伏勝 : 濟南人, 爲秦博士. 漢文時, 求治尚書者, 聞伏生能治之, 欲召, 時年九十餘, 詔使往受之. 秦時焚書, 伏生藏於屋壁, 兵起流亡, 獨得二十九篇, 敎于齊魯之間.

〈伏勝은〉 濟南 사람이며 秦나라 때 博士가 되었다. 漢 文帝 때에 ≪尚書≫ 전공자를 찾는데, 복승이 이를 전공했다는 이야기를 듣고 부르려 했으나 당시 나이가 90여 세여서 조칙으로 사람을 보내 가르침을 받아오도록 했다. 秦나라 때 책을 불태우자 복승이 집안 벽 사이에 감춰두었는데 병란이 일어 유실되고 29편만 찾아내 齊나라와 魯나라 등지에서 가르쳤다.

⑯ 高堂生 : 魯人, 前漢爲博士. 得儀禮十七篇, 傳於世. 爲漢言禮宗.

〈高堂生은〉 魯나라 사람이며 前漢 때 博士가 되었다. ≪儀禮≫ 17편을 얻어 세상에 전했으며 漢나라 때 禮의 최고 권위자라는 말을 들었다.

⑰ 戴聖 : 前漢爲九江太守, 得禮記三十六篇, 傳於世, 號小戴記.

〈戴聖은〉 前漢 때 九江太守가 되었으며 ≪禮記≫ 36편을 얻어 세상에 전했는데, 이를 ≪小戴禮記≫라 부른다.

⑱ 毛萇 : 趙人, 爲漢河間獻王博士, 治詩.

〈毛萇은〉 趙나라 사람이며 漢나라 河間獻王의 博士가 되었으며 ≪詩經≫을 전공했다.

---

27) 鄧著作 : 宋나라 때 著作佐郎을 역임한 鄧名世를 가리킨다.

28) 或問朱子……傳春秋者乃左氏耳 : ≪四書或問≫ 권10 '或問丘明非傳春秋者耶'에 나오는 내용이다.

⑲ 孔安國 : 孔子之後, 漢武帝時爲博士, 至臨淮太守, 爲古文尙書之宗.
〈孔安國은〉 孔子의 후예로 漢 武帝 때 博士가 되고 臨淮太守까지 역임했으며 ≪古文尙書≫의 최고 권위자가 되었다.

⑳ 劉向 : 字子政, 漢楚元王之後. 成帝時, 爲光祿大夫, 校五經.
〈劉向은〉 字가 子政이며 漢나라 楚元王의 후예이다. 成帝 때 光祿大夫가 되었고 五經을 교정했다.

㉑ 鄭衆 : 後漢爲大司農卿.
〈鄭衆은〉 後漢 때 大司農卿이 되었다.

㉒ 杜子春 : 後漢河南人.
〈杜子春은〉 後漢 河南 사람이다.

㉓ 馬融 : 字季長, 扶風人. 漢桓帝時, 爲南郡太守, 著春秋三傳異同說.
〈馬融은〉 字가 季長이고 扶風 사람이다. 漢 桓帝 때에 南郡太守가 되었고 ≪春秋三傳異同說≫을 저작했다.

㉔ 盧植 : 字子幹, 後漢爲北中郎將.
〈盧植은〉 字가 子幹이며 後漢 때 北中郎將이 되었다.

㉕ 鄭玄 : 字康成, 北海人, 後漢爲大司農卿. 著易・書・詩・禮・論語・孝經・國語・乾象曆・天文等書.
〈鄭玄은〉 字가 康成으로 北海 사람이며 後漢 때 大司農卿이 되었다. ≪周易≫・≪尙書≫・≪毛詩≫・≪三禮≫・≪論語≫・≪孝經≫・≪國語≫・≪乾象曆≫・≪天文七政論≫ 등의 책을 저술했다.

㉖ 服虔 : 字子愼, 後漢爲九江太守.
〈服虔은〉 字가 子愼이며 後漢 때 九江太守가 되었다.

㉗ 何休 : 字邵公, 後漢爲諫議大夫, 解春秋公羊傳・孝經・論語等書.
〈何休는〉 字가 邵公이며 後漢 때 諫議大夫가 되었다. ≪春秋公羊傳≫・≪孝經≫・≪論語≫ 등의 책을 주해했다.

㉘ 王肅 : 字子雍, 三國時爲魏太常蘭亭侯, 注孔子家語.
〈王肅은〉 字가 子雍이며 三國時代에 魏나라의 太常 蘭亭侯가 되었고 ≪孔子家語≫를 주석했다.

㉙ 王弼 : 字輔嗣, 三國時爲魏尙書郎, 注易.
〈王弼은〉 字가 輔嗣이고 三國時代 때 魏나라의 尙書郎이 되었으며 ≪周易≫을 주석했다.

㉚ 杜預 : 字元凱, 晉惠帝時爲鎭南大將軍當陽侯, 注春秋左氏傳.
〈杜預는〉 字가 元凱이며 晉 惠帝 때 鎭南大將軍 當陽侯가 되었으며 ≪春秋左氏傳≫을 주석했다.

㉛ 范甯 : 西晉時爲豫章太守, 注春秋穀梁傳.
〈范甯은〉 西晉時代 때 豫章太守가 되었고 ≪春秋穀梁傳≫을 주석했다.

㉜ 可竝配享尼父廟堂：父, 音甫, 魯哀公誄孔子之稱.
父(보)는 音이 甫이니, 〈尼父는〉 魯 哀公이 孔子를 애도하는 글에서 쓴 호칭이다.

貞觀 14년(640)에 조칙을 내렸다.

"梁나라 皇侃·褚仲都와 周나라 熊安生·沈重과 陳나라 沈文阿·周弘正·張譏와 隋나라 何妥·劉炫은 모두 지난 시대의 유명한 유학자로 經學의 조예가 기록할 만하고, 이에 더하여 각지의 학도들이 그 강해와 注疏를 많이 채용하고 있으니 의당 넉넉한 상을 내려 후생을 권장해야 하고 현재 남아 있는 그들의 자손을 찾아 성명을 적어 보고하도록 하라."

정관 21년(647)에 조칙을 내렸다.

"左丘明·卜子夏·公羊高·穀梁赤·伏勝·高堂生·戴聖·毛萇·孔安國·劉向·鄭衆·杜子春·馬融·盧植·鄭玄·服虔·何休·王肅·王弼·杜預·范甯 등 21인은 그들의 책을 모두 채택하여 國冑(제왕과 귀족의 자제)들에게 교육시키고 있고, 이미 그들의 학설을 시행하고 있으니 의당 포상하고 존숭해야 한다. 지금부터 太學에 제사를 거행하는 일이 있을 때면 尼父(孔子)의 사당에 배향하도록 하라."

太宗이 儒學을 존숭하고 儒道를 중시함이 이러했다.

【集論】

唐氏仲友曰 梁周陳隋之際는 吾道窮矣나 儒於此時에 猶守先王之經하여 有如劉炫之徒가 至於流離饑餓로되 而不悔其所發明하여 有以資後學之講習이라 太宗이 能引擢其子孫以報之하고 至於左丘明等二十一人하얀 用其書하고 行其道者니 則又配享於夫子以褒大之라 先儒子孫이 蒙引擢之恩하고 又有得配夫子之祀者하니 則今之諸儒가 能不加勉가 又足爲後世故實이니 太宗二擧가 豈不美哉아

唐仲友가 말하였다.

"梁·周·陳·隋의 시대에는 우리의 道가 곤궁에 처했었다. 하지만 유학자는 이런 시대에도 先王의 경전을 수호하여 劉炫과 같은 이들이 방랑 생활을 하며 굶어 죽을 상황에서도 경전의 의미를 밝히는 것을 후회하지 않아서 후학의 강론과 학습에 보탬이 되게 했다. 太宗이 그들의 자손을 발탁해서 보답하고 左丘明 등 21인에 대해선 그들의 책을 채용하고 그들의 道를 시행하니 또 夫子(孔子)의 사당에 배향하여 포상하

고 존대했다. 先儒의 자손들이 발탁되는 은혜를 입고 또 夫子의 제사에 배향되었으니 지금의 儒者들이 더욱더 힘쓰지 않아서야 되겠는가. 또 후세의 모범이 되기에도 충분하니, 太宗의 두 가지 조치가 어찌 훌륭하지 않은가.

愚按 太宗이 既以夫子爲先聖하여 立廟堂於國學하고 後數年에 復優異梁周陳隋名儒之子孫하니 雖其經術學行이 未探聖賢之閫奥나 然亦可以風厲天下矣라 又後數年에 復詔以左丘明等二十一人配享孔廟하니 左氏諸儒가 注釋經義하고 考論制度하여 使後世有所依據하니 誠足以當此秩祀[29]하여 遂爲不刊之典이라 太宗是擧는 亦前帝王所未及行也라 夫儒之近者는 恩沾於子孫하고 儒之遠者는 禮秩於配享하니 太宗之崇儒重道가 顧不美歟아

내가 살펴보건대, 太宗이 夫子를 先聖으로 삼고서 國子學에 사당을 세우고 그로부터 수년 뒤에 다시 梁·周·陳·隋의 名儒의 자손들을 우대했으니 비록 그들의 經學과 學行이 聖賢의 내면까지 탐구하진 못했다고 해도 天下를 권면할 수 있는 것이다. 그로부터 수년 뒤에 또다시 조칙을 내려, 左丘明 등 21인을 孔子의 사당에 배향케 했다. 左氏 등의 유학자들이 경전의 의미를 주석하고 제도를 살펴 논평하여 후세 사람들로 하여금 의지하고 근거할 바가 있게 했으니, 참으로 이 秩祀에 해당되기에 충분하여 마침내 사라지지 않을 典則으로 삼은 것이다. 태종의 이 조치는 또한 이전의 제왕들이 미처 시행하지 못한 것이다. 근대의 유학자들은 자손에게 은혜가 미쳤고 옛날의 유학자들은 配享으로 秩祀를 지내게 되었으니 태종이 유학자를 존숭하고 그 道를 중시한 것이 훌륭하지 않는가.

27-4-1

貞觀二年에 太宗謂侍臣曰 爲政之要는 惟在得人이니 用非其才면 必難致治라 今所任用은 必須以德行①學識爲本이로다 諫議大夫王珪曰 人臣若無學業이면 不能識前言往行하니 豈堪大任이리잇가 漢昭帝時②에 有人詐稱衛太子③어늘 聚觀者數萬人이라 衆皆致惑이로되 雋(전)不疑④가 斷以蒯聵(괴외)之事⑤하니 昭帝曰 公卿大臣은 當用經術明於古義者⑥라하니 此則固非刀筆俗吏[30]所可比擬니이다 上曰 信如卿言이로다

---

29) 秩祀 : 예의에 의거하여 등급을 나눠 제례를 거행하는 것이다.

30) 刀筆俗吏 : 刀筆은 대쪽에 글씨를 쓰는 붓과 잘못된 글씨를 깎아내는 칼을 가리킨 것으로, 刀筆吏는 낮은 벼슬아치를 가리킨다.

① 必須以德行 : 去聲, 後同.
〈行(행실)은〉 去聲이다. 뒤에도 같다.

② 漢昭帝時 : 昭帝, 名, 弗陵, 武帝幼子.
昭帝의 이름은 弗陵이며 漢 武帝의 작은아들이다.

③ 有人詐稱衛太子 : 名, 據, 武帝太子, 衛皇后所生.
〈衛太子의〉 이름은 據이며, 漢 武帝의 太子인데 衛皇后의 소생이다.

④ 雋(전)不疑 : 雋, 音吮, 姓也. 不疑, 其名. 字曼倩, 渤海人, 時爲京兆尹.
雋은 音이 吮으로 성이며 不疑는 그 이름이다. 〈雋不疑는〉 字는 曼倩으로 渤海 사람이며 당시에 京兆尹을 맡고 있었다.

⑤ 斷以蒯聵(괴외)之事 : 蒯, 古買切. 蒯聵, 春秋時衛靈公世子也, 出奔于宋. 靈公卒, 孫出公輒立, 晉又納蒯聵于戚, 父子爭國. 後十五年蒯聵入, 是爲莊公, 輒乃出奔.[31)]
蒯는 古와 買의 반절이다. 蒯聵는 春秋時代 衛 靈公의 世子인데 宋나라로 망명했다. 靈公이 죽고 나서 손자인 出公 輒이 즉위하자 晉나라가 戚에 괴외를 들여보내, 아버지와 아들이 국가를 차지하기 위해 다퉜다. 그로부터 15년 뒤에 괴외가 입국하여 莊公이 되자 출공 첩은 망명했다.

⑥ 當用經術明於古義者 : 昭帝始元五年, 有男子乘黃犢車詣北闕, 自謂衛太子. 詔公卿識視, 皆不敢言. 雋不疑後到, 叱從吏收縛曰 "昔蒯聵出奔, 輒距而不納, 春秋是之. 衛太子得罪先帝, 亡不卽死, 今來自(請)〔詣〕[32)], 此罪人也." 遂送詔獄.[33)] 帝嘉之, 廷尉驗治, 竟得姦詐.[34)]
漢 昭帝 始元 5년(B.C. 82)에 황소가 끄는 수레를 타고 北闕로 찾아온 사내가 스스로 '衛太子이다.'라고 하자, 황제가 조칙을 내려 公卿들에게 살펴보게 했는데 모두 감히 말을 하지 못했다. 雋不疑가 뒤늦게 도착하였는데 수행한 아전에게 포박하라고 호통치며, "옛날 蒯聵가 망명하자 出公 輒이 거부하고 받아들이지 않는 것을 ≪春秋≫에서 옳은 일이라고 평했다. 위태자가 先帝에게 죄를 지어 도망가서 곧바로 죽지 않고 지금 직접 찾아왔으니, 이는 죄인이다."라고 하고는 마침내 詔獄으로 압송하였다. 昭帝가 이를 가상하게 여겼고, 廷尉가 사실을 조사해 결국 기만한 정황을 밝혀냈다.

貞觀 2년(628)에 太宗이 近臣에게 말하였다.

"정사의 요체는 오직 사람을 얻는 데에 있으니 등용한 것이 제대로 된 인재가 아니면 반드시 정치를 완성하기 어렵소. 이제 임용하는 인물들은 반드시 德

---

31) 蒯聵……輒乃出奔 : ≪史記≫ 〈衛康叔世家〉에 보인다.

32) (請)〔詣〕 : 저본에는 '請'으로 되어 있으나, ≪漢書≫ 〈雋不疑列傳〉에 의거하여 '詣'로 바로잡았다.

33) 詔獄 : 漢나라 때 都司空과 上林苑 中都官에 모두 詔獄이 있는데, 詔令을 받들어 죄수를 국문하였기 때문에 詔獄이라 하였다.

34) 廷尉驗治……竟得姦詐 : ≪漢書≫ 〈雋不疑列傳〉에 보인다.

行과 學識을 근본으로 삼아야 하오."

諫議大夫 王珪가 말하였다.

"신하가 학식이 없으면 과거 인물들의 말씀과 행위를 알 수 없으니 어떻게 큰 임무를 감당할 수 있겠습니까. 漢 昭帝 때 衛太子라고 사칭하는 자가 나타나자, 운집하여 구경한 자들이 수만 명이었습니다. 모두들 의혹했는데, 雋不疑가 蒯聵의 사건으로 결단하였습니다. 이에 한 소제가 말하기를, '公·卿·大臣은 經學이 있어 옛 도리에 밝은 자를 등용해야 한다.'라고 했으니 이것은 진정 속된 刀筆吏 따위가 견줄 수 있는 것이 아닙니다."

태종이 말하였다.

"진실로 경의 말과 같소."

【集論】

愚按 賈子有言호대 移風易俗하여 使天下回心而鄉道는 類非俗吏之所能爲也[35)]라하니라 昔漢霍光이 因夏侯勝之言하여 而重經術之士하고 昭帝因雋不疑之事하여 謂公卿大臣當用明於古義者라하니 夫漢之諸儒가 要非眞儒也로되 而明效大驗如此어든 況眞知道者哉아 太宗이 謂任人須用德行學識爲本이라하고 王珪謂人臣若無學業이면 豈堪大任이리오하니 其說이 美矣니 此貞觀之治所由致也라 然太宗王珪之所稱道者가 又果眞儒也哉리오

내가 살펴보건대, 賈子(賈誼)가 말하기를, "풍속을 바꾸어 세상 사람들로 하여금 마음을 되돌려 道로 향하게 하는 일은 속된 관리가 할 수 있는 일이 아니다."라고 했다. 옛날 漢나라 霍光이 夏侯勝의 말을 들어 경학에 밝은 인사를 중용하고, 漢 昭帝가 雋不疑의 처사를 통해 "公·卿·大臣은 옛 도리에 밝은 자를 등용해야 한다."라고 했다. 漢나라 유학자들이 진실한 유학자가 아님에도 이처럼 분명한 효과와 큰 증험이 되는데, 하물며 진실로 도를 안 사람의 경우야 더 말할 나위 있겠는가. 太宗이, "사람을 임용할 땐 반드시 덕행과 학식을 근본으로 삼아야 한다."라고 하고, 王珪가, "신하가 학문이 없으면 어찌 큰 임무를 감당하겠습니까."라고 한 그 말은 훌륭하니 이것이 貞觀의 치세를 이룩한 이유이다. 하지만 태종과 왕규가 일컬은 내용이 과연 진실한 유학자의 것이겠는가.

---

35) 移風易俗……類非俗吏之所能爲也 : 이 내용은 《漢書》 〈賈誼列傳〉에 보인다.

27-5-1

貞觀四年에 太宗이 以經籍去聖久遠하고 文字訛謬로 詔前中書侍郎顔師古①하여 於祕書省에 考定五經하고 及功畢에 復詔尙書左僕射房玄齡하여 集諸儒하여 重加詳議②하니 時諸儒傳習師說하여 舛謬已久라 皆共非之하여 異端蠭起어늘 而師古가 輒引晉宋已來古本하여 隨方[36]曉答호대 援據詳明하여 皆出其意表하니 諸儒莫不歎服이러라 太宗稱善者久之하고 賜帛五百匹하고 加授通直散騎常侍③하고 頒其所定書於天下하여 令學者習焉④하다 太宗又以文學多門章句繁雜으로 詔師古與國子祭酒孔穎達等諸儒하여 撰定五經疏義하니 凡一百八十卷이요 名曰五經正義라하고 付國學施行⑤하다

① 詔前中書侍郎顔師古 : 名, 籒, 其先琅琊人, 博學善屬文. 隋世李綱薦之, 授安養尉. 高祖入關, 謁見, 授朝散大夫, 遷中書舍人, 詔令一出其手. 貞觀中, 釐正五經, 拜祕書少監, 後撰五禮成, 進爵爲子.
〈顔師古는〉 이름이 籒이며 선조는 琅琊 사람이다. 학식이 넓고 문장을 잘 지어 隋나라 때 李綱의 추천으로 安養尉를 제수받았다. 唐 高祖가 關中에 들어왔을 때, 알현하자, 朝散大夫를 제수되고 뒤에 中書舍人으로 자리를 옮겼는데, 詔勅과 命令의 문장이 모두 그 손에서 나왔다. 貞觀 연간에 五經을 정리하고 祕書少監에 임명되었으며, 뒤에 ≪五禮≫를 찬술하여 완성하자, 작위가 승진되어 子爵이 되었다.

② 重加詳議 : 重, 平聲.
重(거듭)은 平聲이다.

③ 加授通直散騎常侍 : 晉以員外常侍與散騎常通直, 故號通直, 後世因之.
晉나라는 員外常侍와 散騎가 항상 함께 숙직했으므로 通直이라 불렀는데, 후세에도 이를 그대로 따랐다.

④ 令學者習焉 : 令, 平聲.
令(하여금)은 平聲이다.

⑤ 付國學施行 : 舊本, 五經疏義, 另爲一章, 今合爲一章.
舊本에서는 '五經疏義' 이하를 별도의 장으로 만들었는데, 지금 하나의 장으로 만들었다.

貞觀 4년(630)에 太宗이 經籍이 聖人이 살던 시대와의 거리가 오래되고 문자에 오류가 있다는 이유로 前 中書侍郎 顔師古에게 조칙을 내려 祕書省에서 五經을 考定하게 하고, 그 일을 마치자 다시 尙書左僕射 房玄齡에게 조칙을 내려 諸儒들을 모아 다시 상세한 논의를 진행하게 하였다. 당시 諸儒들이 스승의

---

36) 方 : 方版으로 古本 經書를 가리킨다.(≪貞觀政要≫, 三民書局, 431쪽)

학설만을 전수받고 익히며 오류를 답습해온 것이 오래된 탓에 모두들 안사고를 비난하여 각기 다른 의견들이 여기저기서 일자, 안사고가 晉·宋 이래의 古本을 인용하여 版本에 의해 분명하게 대답하였는데 상세한 근거를 대어 모두 그들의 의표를 찌르니, 諸儒들이 탄복하지 않는 자가 없었다. 태종이 한참 동안 훌륭하다고 일컬은 뒤, 帛 500필을 하사하고 通直散騎常侍를 더 제수한 뒤 그가 考定한 책을 천하에 반포하여 학자들에게 익히게 했다. 태종이 또다시 학계에 문파가 많고 章句가 복잡하다는 이유로 顏師古와 國子祭酒 孔穎達 등 諸儒들에게 조칙을 내려 五經의 疏義를 편찬하게 했는데, 모두 180권이었다. '五經正義'라 명명하고, 國子學에 보내 교재로 쓰게 했다.

【集論】

唐氏仲友曰 五經이 出於煨燼之餘하여 諸儒習傳이 不勝異說이라 當其竝行之初에 是非當否之說이 特未定也나 世傳旣久하얀 其迂怪淺陋之學이 稍稍堙滅이라 其能盛行於世者는 如王弼之易과 孔安國之書와 毛鄭之詩와 鄭氏之三禮와 杜預之左氏와 何休之公羊과 范甯之穀梁이 皆卓然顯行於世하고 而其他不勝異說之數十百家는 爲之盡廢라 然爲數子之學者가 又各持異見이어늘 太宗이 始命名儒하여 爲義疏以統一之하니 豈可謂無益於經哉리오 然亦崇其教而已요 道는 未也라

唐仲友가 말하였다.

"五經이 불에 태워진 뒤(焚書坑儒)에 나와서 諸儒들이 익히고 전해 받은 것이 이루 말할 수 없는 異說이 있었다. 처음 이설들이 횡행할 땐 옳다 그르다 합당하다 아니다 하는 주장이 특히 확정되지 못했지만 오랫동안 세상에 전해오게 되어서는 사리에 어긋나고 기괴하고 미천하고 비루한 학설들이 점차 소멸됐다. 세상에 널리 행해진 것은 예컨대 王弼의 ≪周易≫, 孔安國의 ≪書經≫, 毛亨·毛萇과 鄭玄의 ≪詩經≫, 鄭玄의 三禮, 杜預의 ≪春秋左氏傳≫, 何休의 ≪春秋公羊傳≫, 范甯의 ≪春秋穀梁傳≫ 등이 모두 우뚝하게 세상에 현저히 쓰였고, 그 밖에 이루 말할 수 없는 이설들이 담긴 수십 백 家의 책들은 모두 폐기되었다. 하지만 몇몇 학자들이 또다시 각기 다른 의견을 견지하자, 太宗이 비로소 명망 있는 유학자들에게 명을 내려 義疏를 만들어 통일시켰으니, 어찌 經學에 이익이 없다고 할 수 있겠는가. 하지만 그것은 또한 그 가르침만을 존숭했을 뿐이고 道는 아직 이루지 못한 것이다."

又曰 自漢以來로 經學分析하여 傳習不同하고 重以南北之分[37]으로 浸益訛舛이어늘 師古家世齊周하여 乃能通晉宋舊文이라 故能釐正南北之謬하니 其有益於學者가 多矣라

또 말하였다.

"漢나라 이후로 經學이 나뉘어져 전해 받아 익힌 것이 다르고, 게다가 南學과 北學으로 나뉘면서 점점 오류가 더해졌는데, 顔師古가 집안 대대로 北齊와 北周에 살면서 東晉과 宋나라의 옛 글에 능통했으므로 남학과 북학의 오류를 바로잡았으니 학자들에게 이익을 준 것이 많다."

愚按 自經籍僅遺於秦火之餘로 漢儒修補掇拾이나 而專門名家之學이 紛紜轇轕하여 學者不勝考也라 太宗興起斯文하여 命顔師古考定五經하고 孔穎達撰定疏義호대 易主於王弼하고 書主於安國하고 詩主於毛鄭하고 三禮主於康成하고 杜預之左傳과 何休之公羊과 范甯之穀梁이 皆卓然顯行於世하고 而其他數十百家盡廢하니 唐之疏義가 可謂有功於經矣라 然嘗論之컨대 古者에 易有田氏焦氏費氏[38]數家어늘 自唐以王弼爲正으로 而秦漢象數之學이 晦矣요 古者에 書有歐陽氏大小夏侯氏[39]數家어늘 自唐以安國爲正으로 而古文今文之本이 亂矣요 古者에 詩書之序가 不附於正經하고 易之十翼이 不附於爻彖이어늘 自唐之疏義旣出로 而經傳殽亂하여 不可復考矣라 由此論之컨대 則明六經之道者도 疏義也요 晦六經之道者도 亦疏義也라 雖然이나 名物度數之詳과 字義音釋之備가 毫分縷析하여 使後世有考焉하니 此則其功之不可誣者也라

내가 살펴보건대, 經籍이 秦나라에서 불태워진 뒤에 겨우 남은 것을 漢나라의 유학자들이 보수하고 주워 모았으나 專門 名家의 학설이 각기 설키고 얽혀서 학자들이 이루 다 고찰할 수가 없었다. 太宗이 斯文(儒學)을 일으켜 顔師古에게 명하여 五經을 考定하도록 하고 孔穎達에게 五經의 疏義를 撰定하도록 하였는데, ≪周易≫은 王弼을 위주로 하고, ≪書經≫은 孔安國을 위주로 하고, ≪詩經≫은 毛亨·毛萇과 鄭玄을 위주로 하고, 三禮는 鄭康成(鄭玄)을 위주로 하고, 杜預의 ≪春秋左氏傳≫과 何休의 ≪春秋公羊傳≫과 范甯의 ≪春秋穀梁傳≫이 모두 우뚝하게 세상에 현저히 쓰이게 되면서 기타 수십에서 백 개의 학파들이 모두 사라지게 되었으니, 唐나라의 '疏義'가 經學에

37) 南北之分 : 南北朝 시대에 經學이 南과 北 兩派로 갈린 일이다. ≪詩經≫·≪禮記≫ 이외에 南朝에서는 魏·晉의 학문을 위주하였고, 北朝에서는 東漢의 학문을 위주하였다.

38) 田氏焦氏費氏 : 前漢의 田何, 焦贛(一名 延壽), 費直을 가리킨다.

39) 歐陽氏大小夏侯氏 : 歐陽氏는 歐陽高, 大夏侯氏는 夏侯勝, 小夏侯氏는 夏侯建을 가리킨다.

공로가 있다고 할 것이다. 하지만 일찍이 논하건대 옛날엔 ≪周易≫에 田氏·焦氏·費氏 등 몇 학파가 있었으나 唐나라에서 왕필을 정본으로 삼으면서 秦漢의 象數學이 사라졌고, 옛날엔 ≪書經≫에 歐陽氏·大夏侯·小夏侯 등 몇 학파가 있었으나 唐나라에서 공안국을 정본으로 삼으면서 古文本과 今文本이 혼란스러워졌고, 옛날엔 ≪詩≫와 ≪書≫의 序가 正經에 덧붙지 않았고 ≪周易≫의 十翼[40]이 爻辭·彖辭에 덧붙지 않았으나 唐나라의 疏義가 출현하고 나서 經과 傳이 뒤섞여 더 이상 고찰할 수 없게 되었다. 이것으로 논한다면 六經의 도를 밝힌 것도 疏義이고 六經의 도를 어둡게 한 것도 疏義이다. 그렇긴 하지만 명칭과 기준의 상세함과 字義와 音釋의 구비가 자세히 분석되어 후세 학자들로 하여금 참고하게 했으니 이것은 속일 수 없는 공로인 것이다.

27-6-1

太宗이 **嘗謂中書令岑文本曰 夫人**이 **雖稟定性**①이나 **必須博學**하여 **以成其道**니 **亦猶蜃性含水**나 **待月光而水垂**②하고 **木性懷火**나 **待燧動而焰發**③이라 **人性含靈**이나 **待學成而爲美**라 **是以**로 **蘇秦刺**(척)**股**④하고 **董生垂帷**⑤니 **不勤道藝**면 **則其名不立**이로다 **文本**이 **對曰 夫**⑥**人**이 **性相近**이나 **情則遷移**니 **必須以學飭情**하여 **以成其性**이니이다 **禮云 玉不琢**이면 **不成器**하고 **人不學**이면 **不知道**⑦라하니 **所以古人勤於學問**을 **謂之懿德**이라하니이다

① 夫人 雖稟定性：夫, 音扶.
夫(대저)는 音이 扶이다.

② 亦猶蜃性含水 待月光而水垂：蜃, 音腎, 大蛤也. 海上月明, 蜃吐氣如樓閣之狀.
蜃은 音이 腎이니 大蛤이다. 바다에 달이 밝을 때 대합이 누각 같은 형상의 물길을 내뿜는다.

③ 待燧動而焰發：燧, 取火之木也, 春取楡柳之火, 夏取棗杏之火, 夏季取桑柘之火, 秋取柞楢之火, 冬取槐檀之火.
燧는 불을 취하는 나무인데 봄에는 누릅나무와 버드나무에서 불을 취하고, 여름에는 대추나무와 살구나무에서 불을 취하고, 늦여름에는 뽕나무와 산뽕나무에서 불을 취하고, 가을에는 떡갈나무와 졸참나무에서 불을 취하고, 겨울에는 홰나무와 박달나무에서 불을 취한다.

---

40) 十翼：孔子가 지었다고 전해지는 ≪周易≫의 〈彖傳 上·下〉, 〈象傳 上·下〉, 〈繫辭傳 上·下〉, 〈文言傳〉, 〈序卦傳〉, 〈說卦傳〉, 〈雜卦傳〉을 가리킨다.

④ 蘇秦刺(척)股 : 刺, 音漆. 蘇秦, 字季子, 雒陽人. 師鬼谷子, 得太公陰符, 伏而誦之, 讀書欲睡, 引錐自刺其股, 血流至踵, 簡練揣摩, 至期年而成. 後遊說, 佩六國相印.

刺(찌르다)은 音이 漆이다. 蘇秦은 字가 季子이며 雒陽 사람이다. 鬼谷子를 스승으로 모셔 姜太公의 ≪陰符經≫을 전해 받아 열중해서 외웠는데 글을 읽다가 졸음이 찾아오면 송곳을 꺼내 스스로 넓적다리를 찔러 피가 발꿈치까지 흘렀고, 단련과 연마를 하여 일 년이 되자 성취하였다. 뒤에 각국에 유세를 하여 6國의 재상 관인을 허리에 꿰찼다.

⑤ 董生垂帷 : 董生, 名仲舒, 廣川人. 漢景帝時爲博士, 治春秋. 下帷講誦, 弟子以次相授, 或莫見其面, 三年不窺園, 其精如此, 學者皆師尊之. 武帝卽位, 擧賢良對策三篇, 擢爲江都王相.

董生은 이름이 仲舒이고 廣川 사람이다. 漢 景帝 때 博士를 역임했는데, ≪春秋≫를 전공했다. 휘장을 드리우고 강론을 하면 제자들이 차례로 가르침을 받았는데, 누구도 그의 얼굴을 볼 수 없었고, 3년 동안 밭을 돌보지 않았으니, 그가 이처럼 정진하여 학자들이 모두 스승으로 높이 받들었다. 武帝가 즉위하자 〈擧賢良對策〉 3편을 올렸고 江都王의 相으로 발탁되었다.

⑥ 夫 : 音扶.

〈夫(대저)는〉 音이 扶이다.

⑦ 禮云玉不琢……不知道 : 禮學記之辭.

≪禮記≫ 〈學記〉의 내용이다.

太宗이 일찍이 中書令 岑文本에게 말하였다.

"사람이 비록 정해진 품성을 부여받았지만 반드시 널리 배워 그 道를 완성해야 하니, 이는 또한 대합의 본성이 물을 머금고 있지만 달빛에 의해서만 물을 내뿜고, 나무의 본성이 불을 품고 있지만 불을 댕기는 나무를 문지르는 것에 의해서만 불꽃을 내는 것과 같소. 사람의 본성이 영험함을 갖고 있지만 학문의 완성에 의해서만 아름다워지는 것이오. 이 때문에 蘇秦이 허벅지를 송곳으로 찌르고 董生(董仲舒)이 휘장을 드리우고서 〈문생들을 가르쳤으니,〉 학문과 기예를 열심히 닦지 않으면 그 명성이 성립되지 않는 것이오."

岑文本이 대답하였다.

"사람이 본성은 서로 비슷하지만 情은 바뀌어 가니, 반드시 배움으로 情을 잘 다스려 그 본성을 완성해야 합니다. ≪禮記≫에 이르기를, '옥을 다듬지 않으면 그릇을 이루지 못하고 사람이 배우지 않으면 도리를 알지 못한다.'라고 했습니다. 그래서 옛사람이, '학문에 열심히 하는 것을 아름다운 덕이라 한다.' 라고 했습니다."라고 했다.

【集論】

愚按 學之爲言은 效也니 人性皆善이나 覺有先後하니 後覺者는 必效先覺之所爲라야 而後可以明善而復其初也[41)]라 由此論之컨대 善者는 吾性之所本有나 非學이면 則無以復之也니 猶水者는 蜃性之所本有나 非月이면 則無以成之也요 火者는 木性之所本有나 非燧면 則無以發之也라 太宗此論은 雖後世醇儒라도 不能遠過라 文本이 斯時에 正當告之曰 陛下旣知性善之具於己하시니 則性無內外之分이라 不當愼於外而怠於內也요 性無始終之異라 不當謹於始而怠於終也라하여 于以攻其邪心하고 格其非心하면 庶乎疾之有瘳矣어늘 顧乃泛引學記之言하여 無所匡救하니 道之不明은 有君無臣이니 豈不可歎之甚哉아

내가 살펴보건대, 學이라는 의미는 본받음이다. 사람의 본성이 모두 善하지만 깨침에는 선후가 있으니 뒤에 깨치는 사람은 반드시 앞서 깨친 사람이 한 것을 본받아야만 선을 밝혀 애초의 것을 회복할 수 있다. 이를 근거로 논한다면 선은 나의 본성에 본디 갖고 있는 것이지만 배움이 아니면 회복할 수 없으니, 마치 물은 대합이 본성적으로 본디 갖고 있는 것이지만 달이 아니면 물을 내뿜는 것을 이룰 수 없고, 불은 나무가 본성적으로 본디 갖고 있는 것이지만 불을 댕기는 나무가 아니면 불을 피울 수 없는 것과 같다. 太宗의 이 논의는 비록 후대의 순수한 유학자라도 크게 앞설 수 없다.

岑文本이 이러한 때에 의당, "폐하께서 이미 본성의 善함이 자신에게 구비된 것을 아셨으니 본성은 안팎의 구분이 없으므로 바깥 것만 신중하고 내면의 것에 나태해서는 안 되는 것이고, 본성은 처음과 끝의 다름이 없으므로 시작만 조심하고 끝에 나태해선 안 됩니다."라고 아뢰어 그 사악한 마음을 공격하고 옳지 않은 마음을 바로잡았다면 거의 병을 치유할 수 있었을 터인데, 다만 〈學記〉의 말만을 대충 인용하여 바르게 구제한 것이 없었다. 도가 밝아지지 않음은 훌륭한 임금이 있고 훌륭한 신하가 없는데 따른 것이니 어찌 대단히 개탄스럽지 않는가.

41) 學之爲言……而後可以明善而復其初也 : ≪論語≫ 〈學而〉 1장 ≪集註≫에 보인다.

제28편 論文史 文學과 歷史를 논하다

이 편에서는 文學과 歷史에 대한 太宗의 견해와 행적을 논하고 있다. 특히 태종의 史觀을 엿볼 수 있는데, 문체가 화려하기만 하고 경계하는 데 유익하지 않은 글을 史書에 싣기보다 사실을 논한 글 중에서 논리가 알맞으며 정직하여 정사에 도움이 되는 글을 수록할 필요가 있다고 하였다. 한 예로 鄧隆이 태종의 글을 엮어 문집으로 만들 것을 청하자 태종은 임금이 오직 덕행에 힘쓸 뿐 문장을 일삼을 필요가 없다고 하였다.

凡四章.
모두 4장이다.

28-1-1

貞觀初에 **太宗**이 **謂監修國史房玄齡曰 比見**①**前後漢史**에 **載錄揚雄甘泉羽獵**②과 **司馬相如子虛上林**③과 **班固兩都等賦**④하니 **此旣文體浮華**하여 **無益勸誡**하니 **何假書之史策**이리오 **其有上書論事**에 **詞理切直**하여 **可裨於政理者**는 **朕從與不從**커나 **皆須備載**하라

① 比見 : 比, 音鼻.
比(근래, 요즘)는 音이 鼻이다.

② 揚雄甘泉羽獵 : 揚雄, 字子雲, 成都人. 漢成帝時, 有薦雄文似相如者, 上方郊祠[1]甘泉泰畤[2]汾陰后土, 以求繼嗣, 召雄待詔承明之庭. 從上甘泉, 還奏甘泉賦以風, 後上羽獵, 雄從以爲非堯舜・成湯・文王三驅[3]之意, 故作羽獵賦以風.
揚雄은 字가 子雲이며 成都 사람이다. 漢 成帝 때에 문장이 司馬相如를 닮았다고 추천한 자가 있었다. 성제가 甘泉宮의 泰畤와 汾陰의 后土에서 郊祭를 지내며 후계를 구할 때, 양웅을 불러 承明殿 뜰에서 待詔하게 했다. 양웅이 성제를 따라 甘泉宮을 갔다가 돌아와

---

1) 郊祠 : 제왕이 郊外에서 天神과 地祇에게 올리는 제례이다.
2) 泰畤 : 제왕이 天神에게 제사할 때 오르는 壇이다.
3) 三驅 : 사냥할 때 한쪽 면은 열어두고 삼면으로 사냥감을 몰아서 잡는다는 뜻으로, 임금의 사냥을 말한다. ≪周易≫ 比卦 九五爻辭에 "임금이 삼면으로만 몰아가자, 앞으로 날아가는 새를 다 놓아버린다.〔王用三驅 失前禽〕"라고 하였다.

선 〈甘泉賦〉를 올려 풍자했고, 그 뒤에 성제가 사냥에 나설 때 양웅이 수행하면서, 이것은 '堯舜・成湯・文王의 三驅의 뜻이 아니다.'라고 생각하였으므로 〈羽獵賦〉를 지어 풍자했다.

③ 司馬相如子虛上林：司馬, 複姓, 相如, 名, 成都人. 著子虛賦, 漢武帝讀而善之, 乃召問相如, 相如曰 "此乃諸侯之事, 未足觀, 請爲天子遊獵之賦." 相如以子虛虛言也, 欲明天子之義, 故虛藉爲辭, 以推天子諸侯之苑囿. 爲子虛・上林賦, 其卒章, 歸之於節儉, 因以諷諫.

司馬는 複姓이고 相如는 이름이며 成都 사람이다. 〈子虛賦〉를 지었는데 漢 武帝가 읽고서 훌륭하다고 여겨 司馬相如를 불러 묻자 사마상여가, "이것은 諸侯와 관련된 일이어서 볼만한 것이 못 되니 天子를 위해 遊獵賦를 지어 올리겠습니다."라고 했다. 사마상여는 子虛(가상의 인물)를 가지고 가설적으로 말한 것이니, 天子의 도리를 밝히려 했으므로 가설을 빙자하여 말을 하여, 天子와 諸侯의 苑囿에 대해 유추한 것이다. 〈子虛賦〉와 〈上林賦〉를 지었는데, 마지막 장에서 절약과 검소로 귀결시키고 이를 통해 풍자하였다.

④ 班固兩都等賦：班固, 字孟堅, 彪之子也. 漢明帝時爲校書郎, 繼父業著西漢書, 後遷玄武司馬, 作西都・東都賦.

班固는 字가 孟堅이며 班彪의 아들이다. 漢 明帝 때 校書郎에 임명되었는데 아버지의 일을 계승하여 ≪前漢書≫를 저술했으며 뒤에 玄武司馬로 자리를 옮겼고 〈西都賦〉와 〈東都賦〉를 지었다.

貞觀 초에 太宗이 監修國史 房玄齡에게 말하였다.

"근래 ≪前漢書≫・≪後漢書≫에 수록된 揚雄의 〈甘泉賦〉・〈羽獵賦〉, 司馬相如의 〈子虛賦〉・〈上林賦〉, 班固의 〈西都賦〉・〈東都賦〉 등을 보았는데 이러한 글들은 문체가 화려함에 치우쳐서 권장과 경계에 보탬이 되지 않으니 어찌 史書에 실을 필요가 있겠소. 政事를 의논한 上書 가운데 글의 논리가 적절하고 솔직하여 정사에 도움이 되는 것은 짐의 수용 여부와 상관없이 모두 수록하도록 하시오."

【集論】

胡氏寅曰 凡人之心은 已以爲是하면 則欲天下皆是하고 已以爲非하면 則欲天下皆非어늘 太宗이 於此에 其心廣矣라 不敢自以爲是而沒人之善하여 使後有考焉이라 雖然이나 切直之言은 猶瞑眩之藥[4]이 將以已疾也에 如其可服이나 舍而不服하고 而姑存其方이니 豈若剋勉而從

4) 瞑眩之藥：약의 독성이 강하여 정신이 혼몽해지는 약으로, 과격하고 간절한 諫言이나 가르침을 말한다. ≪書經≫ 〈商書 說命 上〉에 "눈앞이 아찔하게 현기증이 날 정도로 독한 약이 아니면 그 병을 고치지 못한다.〔若藥不瞑眩 厥疾不瘳〕"라고 하였다.

之하여 以收益身之用乎리오

胡寅이 말하였다.

"무릇 사람의 마음은 자신이 옳다고 여기면 세상이 모두 옳다고 여기게 하려 하고 자기가 옳지 않다고 여기면 세상이 모두 옳지 않다고 여기게 하려 한다. 그런데 太宗은 이 점에 대해 마음이 넓은 탓에 감히 스스로 옳다고 여겨 다른 사람의 좋은 점을 없애지 않아서 후세에 참고할 수 있게 했다. 그렇지만 절실하고 솔직한 말을 마치 독한 약이 병을 치료하려 할 적에 복용을 해야 하는데 팽개친 채 복용하지 않고 그 처방만 가지고 있는 것처럼 하였으니, 어찌 힘써 실행에 옮겨 자신에게 보탬이 되는 용도로 거두어들이는 것만 하겠는가."

愚按 春秋者는 諸史之本也니 褒善貶惡하고 進君子退小人하고 進中國退夷狄하여 一言一字가 皆足爲後世法이라 後世之史는 表年紀事而已라 固難律之以春秋之法이라 要使其善足爲勸하고 惡足爲戒가 可也니 無益之文이 何必厠於其間哉리오 太宗이 謂漢史載甘泉等賦는 文體浮華하여 無益勸戒라하니 其說是也라 近時에 司馬氏가 作通鑑할새 於韓文에 載文暢序하고 於柳文에 載梓人傳은 取其有益於世敎也니 較之舊史[5]載進學解等文컨대 相去遠矣니 司馬氏之書는 眞太宗之遺意哉인저

내가 살펴보건대, ≪春秋≫는 모든 역사의 근본이어서, 선을 표창하고 악을 폄하하며, 군자를 나아가게 하고 소인을 물리치며, 中國을 나아가게 하고 夷狄을 물리치는 등 한 마디 한 글자가 모두 후세의 법이 될 만하다. 후세의 역사는 연도를 표기하고 사실만을 기술할 뿐이어서 본디 ≪春秋≫의 필법으로 재단하기 어렵다. 요컨대 그 선은 권장이 될 만하고 악은 경계가 될 만하도록 해야 하니, 유익하지 않은 글이 어찌 그 사이에 낄 필요가 있겠는가. 太宗이, "≪漢書≫에 실린 〈甘泉賦〉 등은 문체가 공허하고 화려하여 권장과 경계에 유익하지 않다."라고 했으니 그 말이 옳다. 근래에 司馬光이 ≪資治通鑑≫을 저술하면서 韓愈의 글 중에 〈送浮屠文暢師序〉를 싣고 柳宗元의 글 중에 〈梓人傳〉을 실은 것은 세상에 대한 교화에 유익함이 되는 것을 취한 것으로, 舊史에서 〈進學解〉 등의 문장을 실은 것과 비교하면 차이가 큰 것이니, 사마광의 책은 참으로 太宗이 남긴 뜻이라 할 것이다.

---

5) 舊史 : ≪舊唐書≫・≪新唐書≫를 말한다. 두 역사서에는 모두 〈韓愈列傳〉에 〈進學解〉를 실었다.

28-2-1

貞觀十一年에 **著作佐郎鄧隆**[①]이 **表請編次太宗文章爲集**한대 **太宗**이 **謂曰 朕若制事出令**이 **有益於人者**어든 **史則書之**하여 **足爲不朽**나 **若事不師古**하여 **亂政害物**이면 **雖有詞藻**나 **終貽後代笑**니 **非所須也**라 **祇如梁武帝父子**[②]**及陳後主**[③]**隋煬帝**가 **亦大有文集**[④]이나 **而所爲多不法**하여 **宗社皆須臾傾覆**이라 **凡人主惟在德行**[⑤]하니 **何必要事文章耶**리오하고 **竟不許**[⑥]하다

① 著作佐郎鄧隆 : 通鑑, 作鄧世隆, 避太宗諱, 除世字.
〈鄧隆은〉 《資治通鑑》에 鄧世隆으로 되어 있는데 太宗의 諱를 피하여 '世'자를 없앤 것이다.
② 祇如梁武帝父子 : 武帝及昭明太子統也.
〈梁 武帝 父子는〉 梁 武帝와 昭明太子 蕭統을 가리킨다.
③ 及陳後主 : 名叔寶, 字元秀, 高宗長子也, 國號陳. 多與狎客賦詩, 後爲隋所滅. 封長城公.
〈陳 後主는〉 이름이 叔寶이고 字가 元秀이며 陳 高宗의 長子로, 國號를 陳이라 했다. 대부분 친한 객들과 함께 시를 지으며 지내다가 뒤에 隋나라에게 멸망되어 長城公에 책봉됐다.
④ 亦大有文集 : 如玉樹後庭花曲・淸夜遊西園曲之類.
〈隋 煬帝의 文集은〉 〈玉樹後庭花曲〉・〈淸夜遊西園曲〉 따위이다.
⑤ 凡人主惟在德行 : 去聲.
〈行(행실)은〉 去聲이다.
⑥ 貞觀十一年……竟不許 : 按通鑑係十二年.
살펴보면 이 글은 《資治通鑑》 貞觀 12년 조에 보인다.

貞觀 11년(637)에 **著作佐郎 鄧隆**이 **表文**을 올려, **太宗**이 지은 글을 엮어 문집으로 만들 것을 청하자, 태종이 말하였다.

"짐이 만약 정사를 하고 명령을 낸 것이 세상 사람들에게 보탬이 된다면 사관이 기록해서 영원히 전할 만한 것이 되지만, 만약 정사가 옛것을 본받지 않아 정치를 혼란시키고 백성을 해친다면 훌륭한 문장이 있다고 해도 결국 후대에 웃음거리만 남길 뿐이니 필요한 것이 아니다. 예컨대 **梁 武帝** 부자와 **陳 後主**와 **隋 煬帝**가 많은 내용의 문집을 남겼지만 한 일이 법에 어긋난 것이 많아 종묘와 사직이 모두 순식간에 전복되었다. 임금은 오직 **德行**을 하는 데에 달렸을 뿐이니, 어찌 문장을 일삼아 할 필요가 있겠는가."

끝내 허락하지 않았다.

【集論】

愚按 昔史臣이 贊堯曰 欽明文思[6]라하고 贊舜曰 濬哲文明[7]이라하여 未嘗不言文也요 夫子之言堯曰 煥乎其有文章[8]이라하고 朱子謂 文者는 德之著乎外者也[9]라하니 其經緯天地[10]者乎인저 後世帝王이 於是乎有文集矣나 若梁武帝父子陳後主隋煬帝之所謂文은 文與行乖하니 何足云也리오 太宗謂 人主惟在德行이니 何必事文章이라하니 此言固爲要論이라 然蘊之爲德行하고 發之爲文辭하여 昭回天章[11]하고 光被萬物이 如帝堯之文章이면 尙何厭於文哉리오

내가 살펴보건대, 옛날 史臣이 帝堯를 찬양하여 "공경하고 밝고 빛나고〔文〕 사려 깊다."라고 하고 帝舜을 찬양하여 "깊고 지혜롭고 우아하고〔文〕 밝다."라고 하여, 일찍이 文을 말하지 않은 적이 없으며, 夫子(孔子)가 帝堯에 대해 이야기하며, "찬란하게 文章이 있다."라고 하였고, 朱子가 말하기를, "文은 덕이 밖으로 나타나는 것이다."라고 했으니, 천하를 경영하는 것이다. 후세의 제왕들이 문집을 남겼으나 梁 武帝 부자와 陳 後主와 隋 煬帝의 文(글)은 文과 行(행동)이 서로 어긋났으니 거론할 것이 무에 있겠는가. 太宗이 "임금은 오직 德行을 하는 데에 달렸을 뿐이니, 어찌 文章을 일삼아 할 필요가 있겠는가."라고 했으니 이 말은 참으로 중요한 논의이다. 하지만 내면에 쌓은 것이 德行이 되고 밖으로 나타난 것이 文辭가 되어, 天章을 밝게 돌게 하고 모든 사물에 광채가 입혀진 것이 마치 堯舜의 文章과 같다면 어찌 文을 싫어할 것이 있겠는가.

---

6) 欽明文思 : 《書經》 〈虞書 堯典〉에 보인다.

7) 濬哲文明 : 《書經》 〈虞書 舜典〉에 보인다.

8) 煥乎其有文章 : 《論語》 〈泰伯〉에 보인다.

9) 文者 德之著乎外者也 : 《論語》 〈公冶長〉의 '性與天道'의 朱熹 《集註》에 "문장은 덕이 밖으로 나타나는 것이니, 위엄과 거동, 문장과 말이 그것이다.〔文章 德之見乎外者 威儀文辭皆是也〕"라고 했다.

10) 經緯天地 : 하늘을 날줄로, 땅을 씨줄로 삼는다는 말로, 천하를 경영하는 것을 뜻한다. 《春秋左氏傳》 昭公 28년 조에서 "하늘을 날줄로 삼고 땅을 씨줄로 삼는 것을 文이라 한다.〔經緯天地曰文〕"라고 했다.

11) 昭回天章 : 《詩經》 〈大雅 雲漢〉의 "밝은 저 은하수여, 하늘에 밝게 둘렀네.〔倬彼雲漢 昭回于天〕"에 대한 朱熹의 《集傳》에 "昭는 빛이며 回는 회전이니 빛이 하늘을 따라 도는 것이다.〔昭 光也 回 轉也 言其光隨天而轉也〕"라고 했고, 天章은 天文과 같은 말로, 하늘에 분포되어 있는 해 달 별들을 가리킨다.

28-3-1

貞觀十三年에 **褚遂良**이 **爲諫議大夫兼知起居注**러니 **太宗問曰 卿比知起居**①하니 **書何等事**아 **大抵於人君**에 **得觀見否**아 **朕欲見此注記者**는 **將却觀所爲得失**하여 **以自警戒耳**로다 **遂良曰 今之起居**는 **古之左右史**②니 **以記人君言行**③호되 **善惡畢書**하여 **庶幾人主不爲非法**④이니 **不聞帝王躬自觀史**니이다 **太宗曰 朕有不善**이면 **卿必記耶**아 **遂良曰 臣**은 **聞守道不如守官**[12)]이라하니 **臣職當載筆**이어든 **何不書之**리잇가 **黃門侍郎劉洎**가 **進曰 人君**이 **有過失**은 **如日月之蝕**하여 **人皆見之**[13)]하나니 **設令**⑤**遂良不記**라도 **天下之人**이 **皆記之矣**리이다

① 卿比知起居 : 比, 音鼻.
比(근래, 요즘)는 音이 鼻이다.
② 古之左右史 : 禮, 天子言則左史書之, 動則右史書之.
禮에 의하면, 天子가 말한 것은 左史가 기록하고 행동한 것은 右史가 기록한다고 했다.
③ 以記人君言行 : 去聲.
〈行(행실)은〉 去聲이다.
④ 庶幾人主不爲非法 : 幾, 平聲.
幾(거의)는 平聲이다.
⑤ 設令 : 平聲.
〈令(가령, 설령)은〉 平聲이다.

貞觀 13년(639)에 褚遂良이 諫議大夫 兼知起居注가 되었는데, 太宗이 물었다.

"경이 근래 起居注를 맡고 있는데 어떤 일을 〈≪起居注≫에〉 기록하는가? 임금에게 보일 수 있는가? 짐이 이 ≪기거주≫의 기록을 보고 싶어 하는 것은 장차 나의 잘잘못을 다시 살펴보아 스스로를 경계하려 함이다."

저수량이 말하였다.

"지금의 기거주는 옛날 左史·右史와 같습니다. 임금의 말과 행동을 기록하되 선과 악을 모두 써서 임금이 법에 어긋난 일을 행하지 않도록 바라는 것이

---

12) 守道不如守官 : ≪春秋左氏傳≫ 昭公 20년에 보인다.

13) 人君有過失……人皆見之 : ≪論語≫ 〈子張〉의 "군자의 허물은 일식이나 월식과 같다. 허물이 있을 때에는 사람들이 모두 보게 되고, 허물을 고치면 사람들이 모두 우러러본다.〔君子之過也 如日月之食焉 過也 人皆見之 更也 人皆仰之〕"에서 유래한 것이다.

니, 임금이 직접 사관의 기록을 보았다는 말은 듣지 못했습니다.”

태종이 말하였다.

“짐이 나쁜 행동을 하면 경이 반드시 기록하는가?”

저수량이 말하였다.

“신이 듣건대 ‘道를 지키는 것은 관직의 직책을 지키는 것만 못하다.’ 했으니, 신의 직책이 기록을 담당하는 것인데 어찌 쓰지 않겠습니까.”

黃門侍郎 劉洎가 앞으로 나아가 말하였다.

“임금이 잘못을 저지르는 것은 마치 일식과 월식 같아서 사람들이 모두 지켜보고 있으니, 설령 저수량이 기록하지 않는다 하더라도 세상 사람들이 모두 기록할 것입니다.”

【集論】

范氏祖禹曰 人君言行은 被於天下하여 炳若日月이라 衆皆睹之하나니 其得失을 何可私也리오 欲其可傳於後世인댄 莫若自修[14]而已矣니 何畏乎史官之記하여 必自觀之邪리오 劉洎謂天下亦皆記之라하니 斯言이 足以儆其君心하고 全其臣職矣라

范祖禹가 말하였다.

“임금의 말과 행동은 마치 빛나는 해와 달처럼 세상에 공개돼서 뭇사람들이 모두 보고 있으니 그 잘잘못을 어찌 사적인 것으로 삼을 수 있겠는가. 후세에 전하려고 한다면 자신을 수련하는 것보다 더 좋은 것은 없으니, 어찌 사관의 기록을 두려워하여 반드시 직접 보고자 하는가. 劉洎가 ‘세상 사람들이 또한 모두 기록할 것입니다.’라고 했으니 이 말은 임금의 마음을 경계하고 신하의 직분을 온전히 했다고 할 만한 것이다.”

愚按 古者에 天子의 動은 則左史書之하고 言은 則右史書之하니 所以約飭人君之身心하여 使之無言動之失而已라 唐制가 雖不盡古나 而意는 則猶古니 必得其人하여 以擧厥職하면 則庶乎其有儆也라 若遂良之言은 可謂能守其職矣요 劉洎之言은 則兩箴之也니 賢矣哉인저

---

14) 莫若自修 : ≪呂氏春秋≫ 〈務本〉에 “제 몸을 스스로 현명케 함만한 것이 없다.〔莫若其身自賢〕”이라 하고, 高誘의 註에 “근심을 없게 하려면 제 몸을 스스로 수련하여 현명케 함만 한 것이 없다.〔使無患 莫若自修其身爲賢也〕”라고 하였다.

내가 살펴보건대, 옛날엔 天子의 행동은 左史가 기록하고 말은 右史가 기록했으니 이는 임금의 몸과 마음을 단속하고 신칙하여 말과 행동에 잘못이 없게 하려는 것이다. 唐나라 제도가 비록 옛것을 다 갖추진 못했지만 의도는 옛것과 유사하여 반드시 제대로 된 인물을 얻어 그 직책을 수행하게 하였으니, 그렇다면 거의 임금이 경계하는 마음이 있었던 것이다. 褚遂良의 말은 그 직책을 능히 지켰다고 할 수 있고 劉洎의 말은 임금과 신하를 모두 경계했으니 훌륭하다 할 것이다.

28-4-1

貞觀十四年에 **太宗**이 **謂房玄齡曰 朕每觀前代史書**하니 **彰善癉惡**①[15]이 **足爲將來規誡**라 **不知自古當代國史**를 **何因不令**②**帝王親見之**아 **對曰 國史旣善惡必書**는 **庶幾**③**人主不爲非法**이니 **止應**④**畏有忤旨**라 **故不得見也**니이다 **太宗曰 朕意殊不同古人**하니 **今欲自看國史者**는 **蓋有善事**면 **固不須論**이나 **若有不善**이면 **亦欲以爲鑑誡**하여 **使得自修改耳**니 **卿可撰錄進來**하라 **玄齡等**이 **遂刪略國史爲編年體**하여 **撰高祖太宗實錄各二十卷**하여 **表上之**하다 **太宗**이 **見六月四日事**⑤가 **語多微文**하고 **乃謂玄齡曰 昔**에 **周公**이 **誅管蔡**하여 **而周室安**⑥하고 **季友**가 **鴆叔牙**하여 **而魯國寧**⑦하니 **朕之所爲**는 **義同此類**라 **蓋所以安社稷利萬人耳**라 **史官執筆**이 **何煩有隱**이리오 **宜卽改削浮詞**하고 **直書其事**로다 **侍中魏徵**이 **奏曰 臣聞人主**는 **位居尊極**하여 **無所忌憚**이나 **惟有國史**가 **用爲懲惡勸善**이라하니 **書不以實**이면 **後嗣何觀**이리잇가 **陛下今遣史官**하여 **正其辭**는 **雅合至公之道**니이다

① 彰善癉惡：癉，音亶，病也.
癉(단)은 音이 亶이며 질병이다.
② 何因不令：平聲.
〈令(하여금)은〉 平聲이다.
③ 庶幾：平聲.
〈幾(바라다)는〉 平聲이다.
④ 止應：平聲.
〈應(응당)은〉 平聲이다.
⑤ 見六月四日事：武德九年六月丁巳，秦王殺太子建成·齊王元吉.

---

15) 彰善癉惡：≪書經≫〈周書 畢命〉에 보인다.

武德 9년(626) 6월 丁巳日에 秦王(唐 太宗)이 太子 李建成과 齊王 李元吉을 살해했다.

⑥ 周公……而周室安：見公平篇註.

〈論公平〉篇 주석에 보인다.

⑦ 季友……而魯國寧：鴆，直禁切，毒鳥也，以羽歷飮食卽殺人．春秋時，魯莊公有三弟，長慶父，次叔牙，次季友．莊公娶孟任生子般，欲立之．及病，問嗣於叔牙．叔牙曰"慶父可爲嗣."公患之，問季友，季友請立般．季友以公命，使人飮叔牙以鴆．

鴆(짐)은 直과 禁의 반절이며 독이 있는 새이다. 이 새의 깃을 음식에 닿게 하면 〈그 독이〉 바로 사람을 죽일 수 있다. 春秋時代에 魯 莊公에게 세 아우가 있었는데 첫째는 慶父(경보), 둘째는 叔牙, 셋째는 季友였다. 莊公이 孟任을 아내로 맞아 아들 般을 낳은 뒤 그를 임금으로 세우려 했다. 병환이 들었을 때 숙아에게 후사에 대해 묻자, 숙아가 "경보가 후사가 될 만합니다."라고 했다. 장공이 이를 걱정하여 계우에게 묻자, 계우가 般을 후사로 삼을 것을 요청했고, 계우는 장공의 명을 받아 사람을 시켜 숙아에게 짐새 독이 든 음식물을 먹게 해 죽였다.

貞觀 14년(640)에 太宗이 房玄齡에게 말하였다.

"짐이 매번 지난 시대의 史書를 보니 선을 드러내고 악을 징계한 것이 후대의 경계가 되기에 충분했소. 그런데 옛날부터 그 시대의 國史를 왜 제왕이 직접 보지 못하게 하였는지 모르겠소?"

방현령이 대답하였다.

"국사에서 선과 악을 반드시 기록하는 것은 임금이 법에 어긋나는 일을 행하지 않도록 바라는 것이니, 다만 임금의 뜻을 거역한 것이 있을까 두려워하기 때문에 볼 수 없게 한 것입니다."

태종이 말하였다.

"짐의 생각은 옛사람과 사뭇 다르오. 지금 직접 국사를 보려고 하는 것은 좋은 일이 있으면 본디 논할 것이 없겠지만 잘못한 일이 있으면 또한 거울과 경계로 삼아 스스로 가다듬고 고치려 함이니, 경은 選錄하여 올리시오."

방현령 등이 마침내 국사의 요점을 정리해 編年體로 만들어서 高祖와 太宗의 實錄 각 20권을 지은 뒤 표문을 지어 올렸다.

태종이 6월 4일의 사건 기록에 은유적인 표현이 많은 것을 보고 방현령에게 말하였다.

"옛날에 周公이 管叔과 蔡叔을 주벌하여 周나라 왕실이 편안해졌고, 季友가 叔牙를 독살하여 魯나라가 안정되었으니 짐이 행한 것은 이러한 것과 그 의의가 같소. 이는 사직을 편안하게 하고 모든 사람들을 이롭게 하려는 것일 뿐이오. 사관이 집필할 때 어찌 번거롭게 숨긴단 말이오. 즉시 공허한 표현은 삭제하거나 바꾸고 그 사건을 직접 쓰도록 하시오."

侍中 魏徵이 말하였다.

"신이 들으니, '임금은 지위가 지극히 존귀해서 꺼릴 것이 없지만 오직 국사만은 악을 징계하고 선을 권장할 수 있다.'했으니 기록할 때 사실대로 쓰지 않으면 후대의 사람들이 무엇을 보겠습니까. 폐하가 지금 사관을 보내 그 내용을 바로잡도록 하신 것은 지극히 공평한 도리에 잘 부합합니다."

【集論】

范氏祖禹曰 古者에 官守其職하여 史書善惡할새 君相不與焉이라 故齊太史兄弟三人이 死於崔杼나 而卒不沒其罪[16)]하니 此姦臣賊子所以懼也라 後世人君이 得以觀史하고 而宰相監修하면 欲其直筆이나 不亦難乎아 司馬遷有言호대 文史星歷은 近乎卜祝[17)]이라하니 蓋止於執簡記事하여 直書其實而已니 非如春秋有褒貶賞罰之文也라 後之爲史者가 務褒貶하여 而忘事實은 失其職矣라 人君任臣以職하고 而宰相不與史事하면 則善惡을 庶乎其可信也라

范祖禹가 말하였다.

"옛날에 관리가 그 직책을 수행하여 사관이 선과 악을 기록할 때 임금과 재상이 관여하지 못했다. 그러므로 齊나라의 太史 형제 3명이 崔杼에게 죽임을 당했지만 끝내 그 죄를 인멸시키지 못했으니 이것이 姦臣과 賊子가 두려워하는 까닭이다. 후세의 임금이 史書를 볼 수 있고 재상이 이를 監修한다면 바르게 쓰고 싶어도 또한 어렵지 않겠는가. 司馬遷이 말하기를, '天文, 太史, 律曆과 같은 일은 점치고 제사 지내는 일에 가깝다.'라고 하였는데, 이는 簡策을 쥐고 내용을 기록할 때 그 사실만을 그대로 쓰는 것이니, ≪春秋≫의 포폄, 상벌의 의의가 담긴 글과는 다른 것이다. 후대의 사관이 포폄만을 힘쓴 나머지 사실 기록을 놓치는 것은 자신의 직분을 그르친 것이다. 임금이 신하에게 직책을 맡기고 재상이 역사 기록에 관여하지 않는다면 선과 악을 거의 믿을 만할 것이다."

---

16) 齊太史兄弟三人……而卒不沒其罪 : 崔杼가 齊나라 莊公을 弑害하자, 太史가, "최저가 임금을 시해했다.〔崔杼弑其君〕"라고 쓰니, 최저가 그를 죽였다. 태사의 아우가 또 쓰니 또 그를 죽였다. 막내아우가 또 썼는데 그는 죽이지 않았다. ≪春秋左氏傳 襄公 25년≫

17) 文史星歷 近乎卜祝 : ≪漢書≫ 〈司馬遷傳〉에 보인다.

又曰 昔者에 象이 日以殺舜爲事로되 舜爲天子也엔 則封之[18)]하고 管蔡가 啓商以叛周어늘 周公爲相也엔 則誅之하니 其迹不同이나 而其道一也라 舜知象之將殺己也라 故象憂亦憂하고 象喜亦喜[19)]하여 盡其誠하여 而親愛之而已矣니 象得罪於舜이라 故封之요 管蔡는 流言於國하여 將危周公以間王室하여 得罪於天下라 故誅之니 非周公誅之라 天下之所當誅也니 周公이 豈得而私之哉리오 後世에 如有王者하여 不幸而有害兄之弟如象인댄 則當如舜封之가 是也요 不幸而有亂天下之兄如管蔡인댄 則當如周公誅之가 是也라 舜은 處其常하고 周公은 處其變이니 此則聖人所以同歸于道也라 若夫建成元吉은 豈得罪於天下者乎리오 苟非得罪於天下면 則殺之者 己之私也니 豈周公之心乎리오

또 말하였다.

"옛날 象이 날마다 舜임금을 죽이는 것을 일삼았지만 순임금이 天子가 되고 나서 그를 책봉해주었고, 管叔과 蔡叔이 商나라 武庚을 계도하여 周나라를 배반했지만 周公이 재상이 되어 그들을 주벌하였으니 행적은 다르지만 그 道는 하나이다.

순임금은 象이 자신을 죽이려 한다는 사실을 알았으므로 象이 걱정하면 함께 걱정하고 象이 기뻐하면 함께 기뻐하며 정성을 다해 친애했을 뿐이니, 象이 순임금에게만 죄를 지었으므로 책봉한 것이고, 관숙과 채숙은 나라에 유언비어를 퍼뜨려 주공을 위태롭게 하여 왕실을 이간시켜서 천하에 죄를 지었으므로 주벌한 것이다. 이는 주공이 그들을 주벌한 것이 아니라 천하가 주벌한 것이었으니, 주공이 어찌 사적으로 한 것이었겠는가. 후세에 만일 王道로 왕이 된 자가 불행하게도 형을 해치려드는 象과 같은 아우가 있다면 마땅히 순임금처럼 책봉하는 것이 옳고, 불행하게도 천하를 혼란시키는 관숙과 채숙 같은 형이 있다면 마땅히 주공처럼 주벌하는 것이 옳다. 순임금은 常道로 대처한 것이고 주공은 權道로 대처한 것이니 이것은 聖人이 모두 道에 귀결되는 이유인 것이다. 李建成과 李元吉의 경우는 어찌 천하에 죄를 지었겠는가. 정말로 천하에 죄를 지은 것이 아니라면 그들을 죽인 것은 자신의 사사로운 마음이니, 어찌 주공의 마음이라 하겠는가."

---

18) 象……則封之 : ≪孟子≫ 〈萬章 上〉의 "萬章이 물었다. '象이 날마다 舜임금을 죽이는 것을 일삼았지만 舜임금이 天子가 되고 나서 그를 추방한 것은 무슨 까닭입니까?' 孟子가 말하였다. '領地를 封해준 것인데 어떤 이는 추방했다고 하였다.'〔萬章問曰 象日以殺舜爲事 立爲天子則放之 何也 孟子曰 封之也 或曰放焉〕"를 축약한 것이다.

19) 象憂亦憂 象喜亦喜 : ≪孟子≫ 〈萬章 上〉에 보인다.

愚按 唐世臨湖之事[20]는 先儒論之詳矣라 太宗이 至是하여 乃自比於周公誅管蔡하여 爲同類는 尤不能逃儒者之議焉이라 文公朱子謂 只消以公私斷之면 周公은 全以周家天下爲心이요 太宗은 則假仁義以濟私欲[21]이라하니 斯言이 盡之矣라 愚謂 使建成有泰伯固讓之心[22]하고 而太宗得如王季因心之友[23]인댄 則至德在建成하고 聖德在太宗하여 可以掩絶千古矣리니 是可爲歎息也라

내가 살펴보건대, 唐나라 때의 臨湖殿의 사건은 先儒들이 상세히 논평했다. 太宗이 당시에 스스로를 周公이 管叔과 蔡叔을 주벌한 것에 견주어 같은 부류로 본 것은 유학자들의 논평을 더욱더 벗어나기 어렵다. 朱文公(朱熹)이 이르기를, "공적이냐 사적이냐로 결단하기만 하면 주공은 온전히 周나라의 천하만을 마음에 둔 것이고 태종은 仁義를 빌려 사욕을 성취한 것이다."라고 했으니 이 말이 극진하다. 내가 생각건대, 李建成이 泰伯처럼 굳이 사양하는 마음을 갖고 태종이 王季처럼 친근한 우애를 가졌다면 지극한 덕은 건성에게 있고 성스러운 덕은 태종에게 있어서 천고의 역사에 빛날 수 있었을 것이니 이것이 안타까운 일이다.

---

20) 臨湖之事 : 唐나라 高祖의 작은아들인 李元吉이 太子와 함께 모의하여 李世民을 죽이려다가 발각되어 이세민과 尉遲敬德의 활에 맞아 臨湖殿 주위에서 죽은 사건을 가리킨다. ≪新唐書 隱太子建成列傳≫

21) 只消以公私斷之……則假仁義以濟私欲 : ≪朱子語類≫ 권136에 보인다.

22) 泰伯固讓之心 : 泰伯이 季歷(王季)에게 천하를 세 번 사양한 것을 가리킨다. 孔子는 ≪論語≫ 〈泰伯〉에서 "태백은 지극한 德이라 일컬을 만하다. 세 번이나 천하를 사양하였으나 백성들이 그 덕을 칭송할 수 없게 하였구나.〔泰伯 其可謂至德也已矣 三以天下讓 民無得而稱焉〕"라고 하였다.

23) 王季因心之友 : ≪詩經≫ 〈大雅 皇矣〉에 "오직 王季는, 친근한 마음에 우애까지 갖췄다.〔維此王季 因心則友〕"라고 했는데, ≪毛詩正義≫ 毛亨의 傳에 "因은 친애함이다.〔因 親也〕"라고 하고, 孔穎達의 疏에 "오직 王季가 친애하는 마음을 갖고 형제와 잘 지내는 우애까지 가졌다.〔維此王季 有因親之心 則復有善兄弟之友行〕"라고 했다.

제29편 論禮樂 禮樂을 논하다

이 편에서는 禮樂에 대한 太宗의 견해와 행적을 논하고 있다. 태종은 時俗 중에 번다한 것은 古禮에 의거하여 간략하게 하고자 힘썼다. 당시 태종은 자신의 이름자인 世와 民을 피휘하여 민간에 불편함이 많자 世民으로 쓰는 경우 이외에는 피휘하지 않게 하였으며, 자신의 형제들이 자신의 아들들에게 答拜하는 것은 예에 어긋나므로 하지 못하게 하였다.

또한 貞觀 시기는 건국 초기에 해당하기 때문에 황제의 권위와 황실의 권위를 세우는 것이 중요하였다. 기존 명문가문으로 인식된 山東 귀족의 권위를 억제하고 황실과 공신들(唐나라 건국세력인 關隴集團)의 家格을 높인 ≪氏族志≫를 편찬하였으며, 귀족들 간의 혼인에 있어서도 그 家格을 다시 정하게 하였다.

凡十二章.

모두 12장이다.

29-1-1

太宗初卽位에 **謂侍臣曰 準禮**하면 **名**은 **終將諱之**[1]요 **前古帝王**도 **亦不生諱其名**이라 **故周文王名昌**이러니 **周詩云 克昌厥後**[2]라하고 **春秋時**에 **魯莊公名同**이러니 **十六年**에 **經書齊侯宋公同盟于幽**라하니라 **唯近代諸帝**가 **妄爲節制**하여 **特令生避其諱**①는 **理非通允**이니 **宜有改張**이로다 **因詔曰 依禮**하면 **二名**은 **義不偏諱**[3]하니 **尼父**(보)는 **達聖**이라 **非無前指**라 **近世以來**로 **曲爲節制**하여 **兩字兼避**하니 **廢闕已多**어늘 **率意而行**은 **有違經語**로다 **今宜依據禮典**하여 **務從簡約**하여 **仰效先哲**하고 **垂法將來**니 **其官號人名及公私文籍**에 **有世及民兩字不連讀**이어든 **竝不須避**[4]하라

---

1) 名終將諱之 : ≪春秋左氏傳≫ 桓公 6년의 "周나라 사람은 先王의 이름을 避諱함으로 신을 섬겨서 이름을 죽고 나서야 피휘하였다.〔周人以諱事神 名終將諱之〕"에서 인용한 것이다.

2) 克昌厥後 : ≪詩經≫ 〈周頌 臣工〉에 보인다.

3) 二名 義不偏諱 : ≪禮記≫ 〈曲禮 上〉에 보이는데, 그곳에는 '義'가 없다. 鄭玄은 이 구절의 주석에 "두 글자로 된 이름에서 한 글자로만 避諱하지 않음을 말한다. 孔子의 어머니 이름이 徵在인데 在를 말하면 徵을 말하지 않고, 徵을 말하면 在를 말하지 않았다.〔謂二名不一一諱也 孔子之母名徵在 言在不言徵 言徵不言在〕"라고 했다.

① 特令生避其諱 : 令, 平聲.
令(하여금)은 平聲이다.

太宗이 즉위 초기에 近臣에게 말하였다.

"禮에 준거하면 이름은 세상을 떠나고 나서 避諱했으며, 지난 시대의 帝王 또한 살아서는 그 이름을 피휘하지 않았다. 그러므로 周 文王의 이름이 昌이었는데 ≪詩經≫ 〈周頌 雝〉에서 '그 뒤를 능히 昌盛하게 한다.'라고 하고, 春秋時代에 魯 莊公의 이름이 同이었는데 ≪春秋≫ 莊公 16년 經文에서, '齊侯와 宋公이 幽에서 同盟을 맺었다.'라고 썼다. 근대의 황제들이 멋대로 制裁를 해서 특별히 살아 있을 때도 그 이름을 피휘하게 한 것은 이치상 합당하지 않으니 의당 개정해야 한다."

이어서 조칙을 내렸다.

"禮에 의거하면, '두 글자로 된 이름에서 한 글자로만 피휘하지 않는다.'라고 하였으니, 尼父(孔子)가 사리에 통달한 聖人이어서 이전에 후세의 잘못을 지적함이 없지 않았다. 그런데 근세 이후부터 왜곡되게 制裁해서 두 글자의 이름을 모두 피휘했으니, 문제점이 많음에도 경솔하게 실행한 것은 경전의 말씀에 위배된다. 지금 禮法에 의거하여 간략함을 따라 힘써서, 先代의 哲人을 본받고 먼 미래에 모범을 내려주어야 한다. 관직 호칭과 인명 및 公文書나 私文書에서 世와 民 두 글자가 연속되지 않는 경우는 모두 피휘하지 않도록 하라."

【集論】

愚按 春秋傳曰 周人은 以諱事神하니 名은 終將諱之라하고 禮曰 不諱嫌名[5]하고 二名不偏諱[6]라하여 著在禮經이 昭然可法이니 諱名은 所以示尊事之意也라 降及後世하여 諱益繁而愈重하여 有偏有旁[7]有嫌하고 甚至改易聖經之字하여 遂失其義하니 甚非古也라 太宗이 灼

---

4) 有世及民兩字不連讀 竝不須避 : 이 조칙은 시행되지 않았다. 世는 代, 民은 人으로 바꾸어 썼다.(≪史諱辭典≫, 王建, 上海古籍出版社, 2011. 324쪽) 또 鄧世隆을 鄧隆, 李世勣을 李勣으로 써서 '世' 한 글자를 사용하지 않았다.

5) 嫌名 : 音이 비슷한 글자를 피휘하는 것이다. ≪禮記≫ 〈曲禮 上〉의 '禮不諱嫌名'의 鄭玄 注에는 "嫌名은 음성이 비슷한 것으로, 禹와 雨, 丘와 區 등과 같은 것이다.〔嫌名 謂音聲相近 若禹與雨 丘與區也〕"라고 하였다.

6) 偏諱 : 두 글자로 된 이름에서 한 글자마다 피휘하는 것이다.

見近代之失하여 去其繁文하여 二名不偏諱는 允合古義라

내가 살펴보건대, ≪春秋左氏傳≫ 桓公 6년 조에 "周나라 사람은 避諱하는 것으로 신을 섬기니, 이름은 죽고 나면 피휘하였다."라고 하였고, ≪禮記≫ 〈曲禮 上〉에 "같은 발음의 글자는 피휘하지 않고, 두 글자로 된 이름에서 한 글자로만 피휘하지 않는다." 라고 하여, 禮經에 실려 있는 내용이 분명하게 법으로 삼을 만하니, 이름을 피휘하는 것은 높이 모신다는 의미를 보이는 것이다. 후세에 와서 피휘가 갈수록 번잡하고 갈수록 엄중해서 글자에 偏諱가 있고 旁諱가 있고 嫌名이 있고, 심지어 聖人의 經典의 글자까지 바꾸어 결국 그 본의를 잃게 했으니 이것은 전혀 옛것이 아니다. 太宗이 근대의 잘못을 분명하게 파악하고 번잡한 내용들을 제거하여 두 글자로 된 이름에서 한 글자만 쓸 경우 피휘하지 않도록 한 것은 참으로 옛 뜻에 부합한 것이다.

29-2-1

貞觀二年에 中書舍人高季輔가 上疏曰 竊見密王元曉等①은 俱是懿親이라 陛下友愛之懷가 義高古昔하사 分以車服하고 委以藩維하시니 須依禮儀하여 以副瞻望이니이다 比見②帝子拜諸叔하면 諸叔이 亦即答拜하니 王爵既同이요 家人有禮이니 豈合如此顚倒昭穆③8)이리잇가 伏願一垂訓誡하사 永循彝則하소서 太宗이 乃詔元曉等하여 不得答

7) 有旁 : 旁諱는 글자의 한 畫을 덜 써서 피휘하는 것으로 缺畫諱法이라 한다. ≪佩文韻府≫ 去聲五未韻에 ≪齊東野語≫을 인용하여 "旁諱는 宋朝 眞宗은 諱가 恒으로 音이 胡와 登의 반절인데 그 아래 畫을 결여하면 恒이 된다.〔旁諱 宋朝眞宗諱恒 音胡登切 若闕其下畫則爲恒〕"라고 설명하였다. 그리고 淸 康熙帝의 이름 玄燁을 들 수 있다. 玄을 元으로 대치하고, 玄이 旁諱로 쓰인 경우는 末畫 丶를 생략하여 玄으로 썼다. 이는 ≪輶軒語≫ '敬避字'에 "聖祖 仁皇帝(康熙帝) 廟諱(玄燁)에서 위의 한 글자〔玄〕는 '玄德升聞'을 쓸 때 元자로 공손히 대신 쓴다.……弦·絃·炫·眩·衒 등 字는 공손히 末畫을 안 쓰고, 率자도 點을 안 쓴다.〔聖祖仁皇帝廟諱上一字 書玄德升聞 用元字恭代……弦絃炫眩衒等字 敬缺末畫 率字亦缺點〕"라고 하였다.

8) 昭穆 : 신주를 사당에 모시는 위치와 차례이다. 두 줄로 배열하여 왼쪽(동쪽) 줄은 昭, 오른쪽(서쪽) 줄은 穆이라 하는데, 始祖의 神主를 한복판에 모시고 天子는 2·4·6世를 昭에, 3·5·7世를 穆에 모신다. 昭穆은 縱隊(남북)로 이동하고 左右(동서)로 이동하는 법이 없어서 昭에 배열되면 영원히 昭이고, 穆에 배열되면 영원히 穆이다. 昭의 2세가 祧遷하면 4세가 2세의 자리로 옮기고, 穆의 3세가 祧遷하면 5세가 3세의 자리로 옮긴다. 昭의 이동은 昭 전체가 이동하는 것이고 穆은 이동하지 않는다. 穆의 이동도 이와 같다. 앞뒤의 昭끼리는 祖孫 관계가 되고 穆끼리도 조손 관계가 되는데, 좌우로는 父子 관계가 된다. ≪禮記≫ 〈王制〉에 "천자는 7묘이니 3昭 3穆과 太祖의 廟와 합하여 7묘이고, 제후는 5묘이니 2소 2목과 태조의 묘와 합하여 5묘이고, 대부는 3묘이니 1소 1목과 태조의 묘와 합하여 3묘이고, 사는 1묘이고, 서인은 寢에서 제사한다.〔天子七廟 三昭三穆 與太祖之廟而七 諸侯五廟 二昭

吳王恪魏王泰[9)]兄弟拜하다

① 密王元曉等：密王元曉, 高祖第二十一子也.
密王 李元曉는 高祖의 21번째 아들이다.

② 比見：比, 音鼻.
比(근래, 요즘)는 音이 鼻이다.

③ 豈合如此顚倒昭穆：昭, 如字. 古者宗廟之次, 左爲昭, 右爲穆, 而子孫亦以爲序. 說見朱子中庸或問.
昭는 본래 音義대로 독해한다. 옛날에 宗廟의 순서는 왼쪽에 배열된 것은 昭이고 오른쪽에 배열된 것은 穆인데 子孫 역시 그에 따라 배열된다. 내용은 朱子의 ≪中庸或問≫에 보인다.

貞觀 2년(628)에 中書舍人 高季輔가 상소하였다.

"삼가 살펴보니, 密王 李元曉 등은 모두 가까운 종친입니다. 우애로운 폐하의 마음이 情理에 있어 상고시대보다 훨씬 고상하셔서 수레와 의복을 나눠주고 藩國을 맡기셨으니, 반드시 禮儀에 맞게 대우하여 뭇사람들의 소망에 부응해야 합니다. 근래에 보니, 皇子들이 諸叔에게 절을 하면 諸叔도 즉시 答拜를 하는데, 왕의 작호가 같고 집안사람들 간에 지켜야 할 예의가 있으니, 어찌 이처럼 昭와 穆을 전도시켜서야 되겠습니까. 삼가 바라건대 훈계를 내리시어 영원히 그 원칙을 따르게 하소서."

太宗이 이원효 등에게 조칙을 내려, 吳王 李恪과 魏王 李泰의 형제 등에게 답배를 하지 말도록 했다.

【集論】

唐氏仲友曰 詩書所載는 必起宗族하나니 家之未正이면 其如邦何리오 正帝子諸叔之昭穆은

二穆 與太祖之廟而五 大夫三廟 一昭一穆 與太祖之廟而三 士一廟 庶人祭於寢〕"라고 하였다. 그리고 ≪中庸或問≫에 "昭는 항상 昭가 되고 穆은 항상 穆이 되는 것은 禮家의 해설에 명백한 글이 있다. 2世를 祧遷하면 4世는 昭의 北廟로 옮기고 6世를 昭의 南廟에 附加한다. 3世를 祧遷하면 5世는 穆의 北廟로 옮기고 7世를 穆의 南廟에 附加한다. 昭가 附加되면 穆은 옮기지 않고, 穆이 附加되면 昭는 이동하지 않는다.〔昭常爲昭 穆常爲穆 禮家之說有明文矣 蓋二世祧 則四世遷昭之北廟 六世祔昭之南廟矣 三世祧 則五世遷穆之北廟 七世祔穆之南廟矣 昭者祔 則穆者不遷 穆者祔 則昭者不動〕"라고 하였다.

이와 같이 昭穆은 엄격한 위계가 있는 것인데, 唐 皇室에서 諸叔이 帝子(조카)에게 답배를 하는 당시 禮는 昭穆의 위계가 顚倒된 것이라고 비판한 것이다.

9) 吳王恪魏王泰：李恪과 李泰는 모두 太宗의 아들이다.

豈惟得敍族之禮리오 亦以明本支하여 見尊無二上[10)]之義라

唐仲友가 말하였다.

"≪詩經≫과 ≪書經≫에 실려 있는 것은 반드시 宗族으로부터 시작하니 집안이 바르지 못하면 그 나라를 어찌하겠는가. 皇子와 숙부 간의 昭와 穆을 바로잡는 것은 어찌 친족 관계의 예절을 규정하는 것일 뿐이겠는가. 또한 본말을 밝혀, '존귀한 자리에 두 윗사람이 없다.'는 뜻을 보이는 것이다."

愚按 禮曰 天子之元子는 士也니 天下無生而貴者라하니 入學齒胄[11)]에는 所以尙敬也라 矧以帝諸子로 而受諸叔之答拜는 殊失親親之殺(쇄)[12)]니 豈禮也哉리오 季輔之言과 太宗之詔는 誠爲彜則이라

내가 살펴보건대, ≪儀禮≫ 〈士冠禮〉에 "天子의 元子는 士이니, 세상에 태어나면서부터 귀한 사람은 없다."고 하였으니, 元子가 太學에 들어가서 齒胄하는 것은 공경을 중시하기 때문이다. 더구나 皇子들에게 숙부의 답배를 받게 하는 것은 친족을 친히 하는 데 차등을 두는 것에 크게 잘못된 것이니 어찌 禮라 할 수 있겠는가. 高季輔의 말과 太宗의 조칙은 참으로 준칙이 된다.

29-3-1

貞觀四年에 太宗이 謂侍臣曰 比聞①京城士庶에 居父母喪者②가 乃有信巫書之言에 辰日不哭[13)]이라하여 以此辭於弔問하며 拘忌輟哀라하니 敗俗傷風하여 極乖人理라 宜令③州縣敎導하여 齊之以禮典하라

---

10) 尊無二上 : ≪禮記≫ 〈坊記〉에 "하늘에 두 개의 태양이 없고 땅에 두 사람의 왕이 없고 집안에 두 사람의 주인이 없고 존귀한 자리에 두 윗사람이 없다.〔天無二日 土無二王 家無二主 尊無二上〕"라고 했다.

11) 齒胄 : 왕세자가 太學에 입학하여 公卿의 자제들과 나이에 따라 서열을 정하여 겸손의 덕을 보이는 일을 가리킨다.

12) 親親之殺(쇄) : ≪中庸≫ 20장에서 공자가 禮가 생겨난 이유를 설명하며, "仁은 人이니 친한 이를 친히 함이 으뜸이 되고, 義는 마땅함이니 어진 이를 높이는 것이 으뜸이 된다. 친족을 친히 하는 데 차등을 둔 것과 어진 이를 높이는 데 등급을 둔 것이 예가 생겨난 이유이다.〔仁者人也 親親爲大 義者宜也 尊賢爲大 親親之殺 尊賢之等 禮所生也〕"라고 했다.

13) 辰日不哭 : 辰日은 12支의 辰에 해당하는 날인데, 이날 哭하면 初喪이 나는 불길한 일이 있다고 한다. ≪論衡≫ 〈辨祟〉篇에 "辰日에는 곡을 해선 안 되니 곡을 하면 상을 연이어 당한다.〔辰日不哭 哭有重喪〕"라고 하였다.

① 比聞：比, 音鼻.
比(근래, 요즘)는 音이 鼻이다.
② 居父母喪者：喪, 平聲.
喪(초상)은 平聲이다.
③ 宜令：平聲.
〈令(하여금)은〉 平聲이다.

貞觀 4년(630)에 太宗이 近臣에게 말하였다.
"근래에 들으니, 부모의 상을 당한 京城의 士와 庶人들이 巫書에 '辰日에는 곡을 하지 않는다.'고 한 말을 믿고서 이것으로 조문 온 사람을 사절하며, 이에 구애를 받아 슬피 곡하는 것을 멈춘다고 하니, 풍속을 손상하게 하여 극히 사람의 도리에 어긋나오. 州와 縣으로 하여금 잘 계도하여 모두 법으로 바로잡게 하시오."

【集論】

愚按 太史公謂 陰陽家使人拘而多畏[14)]라하니 降及後世하여 其說愈長하고 其術愈衍하여 而拘畏愈甚하니 令人欲遠絶而不能이라 然嘗觀傳曰 辰在子卯를 謂之疾日하여 君徹宴樂[15)]컨대 從古以來有是說이니 此又何也오 以子卯而不樂은 亦猶辰日而不哭也니 太宗嘗以辰日哭張公謹矣하니 此固足以破時俗之惑이로되 而天下至有辰日而不哭父母者라 夫父天母地之傾摧어든 號天叩地之不及이어늘 乃以辰日而不哭하니 此情果何爲哉아 太宗이 令州縣敎導하여 齊之以禮典는 善矣라 然陰陽之說이 流弊于今이 豈惟辰日不哭而已哉리오 傷風敗俗하여 乖亂人理者가 尤多라 上之人이 道之以德하고 齊之以禮[16)]하면 庶幾其少改乎인저

내가 살펴보건대, 太史公이 이르기를, "陰陽家는 사람을 구속해서 두려움이 많게 한다."라고 했다. 후대로 올수록 그 설이 더욱더 길어지고 그 술법이 더욱더 많아져서 구속과 두려움이 더욱 심해지니, 사람들에게 이를 멀리하고 끊게 하려고 해도 할 수 없다. 그런데 일찍이 ≪春秋左氏傳≫ 昭公 9년에 "子와 卯가 들어 있는 날을 疾日(나쁜 날)이라 하여 임금이 연회를 열지 않는다."라고 한 말을 살펴보면 예로부터 이

14) 陰陽家使人拘而多畏：≪史記列傳≫ 권130, 〈太史公自序〉에 보인다.
15) 辰在子卯……君徹宴樂：≪春秋左氏傳≫ 昭公 9년 조에 보인다. 疾日은 杜預 註에 "疾日은 紂王이 甲子日에 죽고 桀王이 乙卯日에 죽었으므로 임금들은 忌日로 한다.〔疾日 謂紂以甲子喪 桀以乙卯日亡 故國君以爲忌日〕"라고 했다.
16) 道之以德 齊之以禮：≪論語≫ 〈爲政〉에 보인다.

러한 설이 있었으니, 이것은 또 무엇인가. 子日과 卯日에 즐기지 않은 것은 辰日에 곡을 하지 않은 것과 같은 것이다.

太宗이 辰日에 張公謹에게 곡을 했으니 이는 진실로 時俗의 미혹함을 혁파한 것이었는데, 천하 사람 중에 심지어 辰日에 부모에게 곡을 하지 않는 사람이 있었다. 하늘 같은 아버지와 땅 같은 어머니가 떠났다면 하늘을 우러러 부르짖고 땅을 두드리며 울부짖어 마지않아야 하는데 辰日이라 하여 곡하지 않으니 이러한 마음은 과연 어째서인가. 太宗이 州와 縣으로 하여금 계도해서 모두 예법으로 바로잡게 한 것은 훌륭한 일이다. 하지만 오늘날까지 전해오는 陰陽說의 폐해가 어찌 辰日에 곡하지 않은 것뿐이겠는가. 풍속을 손상시켜 사람의 도리를 벗어나고 혼란시킨 것이 더욱더 많은데, 위에 있는 사람이 德으로 인도하고 禮로 바로잡는다면 다소 고칠 수 있을 것이다.

29-4-1

貞觀五年에 **太宗**이 **謂侍臣曰 佛道設敎**는 **本行善事**어늘 **豈遣僧尼道士等**하여 **妄自尊崇**하여 **坐受父母之拜**리오 **損害風俗**하고 **悖亂禮經**이니 **宜卽禁斷**하고 **仍令**[①]**致拜於父母**하라

① 仍令 : 平聲.
〈令(하여금)은〉 平聲이다.

貞觀 5년(631)에 太宗이 近臣에게 말하였다.

"불교와 도교가 베푼 가르침은 본디 선한 일을 행하기 위함인데 어찌 승려와 道士 등을 보내 제멋대로 자신을 높여서 부모의 절을 앉아서 받는단 말인가. 이는 풍속을 손상시키고 해치는 것이며 禮法을 어지럽히는 것이니 즉시 엄단하고, 그들이 부모에게 절을 올리도록 하게 하라."

【集論】

愚按 張子西銘曰 乾稱父요 坤稱母어늘 人藐焉而中處라하니 則天地는 其大父母也요 書曰 天子作民父母하여 以爲天下王이라하니 則天子者는 天下之父母也요 詩曰 父兮鞠我하시고 母兮育我라하니 則育我鞠我者는 一家之父母也라 僧道二字는 三代無是名也요 後世에 而有其名이요 有其人矣니 獨非上乾下坤而處於中者乎아 獨非爲天下父母者之民乎아 獨非一家父母之子乎아 而曰出世間矣라하여 上而不拜君王하고 下而不拜父母하니 其不在君臨

之內歟아 不出鞠育之中歟아 吾不知其何心也라 若唐世에 至於坐受父母之拜는 尤爲不經之甚이니 太宗勅之禁斷하고 仍令致拜父母는 允合民彝니 誠可爲後世之法也라

내가 살펴보건대, 張子(張載)의 〈西銘〉에 "하늘을 父라 칭하고 땅을 母라 칭하며 사람이 아득히 그 안에 머물고 있다."라고 했으니, 하늘과 땅은 큰 父母인 것이다. ≪書經≫ 〈周書 洪範〉에 "天子가 백성의 父母가 되어 천하의 王이 된다."고 했으니 天子는 天下의 父母인 것이다. ≪詩經≫ 〈小雅 蓼莪〉에서 "아버지 날 기르시고 어머니 날 돌봐주셨다."고 했으니 날 돌봐주고 날 키워준 이는 한 집안의 父母인 것이다.

僧과 道 두 글자는 三代에 없었던 이름이고 후세에 그 이름과 그 사람이 있었는데, 그들만이 홀로 위로는 하늘과 아래로는 땅 사이에 머무는 존재가 아니며, 그들만이 홀로 천하 부모의 백성이 아니며, 그들만이 홀로 한 집안 부모의 자식이 아니란 말인가. 그들은 世間을 벗어났다고 하면서 위로는 군왕에게 절을 하지 않고 아래로는 부모에게 절을 하지 않으니, 임금이 다스리는 범위 안에 있지 않는 것이며 부모가 키워주고 돌봐주는 속에서 나오지 않는 것인가. 나는 도대체 그들이 무슨 마음인지 모르겠다. 唐나라 시대에 앉아서 부모의 절을 받기까지 한 것은 더욱이 예법을 벗어난 정도가 심한 것이다. 太宗이 이를 엄단토록 하고 그들로 하여금 부모에게 절을 하도록 한 것은 참으로 사람의 윤리에 부합하는 것이니, 진정 후세의 법이 될 만하다.

29-5-1

貞觀六年에 **太宗**이 **謂尙書左僕射房玄齡曰 比有**①**山東崔盧李鄭四姓**[17]이 **雖累葉陵遲**나 **猶恃其舊地**하여 **好自矜大**②하여 **稱爲士大夫**하고 **毎嫁女他族**에 **必廣索聘財**하여 **以多爲貴**하고 **論數定約**이 **同於市賈**③하여 **甚損風俗**하고 **有紊禮經**이라 **旣輕重失宜**하니 **理須改革**이라 **乃詔吏部尙書高士廉御史大夫韋挺中書侍郎岑文本禮部侍郎令狐德棻**(분)**等**④하여 **刊正姓氏**하되 **普責天下譜牒**하고 **兼據憑史傳**⑤하여 **剪其浮華**하고 **定其眞僞**하여 **忠賢者褒進**하고 **悖逆者貶黜**하여 **撰爲氏族志**하다

① 比有：比, 音鼻.
比(근래, 요즘)는 音이 鼻이다.
② 好自矜大：好, 去聲.

---

17) 山東崔盧李鄭四姓：淸河郡(지금의 河北 淸河縣) 崔氏, 范陽郡(지금의 北京) 盧氏, 趙郡(지금의 河北 趙縣) 李氏, 滎陽(지금의 河南 滎陽縣) 鄭氏를 가리킨다.(≪資治通鑑新註≫, 陝西人民出版社, 1998)

好(좋아하다)는 去聲이다.

③ 同於市賈 : 音古.

〈賈(상인)는〉 音이 古이다.

④ 令狐德棻(분)等 : 棻, 音汾. 令狐, 複姓. 德棻, 名也. 宜州人, 博貫文史. 武德初, 起居舍人, 嘗建言論次隋周正史. 貞觀三年, 詔德棻等, 撰周・齊・梁・陳・隋史, 書成, 遷禮部侍郎.

棻은 音이 汾이다. 令狐는 複姓이고 德棻는 이름이며, 宜州 사람으로 文史에 널리 능통했다. 武德 초에 起居舍人이 되어 일찍이 隋나라와 北周의 正史를 編纂할 것을 건의하였다. 貞觀 3년(629)에 令狐德棻 등에게 조칙을 내려, 北周・北齊・梁나라・陳나라・隋나라의 역사를 편찬하게 했고 책들이 완성되자 禮部侍郎으로 자리를 옮겼다.

⑤ 據憑史傳 : 去聲.

〈傳(책, 전기)은〉 去聲이다.

貞觀 6년(632)에 太宗이 尙書左僕射 房玄齡에게 말하였다.

"요즘 山東의 崔・盧・李・鄭 네 성씨가 누대에 걸쳐 쇠퇴한 상태이지만 여전히 과거의 명망을 믿고 스스로 과시하여 士大夫라 칭하고 있소. 다른 집안에 딸을 시집보낼 때마다 반드시 이것저것 聘禮의 예물을 요구하여 많은 것을 중시하고 그 수치를 논하고 혼사를 약정하는 것이 시장에서 장사하는 것과 같아서, 風俗을 대단히 손상시키고 禮法을 문란시키고 있소. 이미 그 輕重의 정도를 벗어났으니 의당 개혁해야 할 것이오."

吏部尙書 高士廉, 御史大夫 韋挺, 中書侍郎 岑文本, 禮部侍郎 令狐德棻 등에게 조칙을 내려, 姓氏를 바로잡게 하면서, 세상의 譜牒들을 두루 모으게 하고 겸하여 史書에 의거하여 겉치레는 제거하고 眞僞를 확정하여 충성하고 어진 자는 포상하여 추켜올리고 어긋나고 거역한 자는 폄하하고 내쳐서 ≪氏族志≫를 편찬하게 했다.

29-5-2

士廉等이 **及進定氏族等第**할새 **遂以崔幹爲第一等**이어늘 **太宗謂曰 我與山東崔盧李鄭**으로 **舊旣無嫌**이라 **爲其世代衰微**⑥하여 **全無官宦**이어늘 **猶自云士大夫**하여 **婚姻之際**에 **則多索財物**하고 **或才識庸下**로되 **而偃仰自高**하여 **販鬻松檟**⑦[18]하여 **依託富貴**하니

18) 松檟 : 소나무와 개오동나무는 墓 앞에 심기 때문에 묘지의 代稱으로 쓰인다. 여기서는 선조의 名望을 뜻한다.

我不解⑧**人間何爲重之**로다 **且士大夫有能立功**하면 **爵位崇重**하고 **善事君父**하면 **忠孝可稱**하며 **或道義淸素**하고 **學藝通博**하면 **此亦足爲門戶**하니 **可謂天下士大夫**라 **今崔盧之屬**이 **惟矜遠葉衣冠**이나 **寧比當朝之貴**리오 **公卿已下**가 **何暇多輸錢物**하고 **兼與他氣勢**하여 **向聲背實**⑨하여 **以得爲榮**가 **我今定氏族者**는 **誠欲崇樹今朝冠冕**이어늘 **何因崔幹**⑩이 **猶爲第一等**가 **祇看卿等不貴我官爵耶**아 **不論數代已前**하고 **祇取今日官品人才作等級**하여 **宜一量定**하여 **用爲永則**하라하여 **遂以崔幹爲第三等**하다 **至十二年**하여 **書成**하니 **凡百卷**이요 **頒天下**라

⑥ 爲其世代衰微 : 爲, 去聲.
爲(위하다)는 去聲이다.

⑦ 販鬻松檟 : 音賈.
〈檟(개오동나무)는〉 音이 賈이다.

⑧ 我不解 : 音懈.
〈解(이해하다, 알다)는〉 音이 懈이다.

⑨ 向聲背實 : 背, 音倍.
背(등지다)는 音이 倍이다.

⑩ 何因崔幹 : 通鑑作崔民幹, 避太宗諱, 除民字.
≪資治通鑑≫ 貞觀 12년 조에는 崔民幹으로 되어 있는데 太宗의 諱를 피하여 民자를 없앤 것이다.

高士廉 등이 氏族의 등급을 정해 올렸을 때 마침내 崔幹을 일등으로 하자, 太宗이 말하였다.

"나는 山東의 崔・盧・李・鄭과는 과거에 특별한 혐의 관계가 없소. 그들이 대대로 쇠퇴하였기 때문에 전혀 배출된 관리가 없는데도, 여전히 스스로 士大夫라 칭하며 혼인을 맺을 때 많은 재물을 요구하오. 혹은 재능과 식견이 볼품없는데도, 교만하게 스스로 잘난 체하며 선조의 명망을 팔아 富貴에 依託하고 있으니 나는 왜 사람들이 그들을 중시하는지 모르겠소.

또 사대부가 유능하여 功을 세우면 爵位가 높아지며 중해지고, 임금과 아버지를 잘 모시면 충성과 효도가 칭송되며, 혹은 道義가 청정하고 학문과 기예가 넓게 통달하면 이 또한 가문을 위할 수 있으니, 이를 천하의 사대부라 말할 만하오.

지금 崔氏와 盧氏 등의 집안이 오직 먼 조상의 衣冠을 뽐내고 있으나, 어찌 당대의 귀한 집안에 견줄 수 있겠소. 公卿 이하 사람들이 어찌 한갓 그들에게

돈과 물품을 많이 전달하고 아울러 그들의 氣勢를 올려주기만 하여, 헛된 명성을 좇고 실질을 저버리면서 영화를 얻을 수 있겠소. 내가 지금 氏族의 등급을 정하는 것은 실로 지금의 冠冕(관직)을 높이 세우려는 것인데 무엇 때문에 최간이 여전히 일등이 되는 것이오. 다만 살펴보니 경들이 우리 唐나라의 관직과 작위를 귀하게 여기지 않는 것이오. 몇 대 이전의 것은 논하지 말고 다만 현재의 관직 품계와 사람의 재능만을 가지고 한 번 헤아려 등급을 만들어서 변함없는 법칙으로 삼도록 하시오."

결국 최간을 3등으로 삼았다. 정관 12년(638)에 책이 완성되었는데 모두 100권이었으며, 이를 천하에 반포했다.

29-5-3

又詔曰 氏族之美는 實繫於冠冕이요 婚姻之道는 莫先於仁義어늘 自有魏失御하고 齊氏云亡으로 市朝旣遷하고 風俗陵替하여 燕趙古姓이 多失衣冠之緖하고 齊韓舊族이 或乖禮義之風하여 名不著於州閭하고 身未免於貧賤이라 自號高門之胄나 不敦匹嫡之儀하고 問名[19]唯在於竊貲하고 結褵[20]必歸於富室하여 乃有新官之輩와 豐財之家가 慕其祖宗하고 競結婚姻하여 多納貨賄가 有如販鬻이라 或自貶家門하여 受辱於姻婭하고 或矜其舊望하여 行無禮於舅姑라 積習成俗하여 迄今未已하고 旣紊人倫하여 實虧名敎라 朕夙夜兢惕하여 憂勤政道하여 往代蠹害를 咸已懲革이나 唯此弊風을 未能盡變하니 自今已後로 明加告示하여 使識嫁娶之序하여 務合禮典하여 稱朕意焉⑪하라

⑪ 稱朕意焉 : 稱, 去聲. 按通鑑, 凡二百九十三姓千六百五十一家.
稱(걸맞다, 알맞다)은 去聲이다. 살펴보건대 《資治通鑑》 貞觀 12년 조에, 293개의 성씨와 1,651개의 가문으로 되어 있다.

다시 조칙을 내렸다.

"氏族의 아름다움은 실로 관직을 갖는 데에서 번창하고 婚姻의 도리는 仁義

19) 問名 : 혼례의 여섯 가지 의식(納采, 問名, 納吉, 納徵, 請期, 親迎) 가운데 하나로, 신부 어머니의 성명을 묻는 절차이다.

20) 結褵 : 結縭라고도 한다. 딸을 시집보낼 때 의식의 하나이다. 딸이 시집으로 떠나갈 때 어머니가 차는 수건을 매어주며 시집에서 시부모를 잘 모시고 집안일을 잘 돌보라고 타이른다.

보다 앞선 것이 없는데, 北魏가 통제를 잃고 北齊가 망하고 나서부터 시장의 거리와 관청이 변하고 풍습이 쇠퇴해서 燕 지역과 趙 지역의 옛 명문 성씨들이 대부분 관직을 잃었고, 齊 지역과 韓 지역의 옛 명문 종족이 禮義의 기풍에 어긋나서 명성이 고을에 나타나지 않고 신분이 貧賤을 면하지 못했소.

스스로는 지체 높은 집안의 후손이라 하지만 혼례의 예의를 돈독히 하지 못하고, 問名의 절차는 다만 재물을 절취하는 데만 관심이 있고, 혼인을 맺는 일은 반드시 돈 있는 집안에 귀의하려 들고 있소. 그리하여 새로 관직에 임명된 이들과 넉넉한 재산을 가진 집안이 그들의 조상을 흠모하고 앞 다투어 婚姻을 맺으려 하여 마치 시장에서 물건을 판매하듯이 많은 재물을 들여보내고 있소.

때로는 스스로 가문을 폄하시켜 姻戚에게 모욕을 당하기도 하고 때로는 과거의 명망을 과시하며 시부모에게 무례를 행하고 있소. 이것이 오래되어 풍습이 되어 지금까지 그치지 않고 이미 인간의 윤리를 문란하게 하여 실로 名敎를 무너뜨리고 있소. 짐이 밤낮으로 고민하고 정사를 열심히 하여 지난 시대의 폐해를 모두 징계하고 개혁했으나 오직 이 폐습만을 아직 다 바꾸지 못했소. 지금 이후로 명백히 告示하여 그들로 하여금 시집보내고 장가들 때의 질서를 알게 해서, 禮法에 부합되도록 힘쓰게 해서 짐의 생각에 부응하도록 하시오."

【集論】

唐氏仲友曰 古者에 重氏姓이라 故有同姓異姓庶姓[21]之別하여 以天揖[22]時揖[23]土揖[24]爲之禮하여 奠繫世하고 辨昭穆[25]하니 史氏掌之에 豈容少有混淆리오 自秦罷侯封으로 而命氏別族[26]之禮廢하고 自魏有中原으로 而華夷之姓雜然無辨이라 唐承南北之弊어든 氏族之書를

21) 同姓異姓庶姓 : 同姓은 宗親, 異姓은 姻親, 庶姓은 일반 백성을 말한다. ≪詩經≫ 〈小雅 伐木〉의 孔穎達의 疏에 "禮에는 同姓, 異姓, 庶姓이 있다. 同姓은 王의 同宗이니 아버지의 宗族이고, 異姓은 王舅의 親屬이고, 庶姓은 왕과 친속 관계가 없는 자이다.〔禮有同姓異姓庶姓 同姓王之同宗 是父之黨也 異姓 王舅之親 庶姓 與王無親者〕"라 했다.

22) 天揖 : 왕이 同姓의 제후를 향해 행하던 예로, 손을 밀어 조금 들어 올리는 것이다.

23) 時揖 : 왕이 異姓의 제후를 향해 행하던 예로, 평평하게 하여 손을 밀어 올리는 것이다.

24) 土揖 : 왕이 庶姓의 제후를 향해 행하던 예로, 손을 밀어 조금 아래로 내리는 것이다.

25) 奠繫世 辨昭穆 : ≪周禮≫ 〈春官 小史〉에 "국가의 기록을 관장하여, 繫世를 정하고 昭穆을 구분한다.〔掌邦國之志 奠繫世 辨昭穆〕"라고 하였다.

26) 命氏別族 : 命氏는 賜姓으로 국가에서 姓을 하사하는 것이다. 別族은 본래의 姓에서 새로운

安得不作이리오 又出英斷하여 以定高下나 不幸遭許李挾艷后[27)]하고 以焚信書하여 至見自爲勳格[28)]하고 而又納幣踰制하고 禁昏成弊[29)]하여 使太宗之美意로 不得一傳하니 可勝歎哉아

唐仲友가 말하였다.

"옛날엔 氏姓을 중시했으므로 同姓, 異姓, 庶姓의 구별을 둔 뒤 天揖, 時揖, 土揖으로 예절을 삼아 繫世(世系의 譜牒)를 정하고 昭와 穆을 구분했다. 이러한 일들은 사관이 관장하는데 어찌 조금이라도 혼란과 뒤섞임이 있을 수 있겠는가. 秦나라가 諸侯의 책봉을 폐지하면서 氏를 명하여 族을 달리하는 禮가 폐지되었고, 北魏가 中原을 차지하고 나서부터 中華와 諸夷의 성이 뒤섞여서 구분할 수 없게 되었다. 唐나라가 南北朝의 폐해를 계승했는데 氏族과 관련된 책을 어찌 정리하지 않을 수 있겠는가. 太宗이 또 英斷을 내려 그 등급의 높낮이를 확정했는데, 불행하게도 許敬宗·李義府가 艷后(武則天)와 손을 잡고 문건을 불태운 뒤 스스로 勳格을 만들기에 이르렀고, 또 納幣가 한도를 벗어나고 禁婚이 폐해를 만들기까지 해서, 태종의 훌륭한 뜻이 하나도 전

씨족을 만들어 나오는 것이다. 춘추시대에 晉나라 대부 智宣子가 瑤를 후계로 세우려 하자 智果가, 요를 후계로 세운다면 智氏 종족이 모두 소멸될 것이라고 하였다. 하지만 지선자가 요를 후계로 삼자 지과가 지씨에서 떨어져 나와 輔氏로 바꾸었다. 그 후 지씨는 소멸하고 보씨만 남게 되었다. ≪國語 晉語 9≫

27) 不幸遭許李挾艷后 : 長孫無忌에게 죄를 범한 李義府에게 壁州司馬로 좌천하는 결정이 내려졌다. 해당 문건이 門下省에 아직 전달되지 않았는데, 이의부는 唐 高宗이 武昭儀(武則天)를 황후로 옹립하려는 뜻을 미리 알아채고 王德儉을 대신해 야근에 나서서 기회를 틈타 王皇后를 폐출하고 무소의를 옹립해야 한다는 表文을 올렸다. 이를 크게 반긴 고종이 결국 이의부를 석방시켰다. 그 뒤 許敬宗 등과 함께 무소의를 옹호하여 무소의가 권좌에 오르는데 적극 가담했다. ≪新唐書 李義府傳≫

28) 以焚信書 至見自爲勳格 : 信書는 信史와 같은 말로, 황제의 언행을 적은 문서나 조정에서 제정한 공식문서를 지칭하는데, 여기서는 唐 太宗이 제정한 ≪氏族志≫를 지칭한 것으로 보인다. 당 태종이 高士廉 등에게 명하여 사대부가의 문벌에 등급을 정한 ≪씨족지≫를 짓게 했는데, 高宗 시대에 이의부가 자신의 가문이 이 책에 들지 않은 것을 수치로 여겨, 上奏를 통해 책의 내용을 새로 수정하여 "현 조정에서 5품의 관직에 있는 자는 모두 士流로 승격한다.〔皇朝得五品官者 皆升士流〕"라는 조약이 들어간 ≪姓氏錄≫을 만들었다. 전통의 사대부들은 이를 자의적으로 만든 '勳格'이라 비하했다. 이의부는 뒤에 上奏하여 ≪氏族志≫를 아예 불태워 없애게 하였다. ≪舊唐書 高儉傳·許敬宗李義府傳≫

29) 而又納幣踰制 禁昏成弊 : 納幣는 혼례 의식 가운데 하나로, 신랑 집에서 신부 집에 예물을 보내는 것이다. 唐 高宗이 내린 조칙에 의하면, 3品 이상의 관원은 納幣 때 300필을, 3품과 5품은 200필을, 6품과 7품은 100필 이상을 넘지 않게 했다. 李義府가 魏·晉 이래의 명문가와 혼인을 맺으려 했으나 이를 거절당하자 上奏를 통해 그들이 현 귀족들과 혼인 맺는 일을 금지시키게 했다. 하지만 그들의 가치가 더욱 높아져 암암리에 그들과 혼인을 맺는 일이 벌어짐으로써 세상에 폐해를 낳았다. ≪舊唐書 高儉傳≫, ≪新唐書 李義府傳≫

해지지 못하게 했으니, 그 안타까움을 금할 수 있겠는가."

林氏之奇曰 善惡貴賤之在天下는 猶白黑之不相掩하여 初不可以一時之私見而決之也라 班孟堅[30)]이 作古今人物表[31)]한대 止曰 羲皇至于西漢히 凡善惡之目을 別爲九等而錙銖之라하여 遂使後世之議로 紛然而起하니 此無他라 善惡之在天下는 自有公論이요 而非一時私見所得而決之故也일새라 太宗之論은 可謂一當世之失하여 以合夫天下之公論矣라 然猶以一時品秩之高下로 而爲後世門戶之貴賤이니 則太宗所見은 猶未免於徇流俗之情也라 孰若付之公論하여 使貴者自貴하고 賤者自賤乎아

林之奇가 말하였다.

"천하의 善惡, 貴賤은 마치 백색과 흑색이 서로 뒤섞일 수 없는 것과 같아서, 애초에 한순간의 사적 견해로 결정할 수가 없는 것이다. 班孟堅이 〈古今人物表〉를 지었는데, '伏羲 때부터 西漢까지 선악의 조목을 9등급으로 나누되 한 치, 한 푼까지 정확히 계산했다.'라고 하면서, 결국 후세에 분분한 논란이 일게 만들었다. 이는 다른 이유가 없다. 천하의 선악에 대한 평가는 저절로 공론이 형성되는 것이지 한순간의 사적 견해로 결정할 수 있는 것이 아니기 때문이다. 太宗의 의논은 당시의 오류를 귀일시켜서 천하의 공론에 부합했다 할 만하다. 하지만 한 시대의 품계의 고하로 후세 가문의 귀천의 기준을 삼았으니, 태종의 견해는 여전히 세속의 情을 따르는 것을 면치 못하였다. 이것이 어찌 공론에 부쳐 귀한 사람은 저절로 귀하게 하고 천한 사람은 저절로 천하게 하는 것만 같겠는가."

愚按 人之賢否不同하고 善惡萬狀하여 初不可以家世而求之也니 以堯舜爲父로대 而有朱均하고 以瞽鯀爲父로대 而有舜禹라 伊尹은 自耕稼而佐成湯하고 傅說은 自版築而相武丁하고 太公은 自漁釣而爲周太師하니 此豈以家世而求之邪리오 況自魏有中原으로 華夷之姓이 雜然無辨하되 赫連托始於夏后[32)]하고 拓跋推本於軒轅[33)]하고 李氏以玄元爲祖[34)]하고 崇韜認

30) 班孟堅 : 後漢의 班固를 가리킨다. 孟堅은 반고의 字이다. ≪漢書≫를 저술했다.

31) 作古今人物表 : 〈古今人物表〉는 班固가 지은 ≪漢書≫ 속에 있는 10表 중의 하나이다. 原題는 〈古今人〉으로 되어 있다.

32) 赫連托始於夏后 : 晉나라 시대에 흉노족인 赫連勃勃이 統萬을 점령하여 夏라고 국호를 세운 일을 말한다.

33) 拓跋推本於軒轅 : 선비족인 拓跋珪가 北魏를 세우고 道武帝가 된 일을 말한다.

34) 李氏以玄元爲祖 : 唐나라가 개국할 때 같은 李氏인 老子를 시조로 받든 일을 말한다. 唐 高

汾陽爲宗[35]하니 書史失傳하고 譜牒無據라 至若唐之崔盧李鄭이 矜其門地하여 販鬻婚姻하여 無所不至어늘 太宗이 深疾斯弊하여 思欲革而正之는 是矣라 然猶以一時品級之高下로 而爲後世門戶之貴賤은 則滋惑也라 姑以當時言之컨대 當時名臣은 無過房杜로되 厥後遺愛與公主爲非[36]하고 杜荷與承乾造逆[37]하니 將以其父祖之賢德而取之乎아 抑以其子孫之叛逆而黜之乎아 然此猶在易世之後也라 若侯君集[38]이 與淩烟之圖[39]로되 而身爲叛逆하고 許敬宗[40]이 與登瀛之選[41]이로되 而心極奸邪하니 又將何以處之乎아 夫物之不齊는 物之情也[42]어늘 奈何欲定以一時之私見哉리오 宜其紛紛하여 而卒無補於事也라

내가 살펴보건대, 사람은 賢否가 각기 다르고 선악이 각양각색이어서 애초에 집안만으로 판단할 수 없으니, 堯임금과 舜임금을 아버지로 두었음에도 朱와 均 같은 아들이 있고, 瞽叟와 鯀을 아버지로 두었음에도 舜임금과 禹임금 같은 아들이 있었다. 伊尹은 농부 출신으로 成湯을 도왔고, 傅說(부열)은 성벽을 쌓던 사람으로 武丁을 도왔으며, 太公은 낚시질하던 사람으로 周나라의 太師가 되었으니, 이것이 어찌 가문으로 판단할 수 있는 것이겠는가.

더구나 北魏가 中原을 차지하면서부터 中華와 諸夷의 姓이 뒤섞인 채 구분할 수 없

宗이 乾封 원년(666)에 노자를 '太上玄元皇帝'라고 追號했다.

35) 崇韜認汾陽爲宗 : 五代 때 後唐의 재상 郭崇韜에게 豆盧革 등이 郭子儀의 후손이라고 추켜세웠는데, 이를 사실로 여긴 곽숭도가 蜀을 정벌할 때 곽자의의 묘에서 통곡을 해서, 사람들의 웃음거리가 되었다는 고사를 가리킨다. 汾陽은 唐나라의 名將으로 汾陽郡王에 봉해진 곽자의를 가리킨다.

36) 遺愛與公主爲非 : 房玄齡의 둘째 아들 房遺愛가 唐 太宗의 딸 高陽公主와 함께 高宗을 폐위시키고 荊王 李元景을 옹립하기 위해 벌인 모반 사건을 가리킨다. ≪新唐書 諸帝公主列傳≫, ≪資治通鑑 권199 唐 高宗 永徽 4년≫

37) 杜荷與承乾造逆 : 貞觀 17년(643)에 杜荷가 李元昌, 趙節, 李安儼 등과 함께 태자인 李承乾에게 모반을 건의한 일을 말한다.

38) 侯君集 : 唐나라의 名將으로 豳州 三水(지금의 陝西 旬邑土橋鎭 侯家村) 사람이다. 淩煙閣 24功臣 가운데 한 명이기도 하다. 관직이 兵部尙書에 이르렀고 陳國公에 봉해졌으나, 張亮, 太子 李承乾 등과 함께 모반을 일으켜 처형당했다.

39) 淩烟之圖 : 唐 太宗이 貞觀 17년(643)에 淩煙閣에 걸어놓은 24명의 功臣 초상화를 가리킨다.

40) 許敬宗 : 字는 延族이고 杭州 新城 사람이다. 唐나라 則天武后 때에 문신으로 명성을 떨쳤고, 太宗이 駐蹕山에서 高句麗를 대파할 때 지은 詔書가 유명하다. ≪舊唐書 許敬宗列傳≫

41) 登瀛之選 : 唐 太宗이 帝位에 오르기 전 天策上將軍일 때 文學館을 짓고 房玄齡, 杜如晦를 비롯한 18學士를 불러들인 뒤 극진히 대접했는데, 사람들이 이를 '瀛洲에 올랐다.〔登瀛洲〕'라고 표현한 데서 유래한 말이다. 영주는 바다 속에 있는 三神山의 하나이다.

42) 夫物之不齊 物之情也 : ≪孟子≫ 〈滕文公 上〉에 보인다.

었는데, 赫連이 夏后에게 始祖를 의탁하고, 拓跋이 軒轅에게 뿌리를 대고, 李氏가 玄元을 시조로 삼고, 郭崇韜가 汾陽을 祖宗으로 인식하였으니, 이는 典籍의 내용이 잘못 전해지고 譜牒에 근거할 것이 없었기 때문이다.

심지어 唐나라의 崔・盧・李・鄭氏가 가문을 내세워 혼인을 사고파는데 있어, 하지 못하는 짓이 없자, 太宗이 이런 병폐를 매우 질시하여, 개혁해서 바로잡으려 생각한 것은 옳은 일이다. 하지만 여전히 한 시대의 품계의 고하로 후세 가문의 귀천의 근거를 삼으려 한 것은 의혹을 자아내는 것이다.

우선 당시 상황을 가지고 논해보면, 당시의 명신 가운데 房玄齡과 杜如晦보다 앞선 이가 없는데 그 뒤 房遺愛가 高陽公主와 비행을 일삼고, 杜荷가 李承乾과 반역을 일으켰으니, 그 아버지와 할아버지의 훌륭한 덕망만을 취해야 하는가, 아니면 자손의 반역을 들어 내쳐야 하는가. 하지만 이것은 그래도 세대가 바뀌고 난 이후에 벌어진 일이다. 예컨대 侯君集은 凌烟圖에 들었지만 직접 반역에 참여하였고, 許敬宗은 登瀛의 선발에 들었지만 마음은 대단히 사악했으니, 이를 어떻게 처리해야 하는가. 사물이 똑같지 않음은 사물의 실정인데 어찌하여 한 순간의 사적인 견해로 결정하려 하는가. 의견만 분분할 뿐 끝내 일에 보탬이 없는 것이 당연하다.

29-6-1

禮部尙書王珪子敬直이 **尙太宗女南平公主**할새 **珪曰 禮有婦見舅姑之儀**어늘 **自近代風俗弊薄**하여 **公主出降**에 **此禮皆廢**라 **主上欽明**하사 **動循法制**하시니 **吾受公主謁見**이 **豈爲身榮**이리오 **所以成國家之美耳**라하고 **遂與其妻就位而坐**하여 **令公主親執巾**하여 **行盥饋之道**①하고 **禮成而退**러니 **太宗**이 **聞而稱善**하다 **是後**로 **公主下降**에 **有舅姑者**는 **皆遣備行此禮**하다

① 令公主親執巾 行盥饋之道：令, 平聲. 盥, 音管. 饋, 音匱. 盥, 以盤水沃手也. 左傳 "奉匜沃盥." 饋, 以食爲餉也. 易家人主中饋. 言婦人職乎中饋, 巽順而已.
令(하여금)은 平聲이다. 盥(씻다)은 音이 管이다. 饋(음식을 대접하다)는 音이 匱이다. 盥은 대야의 물로 손을 씻는 것이니 ≪春秋左氏傳≫ 僖公 23년 조에 "대야를 받들어 손을 씻는다."라고 했다. 饋는 음식을 대접하는 것이다. ≪周易≫ 家人卦에 家人이 집안의 음식을 주관한다고 했으니, 이는 婦人이 집안 음식 일을 도맡아, 순응할 뿐이라는 말이다.

禮部尙書 王珪의 아들 王敬直이 太宗의 딸 南平公主에게 장가들 때, 왕규가 말하였다.

"禮에 며느리가 시부모를 뵙는 의식이 있는데, 근대에 들어 풍속이 피폐해져 공주가 시집올 때 이 예절이 모두 폐지됐다. 주상께서 공경하시고 명철하시어 법과 제도를 곧잘 따르고 계시니, 내가 공주의 謁見을 받는 것이 어찌 자신의 영광을 위한 것이겠는가. 국가의 미덕을 완성하려 함이다."

마침내 그의 아내와 함께 자리에 나아가 앉고서 공주로 하여금 친히 수건을 들고, 손을 씻고 음식을 올리는 의례를 행하게 하고 의례를 마친 뒤 물러났다. 태종이 이야기를 듣고 훌륭하다고 했다. 그 후로 공주가 시부모가 있는 집안에 시집을 간 경우에는 모두 이 의례를 갖추어 시행하도록 했다.

【集論】

唐氏仲友曰 有父子則有舅姑어늘 漢以來尙主者가 以貴降其父하니 可謂逆人倫滅天理矣라 唐興에 猶不行婦禮어늘 王珪正之하니 不亦宜乎아

唐仲友가 말하였다.

"아버지와 자식이 있으면 시아버지와 시어머니가 있기 마련인데 漢나라 이후로 공주에게 장가든 자가 공주의 귀한 신분으로 자신의 아버지를 아래로 낮추었으니, 인륜을 거역하고 天理를 소멸시켰다고 할 만하다. 唐나라가 들어서서도 여전히 며느리의 의례를 행하지 못하였거늘, 王珪가 이를 바로잡았으니 또한 마땅하지 않는가."

愚按 古者에 王姬下嫁於諸侯할새 車服不繫其夫하고 下王后一等이나 猶執婦道하여 以成肅雝之德[43)]이어늘 降及後世하여 而此禮失矣라 夫人主는 以一身爲人倫之主하여 居億兆之上하니 斯則尊無二上也나 帝女下降은 則婦道也니 豈宜以天子之女로 而壞五常之大倫乎리오 太宗이 能善王珪言하여 使公主行婦禮하니 可謂庶幾乎人倫之主也라

내가 살펴보건대, 옛날엔 王姬(周나라 공주)가 諸侯에게 시집갈 때 수레와 의복이 그 남편에게 연계되어 王后보다 한 등급이 낮추지 않았지만 여전히 며느리의 의례를 행하여 의젓하고 온화한 德을 완성했는데, 후세에 와서 이 의례가 상실됐다. 임금은 하나의 몸으로 인륜의 주인이 되어 만백성의 위에 자리하고 있으니 이는 至尊에 둘이 없는 것이다. 하지만 임금의 딸이 아랫사람에게 시집가는 것은 며느리의 도리이

43) 王姬下嫁於諸侯……以成肅雝之德 : ≪詩經≫ 〈召南 何彼穠矣〉의 小序에 보인다. 肅雝은 경건하고 온화한 덕으로, 시집가는 공주의 아름다운 덕을 말한다.

니, 어떻게 天子의 딸이 되어 五常의 큰 윤리를 망가뜨릴 수 있겠는가. 太宗이 王珪의 말을 훌륭하게 여겨 공주로 하여금 며느리의 의례를 행하게 하였으니, 인륜의 주인에 가깝다고 말할 만하다.

29-7-1

貞觀十二年에 **太宗**이 **謂侍臣曰 古者**에 **諸侯入朝**어든 **有湯沐之邑**①하여 **芻禾百車**②하여 **待以客禮**하고 **晝坐正殿**하고 **夜設庭燎**③하여 **思與相見**하여 **問其勞苦**하며 **又漢家**도 **京城**에 **亦爲**④**諸郡立邸舍**러니 **頃聞考使**⑤**至京者**가 **皆賃房以坐**하여 **與商人雜居**하여 **纔得容身而已**라하니 **旣待禮之不足**하여 **必是人多怨歎**하리니 **豈肯竭情於共理哉**리오하고 **乃令**⑥**就京城閑坊**[44]하여 **爲諸州考使各造邸第**하고 **及成**에 **太宗**이 **親幸觀焉**하다

① 有湯沐之邑 : 古者, 諸侯, 京師有朝宿之邑, 泰山有湯沐之邑. 蓋朝宿亦名湯沐. 諸侯來京師, 主爲朝王, 故名朝宿. 從王巡狩, 主爲助祭, 祭必沐浴, 故名湯浴, 隨事立名爾.
옛날에 諸侯들이 京師에는 조회할 때 숙박하는〔朝宿〕 邑이 있고 泰山에는 湯沐邑이 있었으니 朝宿邑을 湯沐邑이라 부르기도 한다. 諸侯가 京師에 오는 것은 왕에게 조회하는 것이 위주였으므로 朝宿이라 명명한 것이고, 왕의 巡狩를 따르는 것은 제사를 보조하는 것을 위주로 하는데 제사 지낼 땐 반드시 목욕하므로 湯浴이라 명명한 것이니, 내용에 따라 그 이름을 달리한 것이다.

② 芻禾百車 : 芻, 茭也. 禾, 稈也. 所以供軍馬.
芻는 꼴이고 禾는 볏단이니, 〈芻禾는〉 軍馬에게 공급하는 것이다.

③ 夜設庭燎 : 音療, 大燭也. 諸侯將朝, 則司烜[45]以物百枚, 幷而束之, 設於門內也.
〈燎(횃불)는〉 音이 療이며 횃불이다. 諸侯가 조회 오면 司烜이 100개의 횃불을 함께 묶어 문 안에 설치한다.

④ 亦爲 : 去聲, 後同.
〈爲(위하다)는〉 去聲이다. 뒤에도 같다.

⑤ 頃聞考使 : 去聲, 後同. 卽朝集使也.
〈使(사신)는〉 去聲이다. 뒤에도 같다. 〈考使는〉 바로 朝集使[46]이다.

⑥ 乃令 : 平聲.
〈令(하여금)은〉 平聲이다.

---

44) 坊 : 중국 고대시대 城市에 백성들이 거주하던 지역의 단위를 가리킨다.

45) 司烜 : 秋官에 속한 周나라의 관직명으로, 국가의 제사에 불과 물을 제공하는 일, 禁火에 관한 일을 관장하였다.

46) 朝集使 : 지방 행정을 조정에 모여 보고하는 관리이다.

貞觀 12년(638)에 太宗이 近臣에게 말하였다.

"옛날에 諸侯가 조회하러 들어오면 湯沐邑이 있어 100수레의 꼴과 볏짚을 주며 賓客을 대우하는 禮로 대접했고 낮에는 正殿에 앉고 밤에는 마당에 횃불을 설치해서, 그들을 만나 그 노고를 묻는 것을 생각하였소. 또 漢나라 때도 京城에 여러 郡들을 위해 邸舍(京師에 있는 諸侯國이나 郡 소속의 客館)를 세웠었소. 요사이 들으니, 京師에 오는 考使가 모두 방을 임대해 지내는 탓에 商人들과 뒤섞여서 겨우 자기 몸 하나 간수할 뿐이라 하오. 대접의 禮가 부족하여 반드시 원망과 안타까워하는 이들이 많을 것이니 어찌 천하를 함께 다스리는 일에 마음을 다하려 하겠소."

京城의 한적한 坊에 각 州의 考使를 위해 각기 저택을 짓게 하고, 완성되자 태종이 직접 찾아가 살펴보았다.

【集論】

愚按 漢世에 於京師에 置諸侯王邸第하여 諸侯王朝會寓焉하고 上計吏[47]到京寓焉이라 太宗이 爲諸州考使하여 各造邸第는 允合古制요 及其成하여 親幸臨觀은 尤見優異之意니 孰不竭情於共理哉리오

내가 살펴보건대, 漢나라 때는 京師에 諸侯王의 저택을 마련해 諸侯王이 朝會할 때 유숙하거나 上計吏가 경사에 왔을 때 유숙하였다. 太宗이 여러 州의 考使를 위해 각각 저택을 지어준 것은 참으로 옛 제도에 부합한 것이고, 완성되자 친히 찾아가 살펴본 것은 더욱 우대의 뜻을 보인 것이니, 그 누가 천하를 함께 다스리는 일에 마음을 다하지 않겠는가.

29-8-1

貞觀十三年에 禮部尙書王珪奏言 準令하면 三品已上은 遇親王於路어든 不合下馬어늘 今皆違法申敬은 有乖朝典이니이다 太宗이 曰 卿輩가 欲自崇貴하고 卑我兒子耶아 魏徵이 對曰 漢魏已來로 親王班皆次三公下니이다 今三品竝天子六尙書九卿이어늘 爲

47) 上計吏 : 연말에 지방관이 중앙정부에 관련 사항을 보고하는 것을 上界라 하는데, 이를 보고하기 위해 중앙에 오는 자를 上計吏라 한다.

王下馬①하니 王所不宜當也니이다 求諸故事라도 則無可憑이요 行之於今엔 又乖國憲하니 理誠不可니이다 帝曰 國家立太子者는 擬以爲君이니 人之修短은 不在老幼라 設無太子하면 則母弟次立②하나니 以此而言컨대 安得輕我子耶리오 徵이 又曰 殷人尙質이라 有兄終弟及之義나 自周已降으로 立嫡必長③은 所以絶庶孼之窺窬하고 塞禍亂之源本이니 爲國家者가 所宜深愼이니이다 太宗이 遂可王珪之奏하다

① 爲王下馬 : 爲, 去聲.
爲(위하다)는 去聲이다.
② 則母弟次立 : 母弟, 同母之弟也.
母弟는 동복아우이다.
③ 立嫡必長 : 音掌.
〈長(우두머리)은〉 音이 掌이다.

貞觀 13년(639)에 禮部尙書 王珪가 아뢰었다.

"법령에 의하면 '3품 이상은 길 위에서 親王을 만났을 경우 말에서 내리지 않아도 된다.'라고 했는데, 지금 모두 법령을 어기고 말에서 내려 경례를 행하는 것은 조정의 법전에 어긋납니다."

太宗이 말하였다.

"경들이 스스로는 귀하게 높이려 하고 나의 아들은 낮추려는 것인가?"

魏徵이 대답하였다.

"漢나라와 魏나라 이후로 親王의 반열은 모두 三公 아래에 자리했습니다. 지금 3품 관원은 모두 天子의 6尙書와 9卿인데 친왕을 위해 말에서 내리고 있으니, 이는 친왕에게 합당한 것이 아닙니다. 지난 예에서 찾아봐도 증빙할 만한 것이 없고 현재에 시행할 경우 국가의 법에 어긋나니 이치상 참으로 옳지 않습니다."

태종이 말하였다.

"國家가 太子를 세우는 것은 장차 임금으로 세우려함이오. 인간의 수명이란 나이의 많고 적음과 무관하오. 만일 太子가 없을 경우 동복아우가 순서에 따라 그 자리에 서게 되니, 이러한 것을 근거로 한다면 어떻게 나의 아들을 가볍게 대할 수 있겠소."

위징이 또다시 말하였다.

“殷나라 사람은 질박을 중시해서 형이 세상을 떠나면 아우가 그 뒤를 잇는 의리가 있었지만 周나라 이후로는 반드시 장자를 후계로 세운 것은 庶孼들이 자리를 엿보는 것을 단절하고 재앙과 혼란의 근본을 막기 위함이니 나라를 다스리는 이가 의당 깊이 신중해야 할 일입니다.”

태종이 결국 왕규의 주청에 동의했다.

【集論】

愚按 昔漢賈誼治安之書曰 禮不敢齒君之路馬[48]하고 蹴其芻者는 有罰하고 見君之几杖則起하고 遭君之乘車則下라하고 又曰 王侯三公之貴는 皆天子之所改容而禮之也요 古天子之所謂伯父伯舅也[49]라하니 然則臣之所以致敬於其君과 君之所以禮貌於其臣은 各盡其道而已라 王珪之奏가 固然이나 而未免啓太宗輕我子之疑하고 而太宗之言이 亦豈貴貴尊賢之道哉리오 且當是時하여 儲位之定이 久矣어늘 太宗이 至是하여 而有設無太子하면 則母弟次立之語하니 固一時遠慮之言也나 如魏王泰輩之妄想[50]이 寧不兆於此言邪아 可不愼哉아

내가 살펴보건대, 옛날 漢나라 賈誼의 〈治安策〉에 “禮에 감히 임금의 路馬의 나이를 세지 않으며 路馬의 먹이를 차는 사람은 벌을 주며 임금의 几杖을 보면 일어나고 임금이 타는 수레를 만나면 수레에서 내린다.”고 하고, 또, “王侯와 三公의 존귀함은 모두 天子가 자세를 고쳐 잡고 예우한 대상이고, 이른바 옛 天子의 伯父・伯舅이다.”라고 했다. 그렇다면 신하가 임금에게 공경을 다하고 임금이 신하에게 예를 갖추는 것은 각기 자기의 도리를 다하는 것이다. 王珪의 주청이 본디 옳긴 하지만 太宗에게 나의 아들을 경시한다는 의심을 갖게 하는 걸 면치 못하였고, 태종의 말이 또한 어찌 존귀한 사람을 존귀하게 대하고 현자를 존중하는 도리이겠는가. 그리고 이때에 儲位(太子의 자리)가 정해진 지 오래였는데, 태종이 이러한 때에 ‘만약 태자가 없게 되면 동복아우가 순서에 따라 그 자리에 선다.’라고 한 것은 한때의 먼 미래를 걱정하는 말이긴 하지만, 魏王 李泰 등의 망상이 어찌 이 말에서 시작된 것이 아니겠는가. 그러니 신중하지 않아서야 되겠는가.

---

48) 路馬 : 임금이 타는 말로, 임금이 타는 수레를 路車라고 한 데에서 유래한다.

49) 禮不敢齒君之路馬……古天子之所謂伯父伯舅也 : ≪漢書≫ 〈賈誼傳〉에 보인다.

50) 魏王泰輩之妄想 : 唐 太宗의 넷째 아들인 魏王 李泰가 태종의 총애에 힘입어 장자인 恒山王 李承乾과 반목한 일을 가리킨다.

29-9-1

貞觀十四年에 太宗謂禮官曰 同爨도 尙有緦麻[51)]之恩이어늘 而嫂叔無服하고 又舅之與姨가 親疎相似어늘 而服之有殊[52)]는 未爲得禮니 宜集學者詳議하고 餘有親重而服輕者도 亦附奏聞하라

貞觀 14년(640)에 太宗이 禮官에게 말하였다.

"한솥밥을 먹는 사람에게도 緦麻服을 입는 사랑이 있는데 형제의 아내와 남편의 형제에는 服을 입는 것이 없으며 또 외삼촌과 이모는 그 親疎의 내용이 유사한데 服을 입는 기간에 차이가 있는 것은 禮의 본질에 합당하지 않으니 학자들을 모아 상세히 논의하도록 하시오. 그 밖에 친속이 중하면서 服이 가벼운 경우도 함께 논의해 아뢰도록 하시오."

29-9-2

是月에 尙書八座[53)]與禮官定議曰 臣竊聞之호니 禮는 所以決嫌疑하고 定猶豫하고 別同異①하고 明是非者也[54)]니 非從天下요 非從地出이요 人情而已矣니이다 人道所先은 在乎敦睦九族②하고 九族敦睦은 由乎親親하여 以近及遠이니이다 親屬有等差라 故喪紀有隆殺(쇄)③하고 隨恩之薄厚하여 皆稱情以立文④이니이다 原夫⑤舅之與姨가 雖爲同氣나 推之於母하면 輕重相懸이니 何則가 舅爲母之本宗이나 姨乃外戚他姓이니 求之母族하면 姨不與焉⑥이니이다 考之經史컨대 舅誠爲重이니이다 故周王念齊하여 是稱舅甥之國⑦하고 秦伯懷晉하여 實切渭陽之詩⑧니이다 今在舅服은 止一時之情하고 爲姨居喪五月⑨하여 徇名喪實하고 逐末棄本이니 此古人之情이 或有未達이라 所宜損益이 寔在茲乎니이다

---

51) 緦麻 : 緦麻服으로, 가는 베로 만든 상복이다. 五服(斬衰, 齊衰, 大功, 小功, 緦麻)의 하나로 3개월간 입었으며 팔촌, 처부모 등이 여기에 속했다.

52) 舅之與姨……而服之有殊 : ≪儀禮≫ 〈喪服〉에 舅는 緦麻이고, 姨(從母)는 小功으로 되어 있어 舅가 한 등급 낮다. 그러나 宋나라 때 ≪朱子家禮≫ 〈成服〉에는 舅와 從母가 모두 小功 조항에 수록되어 같은 등급이 되었다.

53) 尙書八座 : 漢代에 六曹의 尙書와 1令・1僕을 통칭하던 말이다. 隋・唐時代에는 6尙書와 左・右僕射, 令을 가리킨다.

54) 禮所以決嫌疑……明是非者也 : ≪禮記≫ 〈曲禮 上〉에 보인다.

① 別同異：別, 披列切.
別(구별하다)은 披와 列의 반절이다.

② 在乎敦睦九族：九族者, 高祖至玄孫之親, 擧近者以該遠, 五服異姓之親, 亦在其中.
九族은 高祖에서 玄孫까지의 친척이니 가까운 것을 들어 먼 것까지 포괄할 때 五服의 異姓 친척도 그 속에 들어 있다.

③ 故喪紀有隆殺(쇄)：喪, 平聲. 殺, 音賽.
喪(초상)은 平聲이다. 殺(줄이다)는 音이 賽이다.

④ 皆稱情以立文：稱, 去聲, 後同.
稱(걸맞다)은 去聲이다. 뒤에도 같다.

⑤ 原夫：音扶.
〈夫(대저)는〉 音이 扶이다.

⑥ 姨不與焉：與, 音預.
與(참여하다)는 音이 預이다.

⑦ 是稱舅甥之國：左傳成公二年, 晉侯使鞏朔獻齊捷于周, 王弗見使, 單襄公辭曰 "夫齊, 甥舅之國也, 寧不亦淫從其欲, 抑豈不可諫."
≪春秋左氏傳≫ 成公 2년에 晉侯가 鞏朔을 사신 보내어 齊나라에서 얻은 포로와 전리품을 周王에게 바치게 했으나, 周王이 사신을 만나보지 않고, 單襄公(선양공)을 보내어 사절하며 하기를, "齊나라는 우리의 외삼촌의 나라인데 어찌 그 사욕을 지나치게 방종하게 부리지 않았겠소. 그러나 어찌 타이를 수 없었는가."라고 했다.

⑧ 實切渭陽之詩：詩秦渭陽篇曰 "我送舅氏, 曰至渭陽." 朱子註 "舅氏, 秦康公之舅, 晉公子重耳也. 出亡在外, 穆公召而納之. 時康公爲太子, 送之渭陽, 而作此詩. 渭, 水名. 秦時都雍, 至渭陽者, 蓋東行送之於咸陽之地也."
≪詩經≫ 〈秦風 渭陽〉에 "내가 외삼촌〔舅氏〕을 전송하여 渭陽에 이르렀네."라고 했는데 朱子의 ≪集傳≫에 "舅氏는 秦 康公의 외삼촌인 晉나라 公子 重耳이다. 망명하여 외국에 있었는데, 穆公이 불러들인 것이다. 당시 康公이 太子였는데, 渭陽까지 전송하며 이 시를 지은 것이다. 渭는 물의 이름이다. 秦나라는 당시 雍을 수도로 삼고 있었으니 위양에 이르렀다는 것은 동쪽으로 가서 咸陽 땅에서 전송한 것이다."라고 했다.

⑨ 爲姨居喪五月：爲, 去聲, 後同. 喪, 平聲, 後喪紀同. 五月, 小功之服.
爲(위하다)는 去聲이다. 뒤에도 같다. 喪(초상)은 平聲이며 뒤의 喪紀의 喪도 같다. 五月(5개월)은 小功服이다.

그달에 尙書 八座와 禮官이 규범을 정하여 아뢰었다.

"신들이 삼가 들으니, 禮는 혐의를 판결하고 猶豫를 확정하고 同異를 구별하고 是非를 밝힌 것이라 했습니다. 이것은 하늘로부터 떨어진 것도 아니고 땅으로부터 솟아난 것도 아니며 人情에 근거할 뿐입니다. 인간의 도리에서 우선시

해야 하는 것은 九族 간에 화목을 돈독히 하는 데 있으며 구족 간에 화목이 돈독해지는 것은 가까운 사람을 가까이하는 데서 연유하여 가까운 곳에서 먼 곳까지 미치는 데에 있습니다. 친속 관계에 차등이 있으므로 상례의 기한에 많고 적음이 있고, 사랑의 박함과 후함을 따라서 그 인정에 맞춰 규정을 만드는 것입니다.

살펴보건대, 외삼촌과 이모는 비록 同氣間이긴 하지만 어머니 쪽에서 보면 그 경중이 현격하니, 그것은 어째서입니까. 외삼촌은 어머니의 本宗이지만 이모는 外戚의 다른 성씨에 속합니다. 따라서 어머니의 친족을 근거로 할 때 이모는 포함되지 않습니다. 經史를 고찰해보면, 외삼촌은 참으로 중시됐습니다. 그래서 周王이 齊나라를 생각하여 '舅甥의 국가다.'라고 칭했고 秦伯이 晉나라를 그리워하며 실로 渭陽의 시가 간절했습니다. 그런데 지금 외삼촌의 服은 한 철(緦麻, 3개월)의 정을 드러내는 데 그치고 이모의 상은 5개월(小功)이나 되어, 이름만 따를 뿐 사실을 벗어나고 말단만 좇으며 근본을 버렸으니 이는 古人의 마음이 도달하지 못한 것으로, 마땅히 손익을 가해야 할 것이 실제 여기에 있습니다.

29-9-3

禮記曰 兄弟之子는 **猶子也**라 **蓋引而進之也**요 **嫂叔之無服**은 **蓋推**(퇴)**而遠之也**⑩[55]라하니 **禮**에 **繼父同居**하면 **則爲之期**하고 **未嘗同居**하면 **則不爲服**하며 **從母**[56]**之夫**⑪와 **舅之妻**는 **二人相爲服**이니이다 **或曰 同爨緦麻**[57]라하니 **然則繼父且非骨肉**이로되 **服重由乎同爨**하고 **恩輕在乎異居**하니 **固知制服**이 **雖係於名文**이나 **蓋亦緣恩之厚薄者也**니이다 **或有長年之嫂**⑫가 **遇孩童之叔**하여 **劬勞鞠養**하여 **情若所生**하고 **分飢共寒**하여 **契闊**[58]**偕老**⑬하면 **譬同居之繼父**하고 **方他人之同爨**에 **情義之深淺**을 **寧可同**

55) 兄弟之子……蓋推而遠之也 : ≪禮記≫ 〈檀弓 上〉에 보인다.

56) 從母 : 여기서의 從은 同宗(同姓)을 뜻한다. 同宗은 특히 '從祖而別(할아버지를 따라 나온 방계 친속)'을 말한다. 從母는 어머니의 아버지, 즉 '외할아버지에게서 파생된 어머니뻘 친속'인 '姨母'이다. 이에 대해 從父는 '할아버지에게서 파생된 아버지뻘 친속'인 伯父·叔父이고, 從父의 아들은 從兄弟(사촌형제)이며 딸은 從姊妹(사촌자매)이다.

57) 同爨緦麻 : ≪禮記≫ 〈檀弓 上〉의 '或曰同爨緦'에 대한 孔穎達의 疏에 "함께 밥을 먹고 지냈다면 의당 緦麻의 친분이 있다.〔旣同爨而食 合有緦麻之親〕"라고 했다.

日而言哉리잇가 在其生也에 乃愛同骨肉이라가 於其死也에 則推(퇴)而遠之면 求之本源컨대 深所未喩니이다 若推(퇴)而遠之爲是⑭하면 則不可生而共居요 生而共居爲是하면 則不可死同行路니 重其生而輕其死하고 厚其始而薄其終하면 稱情立文이 其義安在리잇가 且事嫂見稱⑮은 載籍非一이니이다 鄭仲虞則恩禮甚篤⑯하고 顔弘都則竭誠致感⑰하고 馬援則見之必冠⑱하고 孔伋則哭之爲位⑲하니 此蓋竝躬踐敎義하고 仁深孝友니 察其所行之旨컨대 豈非先覺者歟아 但于時에 上無哲王하고 禮非下之所議[59]라 遂使深情鬱於千載하고 至理藏於萬古하여 其來久矣니 豈不惜哉리잇가

⑩ 蓋推(퇴)而遠之也 : 推, 他回切. 遠, 去聲, 竝後同. 禮喪記篇之辭.
推(밀다)는 他와 回의 반절이며, 遠(멀리하다)은 去聲이니, 뒤의 推와 遠도 모두 같다. ≪禮記≫는 〈喪記〉편의 내용이다.

⑪ 從母之夫 : 從, 去聲, 後同.
從(同宗)은 去聲이다. 뒤에도 같다.

⑫ 或有長年之嫂 : 長, 音掌.
長(어른)은 音이 掌이다.

⑬ 契濶偕老 : 契, 音挈.
契(고생)은 音이 挈이다.

⑭ 若推(퇴)而遠之爲是 : 爲, 如字, 後同.
爲(하다)는 본래 音義대로 독해한다. 뒤에도 같다.

⑮ 且事嫂見稱 : 如字.
〈稱(일컫다)은〉 본래 音義대로 독해한다.

⑯ 鄭仲虞則恩禮甚篤 : 名均, 後漢時人. 好義篤實, 養寡嫂孤兒, 恩禮敦至. 兄子長, 令別居竝門, 盡推財與之, 使得一尊其母.
〈鄭仲虞는〉 이름이 均이며 後漢 때의 사람이다. 의리를 중시하고 독실했으며 과부가 된 형수의 고아를 잘 길러 사랑과 예절이 모두 극진했다. 형의 아이가 자라자 별도로 살게 하되 같은 문을 쓰게 했으며 재물을 모두 미루어주어 모친을 한결같이 받들게 했다.

⑰ 顔弘都則竭誠致感 : 名含, 晉時人. 嫂樊氏因疾失明, 含盡心奉養. 醫須蚺(염)蛇膽, 含憂歎累. 時有童子持囊授含, 開視乃膽也, 藥成, 嫂病愈.
〈顔弘都는〉 이름이 含이며 晉나라 때의 사람이다. 형수 樊氏가 병으로 눈이 멀자 顔含은

58) 契闊 : 契은 합치는 것이고 闊은 멀리 떨어져 있는 것이다. ≪詩經≫ 〈邶風 擊鼓〉의 "죽을 때나 살 때나, 합쳐 있을 때나 떨어져 있을 때나 그대에게 맹세한다.〔死生契闊 與子成說〕"에서 연유한 것이다.

59) 禮非下之所議 : ≪中庸≫ 28장에 "천자가 아니면 예를 의논하지 못하며, 제도를 만들지 못하며, 문자를 考定하지 못한다.〔非天子 不議禮 不制度 不考文〕"라고 하였다.

온 정성을 다해 봉양했다. 의사가 蚺蛇(구렁이)의 쓸개가 필요하다고 하자 안함이 걱정하며 탄식을 내뿜고 있었는데, 때마침 동자 하나가 주머니를 안함에게 전해주었고 주머니를 열어보니 蚺蛇의 쓸개였다. 약이 효험을 보여 형수의 병이 치유되었다.

⑱ 馬援則見之必冠 : 馬援, 字文淵, 扶風人, 後漢伏波將軍. 奉嫂致恭, 不冠, 不敢入廬見.
馬援은 字가 文淵이며 扶風 사람으로 後漢의 伏波將軍이다. 형수를 공손히 모셔 의관을 갖추지 않으면 감히 집안으로 들어가 뵙지 않았다.

⑲ 孔伋則哭之爲位 : 孔伋, 孔子之孫, 字子思. 禮記檀弓篇 "曾子曰 '子思之哭嫂也爲位.'"
孔伋은 孔子의 손자로 字는 子思이다. ≪禮記≫ 〈檀弓〉篇에 "曾子가 말하기를 '子思가 형수를 애도할 때 靈位를 만들었다.'라고 했다."고 했다.

≪禮記≫에 이르기를, '〈상복에 있어〉 형제의 아들은 내 아들과 같이 하는 것은 이끌어 나아가게 하는 것이고, 형제의 아내와 남편의 형제에 服이 없는 것은 밀쳐서 멀리하는 것이다.'라고 했습니다. 禮에 繼父의 경우 동거했을 때는 期年服을 입고, 동거하지 않았을 때는 服을 입지 않는다고 했습니다. 이모의 남편과 외삼촌의 아내의 경우 두 사람끼리 서로 服을 입는 기간이 같습니다. 혹자가, '한솥밥을 먹은 경우 緦麻服을 입는다.'라고 했으니, 그렇다면 계부의 경우는 골육이 아니지만 服이 중한 것은 한솥밥을 먹은 것에서 연유하고, 사랑이 가벼운 것은 같이 살지 않은 것과 연관되어 있습니다. 이를 통해 상복의 제정이 비록 친척의 名義와 관계되어 있지만 또한 사랑의 후함이나 박함과도 연관되어 있음을 알 수 있습니다.

어떤 경우에 장년의 형수가 어린 시동생을 만나 정성을 다해 돌보고 키워서 정이 낳은 자식과 같고 굶주림과 추위를 함께하며 고생하면서 함께 늙어간 경우, 함께 산 계부나 한솥밥을 먹은 타인과 견줄 때 그 정과 의리의 깊이를 어찌 같은 선상에서 논할 수 있겠습니까. 살아 있을 때는 사랑하는 마음을 골육과 같이 하다가 죽었을 때는 밀쳐서 멀리하면 그 근본을 추구해볼 때 대단히 이해할 수 없는 부분입니다. 만약 밀쳐서 멀리하는 것이 옳은 것이라면 살았을 때 함께 지내서는 안 되는 것이고, 살았을 때 함께 지내는 것이 옳은 것이라면 죽었을 때 길 가는 사람과 같이 여겨서는 안 될 것입니다. 삶을 중시하고 죽음을 경시하며 시작을 후하게 여기고 마침을 박하게 여긴다면, 인정에 맞춰 예의 규정을 만든 그 의의가 어디에 있겠습니까.

그리고 형수를 섬겨 칭찬을 받은 일은 典籍에 실린 예가 한두 곳이 아닙니다. 鄭仲虞는 사랑과 예의가 매우 돈독하였고, 顔弘都는 정성을 다해 감격을 자아냈고, 馬援은 찾아뵐 땐 반드시 의관을 갖췄고, 孔伋은 곡을 할 때 靈位를 설치했습니다. 이러한 것은 모두 몸소 禮敎와 道義를 실천하고 사랑이 깊고 효심과 우애가 돈독한 것이니, 그 행위의 본질을 들여다보면 어찌 선각자가 아니겠습니까. 다만 당시 위에 어진 임금이 없고 禮는 신하들이 논할 수 있는 것이 아니어서 결국 깊은 정이 천 년 동안 답답하게 닫히고 지극한 이치가 오랜 세월동안 숨겨져서 그 유래가 오래되었으니 어찌 애석하지 않습니까.

29-9-4

今陛下以爲 尊卑之敍가 **雖煥乎已備**나 **喪紀之制**⑳가 **或情理未安**이라하사 **爰命秩宗**하여 **詳議損益**하시니 **臣等奉遵明旨**하여 **觸類傍求**하고 **採摭群經**하고 **討論傳記**㉑하여 **或抑或引**하고 **兼名兼實**하며 **損其有餘**하고 **益其不足**하여 **使無文之禮咸秩**[60]하고 **敦睦之情畢擧**하여 **變薄俗於旣往**하고 **垂篤義於將來**하니 **信六籍所不能談**이요 **超百王而獨得者也**니이다 **謹按曾祖父母**는 **舊服齊衰三月**㉒이나 **請加爲齊衰五月**하고 **嫡子婦**는 **舊服大功**㉓이나 **請加爲期**하고 **衆子婦**는 **舊服小功**이나 **今請與兄弟同爲大功九月**하고 **嫂叔**은 **舊無服**이나 **今請服小功五月**하고 **其弟妻及夫兄**도 **亦小功五月**하고 **舅**는 **舊服緦麻**나 **請加與從母同服小功五月**하노이다하니 **詔從其議**㉔하다 **此立魏徵之詞也**라

⑳ 喪紀之制 : 喪, 平聲.
喪(초상)은 平聲이다.

㉑ 討論傳記 : 論, 平聲. 傳, 去聲.
論(논하다)은 平聲이다. 傳(책, 전기)은 去聲이다.

㉒ 舊服齊衰三月 : 齊(자), 讀曰咨. 衰(최), 七雷切. 齊衰, 五服之第二等. 衣長六尺, 博四寸, 裳下緝曰齊衰.
齊는 咨라 읽으며 衰는 七과 雷의 반절이니, 齊衰는 五服의 두 번째 등급이다. 옷은 길이가 6척, 너비가 4寸이며 치마 아랫단을 가지런히 바느질했으므로 齊衰라 한 것이다.

㉓ 舊服大功 : 服九月.
〈大功은〉 9개월 服이다.

㉔ 詔從其議 : 詔・從, 如字.

---

60) 無文之禮咸秩 : ≪書經≫ 〈周書 洛誥〉에 "禮文에 없는 것까지도 모두 질서 있게 하소서.〔咸秩無文〕"를 변형한 것이다.

詔(조칙)와 從(따르다)은 본래 音義대로 독해한다.

지금 폐하께서, 尊卑의 순서가 이미 잘 갖춰져 있지만 상례의 제도가 인정과 이치에 타당하지 못한 점이 있다고 여기셔서, 秩宗(禮官)에게 명하시어 상세히 논해서 증감하도록 하셨습니다. 신들이 폐하의 밝은 뜻을 받들어 각각의 종류별로 분류하여 널리 구하고 뭇 경전에서 채집하고 傳記의 내용을 토론해서 억제하기도 하고 이끌어내기도 하며 명분과 실제를 겸하게 하여 남은 것은 줄이고 부족한 것은 더했습니다. 그리하여 條文이 없는 예절까지 모두 질서 지어 확정되게 하고 화목을 돈독히 하는 정이 모두 거행되게 하여 이전에 야박한 풍습을 변모시키고 미래에 돈독한 의리를 전하게 했으니, 이는 참으로 ≪六經≫에서 말하지 않은 내용이고 百代의 왕을 뛰어넘어 홀로 얻은 것입니다.

삼가 살펴보건대, 증조부모는 옛 복제가 齊衰(자최) 3개월인데 자최 5개월로 늘리고, 嫡子婦(맏며느리)는 옛 복제가 大功인데 期年으로 늘리고, 衆子婦(嫡子婦 이외의 일반 며느리)는 옛 복제가 小功인데 지금 형제들과 같이 大功 9개월이 되도록 하고, 형제의 아내와 남편의 형제에는 옛 복제가 服의 규정이 없지만 지금 小功 5개월 복을 입도록 하고 아우의 아내와 남편의 형 또한 小功 5개월 복을 입도록 하고 외삼촌은 옛 복제에 緦麻服이지만 이모와 같이 소공 5개월 복을 입도록 청합니다."

그 논의를 따르도록 조칙을 내렸다. 이 내용은 모두 魏徵이 직접 말한 것이다.

【集論】

范氏祖禹曰 人莫不有本하여 自高祖以上하여 推而至於無窮하니 苟或知之면 何可忘其所從來也리오 旣遠矣어든 則服有時而絶이나 先王之意가 豈以服盡而親絶乎리오 而後世不達於禮者가 或益之하고 或損之는 出於私意라 不足爲法也라 嫂叔之無服은 古之人이 豈於其嫂獨無恩乎리오 傳曰 其夫屬乎父道者는 妻皆母道也요 其夫屬乎子道者는 妻皆婦道也[61]라하니 至於嫂不可以爲母는 無屬乎妻道者也라 故推(퇴)而遠之하여 以明人倫이니 加之而無義론 不若不加之爲愈라 凡喪服은 從先王之禮하면 則正矣라

范祖禹가 말하였다.

---

61) 其夫屬乎父道者……妻皆婦道也 : ≪禮記≫ 〈大傳〉에 보인다.

"사람은 모두 근본이 없는 자가 없어서 高祖로부터 위로 올라가 무궁에 이르니 이런 사실을 정말 알게 된다면 어떻게 그 유래된 뿌리를 잊을 수 있겠는가. 시대가 오래되고 나면 服制가 끊어지는 때가 있지만 先王의 본의가 어찌 服制가 다했다고 하여 친속의 의의가 끊는 것이겠는가. 후세에 禮를 잘 모르는 이들이 더하거나 줄인 것은 사적인 생각에서 나온 것이므로 법이 될 수가 없다.

형제의 아내와 남편의 형제에 服制가 없는 것에 대해선, 옛사람이 어찌 그 형수에게만 사랑이 없는 것이어서 그러했겠는가. 傳에 이르기를, '남편이 아버지 항렬에 속할 때는 妻가 모두 어머니 항렬을 따르고, 남편이 아들의 항렬에 속할 때는 妻가 모두 며느리의 항렬에 따른다.'라고 했다. 〈시동생이〉 형수를 母로 삼을 수 없는 것은 〈시동생의 처가〉 며느리 항렬에 속할 수 없기 때문이다. 그래서 밀쳐서 멀리하여 人倫을 밝힌 것이니, 복의 기일을 늘려서 의의가 없는 것보다 늘리지 않는 편이 더 나은 것이다. 무릇 喪服은 先王이 정한 禮를 따르면 올바르다.

愚按 古之制禮는 尙矣라 嘗聞之師曰 凡喪禮에 制爲斬衰功緦之法者는 其文也요 不飮酒不食肉不處內者는 其實也니 中有其實하고 而外飾以文이라야 是爲情文之稱이니 徒服其服하고 而無其實이면 則與不服等爾라 雖不服其服이라도 而有其實者를 謂之心喪이니 心喪은 有隆而無殺라 服制之文에 有殺而有隆은 古之道也라 蓋服制는 一以周公之禮爲正이어늘 後世有所增改者는 皆溺乎其文하고 昧乎其實하여 而不究古制禮之意者也[62]라 如從父之妻는 名以母之黨而服하고 從子之妻는 名以婦之黨而服하되 兄弟之妻는 不可名以妻之黨이니 其無服者는 推(퇴)而遠之也라 然兄弟有妻之服하고 己之妻有娣姒之服하니 己雖無服이나 必不華靡於其躬하고 宴樂於其室을 如無服之人也라 同爨且服緦麻하고 朋友尙加麻[63]하고 隣喪里殯에 猶無相杵巷歌之聲[64]이어늘 奚獨於兄嫂弟婦之喪에 而恝然待之如行路人乎아 古人制禮之意가 必有在나 而未易以淺識窺也라 夫實之無所不隆者는 仁之至요 文之有所或殺者는 義之精이니 古人制禮之意가 蓋如此라 後世意欲加厚於古나 而不知古者之制가 未嘗薄也라 大抵古人所勉者는 喪之實也니 自盡於己者也요 後世所加者는 喪之文也니 可

62) 凡喪禮……而不究古制禮之意者也 : ≪五禮通考≫ 권253 〈喪禮〉에 보인다.

63) 加麻 : 스승이나 친구의 죽음을 애도하기 위하여 小斂이 끝나면 머리에 삼으로 만든 首絰을 두르는 것이다. 수질은 짚에 삼 껍질을 감은 둥근 테를 말한다.

64) 無相杵巷歌之聲 : 춘추시대 秦나라의 五羖大夫 百里奚가 죽자 "남녀가 모두 눈물을 흘리며, 동자는 노래를 부르지 않고, 방아 찧는 사람들은 서로 절구질을 멈추었다.〔男女流涕 童子不歌謠 舂者不相杵〕"고 하였다. ≪史記 商君列傳≫

號於人者也니 誠僞之相去가 爲何如[65]아 嗚呼라 安得起唐之君臣하여 而與語斯義哉아

내가 살펴보건대, 옛날 禮의 제정은 오래되었다. 일찍이 스승에게 들었다.

"무릇 喪禮에서 斬衰・功・緦의 법을 만든 것은 형식이고, 술을 마시지 않고 고기를 먹지 않고 내실에 거처하지 않는 것은 실질이다. 안에 실질이 있고 밖에 형식으로 꾸며야만 실질과 형식이 잘 어울리는 것이 된다. 한낱 그 服만 있고 실질이 없다면 服을 입지 않는 것과 다름없다. 비록 服을 입지 않아도 실질을 갖고 있는 것을 心喪이라 이르니, 心喪은 더함은 있어도 줄임이 없다.

服制의 형식에 줄임도 있고 더함도 있는 것이 옛 道이다. 服制는 한결같이 周公이 정한 禮를 기준으로 삼아야 한다. 후세에 증가시키거나 개정한 경우는 모두 그 형식에 빠지고 실질에 어두워서 禮를 제정한 옛 뜻을 궁구하지 못한 것이다.

예컨대 從父(백숙부)의 妻는 母의 黨이라 명명하여 服을 입고 從子(조카)의 妻는 婦의 黨이라 명명하여 服을 입지만, 兄弟의 妻는 妻의 黨이라 명명할 수 없으니, 服이 없는 것은 밀쳐서 멀리한 것이다. 하지만 형제의 妻에게 服이 있고 자신의 妻는 娣姒(형제 아내끼리의 호칭)의 服이 있으니, 자신이 비록 복이 없는 경우라도 반드시 그 몸을 화사하게 꾸미거나 그 집에서 잔치를 벌이기를 服이 없는 사람처럼 해서는 안 된다. 한솥밥을 먹는 관계도 緦麻服을 입고 친구 사이에도 加麻를 하고 이웃이 喪을 당하여 마을에 빈소가 차려질 때도 방아 찧는 노래 소리가 들리지 않는데, 어찌 형의 처와 아우의 처가 喪을 당했는데 버젓이 길 가는 사람처럼 대할 수 있겠는가.

옛사람이 禮를 제정한 뜻이 반드시 있겠지만, 미천한 식견으로 그 뜻을 들여다보기가 쉽지는 않다. 무릇 실질에 더하지 않음이 없음은 仁의 지극함이고 형식에 가끔 줄임이 있음은 義의 정밀함이니, 옛사람이 禮를 제정한 뜻이 이와 같은 것이다. 후세 사람들이 옛것보다 후하게 하려 하지만, 옛것의 제정이 일찍이 박하지 않음을 모르는 것이다. 무릇 옛사람이 힘쓴 것은 喪의 실질이니 자신이 해야 할 일을 다하는 것이고, 후세에 더하려 함은 喪의 형식이니 남들에게 자랑하고 싶은 것이다. 그 진실과 거짓의 거리가 얼마인가. 아, 어떻게 하면 唐나라의 君臣들을 다시 일깨워서 이 의의를 함께 이야기할 수 있을까."

29-10-1

貞觀十七年十二月癸丑에 太宗이 謂侍臣曰 今日은 是朕生日이니 俗間以生日可爲

65) 從父之妻……爲何如 : ≪讀禮通考≫ 권28 〈喪期 28 通論 中〉에 보인다.

喜樂①이나 **在朕情**엔 **翻成感思**로다 **君臨天下**하여 **富有四海**나 **而追求侍養**②이라도 **永不可得**이니 **仲由懷負米之恨**③이 **良有以也**로다 **況詩云 哀哀父母**여 **生我劬勞**④라하니 **奈何以劬勞之辰**에 **遂爲宴樂之事**리오 **甚是乖於禮度**라하고 **因而泣下久之**⑤하다

① 俗間以生日可爲喜樂 : 音洛, 後同.
〈樂(즐겁다)은〉 音이 洛이다. 뒤에도 같다.

② 而追求侍養 : 去聲.
〈養(봉양)은〉 去聲이다.

③ 仲由懷負米之恨 : 家語 "子路曰 '昔者, 由也事二親之時, 常食藜藿之食, 爲親負米於外. 親沒之後, 南遊於楚, 從車百乘, 積米萬鍾, 願欲食藜藿, 爲親負米, 不可復得也.'"
≪孔子家語≫에 "子路가 말하였다. '옛날 由(子路의 이름)가 양친을 모실 때 언제나 명아주 잎과 콩잎만을 먹으면서 양친을 위해 멀리서 쌀을 짊어지고 왔었다. 양친이 돌아가시고 나서 남쪽 楚나라로 갈 때 따르는 수레가 百乘이고 쌓인 쌀이 萬鍾에 이르렀지만 명아주 잎과 콩잎을 먹고 양친을 위해 쌀을 짊어오고 싶어도 다시는 그렇게 할 수 없다.'라고 했다." 하였다.

④ 生我劬勞 : 上音渠, 病苦也. 詩蓼莪篇之辭.
위의 劬는 音이 渠이니 아프고 힘든 것이다. ≪詩經≫ 〈小雅 蓼莪〉의 기사이다.

⑤ 因而泣下久之 : 通鑑係二十年十二月癸未.
≪資治通鑑≫ 貞觀 20년 12월 癸未日 조에 해당한다.

貞觀 17년(643)에 12월 癸丑日에 太宗이 近臣에게 말하였다.

"오늘은 짐의 생일이오. 세속에선 생일날을 기쁨을 누리는 날로 삼지만 짐의 마음엔 도리어 슬픈 감회가 이오. 천하에 임금으로 임하고 사해를 갖는 부를 이뤘지만 부모님을 모시고 받드는 일을 다시 구하려 해도 영원히 얻을 수가 없소. 仲由가 쌀을 짊어진 회한을 품은 것은 참으로 이유가 있었던 것이오. 하물며 ≪詩經≫에서, '애닯구나, 부모시여. 날 낳으실 때 힘드셨네.'라고 했으니, 어떻게 나를 낳아 애쓰신 날에 기쁨을 누리는 일을 하겠소. 禮의 법도에 대단히 어긋나는 것이오."

이어서 한동안 눈물을 흘렸다.

【集論】

胡氏寅曰 劬勞之日에 **父母存**커시든 **置酒爲壽**하고 **因以自慶可也**나 **父母旣亡**커시늘 **於是焉**

大爲宴樂하면 有人心者가 宜乎此焉變矣라 天子者는 天下之表儀也로되 太宗이 念親不宴而泣하니 去之數百歲이나 讀其言하면 猶使人惻然有感이라 而後世流弊之遠을 取於百姓하여 而爲人臣報上之忠하니 必如太宗一掃除之하면 則人主孝慕之志彰하고 而臣子諂諛之習革矣리라

胡寅이 말하였다.

"나를 힘들게 낳으신 날 부모가 살아 계시면 술자리를 마련해 獻壽를 한 뒤 이어서 자신을 경축하는 것은 괜찮지만 부모가 돌아가신 뒤에 생일날 연회를 크게 베풀면 사람의 마음을 가진 자가 그 마음이 변할 것이다. 天子는 천하의 의표이다. 太宗이 부모를 생각하여 연회를 베풀지 않고 눈물을 흘렸으니, 수백 년이 지났으나 지금 그 말을 읽어보면 여전히 사람을 서글픈 감상이 있게 한다. 그런데 후세에 오랫동안 쌓여온 폐해를 백성에게서 취하여 신하가 윗사람에게 보답하는 충성으로 삼고 있으니, 반드시 태종처럼 이를 말끔히 씻는다면 임금의 부모를 사모하는 뜻이 현창되고 신하의 아첨하는 풍습이 개혁될 것이다."

愚按 以己之生日에 而念劬勞는 君上之至情也요 以君之生日에 而上朝賀는 臣子之至情也니 君上敎天下以孝하고 臣子訓天下以忠하여 兩盡其情이 可也라

내가 살펴보건대, 자신의 생일에 나를 힘들게 낳으신 것을 생각하는 것은 임금의 지극한 마음이고, 임금의 생일에 조정에서 하례를 올리는 것은 신하의 지극한 마음이니, 임금이 천하를 효도로 교화하고 신하가 천하를 충성으로 가르쳐 각자 그 마음을 극진히 하는 것이 옳다.

29-11-1

太常少卿①祖孝孫②이 奏所定新樂③커늘 太宗曰 禮樂之作은 是聖人緣物設敎하여 以爲撙節④이니 治政善惡이 豈此之由리오 御史大夫杜淹이 對曰 前代興亡이 實由於樂하니 陳將亡也에 爲玉樹後庭花⑤하고 齊將亡也에 而爲伴侶曲⑥한대 行路聞之하고 莫不悲泣하니 所謂亡國之音[66]이니이다 以是觀之컨대 實由於樂이니이다 太宗曰 不然하다 夫音聲이 豈能感人⑦이리오 歡者聞之則悅하고 哀者聽之則悲하니 悲悅은 在於人心이요

66) 亡國之音 : ≪禮記≫ 〈樂記〉에 "망국의 음악이 애달프고 슬픈 것은 망국의 백성이 곤궁하기 때문이다.〔亡國之音 哀以思 其民困〕"라고 하였다.

非由樂也라 **將亡之政**은 **其人心苦然**하니 **苦心相感**이라 **故聞而卽悲耳**니 **何樂聲哀怨**이 **能使悅者悲乎**아 **今玉樹伴侶之曲**이 **其聲具存**하니 **朕能爲公奏之**⑧하면 **知公必不悲耳**라 **尙書右丞魏徵**이 **進曰 古人稱禮云禮云**이나 **玉帛云乎哉**⑨아 **樂云樂云**이나 **鐘鼓云乎哉**⑩[67]아하니 **樂在人和**요 **不由音調**⑪니이다하니 **太宗然之**⑫하다

① 太常少卿 : 少, 去聲.
少(버금)는 去聲이다.

② 祖孝孫 : 祖, 姓也. 孝孫, 名.
祖는 성이고 孝孫은 이름이다.

③ 奏所定新樂 : 初隋用黃鐘一宮, 惟擊七鐘, 其五鐘設而不擊, 謂之啞鐘. 至是, 協律郎張文收, 乃依古斷竹爲十二律, 命與孝孫吹調五鐘, 叩之而應, 由是十二律皆用. 而孝孫又以(二)[68]十二(用)〔月〕[69]旋相爲六十聲·八十四調, 雅樂成調, 無出七聲. 七聲, 一宮二商三角四變徵五正徵六羽七變宮. 本宮近相用, 唯樂章, 則隨律定均, 合以笙磬, 節以鐘鼓.
애초에 隋나라가 黃鐘을 첫째 음인 宮으로 삼았는데, 오직 7개의 종만 치고 5개의 종은 설치하기만 하고 치지 않았으니 이를 啞鐘이라 한다. 이때 協律郎 張文收가 옛것에 의거해 대나무를 잘라 12律을 만들었고 황제가 명하여 祖孝孫과 함께 5개의 종을 곡조에 편입시켜 쳐서 응하게 했으니, 이로 말미암아 12律이 모두 사용되었다. 그런데 조효손이 또다시 12개월(十二支)을 가지고 〈5音과 7聲으로〉 상호 전환하여 60聲과 84調를 만들었는데, 雅樂의 완결 곡조는 7聲을 벗어남이 없었다. 7聲은 첫째가 宮이고, 둘째가 商이고, 셋째가 角이고, 넷째가 變徵이고, 다섯째가 正徵이고, 여섯째가 羽이고, 일곱째가 變宮이다. 本宮은 가깝게 서로 쓰지만 樂章만큼은 律에 따라 균형을 이루어, 笙簧과 石磬으로 합치고 종과 북으로 조절한다.

④ 以爲撙節 : 撙, 祖本切.
撙(절제하다)은 祖와 本의 반절이다.

⑤ 爲玉樹後庭花 : 陳後主奢淫日甚, 每飮酒, 使妃嬪與狎客共賦詩, 采其艶麗者, 被以新聲, 選宮女千餘人, 習而歌之, 分部迭進. 其曲有玉樹後庭花·臨春樂, 大略皆美諸妃嬪之容色. 君臣相酣歌, 自夕達旦, 以此爲常, 由是覆滅.
陳나라 後主가 사치와 음란이 갈수록 심해서, 주연을 베풀 때마다 妃嬪과 친한 객들로 하여금 함께 시를 짓게 하고, 그 가운데 아름다운 것을 선택해서 이에 맞게 새로운 곡조로 짓고 궁녀 천여 명을 선발해서 그것을 익혀 노래하게 하고, 각 부로 나눠 번갈아 연주하

---

67) 禮云禮云……鍾鼓云乎哉 : ≪論語≫ 〈陽貨〉에 보인다.

68) (二) : 저본에는 '二'로 되어 있으나, ≪新唐書≫ 권21 〈禮樂志〉에 의거하여 衍字로 보았다.

69) (用)〔月〕: 저본에는 '用'으로 되어 있으나, ≪新唐書≫ 권21 〈禮樂志〉에 의거하여 '月'로 바로잡았다.

게 했다. 그 곡조에 〈玉樹後庭花〉와 〈臨春樂〉 등이 있는데, 대략은 모두 妃嬪의 모습을 찬미한 것이다. 임금과 신하가 서로 노래하고 즐기기를 밤부터 아침까지 계속하여 이것을 일상사로 삼으니 이로 말미암아 나라가 멸망하였다.

⑥ 而爲伴侶曲 : 齊東昏侯時, 作伴侶曲, 後爲蕭衍所滅.
南齊 東昏侯(蕭寶卷) 때 〈伴侶曲〉을 만들었는데, 뒤에 蕭衍에게 멸망당했다.

⑦ 夫音聲 豈能感人 : 夫, 音扶.
夫(대저)는 音이 扶이다.

⑧ 朕能爲公奏之 : 爲, 去聲.
爲(위하다)는 去聲이다.

⑨ 禮云禮云 玉帛云乎哉 : 唐史, 無此九字.
≪新唐書≫에는 이 9자가 없다.

⑩ 樂云樂云 鐘鼓云乎哉 : 論語孔子之辭.
≪論語≫ 〈陽貨〉의 孔子 말이다.

⑪ 不由音調 : 去聲.
〈調(곡조)는〉 去聲이다.

⑫ 太宗然之 : 按通鑑係貞觀二年, 祖孝孫以爲梁陳之音多吳楚, 周齊之音多胡夷. 於是斟酌南北, 考以古聲, 作唐雅樂, 凡八十四調三十一曲十二和. 詔協律郎張文收, 與孝孫同修定, 六月乙酉, 孝孫等奏新樂, 上曰 "云云."
살펴보면 ≪資治通鑑≫ 貞觀 2년(628)에 "祖孝孫이 梁나라와 陳나라의 음악은 吳와 楚지방의 노래가 많고, 北周와 北齊의 음악은 오랑캐의 노래가 많다 하여, 이에 南朝와 北朝의 음악을 참작하고 古聲을 참고하여 唐나라 雅樂을 만들었으니 모두 84調 31曲 12和이다. 協律郎 張文收에게 조칙을 내려, 조효손과 함께 이를 수정하도록 했고, 그해 6월 乙酉日에 조효손 등이 新樂을 상주하자, 太宗이 운운했다."라 하였다.

太常少卿 祖孝孫이 확정한 新樂을 아뢰자, 太宗이 말하였다.

"禮와 樂을 지은 것은 聖人이 사물을 통해 가르침을 설정해서 적절히 조절하려 함이니 정사에 있어서의 선과 악이 어찌 여기에서 연유되겠소."

御史大夫 杜淹이 대답하였다.

"지난 시대의 흥망은 실로 樂에서 연유했습니다. 陳나라가 망하려 할 때 〈玉樹後庭花〉를 만들었고 齊나라가 망하려 할 때 〈伴侶曲〉을 만들었는데 길 가는 사람이 듣고 모두 슬픔의 눈물을 흘렸으니 이른바 亡國의 음악입니다. 이것으로 본다면 실제 음악에서 연유됩니다."

태종이 말하였다.

"그렇지 않소. 음악이 어떻게 사람을 감동시킬 수 있겠소. 기쁜 사람이 들으면 기쁘고 슬픈 사람이 들으면 슬프니, 슬픔과 기쁨은 그 사람의 마음에 들어 있는 것이지 음악에 말미암는 것이 아니오. 망하려는 즈음의 정치는 사람들의 마음이 괴롭소. 괴로운 마음들이 서로 감응했으므로 듣고서 슬퍼한 것일 뿐이지, 어찌 슬픔과 원망이 담긴 음악소리가 기쁜 자로 하여금 슬프게 할 수 있겠소. 지금 〈옥수후정화〉와 〈반려곡〉이 그 곡조가 모두 남아 있는데 짐이 공을 위해 연주하면 공이 반드시 슬퍼하지 않을 것을 나는 아오."

尙書右丞 魏徵이 나아가 말하였다.

"옛사람이 일컫기를, '禮, 禮라 하는데 옥의 비단을 말한 것이겠는가. 樂, 樂이라 하는데 종과 북을 말한 것이겠는가.'라고 했으니 음악은 〈근본 뜻이〉 人和에 있지 음조에 말미암지 않습니다."

태종이 동의하였다.

【集論】

司馬氏光曰 禮者는 聖人之所履也요 樂者는 聖人之所樂(락)也니 聖人이 履中正而樂和平하고 又思與四海共之하고 百世傳之하여 於是에 作禮樂焉이라 夫禮樂은 有本有文하니 中和者는 本也요 容聲者는 末也니 二者는 不可偏廢라 先王이 守禮樂之本하여 未嘗須臾去其心하고 行禮樂之文하여 未嘗須臾遠於身이라 興於閨門하여 著於朝廷하고 被於鄕遂比隣[70)]하며 達於諸侯하고 流於四海하여 自祭祀軍旅로 至於飮食起居히 未嘗不在禮樂之中이라 如此數十百年然後에 治化周浹하여 鳳凰來儀[71)]也라 苟無其本하고 徒有其末하여 一日行之하고 而百日舍之하면 則雖韶夏濩武[72)]之音이라도 亦不能有以化一夫矣어든 況齊陳淫昏之主의 亡國之音이 暫奏於庭하면 烏能變一世之哀樂乎아 而太宗이 遽云 治之隆替는 不由於樂이라하니 何其發言之易하여 而果於非聖人也아

司馬光이 말하였다.

---

70) 鄕遂比隣 : 모두 행정구역 명칭이다. 王畿의 교내에 6鄕을 두고 교외에 6遂를 두었다. 5家를 比라 하고 5比를 閭라 하는데, 5家를 隣, 5隣을 里라 하기도 한다. ≪周禮 地官≫

71) 鳳凰來儀 : 봉황이 찾아와 춤을 춘다는 의미로, 치세를 상징한다. ≪書經≫ 〈虞書 益稷〉에 "簫韶(舜임금의 음악) 아홉 악장을 연주하자, 봉황이 찾아와서 춤을 추었다.〔簫韶九成 鳳凰來儀〕"라고 하였다.

72) 韶夏濩武 : 韶는 舜임금의 樂名이고 夏는 禹王의 樂名이고 濩은 湯王의 樂名이고 武는 武王의 樂名이다.

"禮는 聖人이 이행하는 것이고 樂은 성인이 즐기는 것이니 성인이 中正의 道를 이행하고 和平을 즐기고, 또 천하 사람들과 이를 함께하고 먼 후세까지 전하려 생각하면서 禮와 樂을 지은 것이다. 禮와 樂엔 근본이 있고 형식이 있으니 中正과 和平은 근본이고 모습과 소리는 말단이니, 두 가지 가운데 하나도 없어선 안 된다.

先王이 예악의 근본을 지켜 일찍이 잠시도 그 마음에서 떠나지 않았고 예악의 형식을 실행하여 일찍이 잠시도 몸에서 멀리하지 않았다. 가정에서 일으켜 朝廷에 나타내고 鄕·遂·比·隣에 미치고 諸侯에게 도달하고 온 천하에 퍼지게 해서, 祭祀와 軍旅에서부터 음식과 행동거지 등에까지 일찍이 예와 악 가운데 있지 않은 적이 없었다. 이와 같기를 수십 년에서 백 년 정도 한 뒤에야 정치의 교화가 두루 미치게 되어 鳳凰이 찾아와 춤을 추었던 것이다.

진실로 근본은 없고 말단만 있어 하루만 실행하고 백 일 동안 놓아버린다면 비록 韶·夏·濩·武의 음악이 있다고 해도 한 사람도 교화시킬 수 없다. 더구나 齊나라와 陳나라의 음탕하고 혼매한 군주의 亡國의 음악을 대번에 조정에서 연주한다면 어떻게 한 세상의 슬픔과 기쁨의 감정을 변모시킬 수 있겠는가. 太宗이 언뜻 '정치의 융성과 쇠락은 음악에 말미암지 않는다.'라고 했으니, 어찌하여 그처럼 쉽게 말을 하여 聖人을 비난하는 데에 과감하게 하였던 것인가."

朱氏黼曰 樂生於人心하여 未嘗不與政通也니 發於外者가 雖本於人心之喜怒哀樂이나 而作於外者도 亦足以感其心之逆順邪正이라 世有治亂이라 故其音에 有安樂怨怒之別하고 而其音噍殺嘽緩粗厲勁直이 亦足爲其民之思憂康樂剛毅肅敬之殊라 聞韶濩之音하면 不覺和易하고 聽鄭衛之曲하면 不期流靡는 事有固然이니 是豈經傳謾云哉리오 如太宗所言인댄 則聖人移風易俗之具와 防情敎和之理가 皆妄誕也니 聖人曰 鐘鼓云은 蓋傷後世徇器而忘情하고 知末而喪本耳라 魏徵이 知太宗之非어도 不諫하고 而反執是以順其旨하니 不惟不知樂이요 固亦不知經義也라

朱黼가 말하였다.

"樂은 사람의 마음에서 생겨나 일찍이 정사와 통하지 않은 것이 없다. 밖으로 나타난 것이 비록 마음의 喜·怒·哀·樂에 근거하지만, 밖에서 만들어진 것 또한 마음의 거역·순응·사악·바름을 느끼게 할 수 있다. 세상에 다스려짐과 혼란이 있으므로 그 음에 편안함·즐거움·원망·노여움의 구별이 있고, 그 음의 메마르고 감쇄하며 느슨하며 거칠며 힘찬 것이 또한 충분히 그 백성이 걱정하고 편안하고 굳건하고 공

경하는 차이를 가지게 된다. 韶와 濩의 음악을 들으면 저도 모르게 온화하고 평안해지고 鄭과 衛의 음악을 들으면 저도 모르게 사치에 흐르게 되는 것은 이 일이 본디 자연스런 것이니, 어찌 經傳(≪論語≫)에서 함부로 말한 것이겠는가.

太宗이 말한 대로라면 聖人이 풍속을 바꾸는 도구와 방탕한 情을 막고 화평을 가르치는 이치가 모두 허망한 것이 된다. 聖人이 "종과 북을 말하는 것이겠는가."라고 한 말은 후세 사람들이 도구만을 따른 채 내용을 잊고 말단만을 안 채 본질을 손상시킨 것을 안타까워해서이다. 魏徵이 태종의 잘못을 알고도 諫하지 않고 도리어 이것을 가지고 그 뜻에 순응했으니 樂을 모를 뿐만 아니라 진실로 경전의 본래 뜻도 모른 것이다.

愚按 古者聖人之作樂也에 功成治定하고 德洽仁浹하여 衆賢和於上하고 萬民和於下然後에 定律本하고 制器物하고 立曲調하고 習舞節하여 作爲一代之樂하여 以養情性하고 育人才하고 事神祇하고 和上下하나니 其體用功效가 廣大深切如此라 是故黎民時雍[73]은 韶樂之本也나 然非后夔[74]制樂이면 何以致鳳凰來儀之盛이리오 綏萬邦하여 屢豐年[75]은 武樂之本也나 然非周公制樂이면 何以致淸廟肅雝[76]之盛이리오 蓋樂本於聖人之德이나 而樂之成也는 又有以輔聖人之德하고 樂本於天地之和나 而樂之成也는 又有以召天地之和라 先王重其本이나 而未嘗遺其末也요 盡其實이나 而未嘗舍其文也니 徒有其樂而無其德이면 固無以爲美教化成風俗之本이요 徒有其德而無其樂이면 則亦何以爲感神人和上下之具哉리오 唐之君臣이 謂樂在人和라하니 亦可謂知樂之本矣라 然遽謂治政善惡이 豈此之由는 則是先王制作이 皆爲具文矣니 豈不悖哉리오 嗚呼라 自秦滅典籍으로 樂經最爲殘缺하여 今其可知者가 百不存一하여 後之人君이 汲汲而求之라도 猶懼其漫滅難考어늘 而況訾爲無用之具乎아 司馬氏가 譏其發言之易而果於非聖人이 詎不信哉아

내가 살펴보건대, 옛날 聖人이 樂을 지을 때 功이 완성되며 정치가 안정되고 德이 흡족하고 仁이 충분하여 뭇 현자가 위에서 화목하고 뭇 백성이 아래에서 화목한 뒤에 音律의 근본을 정하고 기구를 제정하고 곡조를 만들고 춤의 리듬을 익히게 해서

---

73) 黎民時雍 : ≪書經≫ 〈虞書 堯典〉에 보인다.

74) 后夔 : 舜임금 때에 音樂을 관장하던 신하이다.

75) 綏萬邦 屢豐年 : ≪詩經≫ 〈周頌 桓〉에 보인다.

76) 淸廟肅雝 : 淸廟는 ≪詩經≫ 〈周頌〉의 편명으로, 周公이 洛邑을 건설한 뒤 제후들을 거느리고 文王의 사당에 제사할 때 부른 樂歌인데, 문왕의 덕이 純一하고 잡되지 아니하여 하늘과 간격이 없음을 칭송하였다. 肅雝은 그 가사인데, "아, 심원하도다. 이 청정한 사당이여, 제사를 돕는 公侯들이 공경하고 화락하도다.〔於穆淸廟 肅雝顯相〕"라고 하였다.

한 시대의 음악으로 만들어 그것으로 情과 性을 함양하고 人才를 기르고 天神과 地祇를 모시고 위와 아래를 화목하게 했으니, 그 體와 用의 공효가 이처럼 넓고 크고 깊고 절실하다. 따라서 "뭇 백성들이 화목하다."는 말은 韶 음악의 본질이지만 后夔가 음악을 제정하지 않았다면 어떻게 봉황이 와서 춤추는 성대함을 이룰 수 있었겠는가. 또 "온 나라를 편안하게 하여 豐年이 여러 번 돈다."는 말은 武王의 음악의 근본이지만 周公이 음악을 제정하지 않았다면 어떻게 淸廟의 엄숙하고 화락한 성대함을 이룰 수 있었겠는가. 樂은 성인의 덕에 근거하지만 樂의 완성은 또다시 성인의 덕을 돕고 樂은 천지의 조화에 근거하지만 樂의 완성은 또다시 천지의 조화를 부르게 된다.

先王이 그 근본을 중시하면서도 일찍이 그 말단을 버리지 않고 그 실질을 극진히 하면서도 일찍이 형식을 버리지 않았다. 樂만 있고 德이 없으면 진실로 교화를 아름답게 하고 좋은 풍속을 완성할 근본을 만들 수 없고, 德만 있고 樂이 없으면 또 어떻게 神과 사람을 감동하고 위와 아래를 조화롭게 할 도구를 만들 수 있겠는가. 唐나라의 君臣이, "음악은 人和에 달려 있다."라고 한 말은 樂의 근본을 안다고 말할 수 있다. 하지만 언뜻 "정치의 선과 악이 어찌 이것을 말미암겠는가."라고 한 말은 선왕이 만든 것이 모두 한낱 형식적 도구라고 하는 것이니, 어찌 어긋나는 것이 아니겠는가. 아, 秦나라가 전적을 소멸시키고 나서 ≪樂經≫이 가장 많이 缺失되어 오늘날 알 수 있는 것이 백에 하나도 안 된다. 후대의 임금이 애써 찾는다 해도 여전히 흩어지고 사라져서 고찰하기 어려울까 우려되거늘 하물며 쓸데없는 도구라고 헐뜯어서야 되겠는가. 司馬光이, '쉽게 말을 하여 성인을 비난하는 데에 과감하다.'라고 비난한 것이 어찌 진실이 아니겠는가.

29-12-1

貞觀七年에 **太常卿蕭瑀奏言**호대 **今破陳樂舞**①는 **天下之所共傳**이니이다 **然美盛德之形容**엔 **尙有所未盡**하니 **前後之所破劉武周**②**薛擧**③**竇建德王世充等**을 **臣願圖其形狀**하여 **以寫戰勝攻取之容**하소서 **太宗曰 朕當四方未定**하여 **因爲天下**④**救焚拯溺**이라 **故不獲已乃行戰伐之事**⑤하니 **所以人間遂有此舞**하고 **國家因茲亦制其曲**이라 **然雅樂之容**이 **止得陳其梗槪**니 **若委曲寫之**하면 **則其狀易**(이)**識**⑥이라 **朕以見**(현)**在將相**⑦이 **多有曾經受彼驅使者**⑧하니 **旣經爲一日君臣**이어늘 **今若重見其被擒獲之勢**⑨하면 **必當有所不忍**하리니 **我爲此等所以不爲也**로라 **蕭瑀謝曰 此事**는 **非臣思慮所及**⑩이니이다

① 今破陳樂舞：陳, 音陣. 破陳樂, 卽七德舞也. 太宗爲秦王時, 破劉武周, 軍中相與作破陳樂, 用樂工百二十八人, 被銀甲執戟而舞. 凡三變, 每變爲四陣象刺, 左圓右方, 先偏後伍, 交錯曲伸, 以象魚龍鵝鸛, 觀者莫不扼腕踊躍. 元日・冬至, 朝會慶賀常奏. 後舞人改用進賢冠・虎文袴・騰蛇帶・烏皮靴, 二人執旌居前. 更號神功破陣樂. 七德者, 取左傳武有七德[77]名之也, 所以示其發揚蹈厲之容也.

陳(진지)은 音이 陣이다. 〈破陳樂〉은 바로 〈七德舞〉이다. 太宗이 秦王이었을 때 劉武周를 격파하고 軍中에서 〈破陳樂〉을 만들었으니 128명의 樂工이 銀 갑옷을 입고 창을 들고 추는 춤이다. 3變으로 이루어져 있는데 매 變마다 네 개의 陣을 이루어 찌르는 것을 형상한다. 왼쪽은 둥글고 오른쪽은 각이 지며 앞은 偏(25명 군대 편제)이, 뒤는 伍(5명 군대 편제)가 서로 교차하며 굽혔다 폈다 하여, 물고기・거위・용・황새를 형상화해서, 구경하는 자들이 모두 손목을 불끈 쥐고 펄쩍펄쩍 뛰었다. 元日(정월 초하루)과 冬至에 朝會의 慶賀가 있을 때마다 연주한다. 뒤에 무용수들이 進賢冠, 虎文袴, 騰蛇帶, 烏皮靴로 바꿔 입고 두 사람이 깃발을 들고 앞에 섰다. 악명을 〈神功破陣樂〉이라 바꾸었다. 七德은 ≪春秋左氏傳≫의 "武에 일곱 가지 덕이 있다."라는 표현을 취해 명명한 것으로, 기세 좋게 움직이고 세차게 발돋움하는 모습을 나타낸 것이다.

② 劉武周：馬邑人, 隋世爲鷹揚校尉. 義寧初據馬邑郡起兵, 附于突厥, 突厥立武周爲定楊可汗, 稱帝改元. 後太宗敗之于幷州, 奔突厥, 爲突厥所斬.

〈劉武周는〉 馬邑 사람이며 隋나라 때 鷹揚校尉였다. 義寧(隋 恭帝 연호) 초기에 馬邑郡을 근거지로 병사를 일으켜 突厥에 붙자 돌궐이 유무주를 定楊可汗으로 옹립하니, 帝라 칭하고 연호를 바꿨다. 뒤에 太宗이 幷州에서 패퇴시키자 돌궐로 도망갔다가 돌궐에 의해 참수당했다.

③ 薛擧：蘭州人, 隋末起兵, 自號西秦霸王. 建元後僭帝號于蘭州, 太宗降擧于高墌城, 未幾死. 子仁杲代立, 秦王率諸將討之, 以仁杲及其黨歸京師, 斬之.

〈薛擧는〉 蘭州 사람이며 隋나라 말기에 병사를 일으켜 스스로 西秦霸王이라 불렀다. 연호를 만든 뒤 蘭州에서 帝號를 참칭했는데, 太宗이 설거를 高墌城에서 항복시켰고 얼마 있지 않아 죽었다. 아들 薛仁杲가 뒤이어 즉위했는데 秦王이 제장들을 이끌고 토벌하여 설인고와 그 무리들을 京師로 데리고 돌아와 참수했다.

④ 因爲天下：爲, 去聲, 後我爲同.

爲(위하다)는 去聲이며, 뒤 '我爲'의 爲도 같다.

⑤ 戰伐之事：戰, 一作攻.

戰은 어떤 본에는 攻으로 되어 있다.

---

77) 武有七德：≪春秋左氏傳≫ 宣公 12년 조에 "武는 폭력의 제지, 전쟁의 방지, 강력한 힘의 보장, 승리의 공고, 사회의 안정, 백성의 단결, 생산의 발전을 하기 위한 것이다.〔夫武禁暴戢兵保大定功安民和衆豐財者也〕"라고 했는데, 杜預의 주석에 "이것을 武의 七德이다.〔此武七德〕"라고 했다.

⑥ 其狀易(이)識 : 易, 以豉切.
易(쉽다)는 以와 豉의 반절이다.
⑦ 朕以見(현)在將相 : 見, 音現. 將·相, 竝去聲.
見(현재, 나타나다)은 音이 現이다. 將(장수)과 相(재상)은 모두 去聲이다.
⑧ 多有曾經受彼驅使者 : 曾, 音層.
曾(일찍이)은 音이 層이다.
⑨ 今若重見其被擒獲之勢 : 重, 平聲.
重(거듭)은 平聲이다.
⑩ 非臣思慮所及 : 按史志, 太宗令魏徵與李百藥等, 更製破陣樂, 名曰七德舞. 舞初成, 觀者皆踊躍, 諸將上壽, 群臣皆稱萬歲, 蠻夷在庭者, 請相率以舞. 自是朝會慶賀, 與九功舞同奏.
살펴보건대, ≪新唐書≫ 〈禮樂志〉에 太宗이 魏徵과 李百藥 등에게 〈破陣樂〉을 다시 만들도록 했는데 그 이름이 '七德舞'이다. 춤이 처음 완성됐을 때 관람자들이 함께 나와 춤을 췄고 제장들이 헌수를 올렸으며 여러 신하들이 모두 만세를 불렀고 조정에 있던 蠻夷들이 서로 어울려 춤을 췄다. 이때부터 조회의 경하하는 일이 있을 때마다 〈九功舞〉와 함께 공연되었다.

貞觀 7년(633)에 太常卿 蕭瑀가 아뢰었다.

"지금의 〈破陣樂舞〉는 천하에 모두 전해졌습니다. 하지만 성대한 德의 모습을 찬미하는 데는 여전히 미진한 바가 있으니, 신은 전후에 걸쳐 劉武周·薛擧·竇建德·王世充 등을 격파한 내용에 대한 형상을 그림으로 그려, 싸움에서 승리하고 공격하여 취득한 모습을 묘사하기를 청합니다."

太宗이 말하였다.

"짐이 四方이 안정되지 않았을 때 천하를 위해 불에 탄 것을 구제하고 물에 빠진 것을 건져주려 했으므로 어쩔 수 없이 전쟁을 벌인 것이니, 그래서 세상에 이러한 춤이 있게 되고 국가에서 이것을 근거로 그 곡을 만든 것이오. 하지만 雅樂의 모습은 단지 그 대강만을 서술하는 것이니, 만일 세세히 묘사하게 되면 그 형상이 쉽게 알려지게 될 것이오. 짐은 현재의 장수와 재상들이 대부분 일찍이 그들의 부림을 받고 잠깐 임금과 신하로 지냈는데, 지금 만약 그들이 사로잡힌 상황을 거듭 보게 된다면 반드시 차마 어찌할 수 없는 감정이 일 것이니, 나는 이 때문에 이러한 일을 하지 못하오."

소우가 송구해하며 말하였다.

"이 일은 신이 미처 생각하지 못했던 것입니다."

【集論】

愚按 古之樂은 莫善於韶舞나 韶舞尙矣하니 今不可得而知矣라 夫子之論武舞에 有曰 武始而北出하고 再成而滅商하고 三成而南하고 四成而南國是疆하고 五成而分周公左召公右하고 六成復綴以崇[78)]이라하여 其發揚蹈厲之容과 進退擊刺之節이 不過以象其克殷紂服荊蠻之事而已니 固未聞圖畫亡國之君而陳之也라 唐七德之舞는 銀甲執戟하고 先偏後伍하여 交錯屈伸하여 以象魚麗鵝鸛之陣은 雖不能上法三代나 蓋亦庶幾武舞之遺意矣라 蕭瑀以爲未盡하여 請圖畫劉武周等形狀以識之하니 夫君子於所不知는 蓋闕如也[79)]어늘 瑀何所據而云耶아 太宗謂 今日將相有嘗爲其臣者하니 觀之有所不忍이라하니 此特言當時之情耳라 要之瑀之論은 非特不便於當時라 蓋亦無稽於往古也라

내가 살펴보건대, 옛 樂은 韶舞(舜임금의 음악)보다 훌륭한 것이 없지만 韶舞는 아주 오래전 것이니 지금 알 수가 없다. 夫子(孔子)가 武舞(武王 음악)를 논하면서, "大武의 춤이 시작되자 무용수들이 북쪽으로 나가고, 두 번째 악곡을 연주하여 商나라를 멸망시키고, 세 번째 악곡을 연주하여 남쪽으로 나가고, 네 번째 악곡을 연주하여 남쪽의 나라들을 복속시키고, 다섯 번째 악곡을 연주하여 周公을 왼쪽으로 召公을 오른쪽으로 나누고, 여섯 번째 악곡을 연주하여 다시 하나로 모여 존숭한다."라고 하여, 기세 좋게 움직이고 세차게 발돋움하는 모습과 나가고 물러나고 치고 찌르는 과정들이 殷나라 紂王을 치고 荊蠻을 굴복시키는 일을 형상화하는 데 지나지 않았으니, 진실로 망국의 임금을 그림으로 그려 진열했다는 이야기는 듣지 못했다.

唐나라의 〈七德舞〉가 銀 갑옷에 창을 들고 앞의 偏과 뒤의 伍가 서로 교차하며 굽혔다 폈다 하여 물고기·꾀꼬리·거위·황새의 陣을 형상한 것은 비록 三代의 것을 본받지는 못했지만 또한 武舞의 남긴 뜻에 가까운 것이다. 蕭瑀가 이를 미진하다고 여겨 劉武周 등의 형상을 그림으로 그려 사실을 알리자고 했으니, 무릇 君子는 잘 모르는 것에 대해 그냥 그대로 두는 법인데 소우가 무엇에 근거하여 이렇게 말한 것인가. 太宗이, "오늘날 장수와 재상 가운데 일찍이 그들의 신하가 된 이들이 있었으니 이를 볼 때 차마 어찌할 수 없는 감정이 있을 것이다."라고 했으니, 이는 단지 당시의 실정을 이야기한 것일 뿐이다. 요컨대 소우의 의견은 당시에 불편할 뿐만 아니라 古事에 살펴볼 수 있는 것이 또한 없다.

---

78) 武始而北出……六成復綴以崇 : ≪禮記≫ 〈樂記〉에 보인다.

79) 君子於所不知 蓋闕如也 : ≪論語≫ 〈子路〉에 보인다.

제30편 論務農　농업에 힘쓸 것을 논하다

이 편에서는 농업의 장려에 힘을 기울인 太宗의 행적에 대해 논하고 있다. 태종은 백성이 국가의 근본이므로 농사철에 농민들을 방해해서는 안 된다고 여겼다. 특히 국가의 의례나 의식, 황제의 사냥을 위해 백성들을 동원하지 않고자 하였다. 이러한 農本 정책은 貞觀의 치세를 이룬 경제적 바탕이 되었다.

凡四章.

모두 4장이다.

30-1-1

貞觀二年에 **太宗謂侍臣曰 凡事皆須務本**이니 **國以人爲本**하고 **人以衣食爲本**[1]하며 **凡營衣食**에 **以不失時爲本**이라 **夫不失時者**①는 **在人君簡靜**이라야 **乃可致耳**라 **若兵戈屢動**하고 **土木不息**하면 **而欲不奪農時**[2]나 **其可得乎**아 **王珪曰 昔秦皇漢武**가 **外則窮極兵戈**하고 **內則崇侈宮室**하여 **人力旣竭**하여 **禍難遂興**②하니 **彼豈不欲安人乎**잇가 **失所以安人之道也**니이다 **亡隋之轍**이 **殷鑑不遠**[3]하니 **陛下親承其弊**하사 **知所以易之**③니이다 **然在初則易**(이)④나 **終之實難**이니 **伏願愼終如始**[4]라야 **方盡其美**니이다 **太宗曰 公言是也**로다 **夫安人寧國**은 **惟在於君**이니 **君無爲則人樂**⑤하고 **君多欲則人苦**니 **朕所以抑情損欲**하며 **剋己自勵耳**로다

① 夫不失時者 : 夫, 音扶, 後同.
　夫(무릇)는 音이 扶이다. 뒤에도 같다.

② 禍難遂興 : 難, 去聲.

---

1) 國以人爲本 人以衣食爲本 : ≪史記≫ 〈陸賈列傳〉의 "왕은 백성을 하늘로 삼고 백성은 식량을 하늘로 삼는다.〔王者以民人爲天 而民人以食爲天〕"를 변용한 것이다. 특히 民을 피하여 人으로 바꾼 것은 태종의 이름 '世民'을 피휘한 것이다.

2) 不奪農時 : ≪孟子≫ 〈梁惠王 上〉의 '不違農時'를 변용한 것이다.

3) 殷鑒不遠 : ≪詩經≫ 〈大雅 蕩〉에 보인다.

4) 愼終如始 : ≪老子道德經≫ 64장에 보인다.

難(난리)은 去聲이다.

③ 知所以易之 : 易, 如字.

易(바꾸다)은 본래의 音義대로 독해한다.

④ 然在初則易(이) : 以豉切.

〈易(쉽다)는〉 以와 豉의 반절이다.

⑤ 無爲則人樂 : 樂, 音洛.

樂(즐겁다)은 音이 洛이다.

貞觀 2년(628)에 太宗이 近臣에게 말하였다.

"모든 일은 근본을 힘써야 하니 국가는 백성을 근본으로 삼고 백성은 衣食을 근본으로 삼소. 의식을 경영할 땐 제철을 놓치지 않는 것을 근본으로 삼소. 제철을 놓치지 않는 것은 임금이 간소하고 차분히 해야만 이룰 수 있소. 만일 전쟁을 자주 일으키거나 토목공사를 쉬지 않는다면 농사철을 빼앗지 않으려고 해도 가능하겠소."

王珪가 말하였다.

"옛날 秦 始皇과 漢 武帝가 밖으로는 전쟁을 끝없이 벌이고 안으로는 궁궐을 호사스럽게 꾸며 인력이 바닥나서 재앙과 난리가 결국 일어나고 말았습니다. 그들이 어찌 백성을 편안하게 하려 하지 않았겠습니까. 백성을 편안하게 할 방법을 잃어버렸던 것입니다. 隋나라를 망하게 한 前轍이 거울로 삼을 것이 멀리 있지 않은데 폐하께선 친히 그 폐해를 이어받아 바꾸실 방법을 알고 계십니다. 하지만 시작은 쉽지만 끝마치기가 실로 어려우니 부디 끝까지 신중하기를 처음처럼 하셔야만 비로소 그 아름다움을 극진히 할 수 있을 것입니다."

태종이 말하였다.

"公의 말이 옳소. 백성을 편안하게 하고 국가를 안정시키는 것은 오직 임금에게 달려 있소. 임금이 사건을 일으키는 것이 없으면 백성들이 즐겁고 임금이 욕심이 많으면 백성들이 괴롭소. 이는 짐이 감정을 억제하고 욕심을 줄이며, 자신을 극복하고 스스로를 엄히 다스리려는 이유이오."

【集論】

愚按 太宗之言曰 國以人爲本하고 人以衣食爲本하며 營衣食은 以不失時爲本하고 人不失

時는 以人君簡靜爲本이라하니 竊嘗因其言而推之컨대 舜之罔遊于逸[5)]은 萬邦咸寧[6)]之本也요 禹之克儉于家[7)]는 朔南暨聲敎[8)]之本也요 湯之不邇聲色[9)]은 表正萬邦[10)]之本也요 文王之不敢盤于遊田[11)]은 懷保小民[12)]之本也니 自古興王之君은 未有不簡靜寡欲者也요 自古亡國之君은 未有不淫侈多欲者也라 至哉라 太宗之言乎여 其可謂知本者矣로다 雖然이나 言之非艱이라 行之爲難[13)]이니 太宗이 旣以隋之崇侈宮室爲鑑矣로되 而復有飛仙翠微之作하고 旣以隋之窮兵黷武爲鑑矣로되 而復有高麗西域之師라 魏徵曰 善始者實繁이나 克終者蓋寡[14)]라하고 王珪曰 在初則易(이)나 終之實難이라하니 然則向非二臣之言이면 又豈能始終踐言也哉리오

내가 살펴보건대, 太宗이, "국가는 백성을 근본으로 삼고 백성은 衣食을 근본으로 삼으며, 의식을 경영할 땐 제철을 놓치지 않는 것을 근본으로 삼고 제철을 놓치지 않는 것은 임금이 간소하고 차분한 것을 근본으로 삼소."라고 했는데, 삼가 그 말을 따라 다음과 같이 추론해본 적이 있다.

舜임금이 안일에 빠지지 않은 것은 온 나라가 모두 편안한 것의 근본이 되었고, 禹임금이 집안에서 능히 검소한 것은 남북에 교화가 미치는 근본이 되었고, 湯임금이 음악과 여인을 가까이하지 않은 것은 萬邦에 의표가 되는 근본이 되었고, 文王이 감히 사냥놀이에 빠지지 않은 것은 백성들을 감싸고 보호하는 근본이 되었다. 예로부터 王道를 일으킨 임금은 간소하고 차분하여 욕심을 적게 갖지 않은 자가 없고, 예로부터 국가를 망하게 한 임금은 음탕하고 사치하여 욕심이 많지 않은 자가 없다. 훌륭하도다! 태종의 말이여. 근본을 알았다 할 만하다.

하지만 말하는 것이 어려운 게 아니라 행동하는 것이 어렵다. 태종은 隋나라가 궁궐

5) 罔遊于逸 : ≪書經≫ 〈虞書 大禹謨〉에 보인다.

6) 萬邦咸寧 : ≪書經≫ 〈虞書 大禹謨〉에 보인다.

7) 克儉于家 : ≪書經≫ 〈虞書 大禹謨〉에 보인다.

8) 朔南暨聲教 : ≪書經≫ 〈夏書 禹貢〉에 보인다.

9) 不邇聲色 : ≪書經≫ 〈商書 仲虺之誥〉에 보인다.

10) 表正萬邦 : ≪書經≫ 〈商書 仲虺之誥〉에 보인다.

11) 不敢盤于遊田 : ≪書經≫ 〈周書 無逸〉에 보인다.

12) 懷保小民 : ≪書經≫ 〈周書 無逸〉에 보인다.

13) 言之非艱 行之爲難 : ≪書經≫ 〈商書 說命〉의 "아는 것이 어려운 것이 아니라 행하는 것이 어렵다.〔非知之艱 行之惟艱〕"를 변용한 것이다.

14) 善始者實繁 克終者蓋寡 : 魏徵이 太宗에게 건의한 〈諫太宗十思疏〉에 보인다.

을 호화롭게 지은 것을 경계로 삼았으면서도 다시 飛仙宮과 翠微殿을 짓고, 隋나라가 전쟁을 끝까지 하여 武道를 어지럽힌 것을 경계했으면서도 다시 高句麗와 西域에 병사를 동원했다. 魏徵이, "시작을 잘하는 예는 실로 많지만 끝까지 잘하는 예는 적다."라고 하고, 王珪가, "처음은 쉽지만 끝마치기는 실로 어렵다."고 했다. 그렇다면 예전에 신하의 말이 아니었다면 어떻게 처음부터 끝까지 말을 실천할 수 있었겠는가.

30-2-1

貞觀二年에 **京師旱**하여 **蝗蟲大起**어늘 **太宗**이 **入苑視禾**할새 **見蝗蟲**하고 **掇數枚而呪曰 人以穀爲命**이어늘 **而汝食之**하니 **是害于百姓**이라 **百姓有過**는 **在予一人**[15)]하니 **爾其有靈**이어든 **但當蝕我心**하고 **無害百姓**하라하고 **將呑之**한대 **左右遽諫曰 恐成疾**이라 **不可**라커늘 **太宗曰 所冀移灾朕躬**이어든 **何疾之避**리오하고 **遂呑之**하니 **自是**로 **蝗不復爲灾**하다

貞觀 2년(628)에 京師에 가뭄이 들어 蝗蟲이 크게 발생했다. 太宗이 禁苑에 들어가 벼를 살필 때 황충을 보고 몇 마리를 집어 들며 저주하였다.

"사람은 곡식을 생명으로 여기는데 네가 이를 먹으니 백성을 해치는 것이다. 백성에게 허물이 있는 것은 그 책임이 나 한 사람에게 있는 것이다. 네가 영혼이 있다면 내 심장을 갉아먹어야지 백성을 해쳐선 안 된다."

황충을 입에 삼키려 하자, 좌우에서 얼른 말리며 말하였다.

"병이 될까 우려되니 드셔서는 안 됩니다."

태종이 말하였다.

"나의 바람이 재앙을 내 몸으로 옮기는 것인데 어찌 병을 피하겠는가."

결국 삼키니, 이로부터 황충이 더 이상 재난을 일으키지 않았다.

【集論】

林氏之奇曰 夫天灾可以至誠感이요 **不可以人力勝**이라 **太宗**은 **掇蝗而呑之**하여 **不忍民受其灾**하니 **其害自息**하고 **明皇**은 **遣使捕之**하여 **欲以人力勝天**이나 **而其灾愈甚**[16)]하니 **天人之**

---

15) 百姓有過 在予一人 : ≪書經≫ 〈周書 泰誓〉에 보인다.

16) 明皇……而其灾愈甚 : 開元 4년(716) 山東 지역에 蝗蟲이 기승을 부리자 이를 퇴치할 방법

際가 豈不甚明矣哉리오

林之奇가 말하였다.

“天災는 지극한 정성으로 감응할 수 있고 인력으로 이길 수 없다. 太宗은 蝗蟲을 잡아서 삼키면서 백성들이 그 재난을 당하는 것을 차마 보지 못하였으니 그 피해가 저절로 사라졌다. 唐 明皇(玄宗)은 사신을 보내 황충을 잡아 인력으로 하늘을 이기려 했으나 재난이 더욱 심해졌으니, 하늘과 사람의 관계가 어찌 매우 분명하지 않은가.”

愚按 昔成湯禱旱於桑林할새 以六事自責하여 身代犧牲[17]하니 是不自有其身矣라 夫千金之子도 猶知愛其身이어늘 人君이 以一身履九五之尊位[18]하여 崇高莫大焉이니 此身爲何如也아 惟能知吾之一身이 億萬蒼生之身也어든 則凡吾赤子之癢痾疾痛이 擧切其身矣라 太宗이 念蝗之爲民害하여 取而呑之曰 寧食吾肺腸이라하니 與湯之身代犧牲으로 皆不自有其身者也니 其感天心也宜哉라 漢王嘉曰 應天以實이요 不以文[19]이라하니 此之謂也라

내가 살펴보건대, 옛날 成湯이 桑林에서 비를 빌 때 6가지 일로 자책하면서 자신을 그 희생으로 바치려 했으니, 이는 그 자신을 제 소유로 하지 않은 것이다. 천금을 가진 집안의 자식도 그 몸을 아낄 줄 아는데, 임금은 그 몸이 九五의 존귀한 자리에 앉아서 그보다 더 숭고한 것이 없으니, 그 몸의 귀하기가 어느 정도이겠는가. 오직 나의 한 몸이 억만 창생의 몸이라는 것만을 안다면 무릇 나의 赤子의 가려운 곳과 아픈 곳이 모두 자신의 것처럼 절실한 것이다. 太宗이 황충이 백성의 피해가 된다는 것을 염려하여 집어 삼키면서 “차라리 나의 허파와 창자를 갉아먹으라.”라고 한 것은 湯임금이 자신을 희생으로 삼으라고 한 것과 함께 모두 그 자신을 제 소유로 하지 않은 것이니, 하늘의 마음을 감동시키는 것이 당연한 것이다. 前漢의 王嘉가 “하늘에 응할 땐 진실로 해야지 겉치레로 해서는 안 된다.”고 한 것은 이를 두고 한 말이다.

을 논하는 과정에서 唐 玄宗이 姚崇의 건의를 받아들여 황충을 포획할 捕蝗使를 파견한 사건을 가리킨다. 당시 조정에서 황충은 天災이므로 임금이 자신을 반성하는 계기로 삼아야지 인위적으로 퇴치하려 들어서는 안 된다는 반대가 있었다. ≪新唐書 姚崇列傳≫

17) 昔成湯禱旱於桑林……身代犧牲 : 殷나라 湯임금이 등극한 후 7년 동안 연이은 가뭄으로 백성들이 도탄에 빠지자 桑林에서 자신의 몸을 제물로 삼고 여섯 가지 일로 자책하며 기우제를 지낸 일을 말한다. ≪呂氏春秋 順民≫

18) 九五之尊位 : 九五는 ≪周易≫ 乾卦 九五爻이고 尊位는 왕위를 가리킨다. ≪周易≫ 乾卦 九五爻辭에 “九五는 나는 용이 하늘에 있음이니 大人을 봄이 이롭다.〔九五 飛龍在天 利見大人〕”라고 하여, 聖人이 王位에 있음을 비유했다.

19) 應天以實 不以文 : ≪漢書≫ 〈息夫躬傳〉에 보인다.

30-3-1

貞觀五年에 **有司上書言**호대 **皇太子將行冠禮**①에 **宜用二月爲吉**하니 **請追兵**[20]**以備儀注**[21]하소서 **太宗**이 **曰 今東作方興**하니 **恐妨農事**라 **令改用十月**②하라 **太子少保蕭瑀奏言**호대 **準陰陽家**[22]하여 **用二月爲勝**이니이다 **太宗曰 陰陽拘忌**는 **朕所不行**이니 **若動靜必依陰陽**하여 **不顧理義**하면 **欲求福祐**나 **其可得乎**아 **若所行皆遵正道**하면 **自然常與吉會**라 **且吉凶在人**하니 **豈假陰陽拘忌**리오 **農時甚要**하니 **不可暫失**이로다

① 將行冠禮 : 冠, 去聲.
冠(관을 쓰다)은 去聲이다.
② 令改用十月 : 令, 平聲.
令(하여금)은 平聲이다.

貞觀 5년(631)에 有司가 글을 올려 말하였다.

"皇太子가 冠禮를 행해야 하는데 2월로 정하는 것이 吉하니 병사들을 더 징발해 의식에 대비하게 하소서."

太宗이 말하였다.

"지금 봄 농사가 막 시작되었으니 농사에 방해가 될 듯하다. 10월로 바꾸도록 하라."

太子少保 蕭瑀가 아뢰었다.

"陰陽家의 의견에 기준하여 2월로 하는 것이 좋겠습니다."

태종이 말하였다.

"음양에 구애받는 것은 짐이 행하지 않는 바이오. 만약 행사를 반드시 음양에 의거하고 天理와 義理를 돌아보지 않는다면 복을 구한다고 해도 복을 얻을 수 있겠소. 만약 행하는 것이 모두 正道를 따른다면 자연히 늘상 吉祥과 합치될 것이오. 그리고 吉凶은 사람에 달려 있는 것이지 어찌 한갓 음양의 구애를 받을 것이 있겠는가. 농사철은 매우 중요하니 잠시도 때를 놓쳐서는 안 될 것이오."

---

20) 追兵 : 병사를 소집함을 말한다. 당시 군인은 농민에서 징발하였다.

21) 儀注 : 儀節을 뜻한다.

22) 陰陽家 : 擇日, 占星, 風水 등을 직업으로 하는 사람이다.

【集論】

愚按 夫子曰 使民以時[23)]라하고 釋者曰 時謂農隙無事之時[24)]라하니 使之不以其時면 則力本者 不獲自盡하여 雖有愛民之心이라도 而民不被其澤矣라 夫朝廷之上과 宮廷之間에 行儲君首服之禮가 固未至於使民而奪其時也나 而以追兵備儀妨農而止하니 此太宗之心이 一念在民하여 而不敢少弛也라 推是心於天下하면 天下其有不務本者乎아

내가 살펴보건대, 夫子(孔子)가 말씀하시기를, "백성을 부릴 때에는 철에 맞춰야 한다."라고 하고, 해석하는 자가 이르기를, "時는 농한기의 일 없는 때를 말한다."라고 했으니 부릴 때 철에 맞추지 않으면 농사에 힘쓰는 자가 스스로 힘을 다 기울일 수 없게 되어 비록 임금이 백성을 사랑하는 마음이 있다 해도 백성이 그 혜택을 입지 못한다. 朝廷과 宮廷에서 儲君(태자)의 冠禮를 행하는 것이 본디 백성을 부려서 농사철을 빼앗는 데까지 이르지는 않겠지만, 병사들을 더 징발하여 의식을 준비하는 것이 농사를 방해하는 것이라 하여 멈추었으니, 이는 太宗의 마음이 한결같이 백성에게 있어서 감히 잠시도 느슨하게 하지 않은 것이다. 이러한 마음을 천하에 펼쳐나간다면 천하에 농사를 힘쓰지 않는 자가 있겠는가.

30-4-1

貞觀十六年에 太宗이 以天下粟價率計斗直(치)五錢하고 其尤賤處計斗直(치)三錢이어늘 因謂侍臣曰 國以民爲本하고 人以食爲命하니 若禾黍不登하면 則兆庶非國家所有라 旣屬豐稔若斯나 朕爲億兆人父母하여 唯欲躬務儉約하고 必不輒爲奢侈로다 朕常欲賜天下之人皆使富貴하니 今省徭賦하고 不奪其時하여 使比屋之人①으로 恣其耕稼하면 此則富矣요 敦行禮讓하여 使鄕閭之間으로 少敬長②妻敬夫하면 此則貴矣라 但令天下皆然③하면 朕不聽管絃하고 不從畋獵이라도 樂在其中矣④로다

① 使比屋之人 : 比, 音鼻.
比(나란히 하다)는 音이 鼻이다.

② 少敬長 : 少, 去聲. 長, 音掌.
少(어리다)는 去聲이고 長(어른)은 音이 掌이다.

③ 但令天下皆然 : 令, 平聲.

---

23) 使民以時 : ≪論語≫ 〈學而〉에 보인다.

24) 時謂農隙無事之時 : ≪論語≫ 〈學而〉 제5장 ≪集註≫에 보인다.

令(하여금)은 平聲이다.

④ 樂在其中矣 : 樂, 音洛.

樂(즐겁다)은 音이 洛이다.

貞觀 16년(642)에 太宗이 천하의 곡식 가격이 1斗에 5錢이고 그 가운데 가장 싼 곳은 1斗에 3錢이었는데 이를 들어 近臣에게 말하였다.

"국가는 백성을 근본으로 삼고 사람은 먹는 것을 목숨으로 삼는데, 만일 풍년 들지 않으면 백성은 국가의 소유가 아닐 것이오. 이미 이처럼 풍년이 들었지만 짐이 억만 백성의 부모가 되어 오직 몸소 검소를 힘쓰고자 하고 반드시 사치를 일삼지 않을 것이오. 짐은 언제나 세상 사람들에게 상을 내려 그들이 모두 부귀를 누리도록 하려 하오. 지금 徭役과 賦稅를 줄여 농사철을 빼앗지 않아 집집마다 농사짓는 일에 경주할 수 있게 하면 이것이 바로 부유하게 하는 것이고, 예절과 양보를 돈독히 행하여 마을마다 젊은이가 윗사람을 공경하고 아내가 남편을 존경하게 하면 이것이 바로 귀하게 하는 것이오. 천하가 모두 그렇게만 될 수 있다면 짐은 음악을 듣지 않고 사냥을 나가지 않아도 즐거움이 그 속에 있을 것이오."

【集論】

愚按 論語曰 旣庶矣어든 又何加焉이리잇가 曰 富之니라 曰 旣富矣어든 又何加焉이리잇가 曰 敎之[25]라하고 釋者曰 庶而不富면 則民生不遂라 故制田里薄賦斂以富之하고 富而不敎면 則近於禽獸라 故必立學校明禮義以敎之[26]라하며 而孟子之告梁惠王에도 亦曰 王如施仁政於民하사 省刑罰하시고 薄稅斂하시면 深耕易耨하고 壯者以暇日修其孝悌忠信[27]이라하니 此皆三代盛時所以王天下之要道也라 太宗이 謂朕欲賜天下人皆富貴하니 省徭薄賦하고 不奪其時하여 恣其耕稼하면 此則富矣요 敦行禮讓하여 使鄕閭之間으로 咸知敬順하면 此則貴矣라하니 斯言也는 與孔孟之言으로 同一揆也니 雖三代之治라도 何以越此리오 然貞觀之時는 亦云庶且富矣요 固嘗大召名儒하고 增廣生員하니 敎亦云至矣로되 朱子則謂其未知所以敎也라 三代之敎는 天子公卿이 躬行於上하여 言行政事가 皆可師法이어늘 太宗이 其能然乎아

25) 旣庶矣……敎之 : 《論語》〈子路〉에 보인다.

26) 庶而不富……故必立學校明禮義以敎之 : 《論語》〈子路〉 제9장 《集註》에 보인다.

27) 王如施仁政於民……壯者以暇日修其孝悌忠信 : 《孟子》〈梁惠王 上〉에 보인다.

愚謂 太宗之言은 仁言也요 貞觀之政은 善政也나 孟子曰 仁言은 不如仁聲之入人深하고 善政不如善教之得民[28)]이라하니 使太宗知此而力行之면 則所謂樂在其中者가 又當何如哉리오

내가 살펴보건대, ≪論語≫에 이르기를, "〈冉有가〉 '백성이 이미 많으면 무엇을 더 해야 합니까?' 하니 孔子가 '부유하게 해야 한다.' 하고, '부유하면 또 무엇을 더해야 합니까?' 하니 '가르쳐야 한다.' 하였다."라고 하였는데 이를 주석한 사람이 이르기를, "백성의 숫자만 많고 부유하지 않으면 백성들의 생활이 이루어지지 못하므로 전답과 마을을 마련해주고 세금을 적게 걷어 부유하게 해주고, 부유하기만 하고 가르치지 않으면 짐승에 가까우므로 반드시 학교를 세우고 禮義를 밝혀 가르쳐야 한다."라고 했다. 그리고 孟子가 梁 惠王에게 고할 때도, "王이 만일 백성에게 仁政을 베풀어 刑罰을 줄이고 세금을 적게 걷으면 백성이 깊이 밭 갈고 잘 김맬 것이고, 장성한 자가 여가 있을 때 孝·悌·忠·信을 닦을 것입니다."라고 했는데, 이는 모두 三代의 융성한 시절에 천하에 왕 노릇 하는 중요한 방도가 되는 것이다.

太宗이 말하기를, "짐은 언제나 세상 사람들에게 상을 내려 그들이 모두 부귀를 누리도록 하려 하니, 요역과 부세를 줄이고 농사철을 빼앗지 않아서 〈집집마다〉 농사짓는 일에 경주할 수 있게 하면 이것은 부유하게 되는 것이고, 예절과 양보를 돈독히 행하여 마을마다 공경과 순응을 모두 알게 하면 이것이 바로 귀하게 하는 것이다."라고 했으니, 이 말은 孔子·孟子의 말과 동일한 법칙이다. 비록 三代의 정치라도 어찌 이보다 앞서겠는가.

하지만 貞觀의 시대는 백성들이 많고 부유하다 할 수 있으며, 일찍이 名儒들을 널리 부르고 생도의 인원을 늘렸으니 교육 또한 지극하다 할 수 있으나, 朱子는 가르치는 법을 몰랐다고 평가했다. 三代의 가르침은 天子와 公卿이 위에서 몸소 실천하여 말과 행동과 정사가 모두 법이 될 만한데 태종이 그렇게 했는가. 내가 생각하건대, 태종의 말은 어진 말이고 貞觀의 정치는 훌륭한 정치라고 할 수 있다. 하지만 맹자가 말하기를, "어진 말은 어질다는 명성이 사람들에게 깊이 스며드는 것만 못하고 훌륭한 정치는 훌륭한 교화가 백성의 마음을 얻는 것만 못하다."라고 했으니, 태종이 이것을 알아 힘써 행했다면 이른바 '즐거움이 그 속에 있다.'는 것이 또한 어떠했겠는가.

28) 仁言……善政不如善教之得民 : ≪孟子≫ 〈盡心 上〉에 보인다.

제31편 論刑法　刑法을 논하다

이 편에서는 刑法에 대한 太宗의 견해와 행적을 논하고 있다. 태종은 형법이 사람의 목숨이 달린 일이기 때문에 관대하고 신중할 필요가 있다고 여겼다. 특히 신하 張蘊古를 사형시킨 일을 후회하며 사형에 해당하는 일의 경우 고관들이 다시 심의하도록 하게 하였다. 백성의 안정은 공정한 세금과 법률에 달려 있다고 해도 과언이 아닐 것인데, 태종은 항시 이에 주의를 기울였으며, 후세에 거의 형법을 쓰지 않았다는 평가를 받았다.

이 편에서는 사면령에 대한 太宗의 견해와 행적을 논하고 있다.

凡九章.[1)]
모두 9장이다.

31-1-1

貞觀元年에 **太宗**이 **謂侍臣曰 死者**는 **不可再生**하나니 **用法**을 **務在寬簡**이라 **古人云 鬻棺者**가 **欲歲之疫**은 **非疾於人**이라 **利於棺售故耳**①[2)]라하니 **今法司**가 **覈理一獄**에 **必求深刻**하여 **欲成其考課**하나니 **今作何法**이라야 **得使平允**가 **諫議大夫王珪進曰 但選公直良善人 斷獄允當者**②하여 **增秩賜金**하면 **卽姦僞自息**하리이다하니 **詔從之**하다 **太宗**이 **又曰 古者斷獄**엔 **必訊於三槐九棘之官**③하니 **今三公九卿**④이 **卽其職也**라 **自今以後**로 **大辟罪**⑤는 **皆令**⑥**中書門下四品已上及尙書九卿議之**니 **如此**하면 **庶免冤濫**하리라 **由是至四年**히 **斷死刑**이 **天下二十九人**하여 **幾致刑措**⑦[3)]하다

① 利於棺售故耳 : 售, 音受, 賣也.
售(수)는 音이 受이니 판매한다는 뜻이다.

---

1) 凡九章 : 이 편은 실제 8장으로 되어 있다. 1장 戈直의 주석에 1장의 '又曰' 이하는 舊本에 따로 1장이 되는데 여기서는 하나의 장으로 만들었다고 하였다. 이와 관련이 있는 듯하다.

2) 鬻棺者……利於棺售故耳 : ≪漢書≫ 〈刑法志〉에 "관을 파는 사람이 해마다 역병이 들기를 바라는 것은 사람을 미워해서 죽기를 바라서가 아니라 이익이 사람의 죽음에 달려 있기 때문이다.〔鬻棺者 欲歲之疫 非憎人欲殺之 利在於人死也〕"라고 하였다.

3) 幾致刑措 : ≪漢書≫ 〈文帝紀〉 贊에 보인다.

② 斷獄允當者 : 當, 去聲.
當(합당하다)은 去聲이다.

③ 必訊於三槐九棘之官 : 周禮秋官 "左九棘, 孤卿[4]大夫位焉, 群士在其後. 右九棘,[5] 公侯伯子男位焉, 群吏在其後, 面三槐,[6] 三公位焉, 州長衆庶在其後."[7]
≪周禮≫ 〈秋官〉에 "왼쪽의 九棘은 孤卿과 大夫가 자리하고 뭇 士들이 그 뒤에 있으며, 오른쪽 九棘은 公·侯·伯·子·男이 자리하고 뭇 吏들이 그 뒤에 있다. 앞면의 三槐는 三公이 자리하는데 州의 長과 뭇 백성들이 그 뒤에 있다."

④ 今三公九卿 : 三公, 見任賢篇註. 唐制, 九卿, 太常寺卿, 掌禮樂郊廟社稷之事, 光祿寺卿, 掌酒醴膳羞之政, 衛尉寺卿, 掌器械文物, 宗正寺卿, 掌天子族親屬籍, 以別昭穆, 太僕寺卿, 掌廏牧輦輿之政, 大理寺卿, 掌折獄詳刑, 鴻臚寺卿, 掌賓客凶儀之事, 司農寺卿, 掌倉儲委積之事, 太府寺卿, 掌財貨廩藏貿易, 皆有少卿以爲之貳.
三公은 〈論任賢〉편 주석에 보인다. 唐나라 제도에 의하면, 九卿은 禮樂과 郊廟와 社稷에 관한 일을 관장하는 太常寺 卿, 술과 음식 등의 정무를 관장하는 光祿寺 卿, 기계와 문물들을 관장하는 衛尉寺 卿, 天子의 가족과 친척 관련 문서와 함께 昭와 穆을 구분하는 일을 관장하는 宗正寺 卿, 마구간과 방목과 輦輿 등의 정무를 관장하는 大理寺 卿, 재판과 판결, 형벌을 상세히 심의하는 일을 관장하는 大理寺 卿, 賓客과 喪禮 등의 의식을 관장하는 鴻臚寺 卿, 창고와 곡식 저장을 담당하는 司農寺 卿, 재화와 저장과 무역과 관련된 일을 담당하는 太府寺 卿을 지칭하며, 이들에게는 모두 차관에 해당하는 少卿이 있다.

⑤ 大辟罪 : 辟, 音闢, 死刑也.
辟(사형)은 音이 闢이니, 〈大辟은〉 死刑이다.

⑥ 令 : 平聲.
令(하여금)은 平聲이다.

⑦ 幾致刑措 : 幾, 平聲. 舊本自太宗又曰以下另爲一章, 今合爲一章.
幾(거의)는 平聲이다. 舊本에는 '太宗又曰' 이하를 별도의 장으로 설정했는데, 지금 한 장으로 합친다.

貞觀 元年(627)에 太宗이 近臣에게 말하였다.
"죽은 사람은 다시 살아날 수 없으므로 형법을 적용할 땐 관대하고 간소함을

---

4) 孤卿 : 六卿 가운데 上卿으로 국정을 총괄하는 임무를 맡는다.

5) 九棘 : 九卿의 이칭이다. 궁정에 아홉 그루의 가시나무로 표식을 삼아, 해당 직책의 등급을 표시한 데서 비롯됐다.

6) 三槐 : 三公의 이칭이다. 궁정에 세 그루의 홰나무를 심어 三公의 위치를 표시한 데서 비롯됐다.

7) 州長衆庶在其後 : ≪周禮句解≫ 권9 〈朝士〉에 "향관이 뭇 백성들을 거느리고 三公의 뒤에 자리하는 것이다.〔鄕官帥衆民 而列於三公之後〕"라고 설명하였다.

힘써야 하오. 옛사람이 한 말에 '관을 파는 사람이 해마다 역병이 들기를 바라는 것은 사람을 미워해서가 아니라 관을 파는 것을 이롭게 여기기 때문이다.'라고 하였소. 지금 법을 담당하는 자가 獄事를 심의할 때 반드시 엄격한 적용을 추구하여 그 고과 점수를 이루려 하니, 지금 어떤 법을 써야 공평하고 타당하게 할 수 있겠소?"

諫議大夫 王珪가 나서서 말하였다.

"공평하고 정직하고 어질고 착한 사람 중에서 옥사를 타당하게 처리한 자를 선발하여 품계를 올려주고 재물을 하사한다면 간악하고 허위를 부리는 일이 저절로 사라질 것입니다."

그 건의를 따랐다. 태종이 또다시 말하였다.

"옛날에 옥사를 판결할 땐 반드시 三槐와 九棘의 관리에게 자문을 구했으니 지금의 三公과 九卿이 바로 그 직책이오. 지금부턴 大辟罪의 경우 모두 中書省과 門下省의 4품 이상과 尙書와 九卿들로 하여금 논의를 거치게 해야 할 것이니, 이렇게 하면 억울한 일과 지나친 형법의 적용을 면하게 할 수 있을 것이오."

이때부터 정관 4년(630)까지 천하에 사형 판결을 받은 자가 29명에 그쳐 거의 형법을 내버려두는 데에 이르렀다.

【集論】

愚按 昔舜命曰 汝作士하니 明于五刑하여 以弼五教[8]하라하고 又曰 刑期于無刑[9]이라하니 蓋帝王之治는 以教爲先이요 刑者는 不得已而用之하여 以弼教인댄 而其心은 則期於無刑也라 然明刑之要는 則曰惟明克允[10]이니 蓋明者는 所以得其情이요 允者는 有以當於心이니 理官之所重者在此요 而穆伯訓刑[11]이 尤切切於其審克之一語하니 正奏讞詳審之謂也라 王珪謂 必選公良直善之人에 斷獄允當者하여 增秩賜金이라하고 而太宗이 又使宰相及尙書九卿議之하니 固宜致刑措之盛也라 夫唐虞之世는 期於無刑하고 成周之隆은 至于刑措[12]하니 無

8) 汝作士……以弼五教 : ≪書經≫ 〈虞書 大禹謨〉에 보인다.

9) 刑期于無刑 : ≪書經≫ 〈虞書 大禹謨〉에 보인다.

10) 惟明克允 : ≪書經≫ 〈虞書 舜典〉에 보인다.

11) 穆伯訓刑 : '穆伯'은 '穆王'의 잘못이다. 訓刑은 周 穆王이 呂侯에게 형법에 대해 훈계한 것을 가리킨다. ≪書經≫ 〈周書 呂刑〉에 그 내용이 보이는데, 그중에 특히 '잘 살펴야 한다.〔審克〕'는 말이 여러 번 반복하여 강조되어 있다.

刑은 尙矣요 刑措도 亦王者之極功也라 若漢之文景과 唐之太宗을 史臣이 皆以幾致刑措美之하니 自漢唐而論컨대 可謂仁君矣라

내가 살펴보건대, 옛날 舜임금이 명하기를, "너(皐陶)를 士(獄官)로 삼노니 五刑을 밝혀 五敎를 도우라."라고 하고, 또 이르기를, "형벌은 형벌이 없기를 목표로 삼아야 한다."라고 했으니, 제왕의 정치는 교화를 우선으로 삼고 형벌은 부득이하게 사용해서 교화를 돕는 것인데 그 마음은 형벌이 없기를 목표로 삼아야 한다. 하지면 형벌을 밝게 살피는 관건은 '오직 밝게 살펴야 〈백성들이〉 믿을 것이다.'라는 것이니, 밝음은 그 실정을 알아내는 것이고 믿음은 마음에 합당한 것으로, 형벌을 관장하는 관리가 중시해야 할 것이 여기에 있다. 周 穆王의 刑에 대한 훈계가 '잘 살펴야 한다.〔審克〕'는 한 마디에서 더욱더 절실하니, 바로 上奏한 것이 상세하고 세심해야 함을 말한 것이다.

王珪가 이르기를, "반드시 공평하고 어질고 정직하고 착한 사람 중에 獄事의 판결을 타당하게 한 자를 선정하여 품계를 올려주고 금품을 하사해야 한다."라고 하고, 太宗이 또 宰相 및 尙書·九卿 등과 함께 심의토록 했으니 진실로 형법을 내버려두는 성대함을 이룬 것이 당연하다. 唐虞(堯舜)의 세상은 형벌이 없기를 목표로 삼았고, 成周(周나라)의 융성함은 형법을 내버려두는 데에 이르렀으니, 형벌이 없게 하는 것은 매우 훌륭한 일이고 형벌을 내버려두는 것 또한 王者의 지극한 공로이다. 漢나라 文帝·景帝와 唐나라 太宗을 사관들이 모두 거의 형벌을 내버려두는 데에 이르렀다라고 찬미했으니 漢·唐으로부터 논한다면 仁君이라 할 만하다.

31-2-1

貞觀二年에 **太宗**이 **謂侍臣曰 比有**①**奴告主謀逆**하니 **此極弊法**이니 **特須禁斷**하라 **假令**②**有謀反者**어든 **必不獨成**하고 **終將與人計之**하고 **衆計之事**는 **必有他人論之**니 **豈藉奴告也**리오 **自今奴告主者**는 **不須受**하고 **盡令斬決**하라

① 比有 : 比, 音鼻.
比(근래, 요즘)는 音이 鼻이다.

② 令 : 平聲, 後同.
〈令(하여금)은〉 平聲이다. 뒤에도 같다.

---

12) 刑措 : ≪史記索隱≫ 〈周本紀〉에 "成王·康王의 시대에는 정치가 간편하고 형법을 내버려두었다.〔成康之日 政簡刑措〕"라고 하였다.

貞觀 2년(628)에 太宗이 近臣에게 말하였다.

"근래 종이 주인이 반역을 꾀한다고 고발한 경우가 있는데 이는 대단히 큰 폐단으로 특별히 엄단해야 할 것이오. 만일 반란을 꾀한 자가 있으면 반드시 혼자 일을 꾸미지 못해 결국 다른 사람들과 함께 계획하게 되어 있고 뭇사람들이 계획한 일은 반드시 누군가가 거론하게 되어 있으니, 어찌 종의 고발을 의지할 필요가 있겠소. 지금부터 종이 주인에 대해 고발한 사건은 받아들이지 말고 모조리 참형에 처하도록 하시오."

【集論】

愚按 人臣謀逆은 此以下而叛上也요 奴告其主도 是亦以下而叛上也라 已惡人之叛上이어늘 迺使叛上者로 得逞其志하면 是以亂易亂이니 相去幾何리오 太宗이 詔自今告主者는 勿受하고 盡令斬決하라하니 斯言一出에 固足以感格天下하여 使無叛上之事矣라

내가 살펴보건대, 신하가 역모를 꾀하는 것은 아랫사람이 윗사람에게 배반하는 것이고, 종이 그 주인을 고발하는 것 역시 아랫사람이 윗사람을 배반한 것이다. 자신은 다른 사람이 윗사람을 배반한 것을 싫어하는데, 윗사람을 배반한 자에게 그 뜻을 펼치도록 놓아둔다면 이는 반란으로 반란을 바꾸는 것이니 그 차이가 얼마나 되겠는가. 太宗이, "지금부터 주인을 고발한 사건은 받아들이지 말고 모두 참형에 처하도록 하라."고 조칙을 내렸으니, 이 말이 한 번 나오자, 진실로 천하 사람들을 감격시켜서 윗사람을 배반하는 일이 없게 하였다.

31-3-1

貞觀五年에 張蘊古爲大理丞이러니 相州人李好德①이 素有風疾하여 言涉妖妄이어늘 詔令鞠其獄②한대 蘊古言 好德이 癲(전)病有徵하니 法不當坐라하니 太宗이 許將寬宥러니 蘊古密報其旨하고 仍引與博戲어늘 持書侍御史[13]權萬紀劾奏之하니 太宗大怒하여 令斬於東市[14]하다 旣而悔之하여 謂房玄齡曰 公等이 食人之祿인댄 須憂人之憂하여 事無巨細히 咸當留意어늘 今不問則不言하고 見事에 都不諫諍하니 何所輔弼가 如蘊

13) 持書侍御史 : 본래 治書侍御史인데 唐 高宗 李治의 治를 피휘하여 持로 고친 것이다.

14) 東市 : 사형장으로 長安 동쪽 시가에 있었다.

古는 身爲法官하여 與囚博戲하고 漏洩朕言하니 此亦罪狀甚重이나 若據常律하면 未至極刑이어늘 朕當時盛怒하여 卽令處置③호대 公等이 竟無一言하고 所司又不覆奏하여 遂卽決之하니 豈是道理리오 因詔曰 凡有死刑이어든 雖令卽決이나 皆須五覆奏하라하니 五覆奏는 自蘊古始也라 又曰守文定罪라도 或恐有寃하니 自今以後로 門下省覆에 有據法令合死而情可矜者어든 宜錄奏聞하라

① 相州人李好德：相·好, 竝去聲, 後同.
相과 好는 모두 去聲이다. 뒤에도 같다.
② 詔令鞠其獄：令, 平聲.
令(하여금)은 平聲이다.
③ 卽令處置：處, 上聲, 後同.
處(처리하다)는 上聲이다. 뒤에도 같다.

貞觀 5년(631)에 張蘊古가 大理寺의 丞이 되었다. 평소 風疾을 앓고 있던 相州 사람 李好德이 요망한 말을 한 죄에 걸리자, 鞠問에 처하라는 조칙이 내려졌는데, 장온고가 "이호덕은 癲疾(정신착란증)을 앓은 증거가 있으므로 법으로 연루시켜서는 안 됩니다."라고 하니, 太宗이 너그러이 석방해주려 했다. 그런데 장온고가 이호덕에게 그 내용을 몰래 알려주고 인도하여 함께 바둑을 즐기자, 指書侍御史 權萬紀가 이를 탄핵 상주하니 태종이 크게 노하여 東市에서 참수하도록 했다. 얼마 뒤 이를 후회하며 房玄齡에게 말하였다.

"공 등이 남이 준 녹을 먹고 살진댄 반드시 남의 걱정을 함께 걱정해주며 큰 일이든 작은 일이든 모두 유념해야 하는데, 지금 묻지 않으면 말하지 않고 사건을 보고도 간언하지 않으니 보필하는 뜻이 어디에 있단 말이오. 장온고의 경우 법관의 몸으로 죄수와 바둑을 즐기고 짐의 말을 누설하였으니 그 죄상이 매우 중하지만 일상의 법률에 의거한다면 극형에 처해서는 안 되는 것이었소. 짐이 당시 매우 노여운 나머지 즉시 처형하라고 하였는데, 공 등이 끝내 한마디 말도 없고 담당자들도 覆奏하지 않아 결국 처결되고 말았으니, 이것이 어찌 온당한 도리라 하겠소."

이어서 조칙을 내리기를, "무릇 사형의 경우 즉시 처단하라는 명이 내려져도 모두 5번 복주하도록 하라."고 했으니 5번 복주하는 것은 장온고로부터 시작된 것이다.

또 말하였다.

"법문에 따라 죄를 결정하더라도 억울함이 있을까 염려되니 지금부터 門下省이 복주할 땐, 법령에 의거하면 의당 사형에 처해야 하지만 정상이 안타까운 경우가 있거든 의당 그 내용을 적어 아뢰도록 하라."

31-3-2

蘊古初以貞觀二年에 **自幽州**④**總管府記室兼直中書省**하여 **表上大寶箴**⑤하니 **文義甚美**하여 **可爲規誡**라 **其詞**에 **曰 今來古往**에 **俯察仰觀**컨대 **惟辟作福**⑥하니 **爲君實難**⑦이니이다 **宅普天之下**하고 **處王公之上**하여 **任土貢其所(有)〔求〕**⑧[15]하고 **具僚和其所唱**⑨이라 **是故恐懼之心日弛**하고 **邪僻之情轉放**하나니 **豈知事起乎所忽**하고 **禍生乎無妄**이리잇가 **固以聖人受命**하여 **拯溺亨屯**⑩에 **歸罪於己**하고 **因心於人**하여 **大明無偏照**하고 **至公無私親**이라 **故以一人治天下**하고 **不以天下奉一人**이니이다 **禮以禁其奢**하고 **樂以防其佚**하며 **左言而右事**⑪하고 **出警而入蹕**⑫하며 **四時調其慘舒**[16]하고 **三光同其得失**이라 **故身爲之度**하고 **而聲爲之律**⑬이니이다 **勿謂無知**하소서 **居高聽卑**[17]하고 **勿謂何害**하소서 **積小成大**이니이다 **樂不可極**⑭이니 **極樂成哀**[18]요 **欲不可縱**이니 **縱欲成災**⑮니이다 **壯九重於內**⑯나 **所居不過容膝**[19]이어늘 **彼昏不知**하여 **瑤其臺而瓊其室**⑰하고 **羅八珍於前**⑱이나 **所食不過適口**어늘 **惟狂罔念**⑲하여 **丘其糟而池其酒**⑳니이다

④ 自幽州 : 今大興路.
〈幽州는〉 지금의 大興路이다.

⑤ 表上大寶箴 : 易大傳曰 "聖人之大寶曰位." 蓋取此義箴誡也.
≪易大傳≫(〈繫辭傳〉)에 "聖人의 큰 보배〔大寶〕를 位라 한다."라고 했는데, 이 의의를 취하여 경계의 뜻을 담은 것이다.

---

15) (有)〔求〕: 저본에는 '有'로 되어 있으나, ≪舊唐書≫ 〈文苑傳〉에 의거하여 '求'로 바로잡았다.

16) 慘舒 : 만물은 가을과 겨울에 陰氣가 쇠락하고, 봄과 여름에 陽氣가 신장함을 말한다.

17) 居高聽卑 : ≪史記≫ 권38 〈宋微子世家〉에 "하늘이 높이 있어도 아래 인간의 소리를 다 듣는다.〔天高聽卑〕"라고 하였다.

18) 極樂成哀 : 漢 武帝의 〈秋風〉시에 "환락이 극에 달하면 슬픔이 많다.〔歡樂極兮哀情多〕"라고 하였다.

19) 所居不過容膝 : ≪韓詩外傳≫ 권9에 "지금 駟馬를 타고 騎馬를 늘어놓아도 편안한 곳은 무릎이나 놀릴 만한 방에 지나지 않는다.〔今如結駟列騎 所安不過容膝〕"라고 하였다.

⑥ 惟辟作福 : 辟, 音璧, 君也. 周書箕子陳洪範之辭.
辟은 音이 璧이며 임금이다. ≪書經≫ 〈周書〉에서 箕子가 〈洪範〉에 대해 진술한 내용 가운데 한 구절이다.

⑦ 爲君實難 : 孔子告魯定公曰 "爲君難."[20]
孔子가 魯 定公에게 고하기를, "임금 노릇 하기가 어렵다."라고 했다.

⑧ 任土貢其所有 : 禹貢曰 "任土作貢."
≪書經≫ 〈夏書 禹貢〉에 "토지를 맡겨 공물을 바치도록 했다."라고 했다.

⑨ 和其所唱 : 和, 去聲.
和(화답하다)는 去聲이다.

⑩ 拯溺亨屯 : 拯, 音軫. 屯, 諸倫切.
拯(구제하다)는 音이 軫이다. 屯(곤궁하다)은 諸와 倫의 반절이다.

⑪ 左言而右事 : 見文史篇論.[21]
〈論文史〉편에 보인다.

⑫ 出警而入蹕 : 天子出稱警, 入稱蹕, 警者戒肅, 蹕者止行也.
天子가 밖에 나갈 때에 警을 칭하고 들어올 때에는 蹕을 칭하니, 警은 경계하고 엄숙히 하는 것이고 蹕은 행인을 멈추는 것이다.

⑬ 而聲爲之律 : 史記 "禹聲爲律, 身爲度." 注 "禹聲音應鍾律, 以身爲法度."
≪史記≫ 〈夏本紀〉에 "禹임금은 소리가 律이 되고, 몸이 법도가 된다."라고 했는데, 그 주석에 "우임금은 소리가 黃鍾의 음률에 응하여 몸이 법도가 되었다."라고 했다.

⑭ 樂不可極 : 樂, 音洛, 後同.
樂(즐겁다)은 音이 洛이다. 뒤에도 같다.

⑮ 縱欲成災 : 曲禮曰 "欲不可從, 樂不可極."
≪禮記≫ 〈曲禮〉에 "욕심은 방종하게 해선 안 되고, 즐거움은 극단에 이르러선 안 된다."라고 했다.

⑯ 壯九重於內 : 重, 平聲. 楚辭曰 "君門九重."
重(거듭, 겹치다)은 平聲이다. ≪楚辭≫ 〈九辯〉에 "임금의 문은 아홉 겹이다."라고 했다.

⑰ 瑤其臺而瓊其室 : 桀作瑤臺, 紂作瓊室.
夏나라 桀王은 瑤臺를 지었고, 商나라 紂王은 瓊室을 지었다.

⑱ 羅八珍於前 : 周禮膳夫 "珍用八物, 謂淳熬(순오)·淳母·炮豚·炮牂(포장)·擣珍(도진)·漬·熬肝·膋(요)."
≪周禮≫ 〈天官 膳夫〉에 "진미는 8가지 음식물을 사용했는데, 淳熬(육간장을 얹힌 밥), 淳母(육간장을 얹힌 기장밥), 炮豚(새끼 통돼지 구이), 炮牂(양 간 구이), 擣珍(등심 구이), 漬(酒糖을

---

20) 爲君難 : ≪論語≫ 〈子路〉에 보인다.

21) 見文史篇論 : 文史篇論은 論文史篇을 도치한 것이다. 〈論文史篇〉 3장 '古之左右史'에 대한 주석에 보인다.

넣은 소고기나 양고기), 熬肝(五香을 넣어 끓인 소고기 간), 膋(개 간 구이)이다."라고 했다.

⑲ 惟狂罔念 : 周書曰 "惟聖罔念作狂."

≪書經≫ 〈周書 多方〉에 이르기를, "聖人이라도 생각하지 않으면 狂人이 된다."라고 했다.

⑳ 丘其糟而池其酒 : 桀紂酒池可以運船, 糟隄可以望十里.[22)]

夏나라 桀王과 商나라 紂王은 술로 만든 연못이 배를 운행할 수 있었고 술지게미로 쌓 둑이 10리에서 바라볼 수 있었다.

張蘊古가 일찍이 貞觀 2년(628)에 幽州總管府 記室로서 中書省의 직무를 겸했을 때에 〈大寶箴〉을 지어 올렸는데 문장과 내용이 매우 훌륭하여 경계로 삼을 만했다. 그 내용은 다음과 같다.

"지금에서 옛날까지, 굽어 바라보고 우러러 살펴볼 때, 오직 임금만이 복을 지으니, 임금 노릇 하기란 실로 어렵습니다. 넓은 하늘 아래에 머물고, 王들과 公들의 위에 서서, 일정한 영토를 맡은 자에게 임금이 구하는 것을 공물로 바치게 하고, 백관들에게 임금이 부르는 대로 화답케 합니다. 그리하여 두려워하는 마음이 갈수록 해이해지고, 사악하고 편벽된 감정이 점차 늘어납니다. 그러니 문제가 소홀히 하는 곳에서 생기고, 재앙이 뜻하지 않은 데에서 발생한다는 것을 어찌 알겠습니까. 진실로 聖人이 천명을 받아서, 물에 빠진 자를 구하고 막혀 있는 자를 통하게 할 때에 모든 죄를 자신에게 돌리고, 백성에게 마음을 둡니다. 그리하여 큰 밝음은 특정한 것만을 비추는 일이 없고, 지극한 공평은 사사롭게 가까운 것이 없습니다. 그러므로 한 사람의 천자로 천하를 다스리는 것이고, 온 백성들로 한 사람을 받드는 것이 아닙니다.

예의로 사치를 금하고, 음악으로 방종을 방지하며, 左史는 말을 기록하며 右史는 사건을 기록하고, 나갈 땐 주위를 경계하며 들어올 땐 길을 통제(辟除)하여, 四時에 陰陽의 성쇠를 조절하고, 三光(해, 달, 별)이 정치의 득실을 함께합니다. 그러므로 몸이 법도가 되고, 말이 음률이 됩니다. 하늘이 아무것도 모른다고 하지 마소서. 높이 있어도 낮은 곳의 일을 다 듣습니다. 해로울 게 무엇이냐고 말하지 마소서. 작은 것이 쌓여 큰 문제가 됩니다. 즐거움을 만끽해선 안 되니, 즐거움이 다하면 슬픔이 생기고, 욕망을 멋대로 부려선 안 되니, 욕

---

22) 桀紂酒池可以運船 糟隄可以望十里 : ≪韓詩外傳≫ 권2에 "옛날에 桀王이 酒池와 糟隄를 만들었다.〔昔者桀爲酒池糟隄〕"라고 하였다.

망을 멋대로 부리면 재앙이 됩니다. 궁 안에 九重宮闕을 장엄하게 해도, 사는 곳은 무릎 놀릴 작은 공간에 지나지 않거늘, 桀紂 같은 혼미한 이들은 이를 몰라서 누대와 궁실을 화려하게 꾸미고, 눈앞에 여덟 가지 진미를 늘어놓아도, 먹는 것은 입에 맞는 것 몇 가지에 지나지 않거늘, 걸주 같은 미치광이는 이를 생각하지 못하여 술지개미로 언덕을 쌓고 술로 연못을 만들었습니다.

31-3-3

勿內荒於色하고 **勿外荒於禽**㉑하며 **勿貴難得之貨**㉒하고 **勿聽亡國之音**㉓하소서 **內荒**은 **伐人性**[23])하고 **外荒**은 **蕩人心**[24])하며 **難得之物**은 **侈**하고 **亡國之聲**은 **淫**이니이다 **勿謂我尊而傲賢侮士**하고 **勿謂我智而拒諫矜己**하소서 **聞之夏后據饋頻起**㉔하고 **亦有魏帝牽裾不止**㉕니이다 **安彼反側**을 **如春陽秋露**하고 **巍巍蕩蕩**을 **推漢高大度**㉖하소서 **撫茲庶事**를 **如履薄臨深**하고 **戰戰慄慄**하여 **用周文小心**㉗하소서

㉑ 勿內荒於色 勿外荒於禽 : 夏書五子之歌, 其二曰 "訓有之, 內作色荒, 外作禽荒, 有一于此, 未或不亡." 色荒, 寵嬖女也, 禽荒, 耽遊畋也. 荒者, 迷荒之謂.
《書經》〈夏書 五子之歌〉의 제2歌에 "가르침이 있으니 안으로 色荒을 하고 밖으로 禽荒을 하는 일 가운데 하나라도 있으면 멸망하지 않는 경우가 없다."라고 했는데, 色荒은 여인을 총애하는 것이고 禽荒은 사냥을 탐닉하는 것이다. 荒은 미혹에 빠진 상태를 말한다.

㉒ 勿貴難得之貨 : 老子曰 "不貴難得之貨, 使民不爲盜."[25])
老子가 말하기를, "얻기 어려운 재화를 귀하게 여기지 않으면 백성으로 하여금 도둑질을 하지 않게 할 수 있다."라고 했다.

㉓ 勿聽亡國之音 : 詩序曰 "亡國之音,[26]) 哀以思, 其民困."
詩序에서 이르기를, "망국의 음악이 애달프고 슬픈 것은 망국의 백성이 곤궁하기 때문이

---

23) 內荒伐人性 : 《呂氏春秋》〈孟春〉에 "화려하고 흰 치아의 미인과 鄭나라와 衛나라의 음악을 힘써 스스로 즐김은 본성을 치는 도끼라고 하였다.〔靡曼皓齒 鄭衛之音 務以自樂 命之曰伐性之斧〕"라고 하였다.

24) 外荒蕩人心 : 《書經》〈夏書 五子之歌〉'內作色荒 外作禽荒'의 孔穎達의 疏에 "老子가 이르기를 '말을 달려 사냥하면 사람의 마음을 미치광이로 만든다.'고 하였으니, 여색을 좋아하며 사냥을 좋아하면 정신이 혼란하게 된다.〔老子云 馳騁田獵 令人心發狂 好色好田 則精神迷亂〕"라고 하였다.

25) 不貴難得之貨 使民不爲盜 : 《老子道德經》〈安民〉에 보인다.

26) 亡國之音 : 이 종류를 《禮記》〈樂記〉에 "桑間, 濮上의 음악은 亡國의 음악이다.〔桑間濮上之音 亡國之音也〕"라고 하였다.

다."라고 했다.

㉔ 據饋頻起 : 史記 "夏禹一饋而十起, 以勞天下之民."[27]

≪史記≫에서 "夏禹는 한 끼 밥을 먹을 때 열 번 일어나며 천하의 백성을 위로했다."라고 했다.

㉕ 牽裾不止 : 魏文帝欲徙冀州十萬戶實河南, 辛毗諫, 帝不答, 起入內, 毗隨而引其裾. 帝怒, 良久曰 "卿持我何太急耶." 於是徙其半.

魏 文帝가 冀州의 10만 戶를 옮겨 河南을 충실하게 하려는 데 대해 辛毗가 간언을 올리자 위 문제가 대답하지 않고 일어나 안으로 들어가려 하니 신비가 뒤따라가 그 소매를 붙잡았다. 화를 낸 위 문제가 잠시 시간이 흐르고 나서 이르기를, "경이 날 어찌 이리도 다급하게 붙잡는가."라고 하였고, 이에 절반만 옮겼다.

㉖ 推漢高大度 : 漢紀 "高祖寬仁有大度."

≪漢書≫ 〈高祖本紀〉에 "高祖는 관대하고 인자하면서 큰 도량을 갖췄다."라고 했다.

㉗ 用周文小心 : 詩小旻篇曰 "戰戰兢兢, 如臨深淵, 如履薄氷." 大明篇曰 "維此文王, 小心翼翼."

≪詩經≫ 〈小雅 小旻〉에 "두려워하고 조심하여 깊은 연못에 임한 듯이 하며 얇은 얼음을 밟은 듯이 하라."라고 했고, ≪詩經≫ 〈大雅 大明〉에 "이 文王은 조심조심 행동했다."라고 했다.

안으로는 여색에 빠지지 말고, 밖으로는 수렵에 빠지지 말며, 얻기 어려운 보물을 중히 여기지 말고, 나라를 망치는 음악을 듣지 마소서. 안으로 여색에 빠지면 본성을 해치고, 밖으로 수렵에 빠지면 마음을 방탕하게 하며, 얻기 어려운 보물은 사치스럽게 하고, 나라를 망치는 음악은 음탕하게 합니다. 내가 존귀하다고 여겨서 현자들에게 오만하거나 학자들에게 거만하지 말아야 하고, 내가 지혜롭다고 여겨서 간언을 거부하며 자신을 내세우지 마소서. 듣자 하니 禹임금은 밥을 먹다가 〈선비들을 맞이하고자〉 자주 일어났고, 또 魏 文帝는 〈辛毗가〉 소맷자락을 붙들고 간언하는 것을 제지하지 않았다고 합니다. 불안해하는 사람을 어루만지기를 봄볕과 가을 이슬같이 하고, 드높고 광대하기를 漢 高祖의 큰 도량을 추구하소서. 뭇 일들을 살피기를 살얼음을 밟듯 하고 깊은 연못에 임하듯 하고 두려워하며 삼가서, 周 文王처럼 조심하소서.

---

27) 夏禹一饋而十起 以勞天下之民 : ≪史記≫에서는 보이지 않는다. ≪淮南子≫ 〈氾論訓〉에 "이러한 때에 한 끼 밥을 먹을 때 열 번 일어나고 한 번 머리를 감을 때 세 번 머리채를 감싸고 일어나는 정성으로 천하의 백성을 위로했다.〔當此之時 一饋而十起 一沐而三捉髮 以勞天下之民〕"는 내용이 있는 것으로 보아, 출전을 잘못 표기한 것으로 보인다.

31-3-4

詩云 不識不知㉘라하고 書曰 無偏無黨㉙이라하니 一彼此於胸臆하고 捐好惡於心想㉚하소서 衆棄而後加刑하고 衆悅而後命賞하며 弱其强而治其亂하고 伸其屈而直其枉하소서 故曰 如衡如石하여 不定物以數하여 物之懸者에 輕重自見㉛하고 如水如鏡하여 不示物以形하여 物之鑑者에 姸蚩自生하소서 勿渾渾而濁㉜하고 勿皎皎而淸하고 勿汶汶而闇하고 勿察察而明하소서 雖冕旒蔽目이나 而視於未形㉝하고 雖黈纊塞耳나 而聽於無聲㉞[28]이니이다 縱心乎湛然之域하고 遊神於至道之精하사 扣之者는 應洪纖而效響[29]하고 酌之者는 隨淺深而皆盈[30]하소서 故曰 天之淸 地之寧 王之貞㉟이라하니이다 四時不言而代序[31]하고 萬物無爲而受成하나니 豈知帝有其力而天下和平[32]이리잇가

㉘ 詩云 不識不知 : 詩皇矣篇曰 "不識不知, 順帝之則."
≪詩經≫ 〈大雅 皇矣〉에 "자신도 알지 못하는 사이에 상제의 법칙을 따랐네."라고 했다.

㉙ 書曰 無偏無黨 : 周書曰 "無偏無黨, 王道蕩蕩."
≪書經≫ 〈周書 洪範〉에 "치우침도 없고 편당함도 없으면 王의 道가 드높다."라고 했다.

㉚ 捐好惡於心想 : 好·惡, 竝去聲.
好(좋아하다)와 惡(미워하다)는 모두 去聲이다.

㉛ 輕重自見 : 音現.
〈見(나타나다)은〉 音이 現이다.

㉜ 勿渾渾而濁 : 渾, 音溷.
渾(흐리다)은 音이 溷이다.

---

28) 視於未形……聽於無聲 : ≪禮記≫ 〈曲禮〉에 "소리가 없는 것에서 듣고, 형체가 없는 것에서 본다.〔聽於無聲 視於無形〕"라고 하였다.

29) 扣之者 應洪纖而效響 : ≪禮記≫ 〈學記〉의 "물음에 잘 대답하는 자는 종을 치는 것과 같다. 작게 치면 작게 울리고, 크게 치면 크게 울린다.〔善待問者如撞鐘 叩之以小者則小鳴 叩之以大者則大鳴〕"를 응용한 것이다. 扣는 叩와 동자이다.

30) 酌之者 隨淺深而皆盈 : ≪淮南子≫ 〈繆稱訓〉의 "성인의 도는 마치 큰 길거리에 술동이를 놔두고서 지나는 사람마다 크고 작은 양에 따라 각자 적당히 마시게 하는 것과 같다.〔聖人之道 猶中衢而置尊邪 過者斟酌 多少不同 各得所宜〕"를 응용한 것이다.

31) 四時不言而代序 : ≪論語≫ 〈陽貨〉의 "하늘이 무슨 말을 하던가. 사시가 운행하고 만물이 생장하나니, 하늘이 무슨 말을 하던가.〔天何言哉 四時行焉 百物生焉 天何言哉〕"에서 유래한 것이다.

32) 豈知帝有其力而天下和平 : 태평성대를 구가함을 말한다. 堯임금 때에 어느 노인이 배불리 먹고 배를 두드리며 흙덩이를 치면서〔擊壤〕 노래하기를, "우물 파서 물을 마시고 밭 갈아서 밥을 먹으니, 임금의 힘이 나에게 무슨 상관이 있으랴.〔鑿井而飮 耕田而食 帝力何有於我哉〕"라고 하였다. ≪高士傳 上≫

㉝ 雖冕旒蔽目 而視於未形：冕, 十有二旒. 天子冠用五采藻爲旒, 以藻貫五采玉, 垂于延之前後, 各十二, 取目不須視惡色之義.
冕은 12개의 旒(珠玉 술)로 이루어져 있다. 天子의 冠은 다섯 가지 색채의 藻(수초)를 사용해 旒를 만드는데 藻에 다섯 가지 채색의 玉을 꿴 뒤 延(綖, 면류관 덮개)의 앞뒤로 드리우는데 각각 12개로 이루어졌다. 눈으로 나쁜 색을 보지 말아야 한다는 의미를 담고 있다.

㉞ 雖黈纊蔽目 而聽於無聲：黈, 他口切. 纊, 音曠. 黈纊, 黃色綿也, 以黃綿爲圓, 用組垂之于冕, 當兩耳旁, 示不聽讒邪也.
黈(황색)는 他와 口의 반절이며, 纊(솜)은 音이 曠이다. 黈纊은 황색 솜이니, 둥글게 만든 황색 솜을 끈을 사용해 면류관에 드리우되 양쪽 귀 쪽에 해당되게 하여, 참람하고 사악한 소리를 듣지 않는다는 뜻을 내보인 것이다.

㉟ 故曰……王之貞：老子曰 "天得一以淸, 地得一以寧, 王侯得一以爲天下正."[33]
老子가 말하기를, "하늘은 1을 얻어 맑고, 땅은 1은 얻어 편안하고, 王侯는 1을 얻어 천하의 기준이 된다."라고 했다.

≪詩經≫ 〈大雅 皇矣〉에 '자신도 알지 못하는 사이에'라고 했고, ≪書經≫ 〈周書 洪範〉에 '치우침이 없고 편듦도 없다.'라고 했으니, 가슴속에 이쪽과 저쪽을 똑같이 생각하고, 마음속에 좋아함과 미워함을 버리소서. 뭇사람들이 버린 뒤에야 형벌을 가하고, 뭇사람들이 기뻐하고 나서야 포상을 주며, 강한 자는 약하게 만들고 혼란한 자는 다스리며, 굽힌 자는 펴주고 비뚤어진 자는 바로잡으소서. 그러므로 〈인물을 판정할 때에〉 저울대와 저울추처럼 하여 사물에 한계를 정하지 않아, 매달아놓은 물건에 따라 무게가 저절로 나타나듯이 하시고, 물과 거울처럼 하여 사물의 정상을 미리 보여주지 않아, 거울에 비친 물건에 따라 아름다움이 저절로 드러나듯이 하소서.

흐리듯 혼탁해선 안 되고, 결백하듯 맑아서도 안 되고, 흐리멍덩하듯 어두워서도 안 되고, 자세히 따지듯 밝아서도 안 됩니다. 비록 면류관의 드리운 구슬이 눈앞을 가려도 정황이 드러나기 전에 살펴보아야 하고, 노란 솜 귀마개가 귀를 막아도 소리가 나지 않는 데서 들어야 합니다. 담담한 곳에 마음을 놓아두고, 지극한 道의 정수에 정신을 노닐어서, 두드리는 자에겐 소리의 크고 작은 정도에 따라 호응하고, 물을 잔에 담으려는 자에겐 잔의 얕고 깊은 정도에 따라 모두 채워주소서. 그러므로 '하늘의 맑음, 땅의 편안함, 왕의 바른 정사.'라고 한

33) 天得一以淸……王侯得一以爲天下正：≪老子道德經≫ 〈法本〉 제39장에 보인다.

것입니다. 四時가 말없이도 순서대로 바뀌고, 만물이 작위 함이 없이도 생성되니, 〈백성들이〉 임금의 덕화로 천하가 평화롭다는 걸 어찌 알겠습니까.

31-3-5

吾王撥亂할새 **戡以智力**㊱이라 **人懼其威**하고 **未懷其德**하니이다 **我皇撫運**하사 **扇以淳風**이나 **民懷其始**하고 **未保其終**이니이다 **爰述金鏡**호니 **窮神盡性**하사 **使人以心**하고 **應言以行**㊲하며 **苞括理體**하고 **抑揚辭令**㊳하며 **天下爲公**34)하면 **一人有慶**35)하리이다 **開羅起祝**36)하고 **援琴命詩**37)하사 **一日二日**에 **念茲在茲**38)하소서 **惟人所召**39)요 **自天祐之**40)니이다 **爭臣司直**㊴이라 **敢告前疑**41)하노이다 **太宗嘉之**하여 **賜帛三百段**하고 **仍授以大理寺丞**㊵하다

㊱ 戡以智力 : 戡, 音堪, 勝也.
戡은 音이 堪이니 이긴다는 뜻이다.

㊲ 應言以行 : 去聲.
〈行(행실)은〉 去聲이다.

---

34) 天下爲公 : ≪禮記≫ 〈禮運〉에 보인다.

35) 一人有慶 : ≪書經≫ 〈周書 呂刑〉에 보인다.

36) 開羅起祝 : 법망을 관대하게 하여 살길을 열어준다는 뜻으로, 인자한 정치를 가리킨다. ≪史記≫ 〈殷本紀〉에 "湯임금이 교외로 나갔다가 사방에 그물을 치고서는 '천하의 모든 것이 내 그물로 들어오게 하소서.'라며 축원하는 사람을 보았다. 탕임금은 '어허! 씨를 말리려 하는가.'라고 하면서 세 면의 그물을 거두게 하고서는 '왼쪽으로 가고 싶은 것은 왼쪽으로 가고, 오른쪽으로 가고 싶은 것은 오른쪽으로 가고, 명을 따르지 않는 것만 내 그물로 들어오게 하소서.'라고 축원하게 하였다.〔湯出見野張網四面 祝曰 自天下四方皆入吾網 湯曰嘻盡之矣 乃去其三面 祝曰 欲左左欲右右 不用命乃入吾網〕"라고 하였다.

37) 援琴命詩 : 無爲의 정치를 구가하는 것을 비유한 것으로, ≪孔子家語≫ 〈辨樂解〉의 "舜임금이 五絃琴을 타며 〈南風〉시를 지었다.〔舜彈五絃之琴 造南風之詩〕"에서 변용한 것이다.

38) 念茲在茲 : ≪書經≫ 〈虞書 大禹謨〉에 보인다.

39) 惟人所召 : ≪春秋左氏傳≫ 襄公 23년의 "禍福은 문이 없고, 사람이 부르는 것이다.〔禍福無門 惟人所召〕"에서 뒷부분만 인용한 것이다.

40) 自天祐之 : ≪周易≫ 大有 上九爻辭의 "하늘이 보우하사 길하여 이롭지 않음이 없다.〔自天祐之 吉无不利〕"에서 앞부분만 인용한 것이다.

41) 前疑 : 고대의 官名으로 四輔의 하나이다. ≪尙書大傳≫ 권2에 "옛날에 天子는 반드시 四隣을 두었는데, 앞을 疑, 뒤를 丞, 왼쪽을 輔, 오른쪽을 弼이라 하였다.〔古者天子必有四隣 前曰疑 後曰丞 左曰輔 右曰弼〕"라고 하였다. 이를 前疑·後丞·左輔·右弼이라 한다. 천자께 직접 올리는 형식을 피하여 前疑에게 고한다고 한 것이다.

㊳ 抑揚辭令：如字.

〈令(명령)은〉 본래 音義대로 독해한다.

㊴ 爭臣司直：讀曰諍.

〈爭은〉 諍(간하다)으로 읽는다.

㊵ 貞觀五年……仍授以大理寺丞：按通鑑無與囚博戲之說. 唐史張蘊古無傳, 事見刑法志.

살펴보건대 ≪資治通鑑≫에는 죄수와 바둑을 두었다는 설이 없다. 唐史(≪舊唐書≫)에는 張蘊古에 대한 傳이 없으며, 관련 사실은 ≪舊唐書≫ 〈刑法志〉에 보인다.

우리 임금께서 혼란을 평정하실 때, 지혜와 힘으로 승리하시어, 백성들이 그 위세만을 두려워하고, 그 덕을 마음에 품지 못하고 있습니다. 우리 황상께서 천운을 따라 순박한 기풍을 진작시키셨으나, 백성들이 그 시작만 좋게 받아들일 뿐, 그 마지막은 보장하지 못하고 있습니다. 이에 거울같이 자신을 비추어 볼 잠언을 올리오니, 정신을 모두 쏟고 본성을 다 펼쳐, 사람을 부릴 때 진심으로 대하고, 말에 응답할 때 실천할 것으로 하며, 정치의 요점을 포괄하고, 응대하는 말을 잘 조절하소서. 천하가 공정하게 다스려지면, 〈임금〉 한 사람에게 경사가 있습니다. 〈湯임금처럼〉 그물의 한 쪽을 열어 〈짐승이 도망갈 수 있도록〉 축원을 하고, 〈舜임금처럼〉 거문고로 연주하기를 명하시어, 하루 이틀 사이에도 이것만을 생각하소서. 〈화복은〉 사람이 불러들이는 것이고, 덕 있는 이는 하늘에서 돕습니다. 간언을 하는 신하는 직언하는 일을 맡고 있어, 감히 前疑께 아룁니다."

태종이 가상히 여겨 비단 300단을 하사하고 아울러 大理寺 丞을 제수했다.

【集論】

唐氏仲友曰 張蘊古는 文章鯁直之士어늘 太宗이 以一時誤見濫誅는 最爲可惜이라 大寶箴諷帝以民畏而未懷는 切中帝之病이라 蘊古는 敏書傳하고 曉世務하며 文擅當時하고 加以切直이어늘 太宗濫殺而悔하니 則何益矣리오

唐仲友가 말하였다.

"張蘊古는 문장이 뛰어나고 올곧은 선비인데 太宗이 한순간의 오판으로 과한 형벌로 죽인 것은 가장 애석한 일이다. 〈大寶箴〉에서 태종에게 '백성들이 〈임금의 위세만〉 두려워하고 〈임금의 덕을〉 마음속에 담지 않는다.'라고 풍간한 것은 태종의 병폐를 정확히 지적한 것이다. 장온고는 전적에 뛰어나고 세상일을 훤히 꿰뚫었으며 당

시의 문단을 주도했고 이에 더하여 매우 정직했는데, 태종이 과한 형벌로 죽이고 나서 후회하였으니 무슨 보탬이 있겠는가.

朱氏黼曰 詩三百十一篇에 而疾讒者六이요 君子有七惡(오)호대 而以訐爲直이 居其一[42]하니 自昔賢智之棄逐과 政治之隳圮와 國家之昏亂은 未有不自讒訐也라 太宗이 方蒐積群才하여 共興治功이어늘 乃復容萬紀[43]輩하여 玷汚朝列은 何哉아 房玄齡은 一代名相이어늘 而萬紀以考選[44]不公誣之하고 張蘊古는 平反[45]妖言이어늘 而萬紀以按事不實劾之할새 玄齡은 以魏徵免按[46]이나 而蘊古는 竟罹非命이라 挾恩依勢하여 逞其姦謀하니 其爲太宗盛德累가 豈少乎리오 詩曰 讒人罔極하여 交亂四國이라하니 其萬紀也夫인저

朱黼가 말하였다.

"≪詩經≫ 311편에서 참소한 자를 비판한 것이 6건이며, 君子에게 7가지 미워하는 것이 있는데 고자질을 정직으로 여기는 것이 그 가운데 하나이니, 예로부터 賢者와 智者가 축출되고 정치가 무너지고 국가가 혼란에 빠진 것은 모두 참소와 고자질로부터 시작되지 않은 것이 없다. 태종이 바야흐로 인재들을 모아 함께 정치의 성과를 이루면서도 權萬紀 등을 받아들여 조정의 반열을 더럽힌 것은 어째서인가. 房玄齡은 한 시대의 명재상인데 권만기가 考選이 공평하지 못하다고 무고하였고, 張蘊古가 〈李好德의〉 요사스러운 말에 대해 平反을 하였는데 권만기는 사건의 조사가 진실하지 못

42) 君子有七惡(오)……居其一 : ≪論語≫ 〈陽貨〉의 孔子와 子貢의 대화에 보인다. 七惡는 공자가 거론한 네 가지와 자공이 거론한 3가지를 합친 것이다. 공자는 "남의 약점을 떠벌리는 자를 미워하고, 아랫사람이 되어 윗사람을 비방하는 자를 미워하고, 용기만 있고 무례한 자를 미워하고, 과감하기만 하여 꽉 막힌 자를 미워한다.〔惡稱人之惡者 惡居下流而訕上者 惡勇而無禮者 惡果敢而窒者〕"고 했고, 자공은 "남의 잘못을 알아내는 것을 앎으로 여기는 자를 미워하고, 불손한 것을 용맹으로 여기는 자를 미워하고, 고자질 하는 것을 정직으로 여기는 자를 미워한다.〔惡徼以爲知者 惡不孫以爲勇者 惡訐以爲直者〕"고 했다.

43) 萬紀 : 權萬紀를 가리킨다. ≪新唐書≫ 〈權萬紀列傳〉에 唐 太宗 때 治書侍御史를 역임하였다. 房玄齡·王珪·魏徵 등의 사소한 잘못을 들추어내어 탄핵하는 등 조정을 동요시켰는데, 太宗으로부터 "豪貴를 피하지 않고 과감하게 탄핵한다."는 평가를 받고 과분한 예우를 받았다.
≪資治通鑑≫ 貞觀 10년에 宣州와 饒州에서 銀이 많이 발견되자 권만기가 이를 캐면 1년에 수백만 緡을 얻을 수 있다고 하였는데, 태종은 자신을 正道로 인도하는 일이 아니라고 하여 그날로 권만기를 내쳤다. 그리고 ≪新唐書≫에는 그의 인물됨이 부정적으로 묘사되어 있지만, ≪舊唐書≫에는 〈良吏列傳〉에 수록하여 긍정적으로 평가하고 있다.

44) 考選 : 시험과 심사를 통해 인재를 선발하는 것이다.

45) 平反 : 억울한 옥사의 경우 죄수의 기록을 다시 심의하여 감형해주는 것이다.

46) 玄齡 以魏徵免按 : 이 사실은 ≪新唐書≫ 권100 〈權萬紀列傳〉에 보인다.

하고 탄핵했다. 당시 방현령은 위징에 의해 조사를 모면했으나 장온고는 결국 비명 횡사에 걸려들고 말았다. 임금의 사랑을 빙자하고 세력을 의지하여 간악한 모의를 드러냈으니, 太宗의 성대한 덕에 누가 되는 것이 어찌 작다 하겠는가. ≪詩經≫ 〈小雅 靑蠅〉에서 이르기를, "참소하는 사람이 끝없어 온 나라를 혼란케 한다."라고 했는데, 권만기를 두고 말한 것이다.

愚按 自古王霸之辨과 治亂之分은 曰德刑曰義利而已라 太宗이 知尙德而不尙刑이라 故能拒絶封德彛法律之言하고 知尙義而不知尙利라 故能斥權萬紀採銀之奏니 此其天資聰明이 最爲合於帝王之道者也라 夫旣知其言之非矣어든 則廢逐其人可也나 然德彛는 則任股肱之寄하고 萬紀는 則居耳目之官하여 德彛論無忌佩刀之罪하여 置校尉於死地[47]하고 萬紀論好德妖言之罪하여 陷蘊古於非辜하니 小人深文이 如出一律이라 何太宗明於先而暗於後하고 得於彼而失於此乎아 校尉는 以戴胄而免하되 蘊古는 則遂罹極刑하니 愚觀蘊古之箴컨대 曰衆棄而後加刑이라하니 嗚呼라 蘊古之罪가 豈所謂衆棄者邪아 亦可哀也已라

내가 살펴보건대, 예로부터 王道와 霸道의 변별, 다스려짐과 혼란의 구분은 덕망과 형벌, 의리와 이익뿐이다. 太宗이 덕망을 숭상하고 형벌을 숭상해서는 안 된다는 것을 알았으므로 封德彛의 법률에 의거한 말을 거절하였고, 의리를 숭상해야 하는 것을 알고 이익을 숭상해야 함을 알지 못했으므로 권만기가 은을 채굴해야 한다는 상소를 물리쳤다. 이것은 총명한 자질이 帝王의 道에 가장 부합한 것이다.

이미 그 말이 잘못된 것을 알았다면 그 사람을 내쫓는 것이 옳다. 그런데 봉덕이는 임금의 팔과 다리의 역할을 하는 직책을 맡았고 권만기는 임금의 눈과 귀를 담당하는 관직을 차지했다. 봉덕이가 長孫無忌가 칼을 찬 죄를 논하여 校尉를 사형에 처하게 하고, 권만기가 李好德이 요망한 말을 한 것에 대한 죄상을 논하여 張蘊古를 비명에 빠뜨렸으니, 小人의 각박한 법조문이 마치 하나의 음률에서 나온 듯하다. 어찌하

47) 德彛論無忌佩刀之罪 置校尉於死地 : ≪貞觀政要集論≫ 〈論公平〉 3장에 보인다. 貞觀 원년(627)에 吏部尙書 長孫無忌가 부름을 받아 들어갈 때에 佩刀를 풀지 않은 채 東廡 위 閤門으로 들어갔다가 나가고 나서야 문을 지키던 校尉가 비로소 이 사실을 알아차렸다. 尙書 右僕射 封德彝가 문제를 제기하여, 문을 지키는 교위가 사실을 알아채지 못한 죄는 사형에 해당하고 잘못 칼을 차고 들어간 장손무기는 徒刑 2년에 벌금 銅 20斤에 해당한다고 건의하자, 태종이 그대로 따랐다. 그러자 大理少卿 戴胄가 논박하여 아뢰기를, "교위가 장손무기로 인해 죄를 얻었으니 처벌을 마땅히 가벼이 해야 합니다. 만일 그 과오만을 논한다면 내용은 같은 것인데 삶과 죽음이 전혀 다르니, 감히 굳게 청합니다."라고 하니, 태종이 교위의 사형을 면죄시켰다.

여 태종은 앞의 일은 밝게 살피고 뒤의 일은 어두웠으며, 저 일은 잘 처리하고 이 일은 잘못 처리했는가. 교위는 戴冑에 의해 모면됐지만 장온고는 끝내 극형에 걸리고 말았으니, 내가 장온고의 〈大寶箴〉을 살펴보면 "뭇사람이 버리고 나서야 형을 가해야 한다."라고 하였으니, 아! 장온고의 죄가 어찌 이른바 뭇사람이 버린 것에 해당한 것이겠는가. 또한 애처롭다 할 것이다.

31-4-1

貞觀五年에 **詔曰 在京諸司**가 **比來**①**奏決死囚**에 **雖云五覆**이나 **一日卽了**하여 **都未暇審思**하니 **五奏何益**이리오 **縱有追悔**나 **又無所及**이라 **自今後**로 **在京諸司**가 **奏決死囚**어든 **宜三日中五覆奏**하고 **天下諸州三覆奏**하라 **又手詔勅曰 比來有司斷獄**이 **多據律文**하여 **雖情在可矜**이나 **而不敢違法**하니 **守文定罪**가 **或恐有冤**이라 **自今門下省覆**호대 **有據法合死**나 **而情在可矜者**는 **宜錄狀奏聞**하라

① 比來 : 比, 音鼻, 後同.
比(근래)는 音이 鼻이다. 뒤에도 같다.

貞觀 5년(631)에 조칙을 내렸다.

"경성에 있는 유관 관서에서 근래 사형수를 결정하는 내용을 보고할 때 다섯 번 覆奏했다고 하지만 하루 만에 완료하여 미처 세심히 살펴볼 겨를이 없으니, 그렇다면 다섯 번 복주한다 해도 무슨 보탬이 있겠는가. 추후에 후회한다고 해도 손을 쓸 수가 없게 된다. 지금부턴 경성에 있는 유관 관서가 사형수를 결정하는 내용을 보고할 땐 3일 동안에 다섯 번 복주하도록 하고 천하의 각 州들은 세 번 복주하도록 하라."

또 손수 조칙을 써서 내렸다.

"근래에 관련 관청에서 형사 사건을 판결할 때 대부분 법률 조항에만 의거해서 정상에 안타까운 점이 있어도 감히 법률을 어기지 못하니, 법률 조항만으로 죄를 단정하는 것에는 억울함이 있을 우려가 있다. 지금부턴 門下省이 복주하는데, 법에 의거하여 의당 사형에 처할 것이라도 안타까운 정상이 있는 경우에는 마땅히 안건을 기록해서 보고하도록 하라."

【集論】

范氏祖禹曰 易中孚之象曰 君子 以하여 議獄하며 緩死라하니 中孚者는 信發於中也요 議獄緩死者는 出於至誠也라 古者에 大司寇가 以獄之成告于王하면 王命三公參聽之하고 三公이 以獄之成告于王하면 王三宥하여 然後制刑[48]하니 先王重愼如此라 故刑淸而民服이라 若太宗之恤刑也는 可謂至誠而近於古矣니 幾致刑措가 宜哉인저

范祖禹가 말하였다.

"≪周易≫ 中孚卦 〈象傳〉에서 '君子가 이를 본받아 獄事를 의논하고서 사형을 완화해준다.'라고 했으니, 中孚는 믿음이 마음속에서 우러나는 것이고 옥사를 의논하여 사형을 완화해준다는 것은 지극한 정성에서 우러나는 것이다. 옛날엔 大司寇가 옥사의 완결 내용을 王에게 보고하면 왕이 三公에게 명하여 함께 그 내용을 청취하게 하고, 삼공이 옥사의 완결을 왕에게 보고하면 왕이 3번 관대한 처분을 내리고 나서 형법을 적용시켰으니, 先王의 신중함이 이러했기에 형법의 시행이 말끔하여 백성들이 승복한 것이다. 太宗이 형벌 시행을 안타깝게 여긴 것은 지극한 정성이 담긴 것으로 옛것에 가깝다 할 수 있으니, 형법을 내버려둔 지경에 거의 이른 것이 당연한 것이다."

愚按 易之象言刑獄者五로되 而議獄緩死가 必見於中孚者는 蓋以君子者每於事於物에 無不用其中이나 於人命所繫에 尤見中孚之至也라 獄者는 不得已而設이요 議는 謂必究其情也요 死者는 不可以復生이요 緩은 謂求所以生之也라 呂刑曰 罔非在中이라하고 又曰 獄成而孚라하니 則中孚者는 誠議獄緩死之本也라 太宗恤刑之詔는 其出於中心之誠者歟인저 亦近乎周官五聽三訊[49]之遺意矣라

내가 살펴보건대, ≪周易≫ 〈象傳〉에서 獄事에 대해 이야기한 것이 다섯 번이지만 옥사를 의논하여 사형을 완화시켜주는 것〔議獄緩死〕이 반드시 中孚卦에 보이는 것은 君子가 어떤 일이나 어떤 사물에도 그 마음〔中〕을 쓰지 않는 것이 없지만 사람의 목숨이 달려 있는 것에 대해 더욱더 中孚(마음의 정성)의 지극함을 보인 것이다. 옥사〔獄〕는 부득이해서 설치한 것이고 의론〔議〕은 반드시 그 정상의 실체를 파악하는 것

48) 大司寇……然後制刑 : ≪禮記≫ 〈王制〉에 보인다.

49) 五聽三訊 : 심문의 신중을 기하기 위해 다섯 번 살피고 세 차례 묻는 것이다. 五聽은 말하는 태도를 살피는 辭聽, 안색의 변화를 살피는 色聽, 호흡 등을 살피는 氣聽, 듣는 태도를 살피는 耳聽, 눈매를 살피는 目聽이고, 三訊은 신하들의 의견을 묻는 것, 서리들의 견해를 묻는 것, 백성들의 여론을 묻는 것이다. ≪周禮 秋官 小司寇≫

이며, 죽은 자〔死〕는 다시는 살릴 수 없는 것이고 완화시키는 것〔緩〕은 살릴 수 있는 방법을 찾는 것이다. ≪書經≫ 〈周書 呂刑〉에 '마음속에 들어 있지 않는 것이 없다.' 라고 하고, 또 '옥사가 완결되면 〈백성들이〉 믿을 수 있게 된다.'라고 했으니 中孚는 참으로 옥사를 의논하여 사형을 완화시키는 것의 근본이다. 太宗이 형벌을 안타깝게 여긴 조칙은 마음속의 정성에서 우러나왔을 것이다. 이 또한 ≪周禮≫ 〈秋官〉의 다섯 번 듣고 세 번 심문한 뜻에 가까운 것이다.

31-5-1

貞觀九年에 **鹽澤道行軍總管岷州①都督高甑生②**이 **坐違李靖節度**하고 **又誣告靖謀逆**이나 **減死徙邊**이어늘 **時有上言者曰 甑生**은 **舊秦府[50]功臣**이니 **請寬其過**하소서 **太宗曰 雖是藩邸[51]舊勞**를 **誠不可忘**이나 **然理國守法**엔 **事須畫一**이니 **今若赦之**하면 **使開僥倖之路**라 **且國家建義太原[52]**할새 **元從及征戰有功者甚衆③**하니 **若甑生**이 **獲免**하면 **誰不覬覦**리오 **有功之人**이 **皆須犯法**하리라 **我所以必不赦者**는 **正爲此也**로다

① 行軍總管岷州 : 岷州, 今爲西和州, 隸陝西.
岷州는 지금의 西和州이며 陝西省에 속한다.
② 都督高甑生 : 史無傳.
〈高甑生은〉 史書에 傳이 없다.
③ 元從及征戰有功者甚衆 : 從, 去聲.
從(수행원)은 去聲이다.

貞觀 9년(635)에 鹽澤道行軍總管 岷州都督 高甑生이 李靖의 지휘를 위배한 죄에 걸렸고, 또 이정이 반역을 도모했다고 무고했으나, 사형을 감면받아서 변방으로 내보내졌다. 당시 어떤 사람이 상주하기를, "고증생은 옛 秦府의 공신이니 그 잘못을 관대하게 용서하소서."라고 하자, 太宗이 말하였다.

"비록 藩邸 시절의 옛 공로를 참으로 잊을 수 없긴 하지만 국가를 다스리고 법을 수호함에 있어선 의당 한결같은 잣대를 유지해야 하니, 지금 만일 용서해 준다면 그것은 요행을 바라는 길을 열어주게 될 것이오. 그리고 국가가 太原에

50) 秦府 : 太宗이 秦王이었을 때 그의 관청 이름이다.
51) 藩邸 : 태자가 천자에 오르기 전에 거처하던 집이다.
52) 建義太原 : 唐나라는 隋나라에 항거하여 太原에서 처음으로 의병을 일으켰다.

서 의병을 일으킬 때 처음부터 따랐던 이들과 전쟁에서 공을 세운 이들이 매우 많은데 만일 고증생이 면죄를 받는다면 누군들 요행을 기대하지 않겠소. 공을 세운 이들이 모두 법을 범하려 들 것이오. 내가 결코 사면하지 않는 이유는 바로 이 때문이요."

【集論】

愚按 諸葛武侯之治蜀也에 開誠心하고 布公道하여 盡忠益時者는 雖讐必賞하고 犯法怠慢者는 雖親必罰하여 堂堂三代之佐[53]하니 此後世之所不能也라 太宗이 以王魏爲相하고 以薛萬徹爲將[54]은 非所謂雖讐必賞歟아 至若高甑生以秦府舊臣身從百戰으로도 一旦犯法엔 黜之不疑하니 非所謂雖親必罰歟아 嗚呼라 太宗之布公道는 其庶幾武侯之治者乎인저

내가 살펴보건대, 諸葛武侯가 蜀나라를 다스릴 때 진실한 마음을 열고 공평한 도리를 펼쳐 충성을 다해 당시에 보탬을 주는 자에게는 비록 원수라도 반드시 상을 내렸고 법을 범하거나 태만한 자에게는 비록 친하다고 해도 반드시 벌을 내려, 三代時代의 賢臣들에게 당당하였으니, 이는 후세 사람들이 능히 할 수 없는 점이다. 太宗이 王珪와 魏徵을 정승으로 삼고 薛萬徹을 장수로 삼은 것은 이른바 비록 원수라도 반드시 상을 준 예가 아니겠는가. 高甑生이 秦府의 옛 신하이고 수많은 전쟁에 참여했음에도 하루아침에 법을 범하자 의심 없이 내쳤으니 이른바 친하다고 해도 반드시 벌을 준 경우가 아니겠는가. 아, 태종이 공평한 도리를 펼친 것은 제갈무후의 다스림에 거의 가깝다 할 수 있을 것이다.

---

53) 三代之佐 : 三代는 夏나라 禹王, 商나라 湯王, 周나라 文王·武王으로, 三代之佐는 이들을 보좌한 賢臣을 가리킨다.

54) 以王魏爲相 以薛萬徹爲將 : 王珪는 626년 玄武門 사건 때 태자 李建成의 屬吏였으므로 李世民에 의해 유배되었으나, 후에 太宗(이세민)의 신임을 받아 재상이 되고, 또 魏王 李泰의 스승이 되었다. 魏徵은 태자 이건성에게 洗馬로 발탁되어 이세민의 공적이 높아지는 것을 보고 조기에 제거할 것을 권고했으나 이건성이 듣지 않다가 후에 이세민에게 패하였다. 이세민이 황위에 오른 뒤에 위징을 諫議大夫로 삼았다. 薛萬徹은 이건성의 측근이었는데 玄武門의 변 때 이세민 군대에게 이건성이 주륙되었으나 병력을 인솔하여 秦府 군인들과 전투하였다. 진부 군인 쪽에서 이건성의 수급을 보여주자 설만철은 수십 기병과 함께 終南山으로 도망했는데 태종이 누차 타일러 부르자 설만철은 무장을 해제하고 왔고 태종은 섬긴 사람에게 충성했다고 하여 죄를 주지 않고 기용하였다. ≪新唐書 권98 王珪列傳·魏徵列傳≫, ≪舊唐書 권69 薛萬徹列傳≫

31-6-1

貞觀十一年에 特進魏徵이 上疏曰 臣聞書曰 明德愼罰①이라하고 惟刑恤哉②라하며 禮云 爲上易(이)事③하고 爲下易(이)知하면 則刑不煩矣요 上人疑則百姓惑하고 下難知則君長勞矣④라하니이다 夫⑤上易事則下易知하고 君長不勞하면 百姓不惑이라 故君有一德하고 臣無二心하여 上播忠厚之誠하고 下竭股肱之力이라야 然後太平之基不墜하고 康哉之詠斯起⑥니이다 當今道被華戎하고 功高宇宙하사 無思不服[55]하고 無遠不臻이니이다 然言尙於簡文이나 志在於明察하사 刑賞之用이 有所未盡이니이다 夫刑賞之本은 在乎勸善而懲惡이니 帝王之所以與天下爲畫一은 不以貴賤親疎而輕重者也⑦니이다 今之刑賞은 未必盡然하여 或屈伸在乎好惡⑧하고 或輕重由乎喜怒하여 遇喜則矜其情於法中하고 逢怒則求其罪於事外하며 所好則鑽皮出其毛羽하고 所惡則洗垢求其瘢痕⑨하나니 瘢痕可求면 則刑斯濫矣요 毛羽可出이면 則賞因謬矣니이다 刑濫則小人道長하고 賞謬則君子道消[56]하나니 小人之惡不懲하고 君子之善不勸하고 而望治安刑措는 非所聞也니이다

① 明德愼罰 : 周書康誥之辭.
《書經》〈周書 康誥〉의 내용이다.

② 惟刑恤哉 : 虞書舜典之辭.
《書經》〈虞書 舜典〉의 내용이다.

③ 爲上易(이)事 : 易, 以豉切, 後同.
易(쉽다)는 以와 豉의 반절이다. 뒤에도 같다.

④ 下難知則君長勞矣 : 長, 音掌, 後同. 禮緇衣篇之辭.
長(윗사람)은 音이 掌이다. 뒤에도 같다. 《禮記》〈緇衣〉편의 내용이다.

⑤ 夫 : 音扶, 後同.
〈夫(무릇)는〉 音이 扶이다. 뒤에도 같다.

⑥ 康哉之詠斯起 : 虞書皐陶賡(갱)歌曰 "庶事康哉."
《書經》〈虞書 益稷〉 皐陶의 賡歌에서 "모든 일이 편안하구나."라고 했다.

⑦ 不以貴賤親疎而輕重者也 : 疎, 與疏同.
疎(성글다)는 疏와 같다.

⑧ 在乎好惡 : 竝去聲, 後同.

---

55) 無思不服 : 《詩經》〈大雅 文王有聲〉에 보인다.
56) 小人道長……君子道消 : 《周易》 否卦 〈彖傳〉에 보인다.

〈好(좋아하다)와 惡(미워하다)는〉 모두 去聲이다. 뒤에도 같다.

⑨ 求其瘢痕 : 瘢, 音盤.

瘢(흔적)은 音이 盤이다.

貞觀 11년(637)에 特進 魏徵이 상소하였다.

"신이 들으니 ≪書經≫ 〈周書 康誥〉에 이르기를, '덕을 밝게 하며 형벌을 신중히 하였다.'라고 하고, 〈虞書 舜典〉에 '형벌을 신중히 하셨다.'라고 하고, ≪禮記≫ 〈緇衣〉에 이르기를, '윗사람이 일을 쉽게 하고 아랫사람이 알기를 쉽게 하면 형벌이 번거롭지 않다. 윗사람이 의심하면 백성이 의혹에 빠지고, 아랫사람이 알기 어려우면 임금이 힘들다.'라고 했습니다. 무릇 윗사람이 일을 쉽게 하면 아랫사람이 알기를 쉽고, 임금이 힘들지 않으면 백성이 의혹에 빠지지 않습니다. 그러므로 임금은 한결같은 덕이 있고 신하는 두 가지 마음이 없어, 윗사람이 충성스러우며 도타운 정성을 펴고 아랫사람이 온몸의 힘을 다 한 뒤에야 태평의 기틀이 무너지지 않고 강녕의 노래가 불려집니다. 지금 도덕이 중화와 오랑캐에 두루 미치고 공로가 우주에 드높아 누구나 굴복하지 않는 이가 없고 먼 곳에서도 찾아오지 않는 나라가 없습니다.

하지만 말로는 간소한 법률을 중시한다고 하지만 속마음은 세심히 살피는 데에 있어, 형벌과 포상의 쓰임이 미진한 바가 있습니다. 무릇 형벌과 포상의 근본은 선을 권장하고 악을 징계하는 데 있는데, 제왕이 천하와 더불어 하나가 됨에 있어 귀천과 친소 때문에 형벌의 경중이 결정돼서는 안 되는 것입니다. 지금 형벌과 포상은 반드시 모두 그렇게 하지는 못해서 때로는 굽힘과 펼침이 좋아하고 미워하는 데에서 결정되고 때로는 가벼움과 무거움이 기뻐하고 노여워하는 데에서 연유하여, 좋은 관계의 사람을 만나면 법 안에서 가여워하는 마음을 펼치고 노여운 사람을 만나면 사건 밖에서 죄를 추구하며, 좋아하는 사람에게는 가죽을 뚫어 털과 깃털이 돋아나게 하듯 하고 미워하는 사람에게는 때를 씻어내 흉터를 찾듯이 하니, 흉터를 찾듯이 하면 형벌이 넘쳐나게 되고, 털과 깃털이 돋아나게 하듯 하면 포상이 그르치게 됩니다. 형벌이 넘치면 소인의 도가 자라고 포상이 그르치면 군자의 도가 소멸됩니다. 소인의 악이 징계되지 않고 군자의 선이 권장되지 않고서 정치의 안정과 형벌의 폐기를 기대한다는 것은 듣지 못했습니다.

31-6-2

且夫暇豫淸談엔 皆敦尙於孔老⑩하되 威怒所至엔 則取法於申韓⑪하여 直道而行이면 非無三黜⑫하고 危人自安이 蓋亦多矣니이다 故道德之旨未弘하고 刻薄之風已扇이니 夫刻薄旣扇이면 則下生百端하고 人競趍時하면 則憲章不一하나니 稽之王度⑬컨대 實虧君道니이다 昔州犁上下其手에 楚國之法遂差⑭하고 張湯輕重其心에 漢朝之刑以弊⑮하나니 以人臣之頗僻⑯로도 猶莫能申其欺罔이어늘 況人君之高下로 將何以措其手足乎리잇가 以睿聖之聰明으로 無幽微而不燭하시니 豈神有所不達하고 智有所不通哉리잇가 安其所安하면 不以恤刑爲念이요 樂其所樂⑰하면 遂忘先笑之變[57]이니이다 禍福相倚하고 吉凶同域[58]하여 惟人所召니 安可不思리잇가 頃者에 責罰稍多하고 威怒微厲하사 或以供帳不贍하고 或以營作差違하고 或以物不稱心⑱하고 或以人不從命하나니 皆非致治之所急이요 實恐驕奢之攸漸이니 是知貴不與驕期而驕自至하고 富不與侈期而侈自來[59]가 非徒語也니이다

⑩ 皆敦尙於孔老：孔子・老聃也.
〈孔老는〉 孔子와 老聃이다.

⑪ 則取法於申韓：申不害・韓非, 皆戰國刑名之學.
〈申韓은〉 申不害와 韓非子로, 모두 戰國時代 刑名(법학) 학자이다.

⑫ 非無三黜：三, 去聲. 論語曰 "柳下'惠直道而事人, 焉往而不三黜.'"
三(세 차례)은 去聲이다. ≪論語≫ 〈微子〉에 "柳下惠는 '올곧은 도리로 사람을 섬긴다면 어딜 간들 세 번 내침을 당하지 않겠는가.' 하였다."라고 했다.

⑬ 稽之王度：稽, 音羈.
稽(헤아리다, 견주다)는 音이 羈이다.

⑭ 昔州犁上下其手 楚國之法遂差：左傳襄公二十六年 "楚與秦侵鄭, 楚穿封戌(술)囚鄭皇頡, 公

57) 先笑之變：≪周易≫ 旅卦 上九爻辭의 "새가 둥지를 불태우니 나그네가 처음에는 웃고 뒤에는 울부짖는다.〔鳥焚其巢 旅人先笑後咷〕"에서 유래한 것이다.

58) 禍福相倚 吉凶同域：≪史記≫ 〈賈誼列傳〉에 "禍는 福이 의지하는 곳이고 福은 禍가 숨은 곳이고, 근심과 기쁨은 문에 모이고 吉과 凶은 장소를 같이한다.〔禍兮福所倚 福兮禍所伏 憂喜聚門兮 吉凶同域〕"라고 하였다.

59) 貴不與驕期而驕自至 富不與侈期而侈自來：≪書經≫ 〈周書 周官〉에 "지위는 교만함을 기약하지 않아도 교만해지고, 봉록은 사치함을 기약하지 않아도 사치해진다.〔位不期驕 祿不期侈〕"라고 하고, 孔安國의 傳에 "귀함은 교만과 함께하기를 기약하지 않아도 교만이 절로 이르고, 부유함은 사치와 함께하기를 기약하지 않아도 사치가 절로 온다.〔貴不與驕期而驕自至 富不與侈期而侈自來〕"라고 하였다.

子圍與之爭, 正於伯州犁(려), 州犁乃立囚曰 '所爭, 君子也, 其何不知.' 上其手曰 '夫子爲王子圍, 寡君之貴介弟也.' 下其手曰 '此子爲穿封戌, 方城外之縣尹也, 誰獲子.' 囚曰 '頡遇王子, 弱焉.' 戌抽戈逐王子圍, 弗及, 楚人以皇頡歸."

≪春秋左氏傳≫ 襄公 26년에 "楚나라가 秦나라와 함께 鄭나라를 침공할 때 초나라 穿封戌이 鄭나라 皇頡을 생포했다. 이때 公子 圍가 천봉술과 전공을 다투어 〈자기가 생포했다며〉 伯州犁에게 판정해줄 것을 요청하자, 백주려가 포로를 세워놓고 말하기를, '다투는 대상은 그대인데, 그대가 어찌 모를 리 있겠소.'라고 하고, 손을 들어 올리면서, '이분은 王子 圍로서 우리 임금의 고귀한 동생이시오.'라고 하고, 손을 내리면서, '이 사람은 천봉술로서 方城 밖의 縣尹이시오. 누가 생포하였소?'라고 하자, 황힐이 말하기를, '저는 왕자를 만나 그에게 패하여 사로잡혔습니다.'라고 했다. 천봉술이 화를 내며 창을 뽑아들고 왕자 위를 쫓아갔으나 따라잡지 못했다. 초나라는 황힐을 데리고 돌아갔다."

⑮ 張湯輕重其心 漢朝之刑以弊 : 漢張湯爲廷尉, 鄕上意所便, 曰 "所治, 卽上意所欲辠, 予監・史[60]深刻者, 卽上意所欲釋, 予監・史輕平者. 所治, 卽豪, 必舞文巧詆, 卽下戶羸弱, 時口言 '雖文致法, 上裁察.' 帝於是往往釋湯所言." 出本傳.

漢나라 張湯이 廷尉였을 때, 皇上의 의향에 따랐다. 〈≪漢書≫에〉 "다스리는 대상이 만일 황상이 벌을 주고자 하는 자이면 법을 엄격하게 적용하는 監・掾史에게 맡기고, 황상이 풀어주고자 하는 자이면 가볍고 평이하게 적용하는 監・掾史에게 맡겼다. 다스리는 대상이 만일 豪强한 자이면 반드시 법조문을 농락하여 교묘하게 헐뜯고, 만일 가난한 집안의 나약한 자일 땐 왕왕 구두로 말하기를 '비록 법률에 따라 처단해야 합니다만 황상께서 재량하여 처결하소서.'라고 하니, 武帝가 이따금 장탕이 말한 대로 죄인을 석방하곤 했다." 하였다. ≪漢書≫ 本傳(〈張湯傳〉)에 관련 내용이 나온다.

⑯ 以人臣之頗僻 : 頗, 平聲.

頗(치우치다)는 平聲이다.

⑰ 樂其所樂 : 音洛, 上同.

樂은 音이 洛이니, 위에도 같다.

⑱ 或以物不稱心 : 稱, 去聲.

稱(걸맞다)은 去聲이다.

무릇 한가히 淸談을 즐길 땐 모두 孔子와 老子를 돈독히 숭상하지만 위엄과 노여움이 미칠 땐 申不害와 韓非子에게 법을 찾습니다. 정직한 도리로 산 사람은 세 번 내침을 당한 경우가 없지 않고 남을 위태롭게 하고 스스로 편하게 지내는 사람이 또한 많습니다. 그러므로 도덕의 종지가 크게 펼쳐지기도 전에 각박한 풍조가 일어납니다. 각박한 풍조가 일어나면 수많은 문제들이 생겨나고

---

60) 監史 : 漢나라 廷尉의 소속 관원 監과 掾史를 가리킨다.

사람마다 앞다퉈 시대 풍조를 따르면 법이 한결같지 못하게 되니, 제왕의 법도에 의거해볼 때 실로 임금의 도리를 일그러뜨리는 것입니다. 옛날 伯州犁가 그 손을 들어 왕자를 가리키고 손을 내려 縣尹을 가리키자 楚나라의 법이 결국 어긋나게 되었고, 張湯이 그 마음에 따라 경중을 둠으로써 漢나라 조정의 형법이 피폐되었습니다. 신하의 치우치고 편벽됨만으로도 그 기만을 밝힐 수 없거늘 하물며 임금의 기준이 일정치 않음으로 어떻게 백성들이 손과 발을 놓아둘 수 있겠습니까.

슬기롭고 성스럽고 총명하심으로 깊숙하고 미묘한 곳까지 비추지 않음이 없으시니, 어찌 신명이 도달하지 못하는 데가 있으며 지혜가 통하지 못하는 데가 있겠습니까. 편안한 것을 편안하게 여기면 형벌을 가엽게 여겨야 하는 것을 염두에 두지 않고, 즐거운 것을 즐겁게 여기면 처음엔 웃다가 뒤엔 비탄이 오는 변화를 잊게 됩니다. 재앙과 행복은 서로 의지하고 길사와 흉사는 같은 곳에 있어서, 사람이 불러들이는 것이니 어찌 생각하지 않을 수 있겠습니까. 요즘 견책과 처벌이 조금 많아지고 위엄과 노여움이 약간 엄해지시어, 공양이 넉넉하지 못한 이유를 들기도 하고, 궁궐의 축조가 조금 잘못된 것을 이유로 들기도 하고, 기물이 마음에 맞지 않는 것을 이유로 들기도 하고, 사람들이 명령을 따르지 않는 것을 이유로 들기도 하시는데, 이러한 것들은 모두 정치를 하는 데에 있어 시급한 것이 아니며 교만하고 사치스러운 생각이 점차 늘어나시는 것이 염려됩니다. 이를 통해 귀함은 교만함과 함께할 것을 기약하지 않아도 교만함이 저절로 이르고 부유함은 사치함과 함께할 것을 기약하지 않아도 사치함이 저절로 온다는 것이 허언이 아님을 알게 됩니다.

31-6-3

且我之所代는 **實在有隋**니 **隋氏亂亡之源**은 **聖明之所臨照**니이다 **以隋氏之府藏**[19]으로 **譬今日之資儲**하고 **以隋氏之甲兵**으로 **況當今之士馬**하고 **以隋氏之戶口**로 **校今時之百姓**하여 **度長比大**[20]인댄 **曾何等級**[21]이리잇가 **然隋氏以富强而喪敗**는 **動之也**요 **我以貧窮而安寧**은 **靜之也**하니 **靜之則安**하고 **動之則亂**은 **人皆知之**라 **非隱而難見也**요 **非微而難察也**니이다 **然鮮蹈平易**(이)**之塗**[22]하고 **多遵覆車之轍**은 **何哉**잇가 **在於安不思**

危하고 治不念亂하고 存不慮亡之所致也니이다 昔隋氏之未亂에 自謂必無亂하고 隋氏之未亡에 自謂必不亡이라 所以甲兵屢動하고 徭役不息하여 至於將受戮辱하되 竟未悟其滅亡之所由也하니 可不哀哉잇가 夫鑑形之美惡인댄 必就於止水[61]하고 鑑國之安危인댄 必取於亡國이니이다 故詩曰 殷鑑不遠이라 在夏后之世㉓라하고 又曰 伐柯伐柯여 其則不遠㉔이라하니이다 臣願當今之動靜은 必思隋氏하여 以爲殷鑑하시면 則存亡治亂을 可得而知니이다 若能思其所以危면 則安矣요 思其所以亂이면 則治矣요 思其所以亡이면 則存矣니 知存亡之所在하여 節嗜欲以從人하며 省遊畋之娛하고 息靡麗之作하고 罷不急之務하고 愼偏聽之怒하며 近忠厚하고 遠便佞㉕[62]하며 杜悅耳之邪說하고 甘苦口之忠言하며 去易進之人하고 賤難得之貨하며 採堯舜之誹謗㉖하고 追禹湯之罪己㉗하며 惜十家之産㉘하고 順百姓之心하며 近取諸身[63]하여 恕以待物하며 思勞謙以受益㉙하고 不自滿以招損㉚하여 有動則庶類以和[64]하고 出言而千里斯應㉛하여 超上德於前載하고 樹風聲於後昆이니이다 此聖哲之宏規요 而帝王之大業이니 能事斯畢은 在乎愼守而已니이다

⑲ 以隋氏之府藏 : 去聲.
〈藏(저장)은〉 去聲이다.

⑳ 度長比大 : 度, 待洛切.
度(헤아리다)은 待와 洛의 반절이다.

㉑ 曾何等級 : 曾, 音層.
曾(일찍이)은 音이 層이다.

㉒ 鮮蹈乎易(이)之塗 : 鮮, 上聲. 易, 以豉切, 後同.
鮮(적다)는 上聲이다. 易(쉽다)는 以와 豉의 반절이다. 뒤에도 같다.

㉓ 殷鑒不遠 在夏后之世 : 詩大雅蕩篇之辭.

---

61) 止水 : 고요히 있는 물을 뜻한다. ≪莊子≫ 〈德充符〉에 "사람이 흐르는 물에서는 자신을 비추어보지 못하고 고요히 있는 물에서 비추어볼 수 있다.〔人莫鑑於流水 而鑑於止水〕"라고 하였다.

62) 遠便佞 : ≪論語≫ 〈衛靈公〉에 "鄭나라 음악을 추방해야 하며 말재주 있는 사람을 멀리 할 것이니, 정나라 음악은 음탕하고 말 잘하는 사람은 위태롭다.〔放鄭聲 遠佞人 鄭聲淫 佞人殆〕"라고 하였다.

63) 近取諸身 : ≪周易≫ 〈繫辭傳〉에 보인다.

64) 有動則庶類以和 : ≪論語≫ 〈子張〉의 "만일 夫子께서 나라를 얻으신다면, 이른바 '세우면 이에 서고, 인도하면 이에 따르고, 편안하게 해주면 이에 따라오고, 고무시키면 이에 화합한다.'는 것이다.〔夫子之得邦家者 所謂立之斯立 道之斯行 綏之斯來 動之斯和〕"에서 유래한 것이다.

≪詩經≫ 〈大雅 蕩〉편의 내용이다.

㉔ 伐柯伐柯 其則不遠 : 詩豳風伐柯篇之辭.

≪詩經≫ 〈豳風 伐柯〉편의 내용이다.

㉕ 遠便佞 : 遠, 去聲. 便, 平聲.

遠(멀리하다)은 去聲이며, 便(말 잘하다)은 平聲이다.

㉖ 堯舜之誹謗 : 堯舜設誹謗之木於五達之衢, 以書政治之愆失.

堯舜이 다섯 방향으로 통하는 거리에 誹謗木을 설치해서 정치의 잘못을 쓰게 했다.

㉗ 禹湯之罪己 : 左傳 "禹湯罪己, 其興也勃焉."

≪春秋左氏傳≫ 莊公 11년 조에 "禹王과 湯王이 자신에게 죄를 돌렸으므로 그 흥기가 빨랐다."라고 하였다.

㉘ 惜十家之産 : 見納諫篇注.

〈論納諫〉편 주석에 보인다.

㉙ 思勞謙以受益 : 易謙卦九三 "勞謙, 君子有終, 吉."

≪周易≫ 謙卦 九三爻辭에 "공로를 세워도 겸손함이니 君子가 끝마침이 있어 吉할 것이다."라고 했다.

㉚ 滿以招損 : 虞書曰 "滿招損, 謙受益."

≪書經≫ 〈虞書 大禹謨〉에 "가득 참은 손해를 부르고 겸손함은 이익을 받는다."라고 했다.

㉛ 出言而千里斯應 : 易大傳曰 "君子居其室, 出其言善, 則千里之外應之."

≪易大傳≫(〈繫辭傳〉)에서, "君子가 그 방에 있으면서 내놓은 말이 훌륭하면 천리 밖에서 호응한다."라고 했다.

우리가 대신한 곳은 실로 隋나라입니다. 수나라가 혼란과 멸망에 이르게 된 근원은 성스럽고 현명하신 성상께서 직접 살펴보신 바입니다. 수나라 창고에 저장된 물자를 가지고 지금 저장된 물자에 비교해보고 수나라의 병력을 가지고 지금의 병력에 비교해보고 수나라의 戶口數를 가지고 지금의 백성과 비교해볼 때 그 길이를 따지고 크기를 견주면 어찌 비교할 수 있겠습니까. 하지만 수나라가 부강함에도 패망한 것은 백성을 소동케 했기 때문이고, 우리가 빈궁함에도 평안한 것은 백성을 안정시켰기 때문입니다. 안정시키면 평안하고 소동시키면 혼란한 것은 사람들이 모두 아는 것으로, 숨어 있어 보기 어려운 것이 아니고 미묘해서 살피기 어려운 것이 아닙니다. 하지만 평이한 길을 밟는 것이 드물고, 전복된 과거 전례를 따르는 것이 많은 것은 어째서입니까. 편안할 때 위기를 생각하지 않고 다스려질 때 혼란을 염려하지 않고 살아 있을 때 죽음을 고려하지 않는 탓입니다.

예전 隋나라가 혼란스럽지 않을 때 스스로 반드시 혼란이 없을 것이라고 하였고, 수나라가 망하지 않았을 때 스스로 반드시 망하지 않을 것이라 했습니다. 그 때문에 병력을 자주 동원하고 徭役을 멈추지 않아, 장차 죽임과 능욕을 당할 처지에 이르렀음에도 끝내 그 멸망의 원인을 알아채지 못했으니, 안타깝다 하지 않을 수 있겠습니까.

모양의 아름다움과 추함을 살필 땐 반드시 잔잔한 물에 나아가고, 국가의 안정과 위기를 살필 땐 반드시 망국에서 찾습니다. 그래서 ≪詩經≫ 〈大雅 蕩〉에 이르기를, '殷나라의 거울삼을 것이 멀리 있지 않고 夏后時代에 있다.'라고 하고, 또 〈豳風 伐柯〉에 이르기를, '도끼자루 감을 베고 도끼자루 감을 벰이여! 그 크기 기준이 멀리 있지 않다.'라고 했으니, 신은 바라옵건대, 지금의 소동과 안정은 반드시 隋나라를 떠올려, 그것을 거울로 삼는다면 생존과 멸망, 치세와 난세를 알 수 있을 것입니다.

만일 위태해지는 이유를 생각해낸다면 편안할 것이고 혼란해지는 이유를 생각해낸다면 다스려질 것이고 패망하게 된 이유를 생각해낸다면 생존할 것입니다. 생존과 멸망의 소재를 알아차려 사적인 기호와 욕구를 절제하며 남의 충고를 따르고, 유람과 사냥의 오락을 줄이고 화려한 궁궐의 축조를 멈추고 시급하지 않은 일을 파하고 한쪽 말만 들어 노여워함을 신중히 하며, 충성스럽고 후덕한 사람을 가까이하고, 말 잘하는 사람을 멀리하며 귀만을 기쁘게 하는 말을 막고, 입에 쓴 충직한 말을 달게 여기며, 경솔하게 나서는 사람을 물리치고, 얻기 어려운 재화를 천시하며, 堯・舜이 설치한 誹謗木을 본받고 禹・湯이 자신에게 죄를 돌린 것을 떠올리며, 漢 文帝처럼 열 가구의 재산을 아끼고, 백성의 마음에 순응하며, 가깝게 자신에게서 잣대를 취하여 자기의 입장에서 남을 대하며, 공로를 세워도 겸손하여 이익을 얻을 것을 생각하고, 스스로 교만하여 손해를 불러서는 안 될 것입니다. 이렇게 하여 움직이면 뭇 백성들이 화합하고 말을 하면 천 리 먼 곳에서도 호응하여 고상한 덕이 지난 시대를 초월하고 기풍과 명성을 후대에 전하게 될 것입니다. 이것이 성스럽고 슬기로운 큰 규모이고 제왕의 위대한 사업이니, 이러한 일을 완성하는 것은 신중히 지키는 데에 있을 뿐입니다.

31-6-4

夫守之則易(이)나 取之實難이니 既能得其所以難인댄 豈不能保其所以易(이)리잇가 其或保之不固면 則驕奢淫泆動之也니 愼終如始[65]를 可不勉歟잇가 易曰 君子安不忘危하고 存不忘亡하고 治不忘亂이라 是以身安而國家可保也㉜라하니 誠哉斯言이여 不可以不深察也니이다 伏惟陛下欲善之志가 不減於昔時나 聞過必改가 少虧於曩日하니 若以當今之無事로 行疇昔之恭儉하시면 則盡善盡美[66]矣라 固無得而稱焉[67]이니이다 太宗이 深嘉而納用㉝하다

㉜ 身安而國家可保也 : 易文言傳,[68] 釋否九五爻義.
≪周易≫ 〈文言傳〉에서 否卦 九五爻의 의미를 해석한 것이다.

㉝ 貞觀十一年……深嘉而納用 : 按史傳[69] "上幸洛陽, 次昭仁宮, 多所譴責. 徵諫曰 '隋惟責不獻食, 或供奉不精, 爲此無限, 而至於亡, 故天命陛下代之, 正當兢懼戒約, 奈何令人悔爲不奢. 若以爲足, 今不啻足矣. 以爲不足, 萬此寧有足邪.' 上驚曰 '非公不聞此言.' 退又上疏云云."
史傳에 살펴보면, "太宗이 洛陽에 行幸하여 昭仁宮에 머무를 때 꾸짖는 일이 많자, 魏徵이 간언하기를, '隋나라가 음식을 바치지 않거나 또는 공양한 것이 정갈하지 못한 것을 꾸짖었는데, 이러한 일이 한계가 없어서 멸망에 이르게 되었습니다. 그러므로 하늘이 폐하에게 대신하게 하신 것이니 의당 조심하고 두려워하고 경계하고 간소하셔야 하는데 어찌하여 사람들로 하여금 사치스럽게 하지 않은 것을 후회하도록 만드신단 말입니까. 만일 만족한다고 여긴다면 금일만 만족하지 않을 것이고, 만족하지 못한다고 여긴다면 이보다 만 배 많아도 어찌 만족할 수 있겠습니까.'라고 하니, 태종이 깜짝 놀라며 말하기를, '公이 아니면 이 말을 들을 수 없다.'라고 했고, 위징이 물러난 뒤 다시 이와 같이 상소를 올렸다."라고 했다.

무릇 지키는 것은 쉽지만 취하는 것은 실로 어려우니 이미 어려운 것을 얻었을진댄 어찌 그 쉬운 것을 보존하지 못하겠습니까. 혹은 보존한 것이 견고하지

---

65) 愼終如始 : ≪老子道德經≫ 〈守微〉에 보인다.

66) 盡善盡美 : ≪論語≫ 〈八佾〉의 "孔子가 韶樂을 평하기를 '지극히 아름답고 지극히 선하다.'라고 하였다.〔子謂韶 盡美矣 又盡善也〕"에서 유래한 것이다.

67) 無得而稱焉 : 형용할 수 없을 만큼 공덕이 큼을 말한다. ≪論語≫ 〈泰伯〉에 "태백은 지극한 덕이 있다고 이를 만하다. 세 번 천하를 사양하였으나 백성들이 그 덕을 칭송할 수 없게 하였구나.〔泰伯 其可謂至德也已矣 三以天下讓 民無得而稱焉〕"라고 하였다.

68) 文言傳 : 〈繫辭傳 下〉의 잘못이다.

69) 史傳 : ≪新唐書≫ 권97 〈魏徵列傳〉에 보인다.

못하면 교만과 사치와 음탕한 마음이 동요시켜서이니, 처음처럼 끝마치는 것을 삼가기를 힘쓰지 않아서야 되겠습니까. ≪周易≫에 이르기를, '군자는 편안할 때 위기를 잊지 않고, 살아 있을 때 죽음을 잊지 않고, 다스려질 때 혼란을 잊지 않는다. 이 때문에 몸이 편안하고 국가가 보존될 수 있다.'라고 했으니, 진정 훌륭한 이 말씀을 깊이 살피지 않아서는 안 될 것입니다.

삼가 생각하건대 폐하께서 선을 행하려는 의지가 지난날보다 감소하진 않으셨지만 잘못에 대한 충고를 듣고 반드시 고치려는 태도는 지난날보다 조금 부족하시니, 만일 지금의 무사함에서 지난날의 공손함과 검소함을 실행하신다면 지극히 선하고 지극히 아름다워서 진실로 무어라 일컬을 수가 없을 것입니다.

太宗이 대단히 가상히 여기며 받아들였다.

【集論】

唐氏仲友曰 徵言 刑賞之本은 在乎勸善而懲惡이어늘 今之刑賞이 或由喜怒라하니 此卽皇極所謂王道[70)]요 書曰 無有作好하고 無有作惡[71)]라하며 惟辟作福하고 惟辟作威[72)]라하니 二說은 竝行而不相悖라 無作好惡는 道也요 惟作威福은 權也라 德大而常禮不足以賞이라 於是乎有作福하고 罪大而常法不足以誅라 於是乎有作威니 此非有司之法守요 而出乎人君之權者라 雖作福이나 而德稱乎賞이면 豈作好哉리오 雖作威나 而罪宜乎誅면 豈作惡哉리오 然則賞刑은 非不由喜怒也나 不由乎一人之私喜怒也라

唐仲友가 말하였다.

"魏徵이 '형벌과 포상의 근본은 선을 권장하고 악을 징계하는 데 달려 있는데 지금 형벌과 포상이 더러 〈황제가〉 기뻐하고 노여워하는 데에서 연유된다.'라고 했으니 이것이 바로 皇極에서 말하는 王道이다. ≪書經≫에 이르기를, '사사로이 좋아하는 것을 만들지 말고 사사로이 미워하는 것을 만들지 말라.' 하고, '오직 임금만이 복을 짓

---

70) 王道 : ≪書經≫ 〈周書 洪範〉의 九疇에서 제5 皇極의 "치우침이 없고 편당함이 없으면 왕도가 넓게 되고, 편당함이 없고 치우침이 없으면 왕도가 평탄하다.〔無偏無黨 王道蕩蕩 無黨無偏 王道平平〕"를 거론한 것이다.

71) 無有作好 無有作惡 : ≪書經≫ 〈周書 洪範〉의 九疇에서 제5 皇極의 "사사로이 좋아하는 것을 만드는 일이 없게 하여 왕의 도를 따르고 사사로이 미워하는 것을 만드는 일이 없게 하여 왕의 길을 따르라.〔無有作好 遵王之道 無有作惡 遵王之路〕"를 거론한 것이다.

72) 惟辟作福 惟辟作威 : ≪書經≫ 〈周書 洪範〉에 보인다.

고 오직 임금만이 위엄을 짓는다.'라고 했으니 이 두 말은 함께 시행되어도 서로 어긋나지 않는다. 좋아하고 미워함을 만들지 말라는 것은 道이고 임금만이 위엄과 복을 짓는다는 것은 권위이다. 德이 커서 일상의 예우로는 포상할 수 없기에 복을 짓는 것이고, 죄가 커서 일상의 복으로는 처벌할 수 없기에 위엄을 짓는 것이니, 이것은 법을 지키는 해당 책임자가 할 일이 아니고 임금의 권위로부터 나오는 것이다. 비록 복을 짓는다고 해도 덕이 포상과 잘 어울리면 어찌 좋아하는 것을 만드는 것이겠는가. 비록 위엄을 짓는다고 해도 죄가 처벌하는 데 타당하면 어찌 미워함을 만드는 것이겠는가. 그렇다면 포상과 형벌이 기쁨과 노여움에 연유되지 않는 것은 아니지만 한 개인의 사적인 기쁨과 노여움에 연유되지 않는 것이다."

愚按 漢世賢良之策曰 上古堯舜之時엔 不貴爵賞而民勸善하고 不重刑罰而民不犯은 躬率以正而遇民信也일새요 末世엔 貴爵賞而民不勸하고 重刑罰而姦不止는 其上不正하여 遇民不信也[73]일새라하고 夫子曰 其身正이면 不令而行하고 其身不正하면 雖令不從[74]이라하시고 又曰 人而無信이면 不知其可也[75]라하시니 其是之謂歟인저 夫以太宗之世에 嘉善賞功之制와 明罰恤民之詔가 屢形於言하니 亦可謂兢兢於君道者로대 然而刑賞之失이 猶有如魏徵之言者는 豈正身之道가 未有以盡於己乎커나 抑信未足以孚於民乎인저 觀徵所謂欲善之志不減이나 而改過之心少虧면 其未能正於己而信於民者를 可想見已라 雖然이나 徵之疏必諄諄以隋爲戒를 若致儆於庸君常主之前者는 亦猶賈山於漢而借秦爲喩之意[76]니 憂治危明之心也[77]라 若徵者는 可謂忠愛其君者矣라

내가 살펴보건대, 漢나라 때 賢良對策에 "上古의 堯舜時代엔 관직과 포상으로 귀하게 대하지 않아도 백성들이 선을 권장하고 형벌을 무겁게 하지 않아도 백성들이 법을 범하지 않은 것은 〈임금이〉 몸소 바른 도리로 거느려 백성들의 신의를 얻었기 때

---

73) 上古堯舜之時……遇民不信也 : ≪漢書≫ 권58 〈公孫弘列傳〉에 보인다.

74) 其身正……雖令不從 : ≪論語≫ 〈子路〉에 보인다.

75) 人而無信 不知其可也 : ≪論語≫ 〈爲政〉에 보인다.

76) 賈山於漢而借秦爲喩之意 : 賈山은 潁川 사람으로 漢 文帝의 문관이다. 한 문제에게 秦나라를 예로 들어 정치를 논한 〈至言〉을 남겼다.

77) 憂治危明之心也 : ≪蘇東坡全集≫ 권34 ≪田表聖奏議敍≫에서 "옛 군자는 반드시 치세에 현명한 군주를 위태롭게 할 요소를 걱정하니, 현명한 군주가 빼어난 자질을 갖췄다 해도 치세엔 두려워할 만한 방어 기제가 없기 때문이다.〔古之君子 必憂治世而危明主 明主有絶人之資 而治世無可畏之防〕"라고 하였다.

문이고, 말세엔 관직과 포상으로 귀하게 대해도 백성들이 선을 권장하지 않고 형벌을 무겁게 해도 간악한 일이 멈추지 않는 것은 윗사람이 바르지 않아 백성들의 불신을 얻었기 때문이다."라고 하였다.

孔子가 말하기를, "그 몸이 바르면 명령하지 않아도 〈백성들이〉 실행하고 그 몸이 바르지 않으면 명령해도 〈백성들이〉 따르지 않는다."라고 하고, 또 말하기를, "사람이 신의가 없으면, 옳은지를 알지 못한다."라고 한 것은 이를 두고 말한 것일 것이다.

太宗의 시대에 선을 가상히 여기고 공을 포상하는 제도와 벌을 분명히 하고 백성을 불쌍히 여기는 조칙이 말에 여러 차례 나왔으니 임금의 도리에 신중히 했다고 말할 만하다. 하지만 형벌과 포상에 대한 잘못이 여전히 魏徵의 말처럼 존재하는 것은 아마도 자신을 바르게 하는 도리가 자기에게서 극진하지 못한 탓이거나 아니면 신뢰가 백성들에게 충분히 쌓이지 못한 탓이 아니겠는가. 위징이 "선을 행하려는 뜻이 감소하지 않았지만 잘못을 고치려는 마음이 조금 부족하다."라고 한 것을 보면, 자신을 반듯하게 해서 백성들에게 신뢰를 얻지 못한 것을 떠올려볼 수 있다. 그렇긴 하지만 위징의 상소에서, 마치 어리석은 임금이나 용렬한 임금 앞에서 경계의 말을 전한 것처럼 반복해서 隋나라로 경계를 삼아야 한다고 한 것은 마치 賈山이 漢나라에 秦나라를 빌려 비유한 것과 같은 것이니, 治世에 현명한 군주를 위태롭게 할 요소를 걱정하는 마음이다. 위징이야 말로 그 임금을 충성하고 사랑하는 자라 말할 만하다.

31-7-1

貞觀十四年에 **戴州**①**刺史賈崇**이 **以所部有犯十惡**[78]**者**로 (被刺史劾奏)〔**御史劾之**〕[79]어늘 **太宗**이 **謂侍臣曰 昔陶唐**은 **大聖**이요 **柳下惠**는 **大賢**이로되 **其子丹朱甚不肖**하고 **其弟盜跖爲巨惡**②이라 **夫以**③**聖賢之訓**과 **父子兄弟之親**으로도 **尙不能使陶染變革**하고 **去惡從善**④이어늘 **今遣刺史**가 **化被下人**하여 **咸歸善道**를 **豈可得也**리오 **若令**⑤**緣此皆被貶降**하면 **或恐遞相掩蔽**하여 **罪人斯失**이로다 **諸州有犯十惡者**어든 **刺史不須從坐**하고 **但令明加糾訪科罪**라야 **庶可肅淸姦惡**하리라

① 戴州 : 濟北地, 今廢.

---

78) 十惡 : ≪隋書≫ 〈刑法志〉에 謀反·謀大逆·謀叛·惡逆·不道·大不敬·不孝·不睦·不義·內亂이 제시되었는데, 唐나라도 이를 사용하였다.

79) (被刺史劾奏)〔御史劾之〕: 저본에 '被刺史劾奏'로 되어 있으나, ≪資治通鑑≫ 권195 唐 太宗 貞觀 14년에 의거하여 '御史劾之'로 바로잡았다.

〈戴州는〉 濟北 지역인데 지금 폐기되었다.

② 其弟盜跖爲巨惡 : 盜跖, 莊子雜篇以爲 "柳下惠之弟, 名跖而爲大盜."

盜跖은 ≪莊子≫ 〈雜篇〉에 "柳下惠의 아우로 아름은 跖인데 큰 도적이다."라고 했다.

③ 夫以 : 夫, 音扶.

夫(무릇)는 音이 扶이다.

④ 去惡從善 : 去, 上聲.

去(버리다)는 上聲이다.

⑤ 若令 : 令, 平聲, 後同.

令(하여금)은 平聲이다. 뒤에도 같다.

貞觀 14년(649)에 戴州刺史 賈崇이 관할하는 곳에 10가지 악행을 범한 자가 있는 것으로 인해 御史가 가숭을 탄핵하였다. 太宗이 近臣에게 말하였다. "옛날 陶唐(堯)은 위대한 성인이고 柳下惠는 위대한 현자인데도 요의 아들인 丹朱가 대단히 불량하고 유하혜의 아우인 盜跖이 큰 악인으로 활동했소. 무릇 성현의 가르침과 부자와 형제의 친함으로도 영향을 미쳐서 변화를 주어 악을 버리고 선을 따르게 할 수 없는 법인데, 지금 파견한 刺史가 아랫사람들에게 교화를 입게 하여 모두 선으로 귀의시키는 것을 어찌 이룰 수 있겠소. 만일 이 일로 인해 모두가 내침을 당한다면 간혹 서로가 사실을 숨겨서 죄인을 놓칠까 염려되오. 각 州에 10가지 악을 범한 자가 있을 땐 刺史가 연좌될 필요가 없고, 다만 분명하게 규찰하여 죄상을 밝혀야만 간악한 무리들을 깨끗이 정리할 수 있을 것이오."

【集論】

愚按 夫子曰 道之以政하고 齊之以刑이면 民免而無恥요 道之以德하고 齊之以禮면 有恥且格[80]이라하니 謂政刑之不如德禮也라 蓋政者는 爲治之具요 刑者는 輔治之法이요 德禮者는 出治之本이고 而德은 又禮之本也[81]라 後世之爲治者가 德禮有愧하고 教化不先하여 非惟德禮不能使民有恥且格이라 而政刑亦不能使民免而無恥矣요 甚而至於罪麗于十惡하니 尙忍言之哉아 然究厥本原이면 則承流宣化가 坐罪宜也나 而遂至於遞相掩蔽하여 罪人斯失하여 反以長姦容慝하여 遂使麗于十惡者로 乃得全身於覆載之間而可乎哉아 太宗이 不坐刺

80) 道之以政……有恥且格 : ≪論語≫ 〈爲政〉에 보인다.

81) 政者爲治之具……而德又禮之本也 : ≪論語≫ 〈爲政〉 '道之以政'의 ≪集註≫에 보인다.

史하고 但令明加糾察하여 以正其罪하니 蓋深有以知其弊하여 而不得不然也라 司牧民者는 其亦於德禮政刑에 而知本末先後哉인저

내가 살펴보건대, 孔子가 말하기를 "정책으로 인도하고 형벌로 가지런히 하면 백성들이 모면하려고만 하고 부끄러워함이 없고, 덕으로 인도하고 禮로 가지런히 하면 부끄러워하고 잘못을 바로잡을 것이다."라고 했으니, 정사와 형벌이 덕과 예만 못함을 말한 것이다. 정책은 다스림의 도구이고 형벌은 다스림을 보좌하는 법이고 덕과 예는 다스림을 만들어내는 근본이고, 그 가운데 덕은 또 예의 근본이다.

후세에 정치를 하는 자가 덕과 예에 손색이 있고 교화를 우선하지 않아, 덕과 예가 백성으로 하여금 부끄러움을 갖고 잘못을 바로잡게 하지 못할 뿐만 아니라 정치와 형벌이 백성들로 하여금 모면하게만 하고 부끄러워함이 없게 하지도 못하고, 심지어는 10가지 죄악에 걸리게 하니 이를 차마 말할 수 있겠는가.

하지만 그 근본을 파헤치면 좋은 풍속을 계승하고 교화를 펼치는 자(牧民官)가 죄에 연좌되는 것이 마땅하지만 결국 서로가 사실을 엄폐하여 죄인을 놓치는 데에 이르게 되어 도리어 간악한 일을 조장하고 사악한 일을 용납하여 결국 10가지 죄악에 걸린 자로 하여금 하늘과 땅 사이에 몸을 온전히 할 수 있도록 하게 되니 그것이 옳은 일이겠는가. 太宗이 刺史를 연좌시키지 않고 다만 명백히 사실을 파헤쳐 그 죄상을 바르게 적용시키도록 했으니, 그 폐해를 깊이 알고 있어서 그렇게 하지 않을 수 없었던 것이다. 백성들을 다스리는 임무를 맡은 자(목민관)는 덕과 예와 정치와 형벌에 대해 본말과 선후를 잘 알아야 할 것이다.

31-8-1

貞觀十六年에 太宗이 謂大理卿孫伏伽①曰 夫作甲者②가 欲其堅은 恐人之傷이요 作箭者가 欲其銳는 恐人不傷[82]이니 何則고 各有司存하여 利在稱職故也③라 朕常問法官刑罰輕重하면 每稱法網寬於往代나 仍恐主獄之司가 利在殺人하여 危人自達하여 以釣聲價라 今之所憂는 正在此耳니 深宜禁止하여 務在寬平하라

① 謂大理卿孫伏伽 : 貝州人, 武德初上言三事, 帝曰 "可謂諠臣矣." 貞觀中拜御史, 累遷大理卿.

82) 作甲者……恐人不傷 : ≪孟子≫ 〈公孫丑 上〉의 "화살 만드는 사람이 어찌 갑옷 만드는 사람보다 어질지 못하랴마는, 화살 만드는 사람은 오직 사람을 상하지 못할까 걱정하고, 갑옷 만드는 사람은 오직 사람을 상할까 걱정하니, 그러므로 기술도 삼가지 않아서는 안 된다. 〔矢人豈不仁於函人哉 矢人唯恐不傷人 函人唯恐傷人 故術不可不愼也〕"에서 온 말이다.

〈孫伏伽는〉 貝州 사람이다. 武德 初에 3가지 내용에 대해 건의를 하자, 唐 高祖가 말하기를, "바른 신하라고 할 만하다."라고 했다. 貞觀 연간에 御史에 임명된 뒤 누차 승진하여 大理卿으로 옮겼다.

② 夫作甲者 : 夫, 音扶.
夫(무릇)는 音이 扶이다.

③ 利在稱職故也 : 稱, 去聲.
稱(걸맞다)은 去聲이다.

貞觀 16년(642)에 太宗이 大理卿 孫伏伽에게 말하였다.

"갑옷을 만드는 사람이 〈갑옷을〉 견고하게 만들려는 것은 다른 사람으로부터 상처를 입을까 염려해서이고, 화살을 만드는 사람이 〈화살촉을〉 예리하게 만들려는 것은 남들이 상처를 입지 않을까 염려해서이니 어째서 그렇소. 각기 맡은 바 임무가 있어, 그 이익이 직책을 잘 수행하는 데 있기 때문이오. 짐이 법관에게 형벌의 경중에 대해 물을 때면 매번 법망이 지난 시대보다 관대하다고 말하지만, 獄事를 담당하는 자가 사람을 죽이는 것에 이익이 있어서, 남을 위태롭게 함으로써 자신이 승진하기에 성가를 올리려들지 않을까 우려되오. 지금 걱정하는 것은 바로 이것이니 이를 매우 엄금하여 관대하고 공평함에 힘쓰도록 하시오."

【集論】

唐氏仲友曰 太宗이 留心聽斷하여 天下刑幾措하니 固嘗拒封德彝刑法伯道之說하고 從魏公仁義之言[83]이라 雖道德齊禮[84]가 未純三代나 而欽恤之意[85]가 形矣니 惜哉라 後世之不

83) 固嘗拒封德彝刑法伯道之說 從魏公仁義之言 : 이는 ≪新唐書≫ 권97 〈魏徵列傳〉에 "封德彝가 '魏徵은 書生이라서 공허한 논의를 좋아하여 다만 국가를 어지럽히니 그 의견을 들으면 안 됩니다.'라고 하니, 위징이 '五帝와 三王은 백성을 바꾸어 교화하지 않아서 帝道를 행하여 帝가 되고 王道를 행하여 王이 되었으니 행한 바가 어떠한지를 돌아볼 뿐입니다.……'라고 하였다. 봉덕이는 대답하지 못하였다.……이때에 와서 천하가 크게 다스려졌다.……太宗이 여러 신하들에게 '이것은 위징이 나에게 仁義를 행하라고 권하여 이미 효과가 난 것이요. 아쉽게도 봉덕이가 보지 못하게 되었구려.'라고 하였다.〔封德彝曰 徵書生 好虛論 徒亂國家 不可聽 徵曰 五帝三王不易民以教 行帝道而帝 行王道而王 顧所行何如爾……德彝不能對……至是 天下大治……帝謂群臣曰 此徵勸我行仁義 旣效矣 惜不令封德彝見之〕"라고 한 것에서 확인된다.

84) 道德齊禮 : ≪論語≫ 〈爲政〉의 "덕으로 인도하고 禮로 가지런히 한다.〔道之以德 齊之以禮〕"를 인용한 것이다.

85) 欽恤之意 : 형사사건을 처리할 때 신중함과 함께 안타까워하는 마음 자세를 가리킨다. ≪書

能守也여

唐仲友가 말하였다.

"太宗이 형법의 처리에 마음을 두어 천하에 형벌을 거의 내버려둘 정도가 되었으니, 일찍이 封德彝의 刑法과 霸道에 대한 설을 거부하고 魏徵의 仁義의 말을 따랐기 때문이다. 비록 덕으로 인도하고 예로 가지런하게 한 것이 三代만큼 순수하진 못하다고 해도 삼가고 불쌍히 여기는 마음이 나타난 것이다. 애석하다, 그 후대가 이를 능히 지키지 못함이여!"

愚按 漢景帝之詔에 有曰 欲令理獄者務先寬[86]이라하고 又曰 獄者는 人之大命이요 死者는 不可復生이니 吏或不奉法하여 以貨賂爲市하고 朋黨比周하여 以苛爲察하고 以刻爲明하여 罪者不服하고 姦法爲暴하면 甚無謂也라 (諸獄雖疑 若文致於法)〔諸獄疑 若雖文致於法〕[87]이나 而罪人心不厭者는 則讞之[88]하라하니 誠後王之所當知也라 太宗이 謂恐主獄之司가 利在殺人하여 危人自達하니 深宜禁止하여 務在寬平하라하니 斯言也는 與景帝之詔同一仁心也라 史臣俱以刑措美之가 宜哉라 蓋寬則矜恕하여 可得其情이요 急則殘忍하여 有失其情者矣라 然寬非縱弛之謂也니 寬而流於縱弛면 則幸免者有焉이라 今曰務在寬平이라하니 則平若持衡하여 輕重不失矣라 罪在於輕而從輕하고 罪在於重而從重하면 此平也이니 實寬之所致也니 則寬平者는 實明刑之典要歟인저

내가 살펴보건대, 漢 景帝의 조칙에 "獄事를 다스리는 자로 하여금 먼저 관대함에 힘쓰도록 해야 한다."라고 하고, 또 이르기를, "옥사는 사람의 목숨이 달려 있고 죽은 자는 다시 살아날 수 없다. 관리가 법을 시행하지 않은 채 뇌물로 거래를 하고 朋黨을 지어서 가혹함을 살핌이라 하고 각박함을 밝음이라 하여 죄를 지은 자가 승복하지 않고 법을 간악하게 적용하는 것을 일삼는다면 매우 말이 안 된다. 여러 옥사가 의심될 적에 법조문에 걸린다 하더라도 죄인이 마음속에 승복하지 않는 경우는 平議하라."라고 하니, 이는 참으로 후대의 왕이 마땅히 알아야 할 것이다.

經≫ 〈虞書 堯典〉의 "삼가고 삼가서 오직 형벌을 불쌍히 여겨야 한다.〔欽哉欽哉 惟刑之恤哉〕"에서 인용된 것이다.

86) 欲令理獄者務先寬 : ≪漢書≫ 〈景帝紀〉 後元年 정월 조에 보인다.

87) (諸獄雖疑 若文致於法)〔諸獄疑 若雖文致於法〕 : 저본에 '諸獄雖疑 若文致於法'으로 되어 있으나, ≪漢書≫ 〈景帝紀〉 5년 6월 조에 의거하여 '諸獄疑 若雖文致於法'으로 바로잡았다.

88) 獄者……則讞之 : ≪漢書≫ 〈景帝紀〉 5년 6월 조에 보인다.

太宗이, "옥사를 맡은 담당자가 사람을 죽이는 데에 이익이 있어 남을 위태롭게 함으로써 스스로를 영달하니, 이를 매우 엄금하여 관대함과 공평함에 힘쓰도록 해야 한다."라고 하였으니, 이 말은 경제의 조칙과 같은 仁한 마음이다. 史臣이 모두 형법을 쓰지 않았다고 찬미한 것이 마땅하다.

관대하면 불쌍히 여기고 용서하여 그 실정을 얻을 수 있고, 조급하면 잔인하여 그 실정을 놓칠 수 있다. 하지만 관대함은 느슨함을 말하는 것이 아니니 관대하려다 느슨함에 흐르게 되면 행여 모면하는 자가 발생하게 된다. 지금 관대함과 공평함에 힘써야 한다고 했으니 저울대를 가진 것처럼 공평해서 경중을 놓치지 않는 것이다. 죄가 가벼울 때 가볍게 처리하고 죄가 무거울 때 무겁게 처리한다면 이는 공평함이니, 실로 관대함의 소치인 것이다. 관대함과 공평함은 실로 형법을 분명히 하는 법칙일 것이다.

제32편 論赦令 赦免令을 논하다

이 편에서는 赦免令에 대한 太宗의 견해와 행적을 논하고 있다. 태종은 사면령을 자주 실시하면 나라의 기강이 무너져 국가를 멸망에 이르게 할 수 있다는 생각을 가졌다. 태종은 律令에 있어서 신중하게 법조문을 만들어야 하며 동시에 법조문은 간결해야 한다고 하였다. 唐나라의 律令格式은 동아시아 세계에 큰 영향을 끼쳤는데, 그 정신을 볼 수 있는 편이라 하겠다.

凡四章.
모두 4장이다.

32-1-1

貞觀七年에 **太宗謂侍臣曰 天下**에 **愚人者多**하고 **智人者少**하니 **智者**는 **不肯爲惡**하고 **愚人**은 **好犯憲章**①하나니 **凡赦宥之恩**이 **惟及不軌之輩**라 **古語云 小人之幸**이요 **君子之不幸**이라 **一歲再赦**면 **善人喑啞**라하니 **凡養稂莠**(낭유)**者**는 **傷禾稼**②하고 **惠姦宄者**는 **賊良人**③하나니 **昔文王**이 **作罰**에 **刑茲無赦**④라하고 **又蜀先主**⑤**嘗謂諸葛亮曰 吾周旋陳元方鄭康成之間**⑥할새 **每見啓告**에 **理亂之道備矣**로되 **曾不語赦**⑦라하니 **故諸葛亮理蜀十年**에 **不赦而蜀大化**하고 **梁武帝每年數**(삭)**赦**⑧하여 **卒至傾敗**⑨하니 **夫謀小仁者**⑩는 **大仁之賊**이라 **故我有天下已來**로 **絶不放赦**라 **今四海安寧**하고 **禮義興行**하여 **非常之恩**을 **彌不可數**하니 **將恐愚人常冀僥倖**하여 **惟欲犯法**하고 **不能改過**라

① 好犯憲章 : 好, 去聲.
好(좋아하다)는 去聲이다.

② 凡養稂莠(낭유)者傷禾稼 : 稂莠, 音郎酉, 草之害稼者.
稂莠는 音이 郎酉이니, 곡식에 해를 끼치는 풀이다.

③ 惠姦宄者賊良人 : 宄, 音詭.
宄(도적)는 音이 詭이다.

④ 昔文王作罰刑茲無赦 : 周書康誥武王之辭.
≪書經≫ 〈周書 康誥〉에 나오는 武王의 말이다.

⑤ 蜀先主 : 姓劉, 名備, 字玄德, 漢中山靖王之後. 三國時, 繼漢統都蜀.
〈蜀나라 先主의〉 姓은 劉이고, 이름은 備이며, 字는 玄德이다. 漢나라 中山靖王의 후손이다. 삼국시대에 한나라를 이어 蜀에 도읍을 정하였다.

⑥ 吾周旋陳元方鄭康成之間 : 元方, 名紀, 康成, 名玄, 竝後漢人.
元方의 이름은 紀이고, 康成의 이름은 玄인데, 모두 後漢 사람이다.

⑦ 曾不語赦 : 曾, 音層.
曾(일찍)은 音이 層이다.

⑧ 梁武帝每年數(삭)赦 : 數, 音朔, 後同.
數(자주)은 音이 朔이다. 뒤에도 같다.

⑨ 卒至傾敗 : 卒, 子聿切.
卒(마침내)은 子와 聿의 반절이다.

⑩ 夫謀小仁者 : 夫, 音扶.
夫(발어사)는 音이 扶이다

貞觀 7년(633)에 太宗이 近臣들에게 말하였다.

"천하에 어리석은 사람은 많고, 지혜로운 사람은 적소. 지혜로운 사람은 악행을 저지르려 하지 않지만, 어리석은 사람은 법을 어기는 행위를 좋아하오. 무릇 赦免을 해주는 은혜는 오직 법을 어긴 사람에게 베푸는 것이오. 옛말에 이르기를 '〈사면은〉 소인의 요행이고 군자의 불행이다. 한 해에 사면을 거듭 시행하면 善人은 말을 하지 않는다.'라고 하였소. 무릇 해로운 풀을 기르는 것은 벼를 상하게 하고, 간악한 사람에게 은혜를 베푸는 것은 선량한 사람을 해치게 하오.

옛날 〈≪書經≫ 〈周書 康誥〉에〉 '周 文王이 만든 형벌로 이들을 형벌하여 사면하지 말라.'라고 하고, 또 蜀나라 先主(劉備)는 일찍이 諸葛亮에게 말하기를 '나는 陳元方(陳紀)과 鄭康成(鄭玄)의 사이에 왕래하였는데 가르침을 받을 적마다 다스림과 혼란의 道가 갖추어져 있었으나 일찍이 사면에 대한 말은 없었소.'라고 하였소. 그러므로 제갈량은 촉나라를 10년 동안 다스릴 적에 사면을 시행하지 않았는데도 촉나라는 크게 교화되었고, 梁 武帝는 해마다 자주 사면을 시행하여 결국에 나라가 기울어 패망하였소. 무릇 작은 仁을 꾀하는 자는 큰 仁의 적이오.

그러므로 나는 천하를 소유한 이후로 절대로 사면을 시행하지 않았소. 지금은 천하가 안정되고 예의가 크게 성행하여 특별한 은혜를 더욱 자주 내려서는 안 되니, 어리석은 사람이 늘 요행만을 바라서 법을 어기려 하고 과오를 바로

잡지 않을까 우려되오."

【集論】

范氏祖禹曰 數赦之害는 前世論之詳矣라 夫良民不被澤而罪人獲宥면 政之偏黨이 莫甚於此하니 欲以致和而措刑이 不亦踈乎아 而人君每以赦爲推恩하고 或祈陰德之報를 太宗懲之하니 可謂善治矣라

范祖禹가 말하였다.

"사면을 자주 시행하는 폐해에 대해서는 이전 시대에 상세히 논하였다. 어진 백성들이 은택을 입지 못하고 죄인들이 용서를 받는다면 편파적인 정치가 이보다 심한 경우는 없으니, 화평을 이루려고 하면서 형벌을 방치하듯 안 쓰려는 것은 서툰 일이 아니겠는가. 군주가 늘 사면으로 은혜를 베푼다고 하고 혹은 陰德의 보답을 바라는 것을 태종이 징계하였으니, 훌륭한 다스림이라고 말할 만하다."

馬氏存曰 先王以教而化民하고 以刑而禁民이로되 不幸或陷於憲網者라 聖人則原其情하여 而省其過之大小而肆赦之라 蓋赦者는 聖人以之宥過也라 可以行而不行이면 則傷乎仁하고 不可以行而行之면 則失乎義라 故世之議者는 或以宜踈而不宜數하고 或以宜數而不宜踈하니 是踈者太簡하고 數者太繁이라 蓋惟當語其當否요 而不論其踈數也라 故周官三宥三赦之法하니 曰不識이요 曰過失이요 曰遺忘이니 以爲宥之可用止於如此요 曰幼弱이요 曰老耄(모)요 曰惷(준)愚니 則以爲赦之可行止於如此라 由是觀之건대 赦宥之法은 當其時而用之면 則爲天下之利요 不當其時而用之면 則爲天下之害라 故魯肆大眚(생)을 春秋譏之[1]라 管仲亦曰 赦者는 小利而大害니 久而不勝其禍하고 無赦宥者는 小害而大利니 久而不勝其福[2]이라하니 以爲天下之民이 知赦之福하되 而不知無赦之爲福하니 是亦譏其赦之大者乎인저

---

1) 魯肆大眚(생) 春秋譏之 : ≪春秋≫ 魯 莊公 22년 經文에 "大赦令을 내렸다.〔肆大眚〕"라고 하고, 그 杜預 註에 "죄 있는 자를 사면한 것이다. ≪周易≫ 解卦 〈象傳〉에 '과실을 용서하고 죄를 관대하게 처벌한다.'라고 하고, ≪書經≫ 〈虞書 舜典〉에 '실수로 저지른 잘못은 용서한다.〔眚災肆赦〕'라고 하고, 襄公 9년 左氏의 傳에 '군사들의 허물을 용서하고 鄭나라를 포위하게 하였다.'라고 하였으니, 모두 죄인을 용서해 사면하고 모든 죄를 씻어주어 그들이 마음을 새롭게 가지도록 한 것이다. 그러나 이는 어쩌다가 한 번 시행할 수 있는 것이지 제도의 正常은 아니다. 그러므로 經에 기록한 것이다.〔赦有罪也 易稱赦過宥罪 書稱眚災肆赦 傳稱肆眚圍鄭 皆放赦罪人 盪滌衆故 以新其心 有時而用之 非制所常 故書〕"라고 하였다.

2) 赦者……久而不勝其福 : ≪管子≫ 〈法法〉에 보인다.

馬存이 말하였다.

"先王이 가르침으로 백성을 교화하고 형벌로 백성을 금지시켰으나 불행하게도 法網에 빠진 자들이 있었다. 聖人은 그 실정을 추구하여 과실의 크고 작은 정도를 살펴서 사면을 시켜주었다.

사면은 성인이 이로 인해 과오를 용서해주는 것이다. 시행할 수 있는데 시행하지 않으면 仁을 손상하고, 시행해서는 안 되는데 시행하면 義를 그르치게 된다. 그러므로 세상에서 논의하는 자들은 드물게 시행하는 것이 옳고 자주 시행하는 것이 옳지 않은 경우가 있으며, 자주 시행하는 것이 옳고 드물게 시행하는 것이 옳지 않은 경우도 있다고 하니, 드물게 시행하는 경우는 너무 간략하고, 자주 시행하는 경우는 너무 번잡하다. 다만 마땅히 마땅한지의 여부만 말해야지, 드물거나 자주 하는 정도를 논해서는 안 된다.

그러므로 ≪周禮≫ 〈秋官 司刺〉에 三宥와 三赦의 법이 있었다. 〈三宥는〉 모르고 한 것〔不識〕, 과실로 저지른 것〔過失〕, 잊어버리고 빠뜨린 것〔遺忘〕이니, 용서를 씀은 이와 같은 경우에 그쳐야 한다고 여긴 것이다. 〈三赦는〉 8세가 안 된 어린이〔幼弱〕, 80세 이상의 늙은이〔老耄〕, 어리석은 사람〔惷愚〕이니, 사면을 행함은 이와 같은 경우에 그쳐야 한다고 여긴 것이다.

이를 말미암아 살펴보건대 용서하는 법은 적절한 때에 시행하면 천하의 이익이 되고 적당하지 않은 때에 사용하면 천하의 해가 된다. 그러므로 魯나라에서 큰 실수를 범한 자를 풀어준 것을 ≪春秋≫에서 비판하였다.

管仲이 또한 말하기를 "용서를 하는 것은 작은 이익이 있으나 해가 크니, 오래도록 시행하면 그 재앙을 이루 다 감당할 수 없고, 용서를 하지 않는 것은 해가 작으나 이익이 크니, 오래도록 시행하면 그 복을 이루 다 감당할 수 없다."라고 하였다. 천하의 백성들이 용서가 불러오는 복은 알지만 용서를 하지 않는 것이 복이 되는 줄은 모른다고 생각한 것이니, 이 역시 용서의 논의 중에 대단한 것이라 하겠다."

愚按 書曰 眚(생)災肆赦하고 怙(호)終賊刑[3]이라하니 眚은 過誤也요 災는 不幸也라 故肆赦之라 怙는 有恃也요 終은 再犯也라 故賊刑之라 此聖人用法之權衡이요 而忠厚之意를 寓於其間하니 未聞不擇罪之輕重而悉赦之也라 易曰 雷雨作解니 君子以赦過宥罪[4]라하니 雷動而雨作하여 天澤所施溥矣어늘 而曰 赦過宥罪라하니 過之小者를 赦釋之하고 罪之大者를 寬宥之而已라

3) 眚災肆赦 怙終賊刑 : ≪書經≫ 〈虞書 舜典〉에 보인다.

4) 雷雨作解 君子以赦過宥罪 : ≪周易≫ 解卦 〈象傳〉에 보인다.

亦非謂不擇罪之大小而悉赦之也라 故春秋莊公之世肆大眚을 聖人以爲非常之事라하여 書之於經은 正以其非古也어늘 自是而赦令數矣라 然或者因天下有非常之事와 與夫凶荒流離之後와 盜賊垢汙之餘에 於是有以沛然洗濯於天下하여 不得已而用之는 猶云可也어니와 否則雖足以見仁惠라도 而未免所謂小人之幸이나 而君子之不幸矣라 爲人上者가 操刑賞之柄하여 以勸善懲惡으로 酌古之道하고 揆今之宜하여 必赦過宥罪而不可數이 要爲得中也라 太宗謂絶不放赦나 而四海安寧하니 非常之恩을 彌不可數이라하니 其深有見於治道者哉인저

내가 살펴보건대, ≪書經≫ 〈虞書 舜典〉에 이르기를 "과오와 불행으로 인해 죄를 지은 자는 풀어주고, 믿는 이가 있어 다시 죄를 저지른 자는 사형을 내린다."라고 하였다. 眚은 과오이고, 災는 불행이므로 풀어주는 것이다. 怙는 믿는 자가 있는 것이고, 終은 다시 범법하는 것이므로 사형을 내리는 것이다. 이는 성인이 법을 사용하는 기준이고, 忠厚한 뜻을 그 속에 붙인 것이니, 죄의 輕重을 가리지 않고 용서해주었다는 말은 듣지 못하였다.

≪周易≫ 解卦 〈象傳〉에 이르기를 "우레(☳)와 비(☵)가 解卦(䷧)를 이루니, 군자가 그것을 본받아 과오를 용서하고 죄가 있는 이를 풀어준다."라고 하였다. 우레가 치고 비가 내려 하늘의 은택이 넓게 베풀어지거늘 "과오를 용서하고 죄가 있는 이를 풀어준다."라고 하였으니 과오가 작은 사람을 풀어주고 죄가 큰 사람을 용서해주는 것일 뿐이므로, 이 역시 죄의 크고 작음을 가리지 않고 모두 풀어주는 것을 말한 것이 아니다. 그러므로 ≪春秋≫에 莊公 때에 큰 사면령을 내린 것을 성인이 일상적이지 않은 일이라 여겨 經文에 기록한 것은 바로 옛 법이 아니기 때문인데, 이로부터 사면령이 자주 시행되었다.

그러나 어떤 경우에는 천하에 일상적이지 않은 일이 있을 때와 흉년이 들어 백성들이 떠돌게 되거나 도적들에 의해 더럽혀지고 나서, 성대하게 천하를 말끔히 새롭게 하기 위해 부득이하여 행하는 것은 오히려 괜찮다. 그렇지 않으면 비록 어진 은혜를 충분히 보인다고 하더라도 이른바 '소인에게는 요행이나 군자에게는 불행이다.'라는 경우를 면하지 못할 것이다.

윗자리에 있는 사람이 형벌과 상을 집행하는 권력을 쥐고서 勸善懲惡으로 옛날의 도를 참작하고 현재의 마땅함을 헤아려 과오를 용서하고 죄가 있는 이를 풀어주되, 자주 시행하지 않는 것이 요컨대 中道를 얻는 것이 된다. 태종이 말하기를 "절대로 사면을 시행하지 않았으나 천하가 안정되었으니, 특별한 은혜를 더욱 자주 내려서는 안 된다."라고 하였으니, 다스림의 도를 매우 잘 알았다고 할 것이다.

32-2-1

貞觀十年에 太宗謂侍臣曰 國家法令이 惟須簡約이니 不可一罪作數種條라 格式既多면 官人不能盡記요 更生姦詐하여 若欲出罪면 卽引輕條하고 若欲入罪면 卽引重條리니 數變法者①는 實不益道理하니 宜令審細②하여 毋使互文③[5]하라

① 數變法者 : 數, 音朔.
數(자주)은 音이 朔이다.
② 宜令審細 : 令, 平聲.
令(하여금)은 平聲이다.
③ 毋使互文 : 毋, 無通.
毋는 無와 통용이다.

貞觀 10년(636)에 太宗이 近臣들에게 말하였다.

"국가의 법령은 오직 간략하게 해야 하니, 한 가지 죄에 여러 조항을 만들어서는 안 되오. 격식이 많으면 관리가 다 기억할 수 없고, 또 간사하게 속임수를 써서, 만일 죄에서 빼내주려고 하면 가벼운 조목을 적용할 것이며, 죄에 집어넣으려고 하면 무거운 조목을 적용할 것이오. 법령을 자주 바꾸는 것은 실제 도리에 보탬이 되지 않으니, 마땅히 세밀하게 살펴 互文이 없도록 하시오."

32-3-1

貞觀十一年에 太宗謂侍臣曰 詔令格式이 若不常定이면 則人心多惑하고 姦詐益生이라 周易稱渙汗其大號①라하니 言發號施令②이 若汗出於體하여 一出而不復也요 書曰 愼乃出令하여 令出惟行이요 弗惟反③이라하고 且漢祖日不暇給[6]하고 蕭何起於小吏하되 制法之後에 猶稱畫一[7]하니 今宜詳思此義하여 不可輕出詔令이니 必須審定하여 以爲永式이니라

① 渙汗其大號 : 易渙卦九五爻辭.

---

5) 互文 : 뜻이 이렇게도 저렇게도 해석되는 條文이다.

6) 漢祖日不暇給 : 《漢書》〈高帝紀〉에 보인다.

7) 猶稱畫一 : 漢나라 초기에 蕭何가 간편하게 법을 제정하였는데, 曹參이 그의 뒤를 이어 相國이 된 뒤에도 변경하는 일 없이 그대로 준수하자 백성들이 노래를 지어 부르기를 "소하가 제정한 법이 一자를 긋듯 명백했고, 조참이 그것을 대신하여 지켜 잃지 않았다네.〔蕭何爲法 顜若畫一 曹參代之 守而勿失〕"라고 하였다. 《史記 권54 曹相國世家》

《周易》 渙卦 九五爻辭이다.

② 言發號施令：施，平聲.

施(시행하다)는 平聲이다.

③ 愼乃出令……弗惟反：周書周官之辭.

《書經》〈周書 周官〉의 말이다.

貞觀 11년(637)에 太宗이 近臣들에게 말하였다.

"詔令과 格式이 일정하게 정해져 있지 않으면 인심이 미혹되는 경우가 많고, 간사하게 속임수를 쓰는 자들이 더욱 생겨날 것이오. 《周易》 渙卦 九五에 이르기를 '땀을 뿌리듯 크게 호령을 한다.'라고 하였으니, 호령을 시행하는 것은 몸에서 땀이 나는 것과 같아 한 번 나오면 다시 거둘 수 없음을 말한 것이오. 또 《書經》〈周書 周官〉에 이르기를 '명령을 내리는 것을 신중히 하여 명령을 내렸으면 시행할 것이고 돌이키지 말라.'라고 하였소. 또 漢 高祖는 매일 여가 없이 바쁘게 지냈고, 蕭何는 말단 관리 출신이지만 법을 제정한 후에 一자를 긋듯 명쾌하다고 일컬어졌소. 지금 마땅히 이 의미를 자세히 생각하여 경솔하게 명령을 내려서는 안 되니, 반드시 자세히 살펴 정하여 영원한 법규로 삼아야 할 것이오."

【集論】

愚按 唐之刑書有四하니 曰律令格式이라 令者는 尊卑貴賤之等殺니 國家之制度也요 格者는 百官有司之所常行之事也요 式者는 其所常守之法也라 凡邦國之政에 必從事於三者하여 其有所違及人之爲惡而入于罪戾者를 一斷之以律이라 律之書凡十二篇이 所以使民遷善遠罪而無犯也니 皆太宗詔房玄齡等與法司하여 因隋之舊而更定增損하여 多降重爲輕하니 迄貞觀用之에 無所變改라 夫律令格式은 皆所以用法也어늘 太宗謂貴簡約貴常定이라하니 此最爲知法意者라 夫不簡約이면 則出入輕重하니 吏因之而作弊하고 不常定이면 則朝行夕改하니 民莫知所信從이라 太宗取則於蕭何畫一之法하여 而不輕於數變法하고 必須審定하여 以爲永式하니 能致刑措[8]는 實由此也라

내가 살펴보건대 唐나라의 형법 조문은 네 가지가 있으니, 律·令·格·式이다. 令

8) 能致刑措：《漢書》 권4 〈文帝紀〉에 文帝의 시대에는 범법자가 없었으므로, "거의 형벌을 쓸 일이 없게 되었다.〔幾致刑措〕"라고 하였다.

은 尊卑와 貴賤의 등급이니 국가의 제도이고, 格은 百官과 有司가 늘 행해야 하는 일이며, 式은 늘 지켜야 하는 법이다. 모든 국가의 정치에 반드시 세 가지를 따라서 이를 어기거나 사람들 중에 악행을 저질러 죄를 짓는 자를 일제히 律에 따라 판결하는 것이다. 도합 12편으로 된 律의 조문들(唐律 12편)은 백성들이 善으로 옮겨가서 죄에서 멀어지게 하여 법을 어기지 않도록 하기 위한 것이다. 모두 太宗이 房玄齡 등 법을 맡은 관리들에게 명하여 隋나라의 옛 법을 따라서 다시 증보하고 산삭해서 대부분 무거운 형벌을 낮추어 가볍게 하도록 하였으니, 貞觀 시기까지 사용하면서 고친 적이 없었다.

律·令·格·式은 모두 법을 시행하기 위한 것인데, 태종이 '간략함을 귀하게 여기고, 일정함을 귀하게 여긴다.'라고 하였으니, 이는 법의 의미를 가장 잘 아는 자이다. 간략하지 않으면 輕重에 출입이 있으니 관리가 그로 인해 폐단을 만들고, 일정함이 없으면 아침에 시행하고 저녁에 고치게 되니 백성들이 믿고 따를 줄을 모른다. 태종이 蕭何의 '畫一의 법'을 본받아 자주 법령을 고치는 것을 가볍게 여기지 않고, 반드시 자세히 살펴 정하여 길이 법식으로 삼았으니, 형벌을 쓸 일이 없게 된 것은 실로 이 때문이다.

32-4-1

長孫皇后遇疾하여 **漸危篤**하니 **皇太子**①**啓后曰 醫藥備盡**하되 **今尊體不瘳**②하니 **請奏赦囚徒**하고 **并度人入道**하여 **冀蒙福祐**하노이다 **后曰 死生有命**[9)]하니 **非人力所加**요 **若修福可延**인댄 **吾素非爲惡者**요 **若行善無效**인댄 **何福可求**리오 **赦者**는 **國之大事**요 **佛道者**는 **上每示存異方之教耳**라 **常恐爲理體之弊**어늘 **豈以吾一婦人而亂天下法**이리오 **不能依汝言**③하노라

① 皇太子 : 承乾也.
〈皇太子〉는 李承乾이다.

② 瘳 : 音抽, 愈也.
〈瘳(병이 낫다)는〉 音이 抽이니, 낫다는 뜻이다.

③ 長孫皇后遇疾……不能依汝言 : 按通鑑 "貞觀九年, 長孫皇后素有氣疾, 前年從上幸九成宮. 柴紹等中夕告變, 上擐甲出閤問狀, 后扶疾以從, 左右止之, 后曰 '上既震驚, 吾何心自安.' 由是疾甚. 太子曰 '云云.' 后曰 '云云, 必行汝言, 吾不如速死.' 太子私以語房玄齡, 玄齡白上, 上哀之, 欲爲之赦, 后固止之."
살펴보건대, ≪資治通鑑≫에 "貞觀 9년(635)에 長孫皇后가 평소에 질병이 있었는데, 전해

---

9) 死生有命 : ≪論語≫ 〈顏淵〉에 보인다.

에 황제를 따라 九成宮에 행차하였다. 柴紹 등이 밤중에 변고를 아뢰자, 태종이 갑옷을 입고 閤門을 나와 상황을 물었는데, 장손황후가 병든 몸을 이끌고 따라 나오니, 좌우의 신하들이 만류하였다. 장손황후가 말하기를 '황제께서 이미 놀라셨는데, 내가 무슨 마음으로 편안히 있겠소.'라고 하였다. 이때부터 병세가 심해졌다. 태자가 '……' 하자, 장손황후가 '……, 반드시 너의 말을 행한다면, 내가 빨리 죽는 것만 못하다.'라고 하였다. 태자가 사적으로 방현령에게 말을 하자, 방현령이 태종에게 아뢰었는데, 태종이 슬퍼하여 사면령을 내리려고 하였으나, 장손황후가 극구 만류하였다."라고 하였다.

長孫皇后가 병이 들어 점점 위독해지자, 황태자가 장손황후에게 말하였다.

"의원과 약을 다 썼는데도 지금 尊體의 병이 낫지 않으니, 청컨대 황제께 아뢰어 죄인들을 사면시키고 사람들에게 度牒을 발급하여 佛道에 들게 하여 福을 받기를 바랍니다."

장손황후가 말하였다.

"生死에는 命이 있으니, 人力으로 늘릴 수 있는 것이 아니다. 만일 복을 닦아 수명을 연장할 수 있다면 나는 평소에 악행을 저지른 사람이 아니고, 만일 善行을 해도 효험이 없다면 무슨 복을 구할 수 있단 말이냐. 사면은 국가의 大事이고, 佛道는 황제(太宗)께서 늘 외국의 가르침을 보존함을 표시할 뿐이었다. 항상 정치의 폐단이 될까 두려워하고 있거늘 어찌 일개 부인인 내가 천하의 법을 어지럽힐 수 있겠느냐. 너의 말을 따를 수 없다."

【集論】

唐氏仲友曰 天啓興運이 亦不偶然이니 助興運에 必有賢妃라 以漢唐論컨대 長孫賢於陰[10]하고 馬有古后妃之美[11]하고 無後世后妃之失이라 太宗謂內良佐[12]라하니 信夫라

---

10) 長孫賢於陰 : 陰은 後漢 光武帝의 황후인 光烈陰皇后를 가리킨다. 음후는 성명이 陰麗華로, 광무제가 황제가 되기 전에 미색에 반하여 처로 삼았다. ≪後漢書 光烈陰皇后紀≫

11) 馬有古后妃之美 : 馬는 馬援의 딸로 後漢 明帝의 황후인 明德馬皇后를 가리킨다. 婦德이 후궁에서 으뜸이었고 私家의 일을 조정에 간여시키지 않았다. 항상 검은 명주옷을 입으며 검소함을 몸소 보였다고 한다. ≪後漢書 馬皇后紀≫

12) 太宗謂內良佐 : 太宗의 皇后(長孫氏)가 서거한 뒤 황후가 지은 ≪女則≫을 태종이 처음 보고는 근신들에게 "〈황후가〉 늘 경계시키고 간언하여 짐의 결함을 보완케 하였는데 지금 다시 좋은 말을 듣지 못하게 되었으니 내부의 훌륭한 보좌관 한 명을 잃은 것이다. 이 때문에 나를 슬프게 한다.〔以其每能規諫補朕之闕 今不復聞善言 是內失一良佐 以此令人哀耳〕"라고 하였다. ≪舊唐書 권51 太宗文德皇后長孫氏列傳≫

唐仲友가 말하였다.

"하늘이 흥성하는 운수를 열어주는 것은 역시 우연이 아니니, 흥성하는 운수를 도울 적에는 반드시 어진 황후가 있었다. 漢나라와 唐나라의 일로 논해보자면 長孫皇后는 陰皇后보다 훌륭하였고, 馬皇后는 옛날 황후의 美德이 있었고, 후세 황후들과 같은 실수가 없었다. 태종이 말하기를 '내부에는 훌륭한 보좌관이 있다.'라고 하였으니 참으로 그렇다."

愚按 三代興王之主는 無不內有賢助하여 以協成至治하니 任姒邑姜[13)]其表表於經傳者는 爲天下母儀之所取則焉이요 若長孫皇后之賢은 自三代而下之絶無僅有者也니 馬鄧[14)]不足以儕之矣라 遇危疾而不以肆赦徼福하니 非卓然有見이면 何以能玆오 不幸而弗登耆艾하니 宜太宗有失內良佐之嘆也라 天假之年하여 使之擁佑於高宗之世면 則庶幾其遏禍亂[15)]之萌乎리니 此可爲深悲也라

내가 살펴보건대 三代時代에 왕업을 일으킨 군주는 내부에 훌륭한 보조자가 있어 지극한 치세를 도와 이루지 않은 경우가 없다. 經傳에 두드러지게 드러나는 太妊·太姒·邑姜의 경우에는 천하의 황후들이 모범으로 삼아야 할 대상이고, 훌륭한 長孫皇后와 같은 경우에는 三代 이하로는 절대 보지 못할 겨우 있는 인물이니, 馬皇后와 鄧皇后도 그에 견주기에는 부족하다.

병에 걸려 위독한 상황에서 죄수들을 사면하는 일로 복을 빌지 않았으니, 뛰어난 식견이 있는 사람이 아니면 어떻게 이처럼 할 수 있겠는가. 불행하게도 노년까지 살지 못했으니, 태종이 "내부의 어진 보좌관을 잃었다."라고 탄식한 것이 마땅하다. 하늘이 수명을 연장해주어 高宗의 재위 기간까지 보좌를 하게 해주었다면 거의 재앙의 싹을 막을 수 있었을 터이니, 이 점이 몹시 애통하다.

---

13) 任姒邑姜 : 周 文王의 어머니 太任, 周 武王의 어머니 太姒, 周 武王의 아내 邑姜. 모두 賢淑한 后妃의 典範으로 일컬어지는 여인들이다.

14) 馬鄧 : 後漢의 馬皇后와 鄧皇后를 가리킨다. 등황후는 東漢 和帝의 황후인데 훌륭한 인품을 지녀 많은 德政이 있었다고 한다. ≪後漢書 鄧皇后紀≫

15) 禍亂 : 唐 太宗이 태자 李承乾을 폐하여 죽인 일, 아홉째 아들 李治(高宗)를 태자로 삼은 일, 이치가 등극하여 황후 王氏를 폐하고 才人 武氏(則天武后)를 왕후로 삼아 당 황실에 큰 화를 초래한 일 등을 말한다.

제33편 論貢賦 貢賦를 논하다

이 편에서는 貞觀 시기 외국의 朝貢에 대한 내용이 소개되고 있다. 특히 高句麗와 관련된 내용이 눈에 뜨이는데, 고구려와 淵蓋蘇文에 대한 唐 太宗의 입장을 엿볼 수 있는 편이다. 또한 이 편에서는 중국 내 각 지역의 공물, 외국의 조공에 대한 태종의 정치 철학을 볼 수 있다.

凡五章.
모두 5장이다.

33-1-1

貞觀二年에 **太宗謂朝集使曰**① **任土作貢**[1]이 **布在前典**하니 **當州所產**은 **則充庭實**②이어늘 **比聞都督刺史**③가 **邀射聲名**하여 **厥土所賦**가 **或嫌其不善**하여 **踰境外求**하여 **更相倣効**④하여 **遂以成俗**하여 **極爲勞擾**라하니 **宜改此弊**하여 **不得更然**하라

① 太宗謂朝集使曰 : 使, 去聲. 唐制, 諸州奉貢物入京者謂之朝集使.
使(사신)는 去聲이다. 唐나라 제도에 의하면 여러 州에서 공물을 받들고 도성에 들어오는 사람을 朝集使라고 한다.
② 當州所產 則充庭實 : 當, 去聲.
當(당하다)은 去聲이다.
③ 比聞都督刺史 : 比, 音鼻.
比(근래)는 音이 鼻이다.
④ 更相倣効 : 更, 平聲.
更(고치다)은 平聲이다.

貞觀 2년(628)에 **太宗**이 **朝集使**에게 말하였다.
"토산물을 공물로 바치는 것은 옛 **法典**에도 실려 있으니, 그 州에서 나는 생산물이 조정의 뜰에 진열하는 데 충당되어야 하오. 그런데 근래에 들으니, **都督**과 **刺史**가 명성을 얻으려고 해당 지역에서 바치는 공물이 혹은 좋지 않을까

---

1) 任土作貢 : 각 지역의 특성에 맞추어 세금과 공물을 매기는 것을 말한다. 《書經 禹貢序》

염려하여 경계를 넘어 외부에서 구하고, 이런 행태를 서로 본받아 마침내는 풍속이 되어 노고와 소란이 극심하다고 하오. 이러한 폐습을 고쳐 다시는 반복하지 않도록 하시오."

【集論】

愚按 夏書載禹平水土之績하고 而以貢名篇하니 貢者는 下獻上之名이어늘 水土未平에 何由定貢고 書以貢名은 見地平天成[2]之功也라 然曰任土作貢者는 亦非以其土之所有而悉貢也라 禹貢一書는 其所貢者가 皆服食器用之常이라 宗廟朝廷之不可闕者는 非徒奉一人耳目心志之所欲也어늘 而唐之刺史至於越境求物하고 更相倣傚하니 亦由國無定制하여 使踰越於常度之外라 太宗深懲而力革其弊하니 誠王者之先務也라

내가 살펴보건대 ≪書經≫ 〈夏書〉에 禹임금이 水土를 다스린 공적을 기록하고, 篇名을 〈禹貢〉이라 하였으니, 貢은 아랫사람이 윗사람에게 바칠 때 쓰는 명칭인데, 다스려지지 않은 水土에서 어떻게 공물을 정한단 말인가.

≪書經≫에서 〈禹貢〉이라 명칭을 한 것은 땅이 다스려짐에 하늘이 이루어지는 功을 드러낸 것이다. 그러나 토산물을 공물로 바치라고 말한 것은 역시 그 지역에서 나는 것을 모두 바치라는 것은 아니다.

〈禹貢〉 한 편의 글은 바치는 공물이 모두 服食과 器用의 일상적인 것이다. 종묘와 조정에 빠뜨려서 안 되는 것은 다만 한 사람의 耳目과 마음의 욕구를 받들 뿐만이 아니거늘, 唐나라의 刺史는 지역 경계를 넘어서 공물을 구하고 번갈아 서로 본받았으니, 역시 나라에 정해진 제도가 없었기 때문에 일상적인 법도의 밖을 넘어서게 만든 것이다. 태종이 깊이 징계하여 힘써 그 폐단을 개혁하였으니, 진실로 왕자가 먼저 힘써야 할 일이다.

33-2-1

貞觀中에 林邑國[3]이 貢白鸚鵡하니 性辯慧하여 尤善應答이러니 屢有苦寒之言이어늘

2) 地平天成 : 천지가 아주 잘 다스려졌다는 뜻이다. 舜임금이 禹에게 "아, 너의 말이 옳다. 땅이 다스려짐에 하늘이 이루어져서 六府와 三事가 진실로 다스려져 만세토록 영원히 힘입음은 너의 공이다.〔兪 地平天成 六府三事允治 萬世永賴時乃功〕"라고 하였다. ≪書經 虞書 大禹謨≫

3) 林邑國 : 南海의 옛 나라 이름으로 지금의 베트남 中南部 지역에 있었다. 192년(일설 137년)에 建國하였다.

太宗愍之하여 付其使하여 令還出於林藪①[4]하다

① 付其使 令還出於林邑藪 : 使, 去聲. 令, 平聲. 按通鑑"貞觀五年十一月, 林邑獻五色鸚鵡, 魏徵以爲不宜受, 上喜而歸之."
使(사신)는 去聲이다. 令(하여금)은 平聲이다. ≪資治通鑑≫을 살펴보건대, "貞觀 5년(631) 11월에 林邑國에서 오색앵무새를 바쳤는데, 魏徵이 받아서는 안 된다고 하자, 태종이 기뻐하면서 돌려보냈다."라고 하였다.

貞觀 연간에 林邑國에서 흰 앵무새를 바쳤다. 〈앵무새는〉 천성적으로 말을 잘하고 지혜가 있으며 대답을 특히 잘하였는데, 자주 추위로 인한 고통을 말하였다. 태종은 이를 불쌍히 여겨 사신에게 맡겨 돌려보내 숲속에 놓아주라고 하였다.

【集論】

愚按 周書載召公戒武王之言曰 犬馬非其土性不畜하고 珍禽異獸不育于國이라하니 其後에 穆王得白狼白鹿[5]이어늘 而荒服[6]因以不至하니 其得失可睹也라 太宗却林邑白鸚鵡之獻하니 可謂能遵古先哲之訓하여 而鑑後世之失矣라

내가 살펴보건대 ≪書經≫ 〈周書 旅獒〉에 召公이 武王에게 경계를 하는 말이 실려 있는데 "개나 말이 풍토에 맞지 않으면 기르지 마시고, 진귀한 새나 기이한 짐승도 나라에서 기르지 마십시오."라고 하였다. 그 후에 周 穆王이 白狼과 白鹿을 얻었으나, 荒服이 이로 인해 조회 오지 않았으니, 그 得失을 볼만하다. 태종이 林邑國에서 바친

4) 貞觀中……令還出於林藪 : 앵무새를 唐나라 서울 長安의 숲에 놓아준 것이 아니라, 新羅에서 바친 美女를 신라로 돌려보내면서 앵무새 역시 林邑國으로 돌려보낸 것이다. ≪資治通鑑≫ 太宗 貞觀 5년에 "新羅에서 美女 2人을 바쳤는데 魏徵이 받아서는 안 된다고 하자, 太宗이 기뻐하면서 말하기를 '林邑國의 앵무새도 오히려 스스로 말하여 추위가 고통스럽다고 하고 자기 나라로 돌아가기를 생각하거늘, 하물며 두 여인이 멀리 친척을 이별한 것이야 말할 것이 있느냐.'라고 하고, 앵무새와 함께 각각 사신들에게 맡겨 되돌려 보냈다.〔新羅獻美女二人 魏徵以爲不宜受 上喜曰 林邑鸚鵡猶能自言苦寒 思歸其國 況二女遠別親戚乎 幷鸚鵡 各付使者而歸之〕"라고 하였다. 그리고 '林藪'가 四庫全書 板本 ≪貞觀政要≫에는 '林邑'으로 되어 있다.

5) 穆王得白狼白鹿 : 穆王이 犬戎을 정벌할 때, 祭公 謀父(모보)가 선왕들이 무력을 과시하지 않았다는 말로 간하였다. 그러나 목왕은 정벌을 강행하여 아무 소득 없이 흰 이리 네 마리와 흰 사슴 네 마리만 얻고 돌아왔고, 이로 인해 변경의 오랑캐가 귀순하지 않았으며 제후들끼리도 화목하지 않게 되었다. ≪史略 권1 周≫

6) 荒服 : 중국 고대에 王畿를 중심으로 하여 주위를 500리 단위로 다섯 구역으로 나누었는데, 荒服은 王畿에서 가장 멀리 떨어진 2,000리에서 2,500리 사이의 지역을 말한다.

흰 앵무새를 돌려보냈으니, 옛날 先哲의 가르침을 잘 따라서 후세에 저지를 과오의 거울이 될 만하다고 하겠다.

33-3-1

貞觀十二年에 **疎勒朱俱波甘棠**①이 **遣使貢方物**②이어늘 **太宗謂群臣曰 向使中國不安**이면 **日南**③**西域朝貢使**가 **亦何緣而至**며 **朕何德以堪之**리오 **覩此**에 **翻懷危懼**하노니 **近代平一天下**하여 **拓定邊方者**④는 **惟秦皇漢武**로되 **始皇暴虐**하여 **至子而亡**[7]하고 **漢武驕奢**하여 **國祚幾絶**⑤하니 **朕提三尺劒**[8]하여 **以定四海**하여 **遠夷率服**[9]하고 **億兆乂安**하니 **自謂不減二主也**나 **然二主末途**가 **皆不能自保**[10]하니 **由是每自懼危亡**하여 **必不敢懈怠**라 **惟籍公等直言正諫**하여 **以相匡弼**하노니 **若惟揚美隱惡**하여 **共進諛言**이면 **則國之危亡**을 **可立而待也**⑥라

① 疎勒朱俱波甘棠：皆西域國名. 疎勒, 距長安九千里餘, 王姓裴氏. 朱俱波, 在葱嶺之西. 甘棠, 在大海南.

---

7) 始皇暴虐 至子而亡：秦나라는 始皇의 아들 二世皇帝 때 망하였다.

8) 三尺劒：옛날 검은 대개 3척이었으므로 일컬은 말이다. ≪史記≫ 〈高祖本紀〉에 "내가 포의의 신분으로 일어나서 석 자의 칼을 쥐고 천하를 차지하였으니, 이것이 하늘의 명이 아니겠는가.〔吾以布衣提三尺劍取天下 此非天命乎〕"라고 하였다.

9) 遠夷率服：≪書經≫ 〈虞書 舜典〉에 "오랑캐들이 모두 와서 복종하였다.〔蠻夷率服〕"라고 하였다.

10) 二主末途 皆不能自保：秦 始皇의 맏아들 扶蘇가 姦臣들의 농간에 죽고, 漢 武帝의 太子 劉據 역시 간신의 농간에 죽은 사건을 들 수 있다.

秦 始皇 35년에 焚書坑儒를 저지르자 맏아들 扶蘇가 "儒生들이 孔子를 암송하며 받들고 있는데 황제께서 엄한 법으로 처벌하니 천하가 불안해질 것입니다."라고 간언하니, 진 시황이 노하여 부소를 북쪽 上郡으로 보내 蒙恬 장군을 감시하게 하였으나, 실제로는 태자를 유배 보낸 것이다. 그 뒤에 진 시황이 순행 길에서 죽고 丞相 李斯와 趙高가 진 시황의 유언을 위조하여 막내아들 胡亥를 황제로 옹립하고 부소에게 명하여 자결토록 하자 부소는 자결하였다. 이후 간신들의 농간으로 인해 진나라는 얼마 안 있어 멸망하였다.

漢 武帝가 즉위한 지 50년 되는 征和 2년(B.C. 91)에 무당과 術士들이 宮人을 미혹시켜 궁궐에 木人을 묻어 제사하는 巫蠱事件이 발생하였다. 마침 武帝가 병이 들자 江充을 시켜 巫蠱獄事를 다스리게 하였는데, 강충이 황제의 총애를 독차지하려고 戾太子(武帝의 태자 劉據)의 궁에서 목인을 가장 많이 파냈다고 보고하여 여태자를 궁지로 몰아넣었다. 이에 여태자는 군대를 일으켜 간신 강충을 죽였으나, 결국 丞相의 군대에 패하여, 湖縣으로 도망가서 은신하였다가 스스로 목을 매어 죽었다. 뒤에 무제는 여태자의 억울함을 깨닫고 후회하던 끝에 思子宮을 짓고 歸來望思之臺를 만들었는데, 이 소식을 들은 천하 사람들이 모두 눈시울을 적셨다. ≪史記 권6 秦始皇本紀≫, ≪漢書 권63 武五子傳≫

〈疎勒, 朱俱波, 甘棠은〉 모두 서역의 나라 이름이다. 疎勒은 長安과의 거리가 9천여 리이며, 왕의 姓은 裴氏이다. 朱俱波는 葱嶺의 서쪽에 있다. 甘棠은 大海의 남쪽에 있다.

② 遣使貢方物 : 使, 去聲, 後同.
使(사신)는 去聲이다. 뒤에도 같다.

③ 日南 : 南蠻國, 在安南之外.
〈日南은〉 南蠻國으로, 安南의 밖에 있다.

④ 拓定邊方者 : 拓, 音托.
拓(개척하다)은 音이 托이다.

⑤ 國祚幾絶 : 幾, 平聲.
幾(거의)는 平聲이다.

⑥ 貞觀十二年……可立而待也 : 按通鑑係貞觀九年十二月.
살펴보건대 ≪資治通鑑≫ 貞觀 9년 12월 조에 실려 있다.

貞觀 12년(638)에 疎勒國, 朱俱波國, 甘棠國에서 사신을 보내어 토산품을 바치자, 太宗이 여러 신하들에게 말하였다.

"가령 중국이 불안하다고 할 것 같으면, 日南이나 西域의 朝貢使가 또한 무엇 때문에 오겠으며, 짐이 무슨 덕으로 감당하겠소. 이것을 보니 두려운 마음이 번득 일어나오.

근대에 천하를 평정하고 변방을 개척한 자는 오직 秦 始皇과 漢 武帝뿐인데, 진 시황은 폭정을 일삼다가 자식 대에 이르러 망하였고, 한 무제는 교만 사치하여 國運이 거의 끊어졌소. 짐이 三尺의 劍을 들어 천하를 평정하여 먼 곳의 오랑캐들이 복종하고 백성들이 안정되었으니, 두 군주(진 시황과 한 무제)에 뒤지지 않다고 생각하오. 그러나 두 군주의 말로는 스스로를 보존하지 못했으니, 이 때문에 항상 국가가 위태로워지고 멸망할까 두려워 기필코 감히 게을리하지 않는 것이오.

공들의 直言과 정직한 諫言에 의지하여 서로 바르게 하고 도와야 할 것이니, 만일 좋은 면만 칭찬하고 나쁜 면을 감추며, 모두 아첨하는 말만 올린다면 나라가 위태로워지고 멸망하는 상황을 금방 맞게 될 것이오."

【集論】

唐氏仲友曰 太宗因四夷之賓하여 而以秦皇漢武自儆하여 求輔弼之言하니 此忠言可進之

機어늘 惜哉라 玄齡無杜漸之言하여 俾進乎帝王保治之道也여

唐仲友가 말하였다.

"태종이 四夷에서 오는 賓客으로 인하여 秦 始皇과 漢 武帝를 들어 스스로를 경계하여 보필하는 이들의 말을 구하였다. 이때가 忠言을 진언할 수 있는 기회인데, 房玄齡이 조짐을 막는 말을 안 해서 제왕이 다스림을 지키는 도에 나아가지 못하게 한 것이 애석하다."

愚按 昔武王克商에 西旅底貢厥獒어늘 太保作旅獒하여 用訓于王하여 而致愼德之戒라 夫以武王之聖으로도 而召公所以警戒之者如此하니 後之人主가 可不深思而加念之哉아 太宗因四夷之賓하여 以秦皇漢武自儆以求言이어늘 而當時大臣이 雖不聞有如太保作書之訓이나 然自懷危亡하여 不敢解怠하여 有合於夙夜罔或不勤[11]之言하니 庶幾乎帝王保治之道矣라

내가 살펴보건대 옛날에 周 武王이 商나라를 정벌하였을 때에 西旅에서 큰 개를 공물로 바치자, 太保(召公)가 〈旅獒〉편을 지어서 무왕에게 훈계하는 글을 올려 德을 삼가는 경계를 이루었다. 훌륭했던 무왕조차도 召公이 이처럼 경계하는 말을 올렸으니, 후세의 군주가 깊이 생각하여 더욱 유념하지 않아서야 되겠는가.

태종이 四夷에서 오는 賓客으로 인하여 秦 始皇과 漢 武帝의 예를 들어 스스로를 경계하고 간언을 구하였는데, 당시의 大臣이 비록 태보가 지었던 〈여오〉와 같은 훈계의 글을 올렸다는 말은 듣지 못하였으나, 스스로 위태로워질까 염려하여 감히 게을리 행동하지 않아 밤낮으로 혹시라도 부지런하지 않는 일이 없게 해야 한다는 말에 부합함이 있었으니, 제왕이 다스림을 지키는 道에 가깝다고 하겠다.

33-4-1

貞觀十八年에 太宗將伐高麗할새 其莫離支①遣使②하여 貢白金이어늘 黃門侍郞褚遂良諫曰 莫離支虐殺其主하니 九夷所不容③이라 陛下以之興兵하사 將事吊伐[12]하여 爲

---

11) 夙夜罔或不勤 : 西旅에서 큰 개를 바치자 召公이 武王을 경계하면서 "밤낮으로 혹시라도 부지런하지 않는 일이 없게 해야 합니다. 작은 행실을 조심하지 않으면 마침내 큰 덕에 누를 끼친 결과, 마치 아홉 길의 산을 쌓아 올리다가 한 삼태기의 흙을 덜 부어 망쳐버리는 것처럼 될 것입니다.〔夙夜罔或不勤 不矜細行 終累大德 爲山九仞 功虧一簣〕"라고 하였다. ≪書經 周書 旅獒≫

12) 吊伐 : 弔民伐罪를 축약한 것이다.

遼東之人④**報主辱之恥**니이다 **古者討弑君之賊**에 **不受其賂**러니 **昔宋督**⑤**遺魯君以郜鼎**⑥이어늘 **桓公受之於大**(태)**廟**⑦하니 **臧哀伯**⑧**諫曰 君人者**는 **將昭德塞違**어늘 **今滅德立違而寘其賂器於大廟**하니 **百官象之**면 **又何誅焉**이리오 **武王克商**하고 **遷九鼎于雒邑**⑨하니 **義士猶或非之**⑩어든 **而況將昭違亂之賂器**하여 **寘諸大廟**하니 **其若之何**⑪오하니 **夫**⑫**春秋之書**는 **百王取則**하니 **若受不臣之筐篚**하며 **納弑逆之朝貢**하여 **不以爲愆**하면 **將何致伐**이리오 **臣謂莫離支所獻**을 **自不合受**하노이다하니 **太宗從之**⑬하다

① 莫離支：高麗官名, 其職如中國吏部兼兵部尙書也. 貞觀十六年, 高麗東部大人泉蓋蘇文弑其王武, 立王弟子藏爲王, 自爲莫離支官.
〈莫離支는〉 高句麗의 관직 명칭으로, 그 직위는 중국의 吏部尙書가 兵部尙書를 겸한 것과 같다. 貞觀 16년(642)에 고구려 東部大人 泉蓋蘇文이 왕인 武를 죽이고, 왕의 조카인 藏(寶藏王)을 왕으로 옹립하고는 스스로 막리지의 관직에 올랐다.

② 遣使：去聲.
〈使(사신)는〉 去聲이다.

③ 九夷所不容：東方之夷有九種, 曰畎夷・于夷・方夷・黃夷・白夷・赤夷・玄夷・風夷・陽夷. 又一曰玄菟, 二曰樂浪, 三曰高麗, 四曰滿飾, 五曰鳧臾, 六曰索家, 七曰東屠, 八曰倭人, 九曰天鄙.
東方의 이민족은 아홉 계열이 있는데, 畎夷, 于夷, 方夷, 黃夷, 白夷, 赤夷, 玄夷, 風夷, 陽夷이다. 또 한 가지 설이 있는데, 첫째가 玄菟, 둘째가 樂浪, 셋째가 高麗, 넷째가 滿飾, 다섯째가 鳧臾, 여섯째가 索家, 일곱째가 東屠, 여덟째가 倭人, 아홉째가 天鄙이다.

④ 爲遼東之人：爲, 去聲.
爲(위하다)는 去聲이다.

⑤ 宋督：宋, 春秋時國名, 字華父, 宋戴公孫也.
宋은 春秋時代의 國名이다. 〈督은〉 字가 華父로, 宋 戴公의 손자이다.

⑥ 遺魯君以郜鼎：遺, 去聲. 魯君桓公, 名軌. 郜鼎, 郜國所造器, 故繫名於郜.
遺(보내다)는 去聲이다. 魯나라 군주는 桓公이니, 이름이 軌이다. 郜鼎은 郜國에서 만들어진 기물이므로, 郜에서 이름을 따왔다.

⑦ 桓公受之於大(태)廟：大, 音泰, 後同. 大廟, 周公之廟也.
大(크다)는 音이 泰이다. 뒤에도 같다. 大廟는 周公의 廟이다.

⑧ 臧哀伯：魯大夫臧孫達也.
〈臧哀伯은〉 魯나라 大夫인 臧孫達이다.

⑨ 遷九鼎于雒邑：九鼎, 殷所受夏鼎也. 武王克商, 乃營雒邑, 而後去之, 又遷九鼎焉.
九鼎은 殷나라가 전해 받은 夏나라의 鼎이다. 武王이 商나라에 승리를 거두고 雒邑을 건설하고서 그 후에 떠났으며, 또 九鼎을 옮겼다.

⑩ 義士猶或非之：蓋伯夷之屬.
〈義士는〉 伯夷의 무리이다.

⑪ 況將昭違亂之賂器……其若之何：事見左傳. 桓公二年, 宋督弑其君殤公與夷, 以郜鼎賂公, 故遂相宋公. 四月, 取郜鼎于宋, 納于大廟, 臧哀伯諫曰, 云云. 公不聽.
일이 ≪春秋左氏傳≫에 보인다. 魯 桓公 2년에 宋督이 군주인 宋 殤公 與夷를 시해하고 魯 桓公에게 郜鼎을 뇌물로 주었으므로, 마침내 宋 莊公을 도와주었다. 4월에 宋나라에서 고정을 취하여 太廟에 들이자 臧哀伯이 간언하기를 "……"라고 하였으나 환공이 따르지 않았다.

⑫ 夫：音扶.
〈夫(발어사)는〉 音이 扶이다.

⑬ 貞觀十八年……太宗從之：按通鑑 "太宗又謂高麗使者曰 '汝曹皆事高武,[13] 有官爵. 莫離支弑逆, 汝曹不能復讐, 今更爲之遊說(세), 以欺大國, 罪孰大焉.' 悉以屬大理."
≪資治通鑑≫을 살펴보건대 "貞觀 18년에 太宗이 또 고구려의 사신에게 말하기를 '그대들은 모두 高武를 섬겨 관작을 얻었다. 그런데 막리지가 임금을 시해했는데도 그대들은 복수를 하지 못하고, 이제 다시 그를 위해 유세를 하여 대국을 기만하니, 이보다 큰 죄가 있겠는가.'라고 하고, 사신들을 모두 大理(刑獄을 맡은 관리)에게 내려주었다."라고 하였다.

貞觀 18년(644)에 太宗이 高句麗를 정벌하려고 할 적에 고구려의 莫離支가 사신을 보내어 白金을 바치자, 黃門侍郎 褚遂良이 간언하였다.

"막리지는 군주를 시해하였으니, 이는 동방의 여러 오랑캐들도 용납하지 않는 일입니다. 폐하께서 이 때문에 병력을 일으켜 장차 백성을 조문하고 죄를 토벌하는 일을 하려는 것은 遼東(고구려)의 백성을 위하여 그 군주의 치욕을 갚아주려는 것입니다. 옛날에는 군주를 시해한 역적을 토벌할 때 뇌물을 받지 않았습니다.

옛날 宋督이 〈군주를 시해하고〉 魯 桓公에게 郜鼎을 보냈는데, 환공이 이것을 太廟에 두자, 臧哀伯이 간언하기를 '군주는 德을 밝히고 非違를 막아야 하거늘, 지금 德을 멸하고 비위를 행하여 뇌물로 준 기물을 태묘에 두었으니, 百官들이 이를 본받는다면 또한 어떻게 벌을 줄 수 있겠습니까. 周 武王이 商나라를 이기고 九鼎을 雒邑으로 옮겼을 때, 義士들도 오히려 이를 비난하였는데, 하물며 부정한 뇌물로 받은 기물을 환히 드러내어 태묘에 안치하려 하시니, 어찌 하시겠습니까.'라고 하였습니다.

---

13) 高武：高句麗 27대 왕인 榮留王 高建武를 말한다.

≪春秋≫라는 책은 모든 왕들이 법으로 삼고 있으니, 만일 신하 노릇 안 한 자의 예물을 받거나 군주를 시해한 자의 조공을 받고서 잘못이 아니라고 여긴다면 앞으로 어찌 정벌의 뜻을 이루겠습니까. 臣이 생각하기에는 막리지가 바치는 것을 받지 않아야 할 것입니다."

그러자 태종이 그의 말을 따랐다.

【集論】

唐氏仲友曰 名其爲賊이라야 乃可服之[14)]니 此兵法也라 太宗固深忿莫離支하여 必欲討之러니 其貢使之來에 欲治之而未有辭어늘 遂良之諫이 與太宗意會하니 宜其從之之速也라

唐仲友가 말하였다.

"명분상 역적임을 규정해야 적을 승복시킬 수 있으니, 이것이 兵法이다. 太宗이 본래 莫離支에게 크게 분노하여 반드시 토벌하려고 하였는데, 朝貢을 바치는 사신이 왔을 때에 다스리려고 하였으나, 말을 꺼내지 못하였다. 그런데 褚遂良의 간언이 태종의 뜻과 부합하였으니, 신속히 따른 것이 마땅하다."

愚按 褚遂良援古證今하여 諫太宗却莫離支之獻하니 則善矣나 而不能因以消其忿兵黷武之心하고 而其諫辭與太宗意會하여 卒成遼水之征[15)]하니 惜哉로다

내가 살펴보건대 褚遂良은 옛날의 일을 인용해서 지금의 상황을 증명하여 太宗에게 莫離支가 바친 공물을 물리치도록 간언하였으니, 훌륭하다. 그러나 그로 인해 분노로 전쟁을 일으키며 무력을 남용하는 마음을 버리게 하지 못하였고, 그가 올린 간언이 태종의 뜻과 부합하여 결국에 遼水(고구려) 정벌을 일으키게 하였으니, 애석하다.

33-5-1

貞觀十九年에 高麗王高藏①及莫離支蓋蘇文②이 遣使③獻二美女어늘 太宗謂其使曰 朕憫此女離其父母兄弟於本國하노니 若愛其色而傷其心은 我不取也라하고 竝却還之本國④하다

14) 名其爲賊 乃可服之 : ≪漢書≫ 〈高帝紀〉의 "도적임을 밝혀야 적을 승복시킬 수 있다.〔明其爲賊 敵乃可服〕"에서 유래한 것이다.

15) 遼水之征 : 실패로 끝난 당 태종의 고구려 정벌을 말한다.

① 高麗王高藏 : 藏, 去聲. 高麗王名.
藏(저장하다)은 去聲이니, 고구려 왕의 이름이다.

② 及莫離支蓋蘇文 : 蓋, 音盍, 高麗臣, 名金. 盖蘇文旣弑其王武, 於是專擅國事. 其狀貌雄偉, 意氣豪逸, 身佩五刀, 左右莫敢仰視. 常令貴人武將伏地而履之上馬, 出行必整隊伍, 導者長呼, 則人皆奔迸, 不避坑谷, 路絶行者, 國人甚苦之.
蓋은 音이 盍이니, 고구려의 신하로 이름이 金이다. 蓋蘇文이 이미 임금인 武(營留王)를 시해하고 국정을 천단하였다. 그는 용모가 헌걸차고 의기가 호걸스러우며, 몸에는 다섯 자루의 검을 차고 있었는데, 좌우에서 감히 바라보지 못했다. 항상 貴人과 武將을 땅에 엎드리게 하여 디디는 발판으로 삼아 말에 올랐으며, 외출할 때에는 반드시 대오를 똑바로 갖추어 인도하는 사람이 크게 소리치면 사람들이 모두 달아나면서 구렁텅이라도 피하지 않아 길에 인적이 끊어졌는데, 나라 사람들이 몹시 고달프게 여겼다.

③ 遣使 : 去聲.
〈使(사신)는〉 去聲이다.

④ 貞觀十九年……竝却還之本國 : 按通鑑係貞觀二十年.
살펴보건대, ≪資治通鑑≫ 貞觀 2년(628) 조에 실려 있다.

貞觀 19년(645)에 고구려 왕 高藏과 막리지 蓋蘇文이 사신을 보내어 미녀 두 명을 바치자, 太宗이 그 사신에게 말하였다.

"짐은 이 여자가 본국에서 부모 형제를 떠나온 것을 불쌍히 여긴다. 만약 그 미색을 사랑하면서 그 마음을 아프게 한다면 그런 일은 내가 하지 않겠다."

그러고는 두 미녀를 본국으로 돌려보냈다.

【集論】

愚按 周書曰 明王愼德이어시든 四夷咸賓하여 無有遠邇히 畢獻方物하나니 惟服食器用이라하여 未聞以美女爲貢者也니 適足以亂人之國而已矣라 昔紂受閎夭美女之獻[16]이어늘 而西伯興하고 魯受齊人女樂之歸어늘 而孔子行[17]이라 蓋自古臣下之詭計와 列國之陰謀에 未有不以女子爲間하여 使之先有以惑其耳目하여 移其心志하고 或乘隙以沮敗其所爲하며 或遂中

16) 昔紂受閎夭美女之獻 : 周 文王 즉 西伯이 崇나라 虎의 모함을 받아 紂王에 의해 羑里에 갇히게 되자, 서백의 신하인 散宜生과 閎夭 등이 미녀와 寶玉을 주왕에게 뇌물로 바치고 서백을 풀려나게 했던 일을 가리킨다. ≪史記 권3 殷本紀≫

17) 魯受齊人女樂之歸 而孔子行 : ≪論語≫ 〈微子〉에 "齊나라 사람이 여자 악사를 보냈는데, 季桓子가 받고서 3일 동안 조회하지 않자, 孔子가 떠나갔다.〔齊人歸女樂 季桓子受之 三日不朝 孔子行〕"라고 하였다.

以不測之禍하니 可不愼哉아 高麗美女之貢이 夫豈不爲是邪아 況當興師致討之時乎아 太宗還之호대 謂不欲傷其心이라하니 固仁惻之意를 亦豈非有見於此邪아 若太宗은 其可謂賢君也已로다

내가 살펴보건대 ≪書經≫ 〈周書 旅獒〉에 "명철하신 왕께서 덕을 삼가시면 사방의 오랑캐가 모두 복종하여 원근에 관계없이 모두 자신의 지역에서 생산되는 물건을 바치는데, 의복과 음식과 그릇 〈등 늘 사용하는 물건〉뿐입니다."라고 하여, 미녀를 조공했다는 말은 듣지 못하였으니, 다만 남의 나라를 혼란스럽게 할 뿐이다.

옛날 紂王이 閎夭가 바친 미녀를 받아들이자 西伯이 흥하였고, 魯나라가 齊나라에서 보낸 여자 樂士를 받아들이자 孔子가 떠나갔다. 옛날부터 신하의 속임수와 列國의 음모에 여자를 매개로 틈을 만들지 않은 적이 없어, 먼저 그 耳目을 미혹시켜 마음을 움직이게 하고, 혹은 틈을 타서 그가 하려고 하는 일을 저지하여 실패하게 하였으며, 혹은 예측하지 못한 재앙에 빠지게도 하였으니, 삼가지 않을 수 있겠는가.

고구려에서 미녀를 바친 것이 어찌 이런 의도가 아니겠는가. 하물며 군사를 일으켜 정벌하려고 하는 때를 당해서야 말할 나위가 있겠는가. 太宗이 돌려보내면서 미인의 마음을 아프게 하기를 원하지 않는다고 하였으니, 본래 인자하고 측은한 마음을 또한 어찌 이러한 점에서 볼 수 있는 것이 아니겠는가. 태종과 같은 이는 어진 군주라고 할 만하다.

제34편 辯興亡[1) 興亡을 변론하다

이 편에서는 국가의 흥망에 대한 太宗의 견해와 행적을 논하고 있다. 이전 시대 군주의 구체적인 사례를 제시하면서, 폭정을 일삼고 소인을 등용한 나라는 망하였고, 仁義의 정치를 행하고 어진 인재를 등용한 나라는 흥하였음을 역설하고 있다.

凡四章.
모두 4장이다.

34-1-1

貞觀初에 **太宗**이 **從容**①**謂侍臣曰 周武平紂之亂**하여 **以有天下**하고 **秦皇因周之衰**하여 **遂呑六國**하니 **其得天下不殊**로되 **祚運長短**은 **若此之相懸也**라하니 **尙書右僕射**(야)**蕭瑀進曰 紂爲無道**하여 **天下苦之**라 **故八百諸侯不期而會**②하고 **周室微**에 **六國無罪**어늘 **秦氏專任智力**하여 **蠶食諸侯**하니 **平定雖同**이나 **人情則異**니이다 **太宗曰 不然**하다 **周既克殷**에 **務弘仁義**하되 **秦既得志**에 **專行詐力**하니 **非但取之有異**라 **抑亦守之不同**하니 **祚之修短**이 **意在茲乎**인저

① 從容 : 從, 卽容切.
從(조용히)은 卽과 容의 반절이다.
② 故八百諸侯不期而會 : 武王伐紂, 諸侯會孟津者八百餘國.
武王이 紂王을 정벌할 때 孟津에 모여든 제후들이 800여 국이었다.

貞觀 초년에 太宗이 조용히 近臣들에게 말하였다.
"周 武王은 殷나라 紂王의 혼란을 평정하여 천하를 차지하였고, 秦 始皇은 周나라가 쇠약해지자, 결국 6국을 병탄하였소. 그들이 천하를 차지한 것은 다르지 않으나 國運의 길고 짧음은 이처럼 현격하게 차이가 있소."
尙書右僕射 蕭瑀가 말하였다.

---

1) 辯興亡 : 저본에는 '辯'이 '辨'으로 되어 있다. 그러나 저본의 전체 目次와 8권의 맨 앞에 모두 '辯'으로 되어 있어 이를 따른다.

"紂王이 무도하여 천하 사람들이 고통스러워하였기 때문에 800명의 제후들이 약속을 하지 않고도 모였고, 주나라 왕실이 쇠약해지자 6국이 죄가 없는데도 진 시황이 오로지 지혜와 힘에 의지하여 제후국을 잠식하였습니다. 평정한 것으로 보면 비록 동일하지만 인정상으로는 차이가 있습니다."

태종이 말하였다.

"그렇지 않소. 周나라는 殷나라를 무너뜨리고 나서 仁義를 펼치려고 노력하였지만, 秦나라는 뜻을 얻고 나서 오로지 속임수와 무력만을 일삼았소. 천하를 차지한 방법에 차이가 있을 뿐만이 아니라, 역시 지키는 방법도 달랐으니, 국운의 길고 짧음이 다른 것은 그 의미가 여기에 있을 것이오."

【集論】

愚按 太宗君臣嘗論創業守成孰難이어늘 玄齡以創業爲難이라하고 魏徵以守成爲難이라하니 夫創業者는 旣往之事요 守成者는 方來之事也니 與其追論於旣往으론 曷若致力於方來者爲有益乎아 他日에 與群臣論周秦運祚長短之由하니 蕭瑀之言卽創業之事요 太宗之言卽守成之事也라 夫所貴乎君臣之間講論古今者는 欲其反之於己하여 而推之於治也라 取天下之事는 太宗旣已身親之矣하니 方當卽位之初하여 所宜監秦之所以失하고 効周之所以得하여 庶乎如周祚之長하고 不至如秦祚之短也라 嗚呼라 太宗之言은 可謂能切己近思者矣로다

내가 살펴보건대 太宗이 군신간에 創業과 守成 중에 어느 것이 더 어려운 일인가에 대해 논의한 적이 있는데, 房玄齡은 창업이 어려운 일이라고 하였고, 魏徵은 수성이 어려운 일이라고 하였다. 창업은 지나간 일이고 수성은 앞으로의 일이니, 지나간 일을 따라 논하기보다는 어찌 앞으로의 일에 힘을 쏟아 유익함을 얻는 것만 하겠는가. 그 후에 여러 신하들과 周나라와 秦나라의 國運의 길이에 차이가 생긴 원인을 논하였는데, 蕭瑀는 창업을 가지고 말을 하였고, 태종은 수성을 가지고 말하였다.

군신간에 고금의 역사를 논하는 것을 귀하게 여기는 것은 그 일을 자신의 몸에 돌이켜 정치에 미루어 적용하기를 원해서이다. 천하를 차지한 일은 태종이 이미 자신이 직접 시행하였으니, 제위에 오른 초기에 진나라가 천하를 잃은 원인을 살피고 주나라가 천하를 얻은 원인을 본받아, 국운이 길었던 주나라를 기대하고 국운이 짧았던 진나라처럼 되지 않는 것을 마땅하게 여겼다. 아! 태종의 말은 자신에게 절실하고 가까이에서 생각한 것이라 말할 만하다.

34-2-1

貞觀二年에 太宗謂黃門侍郎王珪曰 隋開皇十四年大旱에 人多飢乏이러니 是時倉庫盈溢이로되 竟不許賑給하고 乃令[①]百姓逐粮이라 隋文不憐百姓而惜倉庫하여 比至末年[②]하여는 計天下儲積하니 得供五六十年[③]이어늘 煬帝恃此富饒하여 所以奢華無道하여 遂致滅亡하니 煬帝失國이 亦此之由라 凡理國者는 務積於人이요 不在盈其倉庫라 古人云 百姓不足이면 君孰與足[④]이리오하니 但使倉庫可備凶年이요 此外何煩儲蓄이리오 後嗣若賢이면 自能保其天下요 如其不肖면 多積倉庫가 徒益其奢侈니 危亡之本也[⑤]라

① 乃令 : 平聲.
〈令(하여금)은〉 平聲이다.

② 比至末年 : 比, 音鼻.
比(근래)는 音이 鼻이다.

③ 得供五六十年 : 供, 平聲.
供(공급하다)은 平聲이다.

④ 百姓不足 君孰與足 : 論語有若對魯哀公之辭.
≪論語≫ 〈顔淵〉에서 有若이 魯 哀公에게 대답한 말이다.

⑤ 貞觀二年……危亡之本也 : 舊本此章重出奢縱篇, 今去彼存此.
舊本에는 이 장이 〈論奢縱〉篇에 거듭 나왔는데, 지금 그 편에서 떼어 여기에 두었다.

貞觀 2년(628)에 太宗이 黃門侍郎 王珪에게 말하였다.

"隋나라 開皇 14년(594)에 큰 가뭄이 들었을 때 대부분의 백성들이 굶주렸소. 이때에 창고가 가득 차 넘쳤지만, 결국에는 구휼미를 푸는 것을 허락하지 않고 백성들이 직접 식량을 구하러 도처로 떠다니게 하였소. 隋 文帝는 백성을 불쌍히 여기지 않고 창고의 곡식만을 아껴서 말년에 이르러서는 천하에 저장된 곡식을 헤아려보니, 5, 60년을 버틸 정도였소. 隋 煬帝가 이 넉넉한 곡식만 믿고서 사치를 일삼고 무도하여 결국 멸망에 이르게 되었으니, 수 양제가 나라를 잃은 것은 또한 그 원인이 여기에 있소.

나라를 다스리는 자는 힘쓰는 것이 백성들에게 곡식 저축을 하게 해야지, 자기 창고를 채우는 데에 있어서는 안 되오. 옛사람이 말하기를 '백성이 부족하면 임금이 누구와 더불어 풍족하겠는가.'라고 하였소. 다만 창고의 곡식이 흉

년을 대비할 정도면 되지, 이 밖에 어찌 번거롭게 곡식을 쌓을 것이 있겠소. 後嗣가 만일 현명하다면 스스로 천하를 지킬 수 있을 것이고, 불초하다면 창고에 많은 곡식을 쌓아두는 것이 그저 사치만 늘릴 것이니, 나라가 위태로워지고 멸망하는 근본이 될 것이오."

【集論】

愚按 古者三年耕에 必有一年之食하니 以三十年之通制國用이면 雖有凶旱水溢이라도 民無菜色[2]하리니 此蓄積者는 所以爲民이요 非爲君也라 百姓足이면 孰與不足은 聖經所以垂訓이요 而公私之積이 猶可哀痛은 賈誼所以言於漢文帝之時也[3]라 蓋蓄積이 固有國之先務也로대 至於蓄積豐富하여 侈心一生하여 貫朽粟陳하여는 不足以供排山倒海之欲하니 非惟無可以養民이요 且至於厲民矣라 太宗謂但使倉廩可備凶年이요 此外何煩儲蓄이리오하니 此得古人制國用之意라 良足取也라

내가 살펴보건대 옛날에는 3년 동안 농사를 지으면 반드시 1년 치의 양식이 있었다. 30년을 통산하여 국가 비용을 정하면 비록 가뭄과 수해를 입는다 하더라도 백성들이 굶주린 기색이 없을 것이니, 이렇게 비축해둔 곡식은 백성들을 위한 것이지 군주를 위한 것이 아니다.

"백성들이 풍족하면 군주가 누구와 더불어 부족하겠는가."라 한 것은 ≪論語≫에서 제시한 가르침이며, "公私의 축적이 아직도 슬피 통곡할 만하다."라 한 것은 賈誼가 漢 文帝의 재위 시기에 한 말이다.

곡식의 축적이 진실로 국가를 소유한 군주의 급선무이지만, 곡식을 풍부하게 축적하여 사치심이 한 번 싹터서 돈꿰미가 썩고 곡식이 썩어나가는 지경에 이르면 산을 밀어 치우고 바다를 뒤집어버릴 탐욕을 채우기에 부족하니, 백성을 양육할 수 없을 뿐만 아니라, 또 백성들에게 해를 입히게 된다.

太宗이 "다만 창고의 곡식이 흉년을 대비할 정도면 되지, 이 밖에 어찌 번거롭게 곡식을 쌓을 것이 있겠소."라고 하였으니, 이는 옛사람이 국가 비용을 정한 뜻을 얻

2) 三年耕……民無菜色 : ≪禮記≫ 〈王制〉에 보인다.

3) 公私之積……賈誼所以言於漢文帝之時也 : ≪資治通鑑≫ 漢 文帝 2년에 賈誼가 상소하기를 "생산하는 자는 매우 적고 소비하는 자는 매우 많으니, 천하에 재산이 어찌 고갈되지 않을 수 있겠습니까. 漢나라가 건국된 지 거의 40년이 되는데도 公私의 축적이 아직도 슬피 통곡할 만합니다.〔生之者甚少而靡之者甚多 天下財産何得不蹶 漢之爲漢幾四十年矣 公私之積猶可哀痛〕"라 하였다.

은 것이어서 참으로 취할 만하다.

34-3-1

貞觀五年에 **太宗謂侍臣曰 天道福善禍淫**[4)]이 **事猶影響**하나니 **昔啓人**①**亡國來奔**이어늘 **隋文帝不悋粟帛**하고 **大興士衆**하여 **營衛安置**하여 **乃得存立**이러니 **旣而彊富**에 **子孫不思念報德**하고 **纔至(失脫)〔始畢〕**[5)]하여 **卽起兵圍煬帝於鴈門**②[6)]이러니 **及隋國亂**에 **又恃彊深入**하여 **遂使昔安立其國家者**로 **身及子孫**히 **竝爲頡利**[7)]**破亡**하니 **豈非背恩忘義所至也**리오 **群臣咸曰 誠如聖旨**니이다

① 昔啓人 : 本突厥啓民可汗, 避太宗諱改曰人.
〈啓人은〉 본래 突厥의 啓民可汗인데, 태종의 諱인 〈'民'을〉 피하여 '人'으로 고쳤다.
② 卽起兵圍煬帝於鴈門 : 鴈門, 今爲代州, 隸腹裏.[8)]
鴈門은 지금의 代州이니, 腹裏에 속한다.

貞觀 5년(631)에 太宗이 近臣들에게 말하였다.

"天道가 선한 자에게 복을 내리고 악한 자에게 화를 내리는 것은 그 일이 그림자나 메아리와 같은 법이오. 옛날에 啓民可汗이 나라가 망하자 隋나라로 망명하였는데, 隋 文帝가 곡식과 비단을 아끼지 않고 많은 병력을 동원하여 군영에서 안전하게 지켜주어서 존립할 수 있었소. 그런데 부강해지고 나자 그 자손들은 隋나라의 은덕에 보답할 생각을 하지 않고, 조금 뒤 始畢可汗 때에 이르러 병사를 일으켜 隋 煬帝를 鴈門에서 포위하였소. 隋나라가 혼란에 빠지자, 또 병력의 강성함을 믿고 隋나라 안으로 깊숙이 쳐들어와서 마침내 과거에 자

4) 天道福善禍淫 : ≪書經≫ 〈商書 湯誥〉에 보인다.

5) (失脫)〔始畢〕: 저본에는 '失脫'로 되어 있으나, ≪新譯貞觀政要≫(三民書局, 2008)에 의거하여 바로잡았다. ≪舊唐書≫ 〈突厥傳〉에 의하면 始畢可汗은 啓民可汗의 아들이다.

6) 卽起兵圍煬帝於鴈門 : ≪隋書≫ 〈突厥傳〉에 "〈隋 煬帝 11년(615)에〉 始畢이 그의 부락을 인솔하여 침입하고 양제를 雁門에서 포위하자 양제는 조칙을 내려 여러 郡에 병력을 징발하여 行在所에 오게 하였다. 지원군이 이르게 되자 시필은 군대를 이끌고 떠나갔다. 이로부터 朝貢이 마침내 끊겼다.〔始畢率其種落入寇 圍帝於雁門 詔諸郡發兵赴行在所 援軍方至 始畢引去 由是朝貢遂絶〕"라고 하였다.

7) 頡利 : 頡利可汗으로 始畢可汗의 아우이다. 貞觀 4년(630)에 唐나라 군대가 東突厥을 크게 격파하고 힐리가한을 사로잡았다.

8) 腹裏 : 元나라 때 中書省에서 直轄하는 地區의 通稱이다.

신의 나라를 안정시켜준 사람들로 하여금 그 당사자와 자손까지 모두 頡利可汗에게 패망을 당하게 하였으니, 어찌 은혜와 의리를 저버려서 이런 지경에 이른 것이 아니겠소."

그러자 신하들이 모두 "진실로 폐하의 말씀과 같습니다."라고 하였다.

【集論】

愚按 三代之待夷狄也에 來者不拒하고 去者不追하니 蓋不以中國之治治之也라 文王之伐玁狁에 止於城彼朔方而已요 宣王之伐淮夷에 止於徐方來庭而已니 曷嘗盡欲郡縣其地而臣妾其人哉아 後世不明華夷之辨하여 務爲懷遠之圖하니 適以自遺患而已矣라 故漢宣扶立呼韓[9]이로되 而建武多北邊之擾하고 隋文撫存啓民이로되 而煬帝有鴈門之圍하니 由不能以三代爲法故也니 可不戒哉아

내가 살펴보건대 三代時代에 夷狄을 다룰 때에는 귀의하는 자들을 막지 않고, 떠나가는 자들을 쫓지 않았으니, 이는 중원을 다스리는 방법으로 그들을 다스린 것이 아니다. 文王이 玁狁을 정벌하였을 때에는 저 북방에 성을 쌓는 데 그쳤고, 宣王이 淮夷를 정벌했을 때에는 徐나라가 조공을 바치는 데 그쳤으니, 어찌 모두 그들의 영토에 郡縣을 설치하고, 그 사람들을 臣妾으로 만들려고 한 적이 있었던가.

후세에는 중원과 오랑캐의 구분을 명확히 하지 않아, 힘써 먼 나라를 무마하는 계획을 하였으니, 다만 절로 근심거리만 남겼을 뿐이다. 그러므로 漢 宣帝가 匈奴의 呼韓邪를 도와주었으나 後漢 光武帝 建武 연간(25~26)에 북방에 소란이 많았고, 隋 文帝는 啓民可汗을 잘 돌봐주었지만 隋 煬帝가 鴈門에서 포위당하는 일이 있었다. 이는 모두 三代를 본받지 않았기 때문에 그렇게 된 것이니, 경계하지 않을 수 있겠는가.

34-4-1

貞觀九年에 **北蕃**①**歸朝人奏**호대 **突厥內大雪**하여 **人饑**하고 **羊馬竝死**하며 **中國人在彼者**가 **皆入山作賊**하니 **人情大惡**이라한대 **太宗謂侍臣曰 觀古人君**이 **行仁義任賢良則理**하고 **行暴亂任小人則敗**하나니 **突厥所信任者**를 **竝共公等見之**하니 **略無忠正可取者**하고 **頡利復不憂百姓**하여 **恣情所爲**하니 **朕以人事觀之**컨대 **亦何可久矣**리오하니 **魏徵進曰 昔魏文**

9) 呼韓 : 匈奴의 군주 呼韓邪單于(호한야선우)의 약칭이다. 漢 宣帝 때 匈奴에 내분이 생기자 呼韓邪單于가 한나라에 귀부하여 한나라의 변방을 지켰다.

侯[②]問李克[③]호대 諸侯誰先亡고하니 克曰 吳先亡이라한대 文侯曰 何故오하니 克曰 數(삭)戰數勝[④]하니 數勝則主驕하고 數戰則民疲하나니 不亡何待[10)]리오하니이다 頡利逢隋末中國喪亂하여 遂恃衆內侵하고 今尙不息하니 此其必亡之道니이다하니 太宗深然之하다

① 北蕃 : 北突厥之國.
〈北蕃은〉 북방의 突厥國이다.
② 魏文侯 : 名斯, 晉卿桓子之子, 爲諸侯.
〈文侯는〉 이름이 斯로, 晉나라의 卿인 桓子의 아들인데, 제후가 되었다.
③ 李克 : 戰國時人.
〈李克은〉 전국시대 사람이다.
④ 數(삭)戰數勝 : 數, 竝音朔, 後同.
數(자주)은 모두 音이 朔이다. 뒤에도 같다.

貞觀 9년(635)에 北蕃에서 唐나라 조정으로 돌아온 사람이 아뢰었다.

"突厥 지역 내에 폭설이 내려 사람들이 굶주리고 양과 말이 모두 죽었으며, 그곳에 있는 중원 사람들이 모두 산속으로 들어가 도적이 되었으니, 인심이 크게 흉흉합니다."

太宗이 近臣들에게 말하였다.

"옛 사례를 살펴보건대 군주가 仁義의 정치를 시행하고 어진 인재를 등용하면 나라가 다스려졌고, 폭정을 일삼고 소인을 등용하면 나라가 패망하였소. 돌궐에서 신임을 받는 자들을 아울러 함께 공들이 보았으니, 대체로 취할 만한 충정을 지닌 이가 없고, 頡利可汗도 백성들을 위해 근심하지 않아 자기 마음대로 정치를 하고 있소. 짐이 人事를 가지고 살펴보건대 國運이 어찌 오래 지속될 수 있겠소?"

魏徵이 나아가 아뢰었다.

"옛날에 魏 文侯가 李克에게 '제후들 중에 누가 먼저 멸망하겠는가?'라고 묻자, 이극이 '吳나라가 제일 먼저 멸망할 것입니다.'라고 대답하였는데, 문후가 '무슨 까닭이오?'라고 하자, 이극이 '자주 전투를 치러 자주 승리하였으니, 자주 승리를 거두면 군주는 교만해지고, 자주 전투를 치르면 백성들은 피폐해집니다. 그러니 멸망하는 것 말고 무엇을 기다리겠습니까.'라고 하였습니다. 힐

---

10) 魏文侯問李克……不亡何待 : ≪韓詩外傳≫ 권10에 보인다.

리가한은 隋나라 말기에 중원이 크게 혼란했을 때를 만나, 결국 많은 병력만을 믿고 중원을 침입하였고, 지금도 멈추지 않고 있으니, 이는 그가 반드시 망할 수밖에 없는 이치입니다."

그러자 태종이 그 말에 깊이 수긍하였다.

【集論】

愚按 大雪에 **人飢**하고 **羊馬竝死**는 **突厥將亡之徵也**어늘 **太宗不以此論其必亡**하고 **而以不任忠良**하며 **不憂百姓**으로 **知其必亡**하니 **可謂善觀人之國矣**로다 **然魏徵論吳亡之事**하니 **則又有深意焉**이라 **蓋頡利固數戰數勝者也**어늘 **太宗自起兵已來**로 **亦豈非數戰數勝者乎**아 **觀頡利之亡**하면 **亦可惕然而懼矣**라 **厥後太宗旣老**하여 **而復興高麗之師**하여 **殆近於李克之所論者**하니 **太宗固曰 魏徵若在**면 **不使我有是行**[11]이라하니 **豈不信哉**아

내가 살펴보건대 폭설에 사람들이 굶주리고 양과 말이 모두 죽은 것은 突厥이 멸망할 조짐인데, 太宗이 이런 현상으로 돌궐이 필시 멸망할 것이라 논하지 않고, 충성스럽고 어진 이를 등용하지 않으며 백성을 근심하지 않는 것으로 돌궐이 필시 멸망할 것을 알았으니, 다른 나라를 잘 관찰하였다고 말할 만하다.

그러나 魏徵이 吳나라가 멸망한 일을 논하였으니, 또한 깊은 뜻이 담겨 있다. 頡利可汗이 진실로 자주 전투를 치러 자주 승리하였는데, 태종도 군대를 일으킨 이래로 역시 자주 전투를 치러 자주 승리하지 않았던가. 힐리가한이 멸망한 것을 살펴보면 역시 근심하여 두려워할 만하다.

그런데 그 후에 태종이 노년에 이르렀을 때, 高句麗 정벌을 위한 군사를 다시 일으켜 거의 李克이 논한 정황에 근사한 점이 있었다. 태종이 진실로 말하기를 "만일 위징이 살아 있었다면 내가 이 정벌을 하게 하지 않았을 것이다."라고 하였으니, 어찌 믿지 않겠는가.

34-4-2

貞觀九年에 **太宗謂魏徵曰 頃讀周齊史**하니 **末代亡國之主**가 **爲惡多相類也**하니 **齊主**①**深好奢侈**②하여 **所有府庫**를 **用之略盡**에 **乃至關市**[12]**無不稅斂**③이라 **朕常謂此猶**

11) 魏徵若在 不使我有是行 : 唐 太宗이 고구려 정벌에 실패하고 돌아올 때 한 말이다.

12) 關市 : 관문과 시장을 뜻한다. ≪孟子≫ 〈梁惠王 下〉에 "관문과 시장은 살펴보기만 하고 세

如饞人自食其肉하여 肉盡必死라 人君賦斂不已면 百姓旣弊하고 其君亦亡하니 齊主卽是也라 然天元④齊主가 若爲優劣고하니 徵對曰 二主亡國雖同이나 其行則別⑤하니 齊主懊弱⑥하여 政出多門[13]하고 國無綱紀하여 遂至亡滅하며 天元性兇而强하여 威福在己하니 亡國之事가 皆在其身이라 以此論之컨대 齊主爲劣⑦이니이다

① 齊主 : 齊後主也, 名緯, 世祖之子.
〈齊主는〉 北齊의 後主로, 이름은 緯이고, 世祖(武成帝)의 아들이다.
② 深好奢侈 : 好, 去聲.
好(좋아하다)는 去聲이다.
③ 斂 : 去聲.
〈斂(거두어들이다)은〉 去聲이다.
④ 天元 : 後周宣帝, 名贇, 自稱天元皇帝.
〈天元은〉 後周(北周)의 宣帝로, 이름은 贇이고 스스로를 天元皇帝라 칭하였다.
⑤ 其行則別 : 行, 去聲.
行(행실)은 去聲이다.
⑥ 齊主懊弱 : 懊, 與懦同.
懊(여리다)은 懦와 동자이다.
⑦ 貞觀九年……齊主爲劣 : 舊本此章重出奢縱篇, 今去彼存此.
舊本에는 이 장이 〈論奢縱〉篇에 거듭 나왔는데, 지금 그 편에서 떼어 여기에 두었다.

貞觀 9년(635)에 太宗이 魏徵에게 말하였다.

"근래에 北周와 北齊의 역사를 읽어보니, 말기에 나라를 멸망에 이르게 한 군주들은 저지른 악행에 유사한 점이 많았소. 北齊의 後主는 사치를 몹시 즐겨 소유한 國庫를 거의 탕진하여 관문이나 시장에 세금을 징수하지 않은 곳이 없었소. 짐은 늘 생각하기를 이런 사람은 마치 음식 탐내는 사람이 스스로 제 살점을 뜯어먹다가 살점이 다하면 반드시 죽는 것과 같다고 하였소. 군주가 끊임없이 세금을 거두면 백성들이 곤궁해지고 나서 군주 역시 멸망하니, 北齊의 後主가 이 경우에 해당하오. 그렇다면 天元(北周의 宣帝)과 北齊의 後主의 우열이 어떠하오?"

위징이 대답하였다.

금을 징수하지 않는다.〔關市譏而不征〕"라고 하였다.

13) 政出多門 : 지도력이 없어 권력이 분산됨을 말한다. ≪春秋左氏傳≫ 成公 16년에 "晉나라 정령은 여러 곳에서 나와서 따를 수 없다.〔晉政多門 不可從也〕"라고 하였다.

"두 군주가 나라를 멸망에 이르게 한 것은 동일하지만 그 행동에는 차이가 있습니다. 북제의 후주는 나약하여 政令이 여러 곳에서 나왔고, 국가에 기강이 없어 결국 멸망에 이르렀으며, 天元은 성격이 흉악하고 드세어 위엄과 복이 군주의 독단에서 나왔으니, 나라를 멸망시킨 일은 모두 자신에게 있는 것입니다. 이를 가지고 논해보자면 북주의 후주가 더 열등합니다."

【集論】

愚按 詩曰 殷鑑不遠하니 在夏后之世라하고 又曰 宜鑑于殷이어다 峻命不易(이)로다하니 夫殷之鑒以夏하고 周之鑑以殷이라 太宗以開基之明君으로 而能以亡國之庸君爲鑒하니 可謂知所鑑矣니 其得爲寡過也宜哉로다 至論周齊之君孰優하여는 魏徵以齊主爲劣이로대 愚觀周子之書하니 有剛惡柔惡之說[14)]이라 然則天元其剛惡이요 齊主其柔惡歟인저 剛柔雖異나 亡國則一하니 政未易以優劣論也라

내가 살펴보건대 ≪詩經≫ 〈大雅 蕩〉에 이르기를 "殷나라의 거울은 멀리 있지 않으니, 夏나라에 있다."라 하였고, 또 ≪詩經≫ 〈大雅 文王〉에 이르기를 "은나라를 거울로 삼을지어다. 준엄한 명은 〈보전하기가〉 쉽지 않다."라고 하였으니, 은나라는 하나라를 거울로 삼았고, 周나라는 은나라를 거울로 삼은 것이다.

태종은 나라의 기틀을 개척한 명철한 군주로 멸망한 나라의 어리석은 군주를 거울로 삼았으니, 거울로 삼아야 할 대상을 알았다고 할 만하다. 그러니 허물이 적었던 것이 마땅한 일이다.

北齊와 北周의 군주 중에 어느 쪽이 더 나았는가 하는 논의에 이르러서는 魏徵이 북제의 後主가 더 못하다고 하였으나, 내가 살펴보건대 周敦頤의 ≪通書≫에 剛惡과 柔惡에 관한 설이 있으니, 그렇다면 天元(北周의 宣帝)은 剛惡에 해당하고, 북제의 후주는 柔惡에 해당할 것이다. 剛柔가 다르지만 나라를 멸망시킨 것은 마찬가지이니, 정치를 우열로 논하는 것은 쉽지 않다.

---

14) 愚觀周子之書 有剛惡柔惡之說 : 周敦頤의 ≪通書≫ 〈師第〉에 "剛惡은 사납고 좁고 강경한 것이며,……柔惡은 나약하고 결단이 없는 것이며 간사하고 아첨하는 것이다.〔剛惡 爲猛爲隘爲强梁……柔惡 爲懦弱爲無斷爲邪佞〕"라고 하였다.

제35편 議征伐 征伐을 논의하다

이 편에서는 정벌에 대한 太宗의 견해와 행적을 논하고 있다. 태종이 무력을 동원하지 않고도 德으로 감싸서 반란을 평정하고 이민족을 물리친 사례, 신하들의 반대를 무릅쓰고 무리하게 高句麗 정벌에 나섰다가 실패한 사례 등을 통해, 국력을 소모하지 않고 외침과 내란을 진정시켜야 함을 강조하고 있다.

凡十三章.
모두 13장이다.

35-1-1

武德九年冬에 **突厥頡利突利二可汗**①이 **以其衆二十萬**으로 **至渭水便橋之北**②하여 **遣酋帥執失思力**③하여 **入朝爲覘**하니 **自張聲勢云 二可汗總兵百萬**하여 **今已至矣**라하고 **乃請返命**이어늘 **太宗謂曰 我與突厥面自和親**이어늘 **汝則背之**④하니 **我無所愧**라 **何輒將兵**⑤**入我畿縣**[1]하여 **自夸彊盛**고 **我當先戮爾矣**리라하니 **思力懼而請命**이라 **蕭瑀封德彝等請禮而遣之**한대 **太宗曰 不然**하다 **今若放還**하면 **必謂我懼**라하고 **乃遣囚之**하다 **太宗曰 頡利聞我國家新有內難**⑥[2]하고 **又聞朕初卽位**하니 **所以率其兵衆**하여 **直至於此**는 **謂我不敢拒之**라 **朕若閉門自守**면 **虜必縱兵大掠**하리니 **彊弱之勢**가 **在今一策**이라 **朕將獨出**하여 **以示輕之**하고 **且耀軍容**하여 **使知必戰**하면 **事出不意**라 **乖其本圖**리니 **制服匈奴**[3]가 **在玆擧矣**라하고 **遂單馬而進**하여 **隔津與語**하니 **頡利莫能測**이어늘 **俄而六軍**[4]**繼至**하니 **頡利見軍容大盛**하고 **又知思力就拘**라 **由是大懼**하여 **請盟而退**⑦하다

① 汗：音韓, 凡言可汗, 竝同.

---

1) 畿縣：京都 근방의 縣이다.

2) 內難：李世民이 태자 李建成, 齊王 李元吉을 제거한 玄武門의 變을 말한다.

3) 匈奴：匈奴는 秦漢時代 북방의 유목제국을 이룬 유목민족이다. 중국에서는 후대 북방의 유목민족을 匈奴로 지칭한 경우가 많은데, 여기서도 突厥을 匈奴로 말한 것이다.

4) 六軍：천자의 군대 편제를 말한다.

〈汗(이민족 추장 호칭)은〉 音이 韓으로, 可汗이라고 말한 곳은 모두 같다.

② 至渭水便橋之北：漢武帝初作便門橋, 長安城北面西頭門卽平門也. 古者平便字同. 於此道作橋, 跨渡渭水, 以趨茂陵, 此便橋是也.

漢 武帝 재위 초기에 便門橋를 만들었는데, 長安城 북면 서쪽 모퉁이에 있는 문이 바로 平門이다. 옛날에는 平자와 便자를 동일하게 썼다. 이 길에 다리를 놓아 渭水를 건너서 茂陵으로 나아갔는데, 이 便橋가 바로 그것이다.

③ 遣酋帥執失思力：酋帥, 長帥也. 執失, 虜姓, 思力, 其名.

酋帥는 우두머리 장수이다. 執失은 오랑캐의 姓이고, 思力은 이름이다.

④ 汝則背之：音倍.

〈背(배반하다)는〉 音이 倍이다.

⑤ 何輒將兵：將, 去聲.

將(거느리다)은 去聲이다.

⑥ 難：去聲

〈難(환난)은〉 去聲이다.

⑦ 武德九年冬……請盟而退：按通鑑, 載此事甚詳, 辭多不錄.

살펴보건대, ≪資治通鑑≫ 武德 9년 조에 이 일이 아주 상세히 실려 있는데, 내용이 많아서 기록하지 않는다.

武德 9년(626) 겨울에 돌궐의 頡利可汗과 突利可汗이 병력 20만을 이끌고 渭水의 便橋 북쪽에 이르러 酋帥 執失思力을 보내 唐나라 조정에 들어가 정세를 엿보게 하자, 〈집실사력이〉 자신의 軍勢를 과장하여 "두 가한께서 백만의 병력을 이끌고 이미 도착하였습니다."라고 하고, 회답하기를 청하였다.

太宗이 말하기를 "나는 突厥과 직접 화친을 맺었는데, 너희들이 배반을 하였으니 나는 부끄러울 것이 없다. 어찌 번번이 병사들을 거느리고 우리 畿縣에 침입하여 강성함을 스스로 과시하는가? 나는 먼저 너를 죽일 것이다." 하니, 집실사력이 두려워서 목숨을 구걸하였다. 蕭瑀와 封德彝 등이 예우하여 돌려보내기를 청하였는데, 태종이 말하기를 "그렇지 않소. 지금 만약 풀어주어 돌려보낸다면 반드시 내가 그들을 두려워한다고 생각할 것이오." 하고, 이에 집실사력을 옥에 가두게 하였다. 태종이 말하였다.

"頡利는 우리나라에 근래 內變이 있다는 소문을 듣고, 또 짐이 새로 즉위했다는 소식을 들었으니, 많은 병력을 이끌고 곧바로 여기에 이른 것은 내가 감히 대항하지 못할 것이라 생각하기 때문에 그런 것이오. 짐이 만일 성문을 닫고 수비를 한다면 적들은 필시 병력을 풀어 크게 노략질을 할 것이니, 강약의 형세는 지금 어떤 계책을 내는가에 달려 있소. 짐이 홀로 나아가 적들을 얕잡아 보는 모습을 보이고, 또 군대의 위용을 드러내어 반드시 전쟁을 하겠다는 것을 알게 한다면, 일이 예측하지 못한 데에서 나와서 그들의 본래 의도를 어그러트릴 것이니, 匈奴(돌궐)를 제압하는 것이 이번 일에 달려 있소."

드디어 필마로 나아가서 나루터를 사이에 두고 적에게 말을 건넸다. 힐리가 상황을 예측하지 못했는데, 갑자기 당나라의 6軍이 연이어 도착하니, 힐리가 성대한 군대의 위용을 보고, 또 집실사력이 구금된 사실을 알았다. 이 때문에 크게 두려워하여 맹약을 청하고 물러갔다.

【集論】

愚按 蠻夷猾夏에 帝者嚴明刑之訓하고 蠻夷率服에 帝者謹惇德之心[5]이라 故弼成五服[6]之制하니 於要服則近而揆文教하고 遠而奮武衛[7]하며 至於荒服하여는 則流蔡而已[8]니 內外之限을 截乎其不可紊也어늘 降及後世하여는 德不足以懷柔하여 而藉乎威하고 威不足以讋服하여 而至于亂이라 太宗內定中國하고 外綏四夷하여 以漢武窮征遠討而不能服者를 咸歸版圖라 若突厥은 爲患久矣로되 唐有天下之初에 已憑陵上國이러니 至于斯時하여 率騎二十萬하여 直至渭水하니 亦云肆矣라 太宗一時輕騎示威하니 其氣概直可以寒氈裘之膽而奪之氣하고,

---

5) 蠻夷猾夏……帝者謹惇德之心 : ≪書經≫ 〈虞書 舜典〉에 "舜임금이 말하였다. '皐陶야! 蠻夷가 中夏를 어지럽히며 약탈하고 죽이며 밖을 어지럽히고 안을 어지럽히므로 너를 士로 삼는다. 五刑에 服罪하게 하되 오형의 복죄를 세 곳에 나아가게 하며, 다섯 가지 流刑에 머무는 곳이 있게 하되 다섯 가지 머무는 곳에 세 등급으로 거처하게 할 것이니, 밝게 살펴야 백성들이 믿을 것이다.'〔帝曰 皐陶 蠻夷猾夏 寇賊姦宄 汝作士 五刑有服 五服三就 五流有宅 五宅三居 惟明克允〕"라고 하였고, 또 "12牧에게 물어 말하였다. '곡식은 농사철을 잘 맞추어야 하니, 멀리 있는 자를 회유하고 가까이 있는 자를 길들이며 덕이 있는 자를 후대하고 어진 자를 믿으며 간사한 자를 막으면, 蠻夷도 거느리고 와서 복종할 것이다.'〔咨十有二牧曰 食哉惟時 柔遠能邇 惇德允元 而難任人 蠻夷率服〕"라고 하였다.

6) 五服 : 고대에 도성 주위 지역을 500리씩 구획을 지운 다섯 구역을 말한다. 가까운 곳부터 시작해서 侯服, 甸服, 綏服, 要服, 荒服이라 하였다.

7) 於要服則近而揆文教 遠而奮武衛 : ≪書經≫ 〈夏書 禹貢〉에 "500리는 綏服이니, 300리는 文教를 헤아리고, 200리는 武衛를 떨친다.〔五百里 綏服 三百里 揆文教 二百里 奮武衛〕"라고 하였다.

8) 至於荒服 則流蔡而已 : ≪書經≫ 〈夏書 禹貢〉에 "500리는 要服이니, 300리는 오랑캐이고, 200리는 유배지이다.〔五百里 要服 三百里 夷 二百里 蔡〕"라고 하였고, "500리는 荒服이니, 300리는 蠻이고, 200리는 유배지이다.〔五百里 荒服 三百里 蠻 二百里 流〕"라고 하였다.

不以一矢相加遺而中國尊安하여 裔夷退抑이라 雖不可與帝者明刑惇德竝論이나 其不戰屈人은 亦足偉也니 謂之英武가 不亦宜乎아

내가 살펴보건대 오랑캐가 중원을 혼란스럽게 했을 때, 舜임금은 형벌을 분명하게 시행하는 가르침을 엄정히 하였고, 오랑캐가 거느리고 와서 복종했을 때, 순임금은 덕이 있는 사람을 후대하는 마음을 신중히 하였다. 그러므로 五服의 제도를 도와 이루었으니, 要服은 가까운 곳에 文敎를 헤아리고 먼 곳에 武衛를 떨쳤으며, 荒服은 유배지로 삼았으니, 內外의 구분을 엄중히 하여 어지럽힐 수가 없었다.

그런데 후대로 내려와서는 덕이 오랑캐를 회유하기에 부족하여 위엄을 빌리고, 위엄이 오랑캐를 복종시키기에 부족하여 혼란에 이르렀다. 太宗이 안으로 중원을 평정하고 밖으로 사방의 오랑캐를 안정시켜서 漢 武帝가 끝까지 정벌하여 먼 지역까지 토벌하고서도 복종시키지 못한 자들을 모두 唐나라 판도 안으로 귀속하게 하였다.

突厥의 경우에는 오랫동안 근심거리였는데, 당나라가 천하를 소유한 초기에 이미 上國을 침범했었다. 이때에 이르러 기병 20만을 이끌고서 곧바로 渭水에 이르렀으니 방자하다고 하겠다. 그런데 태종이 일시에 필마로 위엄을 보이니 그 기개는 곧바로 오랑캐들의 간담을 서늘하게 하여 기운을 빼앗고, 한 발의 화살도 낭비하지 않고서도 중국이 존귀해지고 안정되자 오랑캐들이 물러갔다. 비록 형벌을 분명히 시행하고 덕이 있는 사람을 후대한 순임금과 나란히 논할 수는 없으나 전쟁을 치르지 않고서 적을 굴복시킨 점은 또한 위대하니, 뛰어나고 용맹하다고 일컫는 것이 역시 마땅하지 않은가.

35-2-1

貞觀初에 嶺南諸州①奏言호대 高州②酋帥馮盎談殿③이 阻兵反叛이라하니 詔將軍藺謩(모)④하여 發江嶺數十州兵討之⑤하니 秘書監魏徵諫曰 中國初定에 瘡痍未復이라 嶺南瘴癘하고 山川阻深하여 兵遠難繼요 疾疫或起하니 若不如意면 悔不可追니이다 且馮盎若反인댄 卽須及中國未寧하여 交結遠人하여 分兵斷險하고 破掠州縣하여 署置官司리니 何因告來數年에 兵不出境고 此則反形未成이라 無容動衆이라 陛下旣未遣使人⑥하여 就彼觀察하니 卽來朝謁이라도 恐不見明이라 今若遣使하여 分明曉諭하면 必不勞師旅하여 自致闕庭하리이다 太宗從之하니 嶺表悉定이어늘 侍臣奏言호대 馮盎談殿往年恒相征伐이러니 陛下發一單使에 嶺外怗然이라한대 太宗曰 初에 嶺南諸州盛言盎

反이어늘 **朕必欲討之**러니 **魏徵頻諫**하여 **以爲但懷之以德**하면 **必不討自來**라하여늘 **旣從其計**하여 **遂得嶺表無事**하니 **不勞而定**이 **勝於十萬之師**라하고 **乃賜徵絹五百匹**⑦하다

① 嶺南諸州 : 今廣海之地.
지금의 廣海 지역이다.

② 高州 : 今仍舊隷海北.
〈高州는〉 지금도 여전히 海北에 속한다.

③ 酋帥馮盎談殿 : 盎, 字明達, 高州人. 隋亡, 據嶺表. 唐興, 以其地降, 高祖封爲越國公. 談殿, 人姓名, 亦據嶺表.
馮盎은 字가 明達로, 高州 사람이다. 隋나라가 멸망하자 嶺南 지역을 점거하였다. 唐나라가 일어서자 그 지역을 가지고 투항하였는데, 高祖가 越國公에 봉하였다. 談殿은 사람의 姓名으로, 역시 嶺南 지역을 점거하였다.

④ 藺謩(모) : 藺, 音吝, 姓也, 名謩.
藺은 音이 吝이니, 姓이고, 이름은 謩이다.

⑤ 發江嶺數十州兵討之 : 發江南道・嶺南道諸州兵也.
江南道와 嶺南道에 있는 여러 州의 병사를 출동시킨 것이다.

⑥ 陛下旣未遣使人 : 使, 去聲, 後同.
使(사신)는 去聲이다. 뒤에도 같다.

⑦ 貞觀初……乃賜徵絹五百匹 : 按通鑑 "貞觀元年九月, 馮盎談殿等迭相攻擊, 久未入朝, 諸奏盎反者以十數, 上命將討之, 魏徵諫曰 '云云', 上乃罷兵. 十月, 遣員外散騎侍郎李公掩持節慰諭之, 盎遣其子智戴隨使者入朝. 上曰 '魏徵令我發一介之使, 而嶺表遂安, 勝十萬之師, 不可不賞.' 賜絹五百段."
살펴보건대, ≪資治通鑑≫에 "정관 원년(627) 9월에 馮盎과 談殿 등이 번갈아 서로 공격하여 오랫동안 당나라에 入朝를 하지 않았고, 풍앙이 반역을 꾀한 것이 십 수차례나 여러 번 아뢰자, 태종이 장수에게 명을 내려 토벌하게 하였는데, 魏徵이 간언을 하여 '……'라고 하자 태종이 출동하려던 병력을 거두었다. 10월에 員外散騎侍郎 李公掩을 보내어 부절을 가지고 가서 그들을 회유하게 하였는데, 풍앙이 자신의 아들인 智戴를 보내어 사신을 따라 당나라에 入朝하게 하였다. 태종이 말하기를 '위징이 나에게 한 명의 사신을 보내도록 하여 영남 지역이 드디어 안정되었으니, 10만의 군사보다 나은 공로에 상을 주지 않을 수 없다.' 하고 비단 500단을 내렸다."라고 하였다.

貞觀 초기에 嶺南의 여러 州에서 "高州의 酋帥 馮盎과 談殿이 병력을 믿고 반란하였습니다."라고 아뢰자, 장군 藺謩에게 조서를 내려 江南道와 嶺南道에 있는 수십 州의 병력을 출동시켜 토벌하도록 하였다. 秘書監 魏徵이 간언하였다.
"중원이 처음 평정되어 전쟁으로 인한 참상이 아직 회복되지 않았습니다. 영

남 지역은 풍토병이 심하고 산천이 험하고 깊어 병력을 멀리서 계속 지원하기가 어렵고 역병이 일어나기도 하니, 만약 뜻대로 되지 않는다면 후회해도 소용이 없습니다. 또 풍앙이 만일 모반했다면 반드시 중원이 평정되지 않았을 때에 먼 지역에 있는 사람들과 결탁하여 병력을 나누어 험준한 요새로 통하는 길을 끊고, 州縣을 파괴 약탈하여 자신들의 官司를 두었을 것이니, 무엇 때문에 모반의 고변이 있던 몇 년 동안 병력이 국경을 넘어오지 않았겠습니까. 이는 모반의 형세가 이루어지지 않은 것이니, 병력을 동원할 것이 아닙니다. 폐하께서는 그곳으로 사신을 파견하여 정찰한 적이 없으니, 만약 그들이 조회 와서 알현을 한다고 해도 진상을 분명히 알 수는 없을 듯합니다. 지금 만약 사신을 파견하여 분명히 깨우쳐준다면 필시 병력을 수고롭게 쓰지 않아도 스스로 우리 조정으로 올 것입니다."

태종이 그 말을 따르자 영남 지역이 다 안정되었다. 近臣들이 아뢰었다.

"풍앙과 담전은 과거에 항상 서로 정벌을 일삼았는데, 폐하께서 한 명의 사신을 보내자 영남 지역이 안정되었습니다."

태종이 말하기를 "당초에 영남의 여러 州에서 풍앙이 모반했다고 보고를 하여 짐이 반드시 그를 토벌하려고 했는데, 위징이 자주 간언하여 다만 덕으로 그들을 감싸주면 필시 토벌하지 않아도 스스로 귀의할 것이라고 하였소. 그래서 그 계책을 따르고 나서 마침내 영남 지역이 무사하게 되었으니, 병력을 수고롭게 하지 않고 평정한 것은 10만의 군사보다 낫소." 하고는 위징에게 비단 500필을 내렸다.

【集論】

唐氏仲友曰 甚哉라 讒人之可畏也여 盎不爲南越王[9]於武德之初하니 而肯反於貞觀耶아 譖言無端하여 幾害忠良하니 非魏徵이면 何以明之오 以蕭銑輔公祏[10]이 不足勞偏師剪除어늘

9) 南越王 : 前漢 文帝 때 趙佗를 말한다. 조타가 南越을 차지하고 帝號를 써서 武帝라고 칭하고 천자의 儀仗인 黃屋과 左纛을 사용하고 천자의 행차대로 出警入蹕하였다. 이에 陸賈가 사신으로 가서 설득하자 황제의 호칭을 버리고 臣이라고 칭했다. 그가 秦나라 南海郡尉로 있었기 때문에 尉佗라고도 칭한다. ≪史記 권97 陸賈列傳≫

10) 蕭銑輔公祏 : 모두 武德 연간(618~626)에 唐나라와 대항하다가 패망해 죽은 인물이다.

盎之區區가 何足當唐之興運이리오 然直壯曲老하니 藺謩可擊之狀을 未可必也어늘 太宗罷之하니 明哉로다 以尉佗之驕倨를 文帝猶以德懷어늘 而況盎乎아 全知命之臣하고 止無名之師하여 江淮以南에 所全活者를 不勝數矣니 仁人之言이 其利博哉인저 賢於十萬衆은 特以兵勢較之耳니 兵隙一開에 尺有所短하고 寸有所長[11)]하니 干戈轉餉과 瘴癘之鬼를 可以十萬筭哉아

唐仲友가 말하였다.

"심하구나, 남을 참소하는 것이 두려워할 만함이여. 馮盎이 武德 연간 초기에 南越王처럼 하지 않았는데, 어찌 貞觀 연간에 배반을 하겠는가. 단서가 없는 참언이 충성스럽고 선량한 사람에게 거의 해를 끼칠 뻔했으니, 魏徵이 아니면 어떻게 밝힐 수 있겠는가. 蕭銑과 輔公 祏도 唐나라의 偏師(일부 병력)를 수고롭게 하여 제거할 정도가 안 되거늘, 변변찮은 풍앙이 어찌 흥성하는 당나라의 국운을 감당할 수 있었겠는가. 그러나 정당하면 士氣가 일어나고 부정당하면 사기가 쇠퇴하는 법이다. 藺謩가 공격할 만한 정황을 아직 기필하지 못하였는데, 태종이 병력 출동을 멈추었으니, 현명하도다. 교만하게 굴던 尉佗(趙佗)를 文帝가 덕으로 끌어 안아주었는데, 하물며 풍앙은 말할 나위가 있겠는가.

命을 아는 신하를 보전해주고, 명분이 없는 병력의 출동을 멈추어서 江淮 이남 지역에 삶을 보전해준 사람을 이루 다 헤아릴 수 없으니, 어진 사람의 말이 그 이익이 크구나. 10만의 병사보다 낫다는 것은 다만 군대의 세력으로 비교한 것일 뿐이다. 전쟁에 한 번 틈이 생기면, 한 자의 길이도 짧을 수 있고 한 치의 길이도 길 수 있는 것처럼 헤아릴 수 없으니, 무기와 군량 및 역병으로 죽는 병사들을 10만의 수로 헤아릴 수 있겠는가."

愚按 昔漢文之時에 人有上書告周勃[12)]欲反이라하여늘 下廷尉捕治之한대 薄太后曰 絳侯가 始誅諸呂에 綰皇帝璽하여 將兵於北軍이어늘 不以此時反하고 今居一小縣하여 顧欲反耶아하니 帝乃赦之하고 復爵邑[13)]이라 此與魏徵論馮盎談殿之事로 頗同이라 蓋周勃異於馮盎談殿之事勢나 而薄太后之言이 誠類於魏徵之諫也하니 其察人之情이 亦明矣哉로다

11) 尺有所短 寸有所長 : ≪楚辭≫ 〈卜居〉에 보이는 말로, 각각 장점과 단점이 있음을 비유한다.

12) 周勃 : 漢 高祖가 천하를 평정하는 일을 도와 絳侯에 봉해졌다. 呂后(劉邦의 황후)가 죽은 뒤 呂氏들이 난을 일으키자 陳平과 함께 이를 평정했으며 두 사람이 주축이 되어 代王인 柳恒을 맞이하여 황제(文帝)로 옹립하였다. ≪史記 권57 絳侯周勃世家≫

13) 漢文之時……復爵邑 : ≪史記≫ 권57 〈絳侯周勃世家〉에 보인다.

내가 살펴보건대 옛날 漢 文帝가 재위하던 때에 어떤 사람이 상소하여 周勃이 모반을 꾀하려 한다고 하자, 廷尉(刑獄 담당 관리)에게 맡겨 체포하여 다스리게 하였는데, 薄太后(文帝의 모친)가 말하기를 "絳侯(周勃)가 처음 여러 呂氏들을 죽였을 때, 황제의 옥새를 꿰어 차고 北軍의 군사들을 거느리고 있었는데, 이때 모반을 하지 않고 지금 조그마한 縣을 가지고서 모반을 꾀하려고 하겠습니까?"라고 하니, 文帝가 사면하고 爵位와 封地를 회복시켜 주었다. 이 일은 魏徵이 馮盎과 談殿에 대해 논한 일과 자못 동일하다. 주발의 일이 풍앙과 담전의 일과는 형세가 다르기는 하지만, 薄太后의 말은 진실로 위징의 간언과 유사하니, 사람의 실정을 살핀 것이 또한 명철하다.

35-3-1

貞觀四年에 **有司上言**호대 **林邑蠻國**①이 **表疏不順**하니 **請發兵討擊之**라한대 **太宗曰 兵者**는 **凶器**니 **不得已而用之**[14]라 **故漢光武云 每一發兵**에 **不覺頭鬚爲白**[15]이라하니 **自古以來**로 **窮兵極武**하면 **未有不亡**[16]**者也**라 **苻堅自恃兵彊**하고 **欲必呑晉室**하여 **興兵百萬**이라가 **一擧而亡**②하고 **隋主亦必欲取高麗**③하여 **頻年勞役**하니 **人不勝怨**④하여 **遂死於匹夫之手**[17]하고 **至如頡利**하여는 **往歲數來**⑤**侵我國家**러니 **部落疲於征役**하여 **遂至滅亡**이라 **朕今見此**하니 **豈得輒卽發兵**이리오 **但經歷山險**하고 **土多瘴癘**하니 **若我兵士疾疫**하면 **雖剋翦此蠻**이나 **亦何所補**리오 **言語之間**에 **何足介意**아하고 **竟不討之**⑥하다

① 林邑蠻國：林邑, 南蠻國名, 漢南象郡之地, 在交州南千餘里.
林邑은 南蠻에 있는 국가 이름이다. 漢南 象郡 지역으로, 交州 남쪽 천여 리 되는 곳에 있다.
② 苻堅自恃兵彊……一擧而亡：苻堅, 略陽氐人. 晉時, 苻健據長安, 是爲前秦. 健死, 子立, 苻堅弑生自立. 伐晉大敗, 後爲姚萇所殺.
부견은 略陽의 氐族 사람이다. 晉나라 때에 苻健이 長安을 점거하였는데, 이 나라가 前秦이다. 苻健이 죽고 그 아들이 〈苻生이〉 즉위하였는데, 苻堅이 苻生을 시해하고 스스로 즉

---

14) 兵者凶器 不得已而用之：≪老子道德經≫ 권57 〈偃武〉의 "병기는 상서롭지 못한 기구이니 군자가 중시하는 기구가 아니어서 할 수 없는 경우에 사용한다.〔兵者不祥之器 非君子之器 不得已而用之〕"에서 유래하였다.

15) 每一發兵 不覺頭鬚爲白：≪後漢書≫ 권17 〈岑彭列傳〉의 "每一發兵 頭鬚爲白"에서 유래하였다.

16) 窮兵極武 未有不亡：≪晉書≫ 권114 〈載記 苻堅 下〉에 보인다.

17) 隋主亦必欲取高麗……遂死於匹夫之手：隋 煬帝는 大運河와 長城 등의 토목 공사를 크게 일으키고 사치와 주색에 빠져 백성의 원망을 샀고, 고구려 정벌의 실패로 국력이 급히 쇠해져 신하인 宇文化及에게 피살되고 마침내 나라가 망하였다.

위하였다. 東晉을 공격하였다가 크게 패하고, 뒤에 姚萇에게 살해되었다.

③ 麗 : 平聲.

〈麗는〉 平聲이다.

④ 人不勝怨 : 勝, 平聲.

勝(감당하다)은 平聲이다.

⑤ 往歲數來 : 數, 音朔.

數(자주)은 音이 朔이다.

⑥ 貞觀四年……竟不討之 : 按通鑑 "林邑獻大珠, 有司以其表辭不順, 請討之, 上曰 '好戰者亡, 如煬帝頡利, 皆所親見也. 小國勝之不武, 況未可必乎.'"

살펴보건대, ≪資治通鑑≫ 貞觀 4년에 "林邑에서 大珠를 바쳤는데, 有司가 그들이 보낸 表文의 말이 불순하다는 이유로 토벌할 것을 청하자, 太宗이 말하였다. '전쟁을 좋아하는 자는 멸망하니, 隋 煬帝와 頡利可汗과 같은 자들을 모두 직접 목격한 바이오. 작은 나라를 이긴다 한들 武功이랄 것도 없는데, 하물며 기필할 수 없는 경우에야 말할 나위가 있겠소.'"라고 하였다.

貞觀 4년(630)에 담당 관리가 아뢰기를 "林邑國의 오랑캐들이 올린 表文이 불손하니, 군대를 출동시켜 그들을 토벌하십시오."라고 하니, 太宗이 말하였다.

"병기는 흉기이니, 부득이한 경우에만 사용해야 하오. 그러므로 後漢의 光武帝가 말하기를 '매번 군사를 출동시킬 때마다 나도 모르게 머리카락이 하얗게 센다.'라고 하였소. 옛날부터 병력과 무력을 지나치게 남용하면 멸망하지 않은 자가 없었소. 苻堅이 스스로 병력의 강성함만을 믿고 晉나라를 반드시 병탄하려고 하여 백만 대군을 일으켰다가 한 차례 거병으로 패망하였고, 隋 煬帝 역시 반드시 高句麗를 빼앗고자 하여 해마다 백성들을 수고롭게 하자, 백성들이 원망을 견디지 못하여 결국 필부의 손에 죽임을 당했소. 頡利와 같은 경우에는 과거에 누차 우리나라를 침범하였는데, 그 部落이 정벌로 인해 피폐해져 결국 멸망에 이르렀소.

짐이 지금 이런 상황을 보았으니, 어찌 번번이 군대를 출동시킬 수 있겠소. 더구나 험한 산악 지역을 지나야 하고 그 지역에 풍토병이 많이 발생하니, 만약 우리 병사들이 역병에 걸린다면 비록 이 오랑캐 나라를 정벌한다고 한들 또한 무슨 도움이 되겠소. 〈불손한 그들의〉 말에 어찌 마음 쓸 일이 있겠소."

그리고는 결국 토벌을 하지 않았다.

【集論】

胡氏曰 太宗不以夷狄一言之慢으로 遽興兵革하니 幾於能忍이라 然林邑表辭를 敢爲不順者는 以獻大珠嘗試朝廷也니 還其獻則善矣어늘 今不聞還其獻하니 則是太宗貪其寶而甘其慢也라 明年에 鸚鵡繼來하니 則納侮多矣라 雖詔使者歸之나 而珠竟爾不還하니 夫豈格遠人之道리오

胡氏가 말하였다.

"太宗이 오랑캐가 한 번 오만한 말을 했다고 해서 대번에 병력을 출동시키지 않았으니, 잘 인내하는 데 가까웠다. 그러나 林邑國에서 表文의 말을 감히 불손하게 쓴 것은 큰 구슬을 바쳐서 唐나라 조정을 떠보려고 한 것이다. 바친 구슬을 돌려주어야 좋은데, 지금 바친 구슬을 되돌려주었다는 것을 듣지 못하였으니, 이는 태종이 그 구슬이 탐이 나서 그들의 오만한 말을 달게 받아들인 것이다. 다음 해에 임읍국에서 이어서 앵무새를 보내왔으니 업신여김을 받은 것이 많았다. 비록 사신에게 명하여 되돌려주었으나 구슬은 끝내 되돌려주지 않았으니, 어찌 먼 지역의 사람들을 이르게 하는 방도라 할 수 있겠는가."

愚按 是年에 方擒突厥하여 北土以寧하니 有司請討林邑이어늘 而太宗不欲再勞師以黷武也라 然自古窮兵極武하면 未有不亡하고 又取譬於苻堅之伐晉과 隋主之取遼와 與夫頡利之侵疆이 皆致於滅亡之地하니 可謂知所鑑矣라 夫是三者는 皆太宗耳目之所聞而知요 見而知者也라 以此爲鑑하니 宜終其身而不忘이어늘 夫何晩年興忿兵於遼水之上而不知止耶아 書曰 終始에 愼厥與는 惟明明后라하니 後之人主는 式監在玆어다

내가 살펴보건대 이해에 막 돌궐을 평정하여 북방이 안정되었다. 有司가 林邑國을 토벌하라고 청하거늘 태종이 병사들을 재차 수고롭게 하면서까지 武功을 남용하려고 하지 않았다. 그러나 예부터 병력과 무력을 남용하면 멸망하지 않은 자들이 없었고, 또 苻堅의 晉나라 정벌, 隋 煬帝의 遼東(고구려) 정벌, 頡利의 중원 침략이 모두 나라를 멸망에 이르게 한 사실에서 비유를 취하였으니, 거울로 삼을 대상을 알았다고 이를 만하다. 이 세 가지 경우는 모두 태종이 눈과 귀로 듣고서 알고 보고서 알았던 것이다. 이런 일들을 거울로 삼았으니 죽을 때까지 잊지 말아야 하는데, 어찌하여 만년에 분노로 遼水에서 전쟁을 일으켜 멈출 줄을 몰랐던 것인가.

≪書經≫ 〈商書 太甲〉에 "처음부터 끝까지 같이할 바를 신중히 하는 것은 밝은 덕

을 밝히는 임금이다."라고 하였으니, 후대의 임금은 이 말을 살펴보아야 한다.

35-4-1

貞觀五年에 **康國**[①]**請歸附**어늘 **時太宗謂侍臣曰 前代帝王**이 **大有務廣土地**하여 **以求身後之虛名**이나 **無益於身**이요 **其人甚困**하니 **假令**[②]**於身有益**이라도 **於百姓有損**이면 **朕必不爲**어든 **況求虛名而損百姓乎**아 **康國既來歸朝**하면 **有急難**에 **不得不救**[③]니 **兵行萬里**에 **豈得無勞於人**이리오 **若勞人求名**은 **非朕所欲**이니 **所請歸附**를 **不須納也**라하다

① 康國 : 卽漢康居國, 一曰薩末鞬, 亦曰颯秣建, 元魏所謂悉萬斤者. 在那密水南, 君姓溫, 本月氏(지), 爲突厥所破. 稍南, 依葱嶺, 其王屈木支.
〈康國은〉 漢나라 때 康居國으로, 薩末鞬이라고도 하고, 颯秣建이라고도 하니, 元魏(北魏)에서 悉萬斤이라고 하던 곳이다. 那密水 남쪽에 있었고 군주의 姓은 溫으로, 본래는 月氏國이었는데, 돌궐에게 격파되었다. 그 후 점차 남쪽으로 내려가 葱嶺 아래에 거주하였는데, 그 왕이 屈木支이다.

② 令 : 平聲.
〈令(하여금)은〉 平聲이다.

③ 有急難不得不救 : 難, 去聲.
難(환난)은 去聲이다.

貞觀 5년(631)에 **康國**이 귀의하기를 원하자, 당시에 **太宗**이 **近臣**들에게 말하였다.

"역대 제왕들이 크게 영토 확장에 힘을 기울여 죽은 뒤에 헛된 명성을 구했으나, 자신에게는 아무 도움이 되지 않았고 백성들은 매우 곤액을 겪었소. 가령 자신에게 유익함이 있다고 하더라도 백성들에게 손해가 되는 일이라면 짐이 결코 하지 않는데, 하물며 헛된 명성을 구하고 백성들에게 손해를 끼치는 일이야 말할 나위가 있겠소.

康國이 와서 우리 조정에 귀의하게 되면 위급한 일이 발생했을 때 구원하지 않을 수 없을 것이니, 군대가 만 리 먼 곳까지 출정하고서 어찌 백성들을 고달프지 않을 수 있겠소. 이렇게 백성들을 고달프게 하면서 명예를 구하는 일은 짐이 원하는 일이 아니니, 강국의 귀의 요청을 받아들일 필요가 없소."

【集論】

范氏祖禹曰 太宗知招來絶域之弊하여 有所不爲라 然以兵克者는 則以爲己有而郡縣置之하니 其爲疲勞百姓一也니 豈先行其言하고 而後從之者歟[18)]아 然其不受康國은 足以爲後世法矣니 使其行事每如此면 其盛德可少貶哉아

范祖禹가 말하였다.
"太宗이 멀리 떨어져 있는 지역의 사람들을 불러들이는 폐단을 알고서 이러한 일을 하지 않았다. 그러나 전쟁하여 승리한 곳은 자신의 영토로 여겨 郡縣을 설치하였으니 백성들을 피로하게 하는 점에서는 마찬가지이다. 어찌 말할 것을 먼저 행하고 그런 뒤에 말을 하는 자라 하겠는가. 그러나 康國을 받아들이지 않은 것은 후세의 법이 될 만하니, 만일 일을 행할 때마다 늘 이와 같이 했다면 성대한 덕을 조금이라도 폄하할 수 있겠는가."

唐氏仲友曰 古之待荒服之外가 正如此耳니 太宗推所以待康國而推之它夷하고 不求臣服이면 不亦善乎아 惜哉로다 其未盡如此也여

唐仲友가 말하였다.
"옛날에 荒服의 밖을 대우하던 것이 바로 이와 같았으니, 太宗이 康國을 대우하던 방법을 미루어나가서 다른 오랑캐에도 미루어나가고, 신하로 복종하기를 요구하지 않았다면 또한 좋은 일이 아니겠는가. 이처럼 미진한 점이 있는 것이 안타깝도다."

愚按 闢四夷之境하고 款殊俗之附는 三代未之聞也라 蓋遐荒遠夷는 不足關中國之重輕하여 得之면 適足以勞民而不爲益하고 棄之면 斯足以安民而不爲損하니 其利害豈不甚明哉아 漢建武中에 西域求內屬이어늘 光武以天下初定에 未遑外事하여 而竟不許하고 唐貞觀初에 康國請歸附어늘 太宗謂求虛名損百姓이라하여 而竟不納이라 二君柔遠之道가 可謂無愧於古하니 宜乎爲開基之明主也로다 詩云 惠此中國하여 以綏四方이라하니 二君之謂矣라

내가 살펴보건대 사방 오랑캐 땅을 개척하고, 풍속이 다른 나라가 귀의할 경우에 관대하게 받아주었다는 것은 三代時代에도 그런 말을 들어보지 못했다. 변방 먼 지역의 오랑캐는 중국의 輕重에는 영향을 미치지 못하여, 얻으면 다만 백성들을 고생시

---

18) 豈先行其言 而後從之者歟 : ≪論語≫ 〈爲政〉에 子貢이 君子에 대해서 묻자 孔子가 "군자는 말할 것을 먼저 행하고 그런 뒤에 말을 한다.〔先行其言 而後從之〕"라고 하였다.

켜서 이득이 되지 못하고, 버리면 백성들을 편안히 하여 손해가 되지 않으니, 그 이득과 폐해가 어찌 분명하지 않겠는가. 後漢 建武(光武帝 연호) 연간에 西域이 內屬(중국 조정에 귀속함)하기를 청하였는데, 광무제가 천하가 처음 평정된 후여서 외적인 일에 신경 쓸 겨를이 없어 결국에는 허락하지 않았으며, 唐나라 貞觀 연간 초기에 康國이 귀의하기를 청하였는데, 太宗이 헛된 명성을 구하고 백성에게 피해를 끼치는 일이라 하여 마침내 받아들이지 않았다.

두 군주가 먼 곳의 오랑캐를 懷柔하는 방법이 옛날의 군주들에게 부끄러움이 없다고 할 만하니, 국가의 기틀을 개척한 명철한 군주가 되기에 마땅하다. ≪詩經≫ 〈大雅 民勞〉에 "이 중국을 사랑하여 사방을 편안히 한다."라고 하였으니, 두 군주를 두고 한 말이다.

35-5-1

貞觀十四年에 **兵部尙書侯君集**①이 **伐高昌**할새 **及師次柳谷**②에 **候騎言 高昌王麴文泰死**③하여 **剋日將葬**이라 **國人咸集**하니 **以二千輕騎**로 **襲之**면 **可盡得也**라한대 **副將**④ **薛萬均**⑤**姜行本**⑥이 **皆以爲然**하되 **君集曰 天子以高昌驕慢**으로 **使吾恭行天誅**하시니 **乃於墟墓間**에 **以襲其葬**이면 **不足稱武**라 **此非問罪之師也**라하고 **遂按兵以待**라가 **葬畢然後進軍**하여 **遂平其國**⑦하다

① 兵部尙書侯君集 : 幽州人, 以雄才稱. 少事秦王, 從征伐有功, 王卽位, 進吏部尙書. 後從承乾謀計, 事覺, 被誅.
〈侯君集은〉 幽州 사람으로, 雄才로 일컬어졌다. 젊은 시절에 秦王(李世民)을 섬겼고, 정벌에 따라 나가 공을 세웠는데, 진왕이 즉위하자 吏部尙書로 발탁되었다. 그 후에 承乾의 반역 모의에 참여하였다가 일이 발각되자 죽임을 당했다.

② 柳谷 : 西域地名.
〈柳谷은〉 西域의 지명이다.

③ 候騎言高昌王麴文泰死 : 文泰聞唐兵臨磧口, 憂懼不知所爲, 發疾卒.
文泰는 唐나라 군사가 磧口에 이르렀다는 소식을 듣고, 어찌할 줄을 몰라 근심하고 두려워하다가 병이 나서 죽었다.

④ 副將 : 去聲.
〈將(장수)은〉 去聲이다.

⑤ 薛萬均 : 燉煌人, 萬徹之兄. 高祖以其材武授上柱國. 以計勝竇建德, 擊突厥有功, 拜將軍.
〈薛萬均은〉 燉煌 사람으로, 薛萬徹의 형이다. 唐 高祖(李淵)가 그의 재주와 무예가 뛰어난

것을 보고 上柱國에 임명하였다. 계책을 내어 竇建德에게 승리하고, 突厥을 격파하는 데 공을 세워 장군으로 임명되었다.

⑥ 姜行本 : 名確, 以字行. 所幹力稱, 爲宣威將軍. 太宗每出幸, 卽以從. 平高昌有功, 封金城郡公.
〈姜行本은〉 이름이 確이며, 字(行本)로 알려졌다. 일을 해낼 수 있는 역량이 있다고 일컬어져서 宣威將軍이 되었다. 태종이 행차할 때마다 곁에서 따랐다. 高昌國을 평정할 때 공을 세워 金城郡公에 봉해졌다.

⑦ 貞觀十四年……遂平其國 : 按通鑑 "於是鼓行而進, 至田城, 諭之不下. 詰朝攻之, 及午而克, 虜男女計七千餘口, 遂降."
살펴보건대, ≪資治通鑑≫ 貞觀 14년에 "이에 북을 울리며 진격하여 田城에 이르렀는데, 회유하여도 항복을 하지 않았다. 이른 아침에 공격하여 정오에 이르러 승리하여 포로로 잡은 남녀가 7천여 명이었는데, 드디어 항복하였다."라고 하였다.

貞觀 14년(640)에 兵部尙書 侯君集이 高昌國을 토벌할 적에 군대가 柳谷에 주둔하자 정찰 기병이 말하였다.

"고창국 왕 麴文泰가 죽어서 날을 정해 장사를 지내려 하여 나라 사람들이 모두 모여 있습니다. 경무장한 2천의 기병으로 습격한다면 승리할 수 있을 것입니다."

副將 薛萬均과 姜行本이 모두 찬성하였다. 그런데 후군집이 말하였다.

"천자께서 고창국이 교만하게 굴었기 때문에 우리들에게 삼가 토벌하도록 한 것인데, 무덤 근처에서 장례식을 치를 때에 습격한다면 武功이라고 할 수 없소. 이는 죄를 묻는 군대가 아니오."

그러고는 결국 병사들을 정비하여 기다렸다가 장례식이 끝난 뒤에 진군하여 이읏고 그 나라를 평정하였다.

【集論】

唐氏仲友曰 高昌地不千里요 勝兵纔萬人이로되 恃遠不賓이어늘 太宗討之하니 以其地控西域之中故也라

唐仲友가 말하였다.

"高昌國은 국토가 천 리가 못 되고 정예 병사가 겨우 만 명인데, 唐나라와 거리가 멀다는 점만 믿고 신하로 복종하지 않아 太宗이 그들을 토벌하였으니, 그 지역으로 西域의 안을 통제할 수 있기 때문이다."

愚按 師平高昌은 所以闢西陲也라 高昌去唐七千餘里니 當是時可謂遠討矣라 然幸功臣夙將智勇足以制勝하니 是以克成厥功이라 自高昌旣平之後로 唐之封域이 東西九千五百餘里요 南北一萬九百餘里니 爲唐之極盛이라 故嘗謂太宗之世가 於帝王懷柔之道에 雖不足이나 而方之漢武致遠之功하면 則有餘也라

내가 살펴보건대 군대가 高昌國을 평정한 것은 서쪽 변경을 개척하기 위한 것이다. 고창국은 唐나라와의 거리가 7천여 리이니, 이 당시에는 먼 곳을 토벌한 것이라고 말할 만하다. 그러나 다행히 功臣과 老將들의 지략과 용맹으로 제압하여 승리하기에 충분하였으니, 이 때문에 성공할 수 있었다.

고창국이 평정된 뒤로 당나라의 영토가 동서로 9,500여 리이고, 남북으로 10,900여 리였으니, 당나라가 가장 강성한 때였다. 그러므로 태종 시기의 정책이 역대 帝王들이 썼던 회유책에는 비록 모자란 점이 있으나, 漢 武帝가 먼 지역까지 토벌한 공과 견주어본다면 더 낫다고 여겼던 것이다.

35-6-1

貞觀十六年에 **太宗謂侍臣曰 北狄代爲寇亂**이러니 **今延陁倔彊**①하니 **須早爲之所**라 **朕熟思之**하니 **惟有二策**이라 **選徒十萬**하여 **擊而虜之**하여 **滌除兇醜**면 **百年無患**이리니 **此一策也**요 **若遂其來請**[19]하면 **與之爲婚媾**라 **朕爲蒼生父母**니 **苟可利之**인댄 **豈惜一女**리오 **北狄風俗**이 **多由內政**하니 **亦旣生子**면 **則我外孫**이라 **不侵中國**을 **斷可知矣**라 **以此而言**하면 **邊境足得三十年來無事**하리니 **擧此二策**에 **何者爲先**가 **司空房玄齡對曰 遭隋室大亂之後**라 **戶口太半未復**하고 **兵凶戰危**라 **聖人所愼**[20]이니 **和親之策**이 **實天下幸甚**②이니이다

① 今延陁倔彊 : 倔, 渠勿切. 延陀,[21] 鐵勒諸部之姓. 倔彊, 不柔服也.
倔(고집하다)은 渠와 勿의 반절이다. 延陀는 鐵勒에 있는 여러 부족의 姓이다. 倔彊은 온순히 복종하지 않는다는 뜻이다.

---

19) 其來請 : 이때 薛延陁의 眞珠可汗 夷南이 唐나라에 와서 청혼을 했다. 설연타는 투르크계 유목민족의 하나이다. 설연타는 鐵勒의 한 씨족인데, 鐵勒이 바로 투르크의 음사이다. 突厥 역시 투르크의 음사이다. 투르크는 지금의 터키 민족이다.

20) 聖人所愼 : ≪論語≫ 〈述而〉에 "孔子가 삼가신 것은 재계와 전쟁과 질병이었다.〔子之所愼 齊戰疾〕"라고 하였다.

21) 陀 : 본문에는 '陁'로 되어 있으며, '陁'와 '陀'는 통용한다.

② 貞觀十六年……實天下幸甚 : 按通鑑, 卽命兵部侍郎崔敦禮持節使薛延陀, 以新興公主妻之. 살펴보건대, ≪資治通鑑≫ 貞觀 16년에 "즉시 兵部侍郎 崔敦禮에게 명을 내려 부절을 가지고 薛延陀에 사신으로 보내어 新興公主를 시집보냈다."라고 하였다.

貞觀 16년(642)에 太宗이 近臣들에게 말하였다.

"北狄이 대대로 침략을 하고 소란을 일으켰는데, 지금 薛延陀가 온순히 복종하지 않으니 일찍 대책을 세워야 하오. 짐이 깊이 생각을 해보니, 오직 두 가지 계책이 있소.

10만의 병사를 선발하여 그들을 공격하여 사로잡아 흉악한 무리들을 제거하면 백 년 동안 근심이 없을 것이니, 이것이 한 가지 계책이오.

만일 그들이 와서 요청하는 것에 부응하자면 그들과 혼인을 맺어야 할 것이오. 짐은 백성들의 부모이니 만일 백성들을 이롭게 할 수 있다면 어찌 딸 하나를 아까워하겠소. 北狄의 풍속이 대부분 아내 주장을 따르니, 역시 아들을 낳으면 나의 외손자이므로, 중원을 침략하지 않을 것을 분명히 알 수 있소.

이러한 점을 가지고 말하면 변방에 30년간은 사변이 없을 것이니, 이 두 계책을 거론해볼 때 어떤 것이 우선이오?"

司空 房玄齡이 대답하였다.

"隋나라의 큰 난리를 겪은 뒤라 戶口의 태반이 아직 회복되지 못하였고, 병기는 흉기이고 전쟁은 위험한 일이라 성인이 신중히 여겼으니, 화친의 계책이 실로 천하를 위해서 아주 다행스런 일입니다."

【集論】

胡氏寅曰 人各有偶하니 天子之女는 非外夷所當偶니 昏世愚主는 則何較焉이리오 漢高祖唐太宗은 不世出之英主로되 而皆以外夷爲子壻[22]라 人君見有不及하면 則藉群臣而正之어늘 房公狃於漢故하여 不知遠稽先王하니 豈非可歎之甚邪아 夫薛延陀之未服也는 無乃吾德猶有所闕가 增修仁義而明其政刑[23]하여 來則接之하고 不至不强也니 何必於服己乎아 此

22) 以外夷爲子壻 : 漢 高祖 때 흉노와 혼인한 일은 ≪史記≫ 〈匈奴列傳〉에 "高帝가 劉敬을 사신 보내 宗室의 딸을 받들어 公主(고제의 딸)로 삼아 單于(선우)의 閼氏(연지, 황후 호칭)로 삼았다.〔高帝乃使劉敬奉宗室女公主 爲單于閼氏〕"라고 하였다.

23) 明其政刑 : ≪孟子≫ 〈公孫丑 上〉에 보인다.

上策也어늘 舍而不用하고 乃嫁女以結其心하니 是爲非策이니 而太宗君臣正爾都兪[24)]가 不亦鄙歟아

胡寅이 말하였다.

"사람은 제각기 짝이 있어, 천자의 딸은 변방 오랑캐의 배우자로 마땅하지 않으니, 혼탁한 세상의 어두운 군주와 비교해서 무엇하겠는가. 漢 高祖와 唐 太宗은 불세출의 뛰어난 군주이지만, 모두 변방의 오랑캐를 사위로 맞이하였다. 군주가 식견에 모자란 점이 있으면 여러 신하들의 도움을 받아 바로잡아야 하는데, 房玄齡은 漢나라의 故事에 익숙하여 선왕들의 일을 멀리 상고할 줄 몰랐으니, 어찌 깊이 탄식할 만한 일이 아닌가.

薛延陀가 복종을 하지 않은 것은 우리 쪽의 덕이 오히려 부족해서 그런 것이 아니겠는가. 仁義를 더욱 닦아서 政刑을 밝혀 그들이 오면 맞이하고 오지 않으면 강요할 것이 아니니, 어찌 자신에게 복종하기를 기필할 것인가. 이것이 상책이거늘 버려두어 쓰지 않고 공주를 시집보내어 마음을 결탁하였으니, 이는 좋은 계책이 아니다. 태종의 君臣 사이에 바로 의기투합한 것이 역시 비루하지 않은가."

愚按 上古帝王之御四夷也에 服則懷之以德하고 叛則震之以威하니 未聞與爲婚姻也라 漢高帝時에 冒頓(묵특)數苦北邊이어늘 高帝從劉敬之請而結親하고 唐武德中에 突厥遣使請昏이어늘 高祖從裴矩之議而許昏이라 然則和親之策은 漢高帝啓之於漢하고 唐高祖啓之於唐하니 皆非所以示子孫也라 劉敬 固不必議하고 裴矩 亦毋足責이로되 房玄齡 太宗之良相也어늘 乃曰 兵戰 聖人所愼이라 和親 實天下幸甚이라하니 何不思之甚邪아 惟當勉其君曰 兵戰則勞하고 和親則辱하니 皆不足以安百姓威四夷也라 君能行帝王之道하여 以修其德教하고 明其政刑하면 則中國安而邊圉固하리니 來賓率服은 自有不期然而然者矣라 嗚呼라 君行之而不以爲恥하고 臣亦不以爲非하니 惜哉로다

내가 살펴보건대 上古時代의 제왕이 四夷를 다스릴 적에 복종하면 덕으로 감싸 안아주고 배반하면 위엄으로 두렵게 하였지, 그들과 혼인 관계를 맺었다는 말은 들어본 적이 없다. 漢 高帝 때에 冒頓이 자주 북쪽 변방을 괴롭히자, 高帝가 劉敬의 요청에 따라 화친을 맺었고, 唐나라 武德 연간에 돌궐이 사신을 보내와 혼인을 요청하자, 唐 高祖가 裴矩의 논의에 따라 혼인을 허락하였다. 그렇다면 화친의 계책은 한나라에

24) 都兪 : 임금과 신하가 마음을 합쳐서 서로 토론한다는 뜻으로, 都兪吁咈의 준말이다. 都와 兪는 찬성하는 말이고, 吁와 咈은 반대하는 말이다. ≪書經 虞書 堯典≫

서는 한 고제가 시작하였고, 당나라에서는 당 고조가 시작하였으니, 모두 자손들에게 보여줄 만한 것이 아니다.

유경은 진실로 논할 필요가 없고, 배구 역시 책망하기에 부족하지만, 房玄齡은 태종의 훌륭한 신하인데도 "전쟁은 성인이 신중히 여긴 일이어서 화친이 실로 천하를 위해 아주 다행스런 것입니다."라고 하였으니, 어찌 그리도 생각이 짧은가. 마땅히 군주를 면려하여 "전쟁은 고생스런 일이고 화친은 모욕적인 일이니, 모두 백성들을 편안히 하고 四夷에게 위엄을 보이기에는 부족합니다. 군주께서 제왕의 도를 행하여 덕의 교화를 닦고 政刑을 밝히면 중국이 편안하고 변방은 굳건해질 것이니, 그들이 와서 조공을 바치며 복종하는 것은 기약하지 않아도 절로 그렇게 될 것입니다."라고 말해야 했다. 아, 군주가 잘못된 행동을 하고서도 부끄러워하지 않고, 신하 역시 잘못된 일이라 여기지 않았으니, 애석하도다.

35-7-1

貞觀十七年에 **太宗謂侍臣曰 蓋蘇文**이 **弑其主而奪其國政**하니 **誠不可忍**이라 **今日國家兵力**으로 **取之不難**이나 **朕未能卽動兵衆**하니 **且令契丹靺鞨攪擾之**가 **何如**①오하니 **房玄齡對曰 臣觀古之列國**이 **無不彊陵弱衆暴寡**[25]어늘 **今陛下撫養蒼生**하여 **將士勇銳**②하고 **力有餘而不取之**하니 **所謂止戈爲武**[26]**者也**라 **昔漢武帝屢伐匈奴**하고 **隋主三征遼左**하니 **人貧國敗**가 **實此之由**라 **惟陛下詳察**하소서하니 **太宗曰 善**③이라하다

① 且令契丹靺鞨攪擾之 何如 : 令, 平聲. 契, 音乞. 靺, 音末. 鞨, 音曷. 契丹東胡種, 元魏時號契丹爲靺鞨, 居肅愼地, 凡數部, 有黑水部獨彊.
令(하여금)은 平聲이다. 契(소수 민족)은 音이 乞이다. 靺(소수 민족)은 음이 末이다. 鞨(소수 민족)은 음이 曷이다. 契丹은 東胡의 종족으로, 元魏 때에 契丹의 호칭을 靺鞨이라 하였으며, 肅愼 지역에 거주하였는데, 여러 부족들 중에 黑水部가 유독 강성하였다.

② 將士勇銳 : 將, 去聲.
將(장수)은 去聲이다.

③ 貞觀十七年……善 : 按通鑑, 不載玄齡之辭, 止載長孫無忌曰 "蓋蘇文自知罪大, 畏大國之討, 必嚴設守備. 陛下姑爲之隱忍, 彼得以自安, 必更驕惰, 愈肆其惡, 然後討之未晩也." 上曰善.
살펴보건대, 《資治通鑑》 貞觀 17년에는 房玄齡의 말은 실려 있지 않고, 다만 長孫無忌의 말만 다음과 같이 실려 있다. "蓋蘇文은 자신의 죄가 크다는 것을 알고, 大國이 토벌을

25) 彊陵弱衆暴寡 : 《史記》 권112 〈主父偃列傳〉에 보인다.
26) 止戈爲武 : '戈(전쟁)를 止(중지)함이 武이다.'라는 《說文解字》의 武의 해설을 인용한 것이다.

할까 두려워 반드시 수비를 엄중하게 할 것입니다. 폐하께서 잠시 인내하면 그는 절로 편안해하고, 반드시 더욱 교만하고 나태해져서 더욱 악행을 저지를 것이니, 그렇게 된 후에 토벌하여도 늦지 않을 것입니다." 그러자 태종이 "좋다."라고 하였다.

貞觀 17년(643)에 太宗이 近臣들에게 말하였다.

"蓋蘇文이 군주를 시해하고 국정을 탈취하였으니, 참으로 용인해서는 안 되오. 지금 국가의 병력으로 高句麗를 토벌하는 것은 어렵지 않으나 짐이 곧바로 많은 병력을 출동시킬 수는 없으니, 우선 契丹과 靺鞨로 하여금 고구려를 혼란스럽게 만들도록 하는 것이 어떻겠소?"

房玄齡이 대답하였다.

"신이 살펴보니, 옛날의 여러 나라들 중에 강국이 약국을 침범하고 병력이 많은 나라가 적은 나라를 침범하지 않은 적이 없었습니다. 그런데 지금 폐하께서 백성들을 어루만져 길러서 장수와 병졸이 날래고, 힘이 남음이 있는데도 공격하여 취하지 않으시니, 이른바 '전란〔戈〕을 멈추게 하는 것〔止〕이 진정한 武功이 된다.'라고 한 것입니다. 옛날에 漢 武帝가 여러 차례 병사를 일으켜 匈奴를 정벌하였고, 隋 煬帝가 세 번이나 遼左(고구려)를 정벌하였으니, 백성들이 빈곤해지고 나라가 패배한 것이 실제 여기에서 비롯되었습니다. 바라건대 폐하께서는 자세히 살피소서."

그러자 태종이 "좋다."라고 하였다.

35-8-1

貞觀十八年에 **太宗**이 **以高麗莫離支賊殺其主**하고 **殘虐其下**로 **議將討之**한대 **諫議大夫**褚**遂良進曰 陛下兵機神**筭은 **人莫能知**니이다 **昔隋末亂離**에 **克平寇難**①하며 **及北狄侵邊**하고 **西蕃失禮**에 **陛下欲命將擊之**②어늘 **群臣莫不苦諫**하되 **唯陛下明略獨斷**으로 **卒竝誅夷**③러니 **今聞陛下將伐高麗**하니 **意皆熒惑**이라 **然陛下神武英聲**은 **不比周隋之主**니 **兵若渡遼**면 **事須剋捷**이어니와 **萬一不獲**하여 **無以威示遠方**이면 **必更發怒**하여 **再動兵衆**하리니 **若至於此**면 **安危難測**하리이다하니 **太宗然之**④하다

① 難：去聲.

〈難(혼란)은〉 去聲이다.

② 陛下欲命將擊之：將, 去聲.
將(장수)은 去聲이다.

③ 卒竝誅夷：卒, 子聿切.
卒(마침내)은 子와 聿의 반절이다.

④ 貞觀十八年……太宗然之：按通鑑 "李勣又曰 '間者薛延陀入寇, 陛下欲發兵窮討, 魏徵諫而止, 使至今爲患. 曏用陛下之策, 北鄙安矣.' 上曰 '然, 此誠徵之失. 朕尋悔之, 而不欲言, 恐塞良謀故也.' 上欲自征高麗, 褚遂良上疏, 以爲 '但命二三猛將, 四五萬衆, 仗陛下威靈, 取之如反掌耳. 今太子新立, 年尚幼穉, 自餘藩屛, 陛下所知. 一旦棄金湯之全, 踰遼海之險, 以天下之君, 輕行遠擧, 皆愚臣之所甚憂也.' 時群臣多諫者, 上皆不聽."
살펴보건대, ≪資治通鑑≫ 貞觀 18년에 "李勣이 또 말하기를 '지난번에 薛延陀가 침입해 왔을 때, 폐하께서 군사를 일으켜 끝까지 토벌하고자 하다가 魏徵이 간언하여 그만두는 바람에 지금까지 걱정거리가 되고 있습니다. 지난번 폐하의 계책대로 했더라면 북쪽 변방이 안정되었을 것입니다.'라고 하자, 태종이 말하기를 '그렇소. 그 일은 참으로 위징이 잘못한 것이오. 짐이 곧바로 후회하였으나 말하려 하지 않았던 것은 좋은 계책이 진달되는 것을 막게 될까 염려되었기 때문이오.'라고 하였다. 태종이 직접 高句麗를 정벌하고자 하였는데, 褚遂良이 상소하기를 '다만 두서너 명의 猛將에게 명을 내려 4, 5만의 군사로 폐하의 威靈을 떨치게 하시면 고구려를 취하는 것은 손바닥을 뒤집는 것처럼 쉬울 것입니다. 지금 太子께서 새로 책봉되어 나이가 아직 어리시고, 다른 변방 수비는 폐하께서 아시는 바입니다. 하루아침에 온전한 金城湯池를 내버려두고서 험한 遼海(遼東)를 넘고, 천하의 군주로서 경솔하게 먼 원정길을 떠나려 하시는 것은 모두 어리석은 신이 심히 걱정하는 바입니다.'라고 하였다. 당시의 여러 신하들 중에 간언하는 자가 많았으나 태종은 따르지 않았다."라고 하였다.

貞觀 18년(644)에 太宗이 高句麗 莫離支가 그 군주를 시해하고 아랫사람들을 잔학하게 대했다는 것을 구실로 토벌할 것을 논의하자, 諫議大夫 褚遂良이 나아가 아뢰었다.

"폐하의 신통한 용병술과 뛰어난 지략은 누구도 알지 못합니다. 과거 혼란했던 隋나라 말기에 혼란을 평정하셨고, 北狄이 변방을 침략하고 西蕃이 무례하게 굴었을 때에 폐하께서는 장수에게 명을 내려 그들을 토벌하려고 하셨는데, 여러 신하들 중에 간곡하게 간언하지 않는 사람이 없었지만, 오직 폐하께서 명철한 지략과 독자적인 판단력으로 결국 모두 토벌하였습니다.

그런데 지금 폐하께서 고구려를 정벌하려고 하신다는 소문을 들으니 마음이 모두 혼란스럽습니다. 그러나 폐하의 탁월한 武勇과 名聲은 北周나 수나라의 군주에 비할 바가 아닙니다. 군대가 만일 遼河를 건너면 반드시 승리할 것이지만, 만에 하나 뜻을 이루지 못하여 황제의 위엄을 먼 지역에 보이지 못하면 반드시 다시 노여움을 드러내어 다시 많은 군대를 출동시키게 될 것입니다. 만약 이런 지경에 이른다면 나라의 안위는 예측하기 힘듭니다."

태종이 그 말을 수긍하였다.

【集論】

范氏祖禹曰 高麗臣屬於唐하여 而其主爲賊臣所弑하니 爲大國者不可不討라 然高麗之大가 未如突厥하고 其險遠不過於高昌吐谷渾하니 此三國者는 皆命將帥以偏師取之하여 遂墟其國이어늘 何獨至於高麗而欲自征之乎아 太宗若從遂良之言이면 雖伐而不克이라도 亦未失也라

范祖禹가 말하였다.

"高句麗가 唐나라에 속해 있으면서 그 군주가 賊臣에게 시해되었으니, 대국으로서 토벌하지 않아서는 안 된다. 그러나 고구려의 영토가 돌궐보다 작고, 험하고 멀기로는 高昌國과 吐谷渾에 지나지 않는데, 이 세 나라는 모두 장수에게 명하여 偏師(일부 군사)로 토벌하게 하여 마침내 그 나라들을 황폐하게 하였는데 어째서 유독 고구려만 직접 정벌하려고 하였는가. 태종이 만약 褚遂良의 말을 따랐다면 비록 정벌하여 승리를 거두지 못한다고 하더라도 역시 과오가 되지 않는다."

朱氏黼曰 自昔人主親睹亂敗者는 不勸而自懲하고 深知禍咎者는 不戒而自戢이라 煬帝伐遼之禍가 至於家夷國破하고 身死而宗族屠하니 蓋太宗目睹어늘 曾莫之懲하고 而反疾趍以襲其蹟은 何哉오 蓋其心自謂吾之戰勝攻取와 國富民衆은 非隋敢望也니 乘平定四夷之餘力하고 用諸將蕩平之餘威하여 臨城一鼓면 可以勦除라 意定志決에 雖傾朝盡諫이나 不可復止矣라

朱黼가 말하였다.

"옛날부터 군주들 중에 혼란과 패망을 직접 목도한 자는 권면하지 않아도 스스로 징계하고, 재앙과 과오를 잘 아는 자는 경계하지 않아도 스스로 잘못된 행동을 멈추었다. 隋 煬帝가 遼東을 정벌했다가 그 재앙이 집안과 나라가 멸망하며 자신은 죽고 종족이 죽임을 당하는 지경에 이르렀는데, 태종이 그 일을 직접 목격하였음에도 징

계를 하지 않고 도리어 빠르게 따라 그 자취를 답습한 것은 무엇 때문인가.

그 마음속에 '내가 전투에서 승리하고 공격하여 차지한 영토, 나라의 부강한 정도와 많은 인구의 수는 隋나라에서 감히 바랄 수 있는 것이 아니니, 四夷를 평정하고 남은 기세를 타고 적을 소탕하여 평정한 여러 장수들의 남은 위세를 이용하여 성에 이르러 한 번 북을 울리면 적들을 쓸어버릴 수 있을 것이다.'라고 생각했기 때문이다. 뜻이 한 번 결정되자 온 조정에서 모두 간언하였으나, 다시 출병을 멈출 수가 없었다."

唐氏仲友曰 王魏旣歿에 諫臣惟遂良爾어늘 而其識量不及魏徵하고 李勣一折하여 而遂良之諫不行이라 勣武臣爾라 所見惟邊功이니 奈天下計何오 魏徵在면 勣此言必不發이요 就使有此言이런들 徵肯但已邪아 遂良以克爲善하니 則其言已不能無過矣라 胡不明夷夏之分하고 申知足之戒하여 以告帝曰 高麗小醜로 不犯邊吏어늘 今而討之면 勝之不武요 不勝爲笑라하면 不亦善乎아 勣之指魏徵하여 乃以杜遂良之再諫하니 惜乎라 不抗疏而力陳之여 太宗之欲用兵也에 指魏徵之失하고 其悔用師也에 興魏徵之思[27]하니 諫臣繫國之輕重如此하니 論諫必若魏徵하면 可也라

唐仲友가 말하였다.

"王珪와 魏徵이 죽은 뒤에 諫臣은 오직 褚遂良뿐이었는데, 그의 식견과 역량은 위징에게 미치지 못했고, 李勣이 한 번 〈그의 뜻을〉 꺾어서 저수량의 간언이 시행되지 못했다. 이적은 일개 武臣일 뿐이라, 아는 것이라고는 변방 전투에서 세운 武功뿐이었으니, 천하를 위해 무슨 계책을 낼 수 있겠는가. 위징이 살아 있었더라면 이적은 이런 말을 하지 못했을 것이며, 가령 이런 말을 했다고 한들 위징이 어찌 다만 내버려둘 뿐이겠는가. 저수량은 정벌에서 승리하는 것을 좋게 여겼으니, 그의 말에 잘못이 없다고 할 수 없다. 어찌 오랑캐와 중화의 구분을 분명히 하고 만족할 줄 아는 경계를 거듭 말하여 太宗에게 고하기를 '高句麗는 보잘것없는 작은 나라로 우리 변방의 관리를 침범하지 않았는데, 지금 토벌하면 승리한다고 해도 武功이 되지 못하고, 패배한다면 웃음거리가 될 것입니다.'라고 하지 않았는가. 그렇게 말했다면 역시 좋지 않겠는가.

이적이 위징의 잘못을 지적하여 저수량이 재차 간언하는 것을 막았으니, 극력 상소하여 힘껏 아뢰지 않은 것이 안타깝도다. 태종은 정벌하려고 할 때에는 위징의 잘

27) 其悔用師也 興魏徵之思 : 太宗이 高句麗 정벌에 실패하고 회군하며 후회할 때 魏徵이 살아 있었으면 이 전쟁을 못하게 말렸을 것이라고 회상한 것을 말한다.

못을 지적하고, 정벌을 감행한 것을 후회할 때에는 위징에 대한 생각을 떠올렸다. 諫臣이 나라에 중대한 영향을 미치는 것이 이와 같으니, 論諫을 반드시 위징처럼 한다면 괜찮다."

愚按 貞觀十七年에 **廷臣請增戍兵以逼高麗**라한대 **太宗曰 遠人不服**하면 **則修文德以來之**[28]요 **未聞戍兵能威絶域者也**라하니 **斯言也**는 **帝王柔遠之道**니 **何以尙玆**리오 **不數月而有討遼之議**하고 **越明年而有親征之行**은 **不過爲遼主雪怨**하고 **爲新羅報仇**어늘 **乃欲襲漢武隋煬之所爲**하여 **所存者小**하고 **而所棄者大**하니 **何言行之相反邪**아 **豈言之非艱**이요 **而行之惟艱**[29]**哉**아 **當時諫者多矣**한대 **若玄齡之言**은 **以漢武隋煬爲鑑戒**하니 **誠保國之深規也**요 **無忌之言**은 **欲待其縱肆而後討**니 **亦保國之長策也**라 **遂良於下議之初**에 **固沮其意**하고 **而親征之際**에 **復尼其行**하여 **亦足少儆矣**어늘 **惜乎**라 **太宗意定志決**하여 **而皆莫之從也**여 **若李勣沮遂良之諫**하여 **以魏徵爲非**는 **明致其君於不善之地**니 **此孟子所謂逢君之惡**[30]**者**니 **其罪不亦大乎**아

내가 살펴보건대, 貞觀 17년(643)에 조정 신하 중에 병력을 증강하여 高句麗를 압박하라고 요청하는 자가 있었는데, 태종이 말하기를 "멀리 있는 나라가 복종하지 않으면 文德을 닦아서 귀의하게 만들어야지, 병력으로 멀리 있는 나라에게 위엄을 보인다는 말은 듣지 못했소."라고 하였다. 이 말은 제왕이 먼 지역에 있는 나라를 회유하는 방법이니, 어찌 이보다 더 나은 것이 있겠는가.

그런데 몇 개월이 지나지 않아 遼東을 토벌하자는 논의가 있었고, 그 이듬해에 친히 정벌을 감행한 것은 高句麗 군주를 위해 원한을 씻어주고, 新羅를 위해 원수를 갚아주는 일에 불과했는데, 漢 武帝와 隋 煬帝가 먼 지역을 정벌한 일을 답습하려고 하여 얻은 것은 작고 버린 것은 컸으니, 어찌 말과 행동이 그리도 상반된 것인가. 어찌 말하기가 어려운 것이 아니라, 행하기가 어렵다는 것이 아니겠는가.

당시에 간언을 하는 신하가 많았는데, 房玄齡의 말은 한 무제와 수 양제를 거울로 삼으라는 것이었으니 진실로 나라를 보전하는 깊은 법도가 되고, 長孫無忌의 말은 고구려가 더 방자하게 행동하기를 기다린 뒤에 토벌하려는 것이었으니 역시 나라를 보

---

28) 遠人不服 則修文德以來之 : ≪論語≫ 〈季氏〉에 보인다.

29) 言之非艱 而行之惟艱 : ≪書經≫ 〈商書 說命 中〉의 "아는 것이 어려운 것이 아니라 행하는 것이 어렵다.〔非知之艱 行之惟艱〕"를 변용한 것이다.

30) 逢君之惡 : ≪孟子≫ 〈告子 下〉에 보인다.

전하는 장구한 계책이다.

褚遂良은 논의를 하는 초기에 진실로 태종의 뜻을 저지하였고, 태종이 친히 정벌을 나설 때에 다시 그의 출정을 막아 조금이나마 경계를 드리웠는데, 정벌에 대한 태종의 뜻이 결정되어 모두 따르지 않은 것이 애석하도다. 李勣이 저수량의 간언을 저지하여 과거 魏徵의 간언을 잘못이라 한 것은 분명히 군주를 좋지 못한 곳으로 빠뜨린 행위이니, 이는 孟子가 이른바 군주를 악행을 선도하는 자이니 그 죄가 역시 크지 않은가."

35-9-1

貞觀十九年에 **太宗將親征高麗**할새 **開府儀同三司尉遲敬德奏言**호대 **車駕若自往遼左**하고 **皇太子又監國**①[31] **定州**면 **東西二京**[32]**府庫所在**가 **雖有鎭守**나 **終是空虛**라 **遼東路遙**하니 **恐有玄感之變**②이요 **且邊隅小國**은 **不足親勞萬乘**하니 **若克勝**이라도 **不足爲武**요 **儻不勝**이면 **翻爲所笑**하리니 **伏請委之良將**③하면 **自可應時摧滅**하리이다하니 **太宗雖不從其諫**이나 **而議者是之**④러라

① 皇太子又監國 : 監, 平聲.
監(감독하다)은 平聲이다.

② 恐有玄感之變 : 隋煬帝親征高麗, 楊玄感遂起兵圍東都.
隋 煬帝가 직접 高句麗 정벌을 나섰을 때, 楊玄感이 드디어 군대를 일으켜 東都를 포위하였다.

③ 將 : 去聲.
〈將(장수)은〉 去聲이다.

④ 貞觀十九年……而議者是之 : 按通鑑 "上不從, 以敬德爲左一馬軍總管, 使從行."
살펴보건대, ≪資治通鑑≫ 貞觀 19년에 "태종이 〈尉遲敬德의 간언을〉 따르지 않고, 위지경덕을 左一馬軍總管에 임명하여 따르게 하였다."라고 하였다.

貞觀 19년(645)에 太宗이 직접 高句麗를 정벌하려 할 적에 開府儀同三司 尉遲敬德이 아뢰었다.

"황제께서 만일 직접 遼左(遼東)로 가시고 황태자가 또 定州를 監國하게 되면 東西 두 수도의 창고에 있는 〈재화와 무기는〉 비록 지키는 사람이 있더라도

---

31) 監國 : 국사를 주관한다는 뜻으로, 太子가 임금을 대신해서 국정을 행하거나 임금의 有故 때 權臣이나 近親이 섭정하는 것을 일컫는 말이다.

32) 東西二京 : 東京 洛陽과 西京 長安이다.

결국 텅 비게 됩니다. 遼東은 길이 멀어 楊玄感의 변고와 같은 일이 벌어질까 염려되고, 또 변방 모퉁이의 작은 나라는 황제께서 직접 정벌하기에 부족하니, 만약 승리를 거두더라도 武功이 되기에는 부족합니다. 혹시라도 승리하지 못하면 도리어 웃음거리가 될 것입니다. 삼가 청컨대 훌륭한 장수에게 맡기면 절로 때에 응하여 멸망시킬 수 있을 것입니다."

태종이 비록 그 간언을 따르지 않았으나, 논의하는 자들은 옳다고 여겼다.

【集論】

愚按 陳恒弑其君이어늘 孔子沐浴請討[33)]하니 古者臣弑其君과 子弑其父는 人皆得而誅之라 高麗爲唐之藩臣하여 其君爲莫離支所弑하니 太宗擧兵討之는 其亦異乎帝無名之師矣로되 但不當鑾輿自行耳라 尉遲敬德請委之良將하면 自可摧滅이라하니 其說是已라 然嘗論之컨대 高麗以蕞尒小國으로 四拒隋師하고 五拒唐師하니 非有謀臣良將이면 能如是乎아 當時李靖嘗言호대 莫離支自謂知兵이라 故輕中國이라하여늘 太宗亦嘗諷靖하니 使伐高麗에 靖欣然請行이런들 太宗不能從也리라 異時에 無功而歸하여 問於靖曰 吾以天下之力으로 屈於小夷는 何也오하니 靖曰 玆事道宗知之리이다하니 蓋指駐蹕之戰에 請分軍襲平壤之事也[34)]라 由此論之컨대 太宗若用李靖爲帥면 其平高麗必矣리라 太宗不能用靖하고 而用李勣爲將하니 勣違惠眞延壽之言하여 舍烏骨而不攻하고 昧城有不攻[35)]之計하여 守安市而不置라가 卒之師老糧少하여 無功而返하니 由不用靖而用勣也라

내가 살펴보건대, 陳恒이 군주를 시해하자 孔子가 목욕을 하고 〈魯 哀公에게〉 토벌하라고 청하였으니, 옛날에 신하가 군주를 시해하고, 자식이 부모를 죽인 경우에는 사람들이 모두 주벌할 수 있었다.

高句麗가 唐나라의 藩臣이 되어 그 군주가 莫離支에게 시해되었으니, 太宗이 병력을 일으켜 토벌하는 것은 황제로서 명분이 없는 군사를 일으키는 것과는 차이가 있

33) 陳恒弑其君 孔子沐浴請討 : ≪論語≫ 〈憲問〉에 보인다.

34) 蓋指駐蹕之戰 請分軍襲平壤之事也 : 唐나라가 遼河를 건넌 뒤에 고구려의 여러 성을 함락시키고, 군사회의를 열어 새로 진군할 길을 의논하였는데, 江夏王 李道宗은 먼저 烏骨城을 쳐서 얻고 나서 곧바로 평양을 습격하자고 하였으며, 李勣과 長孫無忌는 安市城부터 먼저 치자고 하였다. 그러나 隋 煬帝가 일찍이 宇文述 등으로 하여금 30만 대군을 거느리고 가서 평양을 공격하게 하였다가 패배한 일을 唐 太宗이 경계하고 있었기 때문에 결국 이도종의 말을 따르지 않고 이적의 말을 따라 먼저 안시성을 공격하였다. ≪舊唐書 江夏王道宗列傳≫

35) 城有不攻 : ≪孫子≫ 〈九變〉에 "공략해서는 안 되는 성이 있다.〔城有所不攻〕"라는 말이 보인다.

지만, 황제가 직접 출정하는 것은 마땅하지 않다. 尉遲敬德이 "청컨대 훌륭한 장수에게 맡기면 멸망시킬 수 있을 것입니다."라고 하였으니, 그의 주장이 옳다.

그러나 일찍이 생각해보건대, 고구려는 작고 보잘것없는 나라인데도 네 차례 隋나라의 군사를 막아내고, 다섯 차례 唐나라의 군사를 막아내었으니, 뛰어난 지략을 지닌 신하와 훌륭한 장수가 있지 않다면 이처럼 할 수 있겠는가. 당시에 李靖이 "고구려 莫離支가 자신이 병법을 안다고 자부하기 때문에 중국을 경시한다."라고 말을 한 적이 있는데, 태종 역시 이정의 말을 비평하였으니, 가령 고구려를 정벌할 때에 이정이 흔쾌히 함께 나서기를 청했어도 태종은 허락하지 않았을 것이다.

그 후에 아무런 공이 없이 돌아와 이정에게 묻기를 "내가 천하의 병력을 가지고 작은 오랑캐 나라에게 패배한 것은 무엇 때문이오?"라고 하자, 이정이 말하기를 "이 일은 李道宗이 알 것입니다."라고 하였으니, 이는 駐蹕山 전투에서 병력을 나누어 平壤을 습격하자고 청한 일을 가리킨다.

이를 통해 논해보건대, 태종이 만약 이정을 장수로 기용하였다면 필시 고구려를 평정할 수 있었을 것이다. 태종이 이정을 기용하지 않고 李勣을 기용하여 장수로 삼았는데, 이적이 高惠眞과 高延壽의 말을 듣지 않고서 烏骨城을 버려두고 공격하지 않고, '공략해서는 안 되는 성이 있다.'는 계책에 어두워 安市城 공략을 고수하여 그만두지 않다가 결국에 병사들이 지치고 군량미가 모자라 아무런 공이 없이 돌아왔으니, 이는 이정을 장수로 기용하지 않고, 이적을 장수로 기용했기 때문이다.

35-10-1

禮部尙書江夏王道宗이 從太宗征高麗할새 詔道宗與李勣爲前鋒이러니 及濟遼水하여 剋蓋(개)牟城①에 逢賊兵大至하니 軍中僉欲深溝保險하여 待太宗至하여 徐進이어늘 道宗議曰 不可하다 賊赴急遠來하니 兵實疲頓이요 恃衆輕我하니 一戰可摧라 昔耿弇(감)不以賊遺君父②[36]러니 我旣職在前軍하니 當須淸道以待輿駕라한대 李勣大然其議어늘

36) 耿弇(감)不以賊遺君父 : 耿弇은 後漢의 光武帝 휘하의 장군이다. 경감이 張步와 싸우고 있을 때 광무제가 경감이 있는 곳으로 구원하러 온다고 하였다. 이때 경감의 군사가 적보다 약하였으므로 陳俊이 경감에게 이르기를, "적병들의 기세가 몹시 왕성하니 군사들을 쉬게 하고서 황제께서 구원하러 오시기를 기다리는 것이 옳다."라고 하였다. 그러자 경감은 "황제께서 오신다고 하니 신하로서는 소를 잡고 술을 걸러서 백관들을 맞이하여야 마땅하다. 그런데 도리어 적들을 황제에게 남겨주려고 한단 말인가.〔乘輿且到 臣子當擊牛釃酒以待百官 反欲以賊虜遺君父耶〕"라고 하고는, 출격하여 크게 무찔렀다. ≪後漢書 권19 耿弇列傳≫

乃率驍勇數百騎하여 **直衝賊陣**하여 **左右出入**이어늘 **勣因合擊**하여 **大破之**하니 **太宗至**하여 **深加賞勞**③라 **道宗在陣損足**이어늘 **帝親爲針灸**④하고 **賜以御膳**⑤하다

① 剋蓋(개)牟城 : 蓋音盍, 今爲蓋州, 隸鎭東.
蓋은 音이 盍으로, 지금의 蓋州로 鎭東에 속한다.
② 昔耿弇(감)不以賊遺君父 : 弇, 音揜. 耿弇, 漢光武將.
弇(가리다)은 音이 揜이다. 耿弇은 漢나라 光武帝의 휘하 장수이다.
③ 深加賞勞 : 勞, 去聲.
〈勞(위로하다)는〉 去聲이다.
④ 帝親爲針灸 : 灸, 音救.
灸(뜸을 뜨다)는 音이 救이다.
⑤ 禮部尙書江夏王道宗……賜以御膳 : 按通鑑, 載此事甚詳, 辭多不錄.
살펴보건대, ≪資治通鑑≫ 貞觀 19년에 이 일이 아주 자세하게 실려 있는데, 내용이 많아 기록하지 않는다.

禮部尙書 江夏王 李道宗이 太宗을 따라 高句麗를 정벌할 적에 조서를 내려 이도종과 李勣을 선봉장으로 삼았다. 遼水를 건너 蓋牟城(개모성)을 공격했을 때 적의 대군이 들이닥치니, 軍中이 모두 참호를 깊게 하고 요새를 지켜 태종이 올 때까지 기다렸다가 서서히 진격하자고 하였다. 그러자 이도종이 말하였다.

"안 되오. 적은 급박한 상황 때문에 멀리에서 왔으니, 병사들이 실제 지쳐 있고 많은 병력만을 믿고서 우리를 얕보고 있으니, 한 번의 전투로 무찌를 수 있소. 옛날에 耿弇(경감)은 적들을 소탕하여 군주가 무찌를 적을 남겨두지 않았는데, 내가 이미 선봉장의 직임을 맡았으니, 마땅히 앞길에 있는 적을 깨끗이 소탕한 뒤에 황제를 기다릴 것이오."

이적이 그 말에 크게 찬성하자, 수백의 날랜 기병을 이끌고 곧바로 적진을 들이쳐서 좌우로 휘저었는데, 이적이 연합공격을 하여 크게 적을 격파하니, 태종이 도착하여 특별히 상을 내리고 위로하였다. 이도종이 진영에서 다리에 부상을 입었는데, 태종이 친히 침을 놓고 뜸을 떠주고는 황제 음식을 하사하였다.

【集論】

范氏祖禹曰 太宗之伐高麗는 **非獨恃其四海之富**와 **兵力之彊也**라 **本其少時**에 **奮於布衣**하여 **志氣英果**하여 **百戰百勝**하여 **以取天下**라 **治安旣久**에 **不能深思高拱**하고 **猶思所以逞志**하여

扼腕踴躍하여 喜於用兵이라 如馮婦搏虎[37)]하여 不能自止하니 非有禮義以養其心하고 中和以養其氣하여 始於勇敢하여 終於勇敢而已矣라 記曰 貴於勇敢彊有力者는 貴其敢行禮義也니 天下無事면 則用之於禮義하고 天下有事면 則用之戰勝하나니 用之於戰勝하면 則無敵이요 用之於禮義면 則順治라하니 太宗於天下無事에 不知用之禮義하고 而惟以戰勝爲美也라 是故以天子之尊으로 而較勝於遠夷하여 一戰而克을 自以爲功하니 其器不亦小哉아

范祖禹가 말하였다.

"太宗이 高句麗를 정벌한 것은 다만 四海의 부유함과 병력의 강함을 믿었을 뿐만 아니라, 젊었을 때에 평민의 신분으로 떨쳐 일어나 뜻과 기운이 英明하고 과단성이 있어서 백 번 싸워 백 번 이겨 천하를 차지한 데에서 기인한 것이다. 나라가 다스려지고 편안해져 오랜 시일이 지나자, 깊이 생각하며 팔짱을 낀 채 편히 있지 못하고, 오히려 야심을 펼칠 것을 생각하여 팔뚝을 걷어붙이고 날뛰어 用兵을 좋아하였다. 이는 맨손으로 호랑이를 잡던 馮婦가 〈범을 잡던 옛 버릇을〉 스스로 버리지 못한 것과 같으니, 禮義로 마음을 기르고 中和로 기운을 기르지 못해서 용맹으로 시작하여 용맹으로 끝난 것일 뿐이다.

≪禮記≫ 〈聘義〉에 이르기를 '용감하여 강하고 힘이 있는 것을 귀하게 여기는 것은 禮義를 용감하게 실행함을 귀하게 여기기 때문이다. 천하에 일이 없으면 이것을 禮義에 쓰고, 천하에 일이 있으면 이것을 戰勝에 쓰니, 戰勝에 쓰면 상대할 자가 없고, 禮義에 쓰면 순히 다스려진다.'라고 하였다. 태종은 천하에 일이 없을 때 이것을 禮義에 쓸 줄 모르고 오직 戰勝만을 아름답게 여겼다. 이 때문에 존귀한 천자의 몸으로 먼 지역 오랑캐와 승부를 겨루어 한 번 싸워 승리하는 것을 스스로 공이라 여겼으니, 그 그릇이 또한 작지 않은가."

愚按 漢耿弇(감)之討張步也할새 弇爲飛矢所中이어늘 光武時在魯라가 知弇爲步所攻하고 自往救之라 未至에 陳俊謂弇曰 劇虜兵盛하니 可且閉營休士하여 以待上來라하니 弇曰 乘輿且到리니 臣子當擊牛釃酒하여 以待百官이어늘 反欲以賊虜遺君父邪아하고 乃出戰而破之라 此與道宗敗高麗兵事正同하니 蓋臣子之義는 職當如是也라 若道宗者면 可謂能盡臣子之義니 而弇不得專美於漢矣라

---

37) 馮婦搏虎 : 이전의 나쁜 버릇을 버리지 못함을 말한다. 晉나라 사람 馮婦가 범을 잘 잡아서 마침내 善士가 되었는데, 어느 날 범이 나타나자 풍부가 다시 팔뚝을 걷어붙이고 수레에서 내려와 잡으려고 하자, 선비들이 그가 옛 버릇을 그칠 줄 모름을 비웃었다. ≪孟子 盡心 下≫

내가 살펴보건대, 漢나라의 耿弇이 張步를 토벌할 적에 경감이 날아오는 화살에 맞았는데, 光武帝가 당시 魯나라에 있다가 장보의 경감이 공격을 받고 있다는 사실을 알고는 직접 가서 구원하려 하였다.

광무제가 도착하기 전에 陳俊이 경감에게 말하기를 "극악한 오랑캐 군대가 강성하니, 우선 營門을 닫고 군사들을 휴식시키면서 황제가 오시기를 기다려야 합니다."라고 하자, 경감이 말하기를 "황제께서 오실 것이니, 신하로서 소를 잡고 술을 걸러 百官을 대접하여야 하거늘, 도리어 적들을 군주에게 남겨 드리고자 하는가."라고 하고는 마침내 출전하여 적을 격파하였다.

이는 李道宗이 高句麗의 군대를 격파한 일과 정말 동일하니, 신하의 의리는 직분상 마땅히 이와 같아야 한다. 이도종과 같은 경우는 신하의 의리를 다했다고 할 만하니, 오로지 한나라의 경감만 훌륭한 신하의 예라 할 수는 없다.

35-11-1

太宗帝範曰① **夫**②**兵甲者**는 **國家凶器也**라 **土地雖廣**이라도 **好**③**戰則人凋**하고 **中國雖安**이나 **忘戰則人殆**[38]하나니 **凋非保全之術**이요 **殆非擬寇之方**이니 **不可以全除**요 **不可以常用**이라 **故農隙講武**는 **習威儀也**요 **三年治兵**은 **辨等列也**[39]라 **是以勾踐軾蛙**에 **卒成霸業**④하고 **徐偃棄武**에 **終以喪邦**⑤하니 **何也**오 **越習其威**하고 **徐忘其備也**일새라 **孔子曰 以不敎人戰**을 **是謂棄之**⑥라하시니 **故知弧矢之威以利天下**⑦하니 **此用兵之職也**[40]라

① 太宗帝範曰：貞觀二十二年正月，太宗作帝範十二篇，以賜太子，曰君體・建親・求賢・審官・納諫・去讒・戒盈・崇儉・賞罰・務農・閱武・崇文.

貞觀 22년(648) 정월에 太宗이 ≪帝範≫ 12편을 만들어 태자에게 하사하니, 〈君體〉, 〈建親〉, 〈求賢〉, 〈審官〉, 〈納諫〉, 〈去讒〉, 〈戒盈〉, 〈崇儉〉, 〈賞罰〉, 〈務農〉, 〈閱武〉, 〈崇文〉이다.

② 夫：音扶.

---

38) 中國雖安 忘戰則人殆：≪漢書≫ 〈主父偃列傳〉에 "나라가 비록 크나 싸움을 좋아하면 반드시 망하고, 천하가 비록 평안하나 싸움을 잊으면 반드시 위태롭다.〔國雖大 好戰必亡 天下雖平 忘戰必危〕"라고 하였다.

39) 農隙講武……辨等列也：≪春秋左氏傳≫ 隱公 5년에 "그러므로 봄 사냥, 여름 사냥, 가을 사냥, 겨울 사냥은 모두 농한기에 무예를 강습하는 것이다. 3년에 군사를 다스려 들어와서는 군대를 정돈한다.……行伍를 분별하고 長幼를 순서 짓는 것은 威武와 儀禮를 익히는 것이다.〔故春蒐夏苗秋獮冬狩 皆於農隙以講事也 三年而治兵 入而振旅……辨等列 順少長 習威儀也〕"라고 하였다.

40) 太宗帝範曰……此用兵之職也：≪帝範≫ 〈閱武〉편에 보인다.

〈夫(대저)는〉 音이 扶이다.

③ 好 : 去聲.

〈好(좋아하다)는〉 去聲이다.

④ 是以勾踐軾蛙 卒成霸業 : 勾踐, 越王名. 越王旣爲吳所敗, 修德治兵, 謀雪吳恥. 見蛙, 下車拜之, 左右怪問, 越王曰 "彼亦有氣者."

勾踐은 越王의 이름이다. 越王이 吳나라에 패배하고 난 후에 덕을 닦고 병력을 양성하여 오나라에게 받은 치욕을 설욕하기를 도모하였다. 〈怒氣가 있는〉 개구리를 보고 수레에서 내려 절을 하였는데, 좌우에서 괴상하게 여겨 묻자, 월왕이 말하기를 "저 〈개구리〉 역시 기개가 있다."라고 하였다.

⑤ 徐偃棄武 終以喪邦 : 徐, 夷國, 子爵, 僭稱偃王, 周穆王聞之, 令楚伐徐. 徐子曰 "吾賴於文德, 而不明武備, 故至於此."

徐나라는 오랑캐 나라로 子爵인데도 偃王이라고 참칭하자 周 穆王이 그 말을 듣고 楚나라로 하여금 서나라를 토벌하도록 하였는데, 徐子가 말하기를 "나는 文德에 의지하였지, 군사의 대비에 밝지 못하였다. 그러므로 이런 상황에 이른 것이다."라고 하였다.

⑥ 孔子曰……是謂棄之 : 論語之辭.

≪論語≫ 〈子路〉의 말이다.

⑦ 故知弧矢之威以利天下 : 易大傳曰 "弧矢之利, 以威天下."

≪易大傳≫(〈繫辭傳〉)에 이르기를 "활과 화살의 이로움으로 천하를 제압한다."라고 하였다.

太宗이 지은 ≪帝範≫에 말하였다.

"무기와 갑옷은 나라의 凶器이다. 영토가 비록 넓다고 하더라도 전쟁을 좋아하면 백성들이 피폐해지고, 중원이 비록 평안하다 하더라도 전투를 잊는다면 백성들이 위태로워지는 법이다. 백성들을 피폐하게 하는 것은 온전하게 보전하는 방법이 아니며, 백성들을 위태롭게 하는 것은 적들을 헤아리는 방도가 아니기에, 전혀 쓰지 않을 수도 없고 늘 쓸 수도 없다. 그러므로 農閑期에 군사훈련을 하는 것은 전술을 익히는 것이며, 3년 동안 군대를 조련하는 것은 등급을 구별하는 것이다.

이 때문에 勾踐은 수레에서 개구리를 향해 예를 표하여 결국 霸業을 달성하였고, 徐 偃王은 병력 양성에 힘쓰지 않아 결국 나라를 잃었으니, 무엇 때문인가? 越나라 구천은 군대의 전술을 익혔고, 徐 偃王은 군사 방비를 잊었기 때문이다. 孔子가 말하기를 '훈련되지 않은 병사들을 동원하여 전쟁을 하는 것은 그들을 버리는 것이다.'라고 하였다. 그러므로 활과 화살의 위력으로 천하를 이롭게 하는 것을 알 수 있으니, 이것이 用兵의 일이다."

【集論】

愚按 書稱放牛歸馬라하고 詩言戢戈櫜(고)弓이라하니 甚矣라 兵非聖人之所尙也여 然嘗觀周公作周禮하여 極言師帥旅帥卒長伍長[41]之制하고 詳陳振旅茇舍治兵大閱[42]之儀하며 至於斬牲徇陳하여 凜乎如大敵之臨焉하니 是兵亦非聖人之所廢也라 善乎라 太宗之言曰 凋非保全之術이요 殆非擬寇之方이니 兵不可以全除요 亦不可以常用이라하니 聖人復起라도 不易斯言矣리라

내가 살펴보건대, ≪書經≫ 〈周書 武成〉에 "소를 풀어주고 말을 돌려보낸다."라고 하였고, ≪詩經≫ 〈周頌 時邁〉에 "창을 거두고 활을 활집에 넣는다."라고 하였으니, 심하구나, 兵器를 성인이 숭상하지 않음이여!

그러나 일찍이 살펴보건대 周公이 ≪周禮≫를 만들어 師帥, 旅帥, 卒長, 伍長의 제도를 상세히 말하였고, 振旅, 茇舍, 治兵, 大閱의 의식을 자세히 말하였으며, 심지어 희생을 베고 진영을 순시하여 큰 적을 마주하고 있는 것처럼 늠름하였으니, 이 병기 역시 성인이 폐기한 것이 아니다.

훌륭하구나! 태종이 말하기를 "백성들을 피폐하게 하는 것은 온전하게 보전하는 방법이 아니며, 백성들을 위태롭게 하는 것은 적들을 헤아리는 방도가 아니기에, 병기를 전혀 쓰지 않을 수도 없고, 역시 늘 쓸 수도 없다."라고 하였으니, 성인이 다시 태어나도 이 말을 바꾸지 않을 것이다.

35-12-1

貞觀二十二年에 太宗將重討高麗①할새 是時에 房玄齡寢疾增劇이러니 顧謂諸子曰 當今天下淸謐하여 咸得其宜하되 唯欲東討高麗가 方爲國害하니 吾知而不言하면 可謂銜恨入地[43]라하고 遂上表諫曰 臣聞兵惡不戢②[44]이요 武貴止戈라하니 當今聖化所

41) 師帥旅帥卒長伍長 : 군대의 부대장 이름이다. 師帥는 2,500명, 旅帥는 500명, 卒長은 100명, 伍長은 5명의 우두머리이다. ≪周禮 夏官 司馬≫

42) 振旅茇舍治兵大閱 : 四時에 행하는 훈련 명칭이다. 振旅는 中春, 茇舍는 中夏, 治兵은 中秋, 大閱은 中冬에 행한다. ≪周禮 夏官 大司馬≫

43) 銜恨入地 : ≪漢書≫ 〈王嘉列傳〉의 "죽은 이는 한을 안고 땅속으로 들어가지 않고, 산 사람은 원망을 품고 죄를 받지 않는다.〔死者不抱恨而入地 生者不銜怨而受罪〕"에서 변용한 것이다.

44) 兵惡不戢 : ≪春秋左氏傳≫ 隱公 4년에 "무릇 군대는 불과 같아서 그치지 않으면 장차 자신을 태운다.〔夫兵猶火也 弗戢 將自焚也〕"라고 하였다.

覃이 無遠不暨하여 上古所不臣者를 陛下皆能臣之하시고 所不制者를 皆能制之라 詳觀古今컨대 爲中國患害가 無過突厥이로되 遂能坐運神策하사 不下殿堂에 大小可汗이 相次束手하여 分典禁衛하여 執戟行間[③]이라 其後延陀鴟張[④]이라가 尋就夷滅하고 鐵勒慕義하여 請置州縣하니 沙漠已北으로 萬里無塵이라 至如高昌叛渙於流沙하고 吐渾首鼠於積石이어늘 偏師薄伐하여 俱從平蕩이라

① 太宗將重討高麗 : 重, 平聲.
重(거듭)은 平聲이다.
② 臣聞兵惡不戢 : 惡, 烏去聲, 後同.
惡(싫어하다)는 音이 烏로, 去聲이다. 뒤에도 같다.
③ 執戟行間 : 行, 音杭, 後同.
行(항렬)은 音이 杭이다. 뒤에도 같다.
④ 其後延陀鴟張 : 鴟, 惡鳥也.
鴟는 나쁜 새이다.

貞觀 22년(648)에 太宗이 다시 高句麗를 정벌하려고 하였다. 이때에 房玄齡이 병에 걸려 위독해지자, 여러 아들들에게 말하기를 "지금은 천하가 태평하고 모두 제자리를 얻었다. 오직 동쪽 高句麗를 정벌하려는 것이 나라에 해가 되니, 내가 그 사실을 알면서도 말을 하지 않으면 한을 품고 九泉으로 들어가게 될 것이다."라고 하고는, 이윽고 다음과 같이 表文을 올려 간언하였다.

"신이 듣건대 '군대에서 싫어하는 것은 전쟁을 그치지 않는 것이고, 武功에서 귀하게 여기는 것은 전쟁을 멈추는 것이다.'라고 하였습니다. 지금 폐하의 교화가 뻗어나가 멀리까지 이르지 않는 곳이 없어 상고시대에 신하로 복종하지 않던 자들을 폐하께서는 모두 신하로 삼으셨고, 제압하지 못했던 자를 모두 제압하셨습니다.

고금을 살펴보건대 중원에 근심과 해악이 된 것이 돌궐보다 더한 것이 없었지만, 결국 폐하께서 가만히 앉아 신묘한 계책을 써서 殿堂에서 내려올 것도 없이 大可汗과 小可汗이 차례대로 항복하여 궁궐을 분담해서 호위하여 창을 잡고 그 대열 속에 있습니다. 그 후에 薛延陀가 기세를 떨치다가 이윽고 멸망하였고, 鐵勒이 폐하의 의로움을 사모하여 州縣을 두기를 청하였으니, 沙漠 북쪽으로 만 리까지 전쟁이 없었습니다. 高昌國이 사막 지역에서 모반을 꾀하고

吐谷渾이 積石에서 이리저리 기회를 엿보자, 일부 병력을 파견하여 힘들이지 않고 모두 평정하였습니다.

35-12-2

高麗歷代逋誅하여 **莫能討擊**이어늘 **陛下責其逆亂殺主虐人**하여 **親總六軍**하사 **問罪遼碣**하시니 **未經旬日**에 **卽拔遼東**하고 **前後虜獲數十萬計**라 **分配諸州**하여 **無處不滿**하여 **雪往代之宿恥**⑤하고 **掩崤陵之枯骨**⑥하니 **比功校德**하면 **萬倍前王**이라 **此聖主所自知**니 **微臣安敢備說**이리오 **且陛下仁風被于率土**하시고 **孝德彰於配天**하시니 **覩夷狄之將亡**하면 **則指期數歲**하시고 **授將帥之節度**⑦하면 **則決機萬里**하시며 **屈指而候驛**하시고 **視景而望書**하시니 **符應若神**하고 **筭無遺策**이라

⑤ 雪往代之宿恥 : 隋文帝十八年, 高麗寇遼西, 遣楊諒討之, 無功. 煬帝六年, 徵其王元入朝, 不至. 八年, 徵天下兵擊之, 帝親征攻諸城, 不下, 來護兒宇文述等大敗. 九年, 復親征, 不拔. 十年, 復討之, 徵其王入朝, 竟不至.
隋 文帝 18년(598)에 고구려가 遼西를 침략하자, 楊諒을 보내어 토벌하였는데, 전공을 세우지 못했다. 隋 煬帝 6년(610)에 고구려왕 高元(嬰陽王)을 불러 入朝하게 하였는데 오지 않았다. 수 양제 8년에 천하의 병사들을 징발하여 고구려를 공격하였는데, 수 양제가 직접 정벌에 나서서 여러 성들을 공략하였으나 함락하지 못하고 來護兒와 宇文述 등의 장수들이 크게 패하였다. 수 양제 9년에 다시 직접 정벌하였으나 승리하지 못하였다. 수 양제 10년에 다시 정벌에 나서 고구려왕을 불러 입조하게 하였으나 끝내 오지 않았다.

⑥ 掩崤陵之枯骨 : 左傳, 僖公三十三年, 晉人及姜戎敗秦師于殽. 文公二年, 秦伯伐晉, 濟河焚舟, 取王官及郊. 晉人不出, 遂自茅津濟, 封殽尸而還.
≪春秋左氏傳≫ 僖公 33년에 晉나라가 姜戎과 함께 秦나라 군대를 殽山에서 쳐부수었다. 文公 2년에 秦伯이 晉나라를 공격하여 황하를 건넌 후 타고 있던 배를 불태워버리고서 王官(晉 지명)과 郊(晉 지명)를 빼앗았다. 그러나 진나라가 싸우러 나오지 않자, 秦軍은 茅津(晉 지명)에서 황하를 건너 지난번 효산에 버려진 戰死者의 시신을 매장하고 돌아왔다.

⑦ 授將帥之節度 : 將帥之將, 去聲, 後同.
將帥의 將(장수)은 去聲이다. 뒤에도 같다.

高句麗는 역대로 토벌을 피하여 토벌하지 못했는데, 폐하께서 蓋蘇文이 반역을 꾀하여 군주를 시해하고 백성들을 잔학하게 대하는 것에 대해 질책하여 친히 6군을 인솔하여 遼河와 碣石에서 그 죄를 물으셨습니다. 열흘도 되지 않아 遼東을 함락하였고, 전후로 수십만 명을 포로로 잡아들였습니다. 포로들을

여러 州로 분배하여 포로가 넘쳐나지 않는 곳이 없어서, 隋나라 때 당했던 묵은 수모를 설욕하고 崤陵의 전투처럼 방치되어 썩어가는 戰死者의 유골을 매장하였으니, 그 공과 덕을 비교하면 전대 왕들보다 만 배가 됩니다. 이는 폐하께서 잘 아시는 것이니, 미천한 신이 어찌 감히 다 말씀드리겠습니까.

게다가 폐하의 인후한 풍모는 천하를 뒤덮고, 효성과 덕성은 하늘과 짝이 되시니, 오랑캐가 멸망하는 것을 살펴보시는 경우는 시기를 몇 년으로 지적하시고, 장수에게 부절을 주는 경우는 만 리에서 기미를 결정하시며, 손꼽아가면서 파발마의 보고를 기다리고 해 그림자를 보며 서신을 바라시니, 부합하시는 것은 신처럼 응하고 계산하신 것은 빠트린 책략이 없습니다.

35-12-3

擢將於行伍之中하시고 取士於凡庸之末하시며 遠夷單使⑧를 一見不忘하시고 小臣之名을 未嘗再問하시며 箭穿七札⑨하시고 弓貫六匀⑩[45]이라 加以留情墳典하시고 屬意篇什⑪하시며 筆邁鍾張⑫하시고 詞窮賈馬⑬하시니 文鋒旣振하면 則宮徵自諧⑭하고 輕翰暫飛면 則花葩競發이라 撫萬姓以慈하시고 遇群臣以禮하시며 褒秋毫之善하시고 解呑舟之網[46]하시며 逆耳之諫必聽하시고 膚受之愬斯絶⑮이라 好生之德⑯은 禁障塞於江湖하시고 惡殺之仁은 息鼓刀於屠肆하시니 鳧鶴荷稻粱之惠⑰[47]하고 犬馬蒙帷蓋之恩[48]이라 降

45) 匀 : 中國本은 모두 '鈞'인데, 朝鮮 宣祖의 初諱 '鈞'을 忌諱하여 '匀'으로 한 것이다.

46) 解呑舟之網 : 형법이 관대함을 말한다. ≪史記≫ 권122 〈酷吏列傳序〉의 "漢이 흥기하여…… 법망은 배를 삼킬 만한 큰 고기도 빠져나갈 수 있었고 관리의 다스림이 진척되어 간사함에 이르지 않았고 백성들이 다스려져 편안하였다.〔漢興……網漏於呑舟之魚 而吏治烝烝 不至於姦 黎民艾安〕"에서 변용한 것이다.

47) 鳧鶴荷稻粱之惠 : ≪韓詩外傳≫ 권2의 "黃鵠이 한번 날아올라 천 리를 가는데 임금의 園池에 머물고 임금의 魚鼈을 먹으며 임금의 黍粱을 쪼아 먹습니다.〔夫黃鵠一擧千里 止君園池 食君魚鼈 啄君黍粱〕"에서 유래한 것이다.

48) 犬馬蒙帷蓋之恩 : ≪禮記≫ 〈檀弓 下〉의 "孔子가 기르던 개가 죽자 子貢에게 묻어주게 하며 말하기를 '내가 듣건대 「해진 휘장을 버리지 않는 것은 말을 묻어주기 위해서이며, 해진 수레의 차일을 버리지 않는 것은 개를 묻어주기 위해서이다.」라고 하였다. 나는 가난해서 덮어줄 차일이 없으니, 묻을 때 자리로 덮어주어서 그 머리가 흙 속에 빠지지 않게 하라.'라고 하였다. 임금의 말이 죽으면 휘장으로 덮는다.〔仲尼之畜狗死 使子貢埋之曰 吾聞之也 敝帷不弃 爲埋馬也 敝盖不弃 爲埋狗也 丘也貧無盖 於其封也 亦予之席 毋使其首陷焉 路馬死 埋之以帷〕"에서 유래한 것이다.

尊吮思摩之瘡[18]하시고 **登堂臨魏徵之柩**[19]하시며 **哭戰亡之卒**하시니 **則哀動六軍**[20]하며 **負填道之薪**하시니 **則情感天地**[21]하고 **重黔黎之大命**하사 **特盡心於庶獄**이라

⑧ 使 : 去聲.
〈使(사신)는〉 去聲이다.

⑨ 未嘗再問 箭穿七札 : 札, 甲也. 養由基射穿七札.
札은 갑옷이다. 養由基는 활을 쏘아 7겹의 갑옷을 뚫었다.

⑩ 弓貫六匀 : 左傳定公八年, 魯伐齊, 士皆列, 顏高之弓六匀.
≪春秋左氏傳≫ 定公 8년에 魯나라가 齊나라를 토벌하였는데, 병사들이 줄지어 앉아서 顏高의 활은 6匀(180斤)이나 된다고 하였다.

⑪ 屬意篇什 : 屬, 音囑.
屬(이어지다)은 音이 囑이다.

⑫ 筆邁鍾張 : 見師傅篇註.
〈論尊敬師傅〉篇 註에 보인다.

⑬ 詞窮賈馬 : 漢賈誼・司馬相如, 皆文人.
漢나라의 賈誼와 司馬相如는 모두 文人이다.

⑭ 則宮徵自諧 : 徵, 音止.
徵(음률 이름)는 音이 止이다.

⑮ 膚受之愬斯絶 : 論語曰 "膚受之愬不行焉, 可謂明也已矣."
≪論語≫ 〈顏淵〉에 이르기를 "피부에 와 닿는 하소연이 통하지 않는다면 명철하다고 할 만하다."라고 하였다.

⑯ 好生之德 : 好, 去聲.
好(좋아하다)는 去聲이다.

⑰ 鳧鶴荷稻粱之惠 : 荷, 去聲.
荷(메다)는 去聲이다.

⑱ 降尊吮思摩之瘡 : 貞觀十九年, 太宗征遼, 攻白巖城. 右衛大將軍李思摩爲流矢所中, 太宗親爲之吮血.
貞觀 19년(645)에 太宗이 遼東을 정벌하여 白巖城을 공격하였다. 右衛大將軍 李思摩가 날아오는 화살에 맞았는데, 태종이 친히 피를 빨아주었다.

⑲ 登堂臨魏徵之柩 : 臨, 去聲. 十七年正月, 魏徵卒, 太宗臨哭之慟.
臨(곡을 하다)은 去聲이다. 貞觀 17년(643) 정월에 魏徵이 죽자, 太宗이 애통해하며 곡을 하였다.

⑳ 則哀動六軍 : 十九年, 太宗征高麗, 至營州, 詔遼東戰亡士卒骸骨, 竝集柳城東南, 命有司設太牢, 上自作文祭之, 臨哭盡哀.
貞觀 19년에 太宗이 高句麗 정벌에 나섰을 때, 營州에 이르러 명을 내려 遼東의 전투에서

전사한 병졸들의 유골을 모두 柳城의 동남쪽에 모으게 하고는, 有司에게 太牢를 진설하라고 명하고 태종이 직접 글을 지어 제사를 올리고 통곡하여 몹시 슬퍼하였다.

㉑ 負塡道之薪 則情感天地：十九年, 太宗渡遼, 遼澤泥潦, 車馬不通, 命長孫無忌將萬人剪草塡道, 水深處, 以車爲梁, 上自繫薪於馬鞘以助役.

貞觀 19년에 太宗이 遼水를 건널 적에 遼澤이 진창이어서 수레와 말이 건너지 못하자, 長孫無忌에게 명을 내려 만 명의 병력을 이끌고 풀을 베어 길을 메우게 하고 물이 깊은 곳은 수레로 다리를 만들게 하였으며, 태종이 직접 말안장 끈에 섶을 매어 도왔다.

군대 대열에서 장수를 발탁하시고, 평범한 사람들 가운데에서 인재를 선발하시며, 먼 오랑캐 지역의 사신을 한 번 보고는 잊지 않으시고, 하찮은 신하의 이름을 두 번 물어본 적이 없으시며, 화살로는 7겹의 갑옷을 뚫을 수 있고, 활로는 6鈞 强弓을 당겨 관통할 수 있습니다.

게다가 고대의 典籍에 마음을 두고, 詩文에 뜻을 두시며, 書法은 鍾繇와 張芝를 뛰어넘고, 辭賦는 賈誼와 司馬相如를 연구하시니, 文勢를 떨치면 음률이 절로 조화를 이루고, 가벼운 붓을 잠시 휘두르면 아름다운 꽃이 다투어 피는 듯합니다.

인자함으로 백성들을 어루만지시고, 예의로 여러 신하들을 대우하시며, 작은 선행도 포상하시고, 法網을 관대하게 베푸시며, 귀에 거슬리는 간언을 반드시 들으시고, 피부에 절박하게 와 닿는 참소를 끊어버리십니다. 살리기를 좋아하시는 미덕은 江湖를 막아 고기잡이하는 것을 금지시켰고, 죽이기를 싫어하는 어진 마음은 도살장에서 칼 놀려 살육하는 것을 그치게 하셨으니, 오리와 학도 벼나 조를 먹을 수 있는 은혜를 받았고, 개와 말도 죽으면 휘장이나 덮개를 덮을 수 있는 은혜를 받았습니다.

至尊을 낮추어 李思摩의 등창을 빨아주시고, 堂에 올라 魏徵의 널 앞에서 곡을 하셨으며, 전쟁에서 목숨을 잃은 병사들을 위해 곡을 하시니 슬픔이 6군을 감동시켰고, 〈진흙탕이 된〉 길을 메꾸는 섶을 져 나르시니 그 마음이 천지를 감동시켰으며, 백성들의 목숨을 중시하여 특별히 刑獄에 마음을 다하셨습니다.

35-12-4

臣心識昏憒하니 豈足論聖功之深遠하고 談天德之高大哉리오 陛下兼衆美而有之하여

靡不備具하시니 微臣深爲陛下惜之重之愛之寶之하노이다 周易曰 知進而不知退하고 知存而不知亡하며 知得而不知喪이라하고 又曰 知進退存亡而不失其正者는 惟聖人乎㉒인저하니 由此言之컨대 進有退之義하며 存有亡之機하며 得有喪之理하니 老臣所以爲陛下惜之者는 蓋謂此也니이다 老子曰 知足不辱이요 知(恥)〔止〕[49]不殆라하니 臣謂陛下威名功德이 亦可足矣요 拓地開疆이 亦可止矣라 彼高麗者는 邊夷賤類라 不足待以仁義요 不可責以常理니 古來以魚鱉畜之하니 宜從闊略이어늘 必欲絶其種類면 深恐獸窮則搏[50]이니이다 且陛下每決死囚에 必令㉓三覆五奏하고 進素食停音樂者는 蓋以人命所重이니 感動聖慈也라 況今兵士之徒가 無一罪戾어늘 無故驅之於戰陣之間하고 委之於鋒刃之下하여 使肝腦塗地하여 魂魄無歸하고 令其老父孤兒寡妻慈母로 望轊車而掩泣하고 抱枯骨而摧心하면 足變動陰陽하고 感傷和氣하니 實天下之寃痛也니이다

㉒ 知進退存亡而不失其正者 其惟聖人乎 : 易文言傳釋乾卦之辭.
≪周易≫ 〈文言傳〉에서 乾卦를 풀이한 말이다.
㉓ 令 : 平聲.
〈令(하여금)은〉 平聲이다.

신은 마음과 식견이 어두우니, 어찌 폐하의 심원한 공을 논하고 고원한 덕을 말할 수 있겠습니까. 폐하께서는 여러 아름다움을 겸비하여 갖추지 않음이 없으시니, 미천한 신은 깊이 폐하를 애석해하고 중시하며 사랑하고 보배로 여깁니다.

≪周易≫ 乾卦 〈文言傳〉에 이르기를 '나아갈 줄만 알고 물러날 줄은 모르며, 생존만 알고 죽음은 모르며, 얻는 것만 알고 잃는 것은 모른다.'라고 하였고, 또 이르기를 '진퇴와 존망을 알고 정도를 잃지 않는 사람은 아마도 성인일 것이다.'라고 하였습니다. 이로 말미암아 말해보자면 나아감에는 물러남의 뜻이 포함되어 있고, 생존에는 멸망의 기미가 포함되어 있으며, 얻음에는 잃음의 이치가 포함되어 있습니다. 제가 폐하를 위해 애석해하는 것은 이를 말합니다.

---

49) (恥)〔止〕 : 저본에는 '恥'로 되어 있으나, ≪老子道德經≫에 의거하여 '止'로 바로잡았다.

50) 獸窮則搏 : ≪韓詩外傳≫ 권2의 "짐승이 궁지에 몰리면 물고, 새가 궁지에 몰리면 쪼아대고, 사람이 궁지에 몰리면 거짓말을 한다.〔獸窮則齧 鳥窮則啄 人窮則詐〕"에서 유래한 것이다.

老子의 ≪道德經≫에 이르기를 '만족할 줄을 알면 치욕을 당하지 않고, 그칠 줄을 알면 위태롭지 않게 된다.'라고 하였으니, 신은 폐하의 威名과 功德 역시 만족할 만하고, 영토를 광대하게 개척한 것 역시 그칠 만하다고 생각합니다.

저 高句麗는 변경 오랑캐 지역의 천한 족속이니, 仁義로 대우하기에는 부족하고 일상적인 이치로 질책할 수가 없습니다. 옛날부터 물고기와 자라처럼 간주하였으니, 마땅히 관대하게 대해야 하는데, 반드시 그 종족을 없애려고 한다면 궁지에 몰린 짐승이 달려들듯이 덤벼들까 매우 우려됩니다. 게다가 폐하께서 늘 사형수들을 판결할 때에 반드시 세 번 조사하고 다섯 번을 아뢰게 하고, 거친 음식을 올리도록 하며 음악을 멈추게 한 것은 인명을 소중히 여겼기 때문이니, 폐하의 인자함에 감동하였습니다.

하물며 지금 병사들이 아무런 죄가 없는데, 이유 없이 그들을 전쟁터로 내몰아 창칼 아래에 목숨을 내맡기게 하여 길에서 참혹한 죽음을 맞아 원혼이 돌아갈 곳이 없도록 하고, 그들의 老父母, 孤兒, 寡婦, 慈母들이 시신을 실은 수레를 보고 눈물을 훔치고 마른 유골을 끌어안고 가슴 아프게 한다면, 이는 陰陽을 변동시키고 조화로운 기운을 손상시키기에 충분하니, 실로 천하 사람들의 원망과 고통이 됩니다.

35-12-5

且兵은 凶器요 戰은 危事[51]라 不得已而用之하나니 向使高麗가 違失臣節하면 而陛下誅之可也요 侵擾百姓하면 而陛下滅之可也요 久長能爲中國患이면 而陛下除之可也니 有一於此면 雖日殺萬夫라도 不足爲媿어니와 今無此三條어늘 坐煩[52]中國하여 內爲舊主雪怨㉔하고 外爲新羅報讐㉕하니 豈非所存者小하고 所損者大오 願陛下遵皇祖老子[53]止足之誡하사 以保萬代巍巍之名하시고 發霈然之恩하며 降寬大之詔하고 順陽春以布澤하며 許高麗以自新하여 焚凌波之船하고 罷應募之衆㉖하시면 自然華夷慶賴[54]하여

51) 兵凶器 戰危事 : ≪漢書≫ 〈鼂錯列傳〉에 보인다.

52) 坐煩 : '自煩'의 뜻으로 坐는 '自'와 같다.(≪新譯貞觀政要≫(2008) 529쪽)

53) 皇祖老子 : 武德 3년(620)에 唐 高祖 李淵이 老子廟를 晉州에 세우고 老子 李聃을 追尊하여 皇祖로 하였다.

54) 慶賴 : ≪書經≫ 〈周書 呂刑〉의 "임금 한 사람이 선정을 베풀어 경사가 있게 되면, 만백성이

遠肅邇安하리이다 **臣老病三公**이니 **朝夕入地**나 **所恨**은 **竟無塵露微增海岳**[55)]이라 **謹罄殘魂餘息**하여 **豫代結草之誠**㉗하노니 **儻蒙錄此哀鳴**[56)]하시면 **卽臣死骨不朽**[57)]리이다 **太宗見表歎曰 此人危篤如此**로되 **尙能憂我國家**하니 **雖諫不從**이나 **終爲善策**이라하더라

㉔ 內爲舊主雪怨：爲, 去聲, 後外爲同. 十七年, 高麗臣莫離支弑其君高武, 而獨專國政, 太宗於是有征遼之議.

爲(위하다)는 去聲이다. 뒤에 나오는 '外爲'의 爲도 같다. 貞觀 17년(643)에 고구려의 신하 莫離支가 군주인 高武를 시해하고 國政을 독단하자, 태종이 이에 遼東을 정벌하자는 논의를 하였다.

㉕ 外爲新羅報讐：十七年, 新羅遣使言 百濟攻取其國四十餘城, 復與高麗連兵, 謀絶新羅入朝之路, 乞兵救援. 上命司農丞相里玄奬齎璽書賜高麗, 使勿攻新羅, 莫離支竟不從. 玄奬還, 具言其狀, 上於是欲征之.

貞觀 17년(643)에 新羅에서 사신을 보내 百濟가 자신들을 공격하여 40여 성을 빼앗았고, 다시 고구려와 병력을 연합하여 신라가 唐나라로 入朝하는 길을 막으려 하니, 병사를 보내 구원해달라고 하였다. 태종이 司農丞 相里玄奬에게 명하여 조서를 가지고 고구려로 가서 신라를 공격하지 말라는 뜻을 전하도록 하였는데, 막리지가 끝내 그 말을 따르지 않았다. 玄奬이 돌아와서 그 정황을 말하자, 태종이 이에 고구려를 정벌하려고 하였다.

㉖ 罷應募之衆：十八年, 太宗欲征遼東, 長安・洛陽募士三千, 戰艦五百艘.

貞觀 18년(644)에 太宗이 遼東을 정벌하려고 할 때, 長安과 洛陽에 모인 군사가 3천이었고, 전함이 5백 척이었다.

㉗ 豫代結草之誠：左傳, 宣公十五年, 秦伐晉, 次于輔氏. 魏顆敗秦師, 獲杜回. 初, 魏武子有嬖妾无子, 武子疾, 命顆曰 "必嫁是". 疾甚則曰 "必殉." 及卒, 顆見老人結草以亢杜回, 杜回躓而顚故獲之. 夜夢之曰 "余, 而所嫁之婦人父也, 爾用爾先人之治命, 余是以報."

≪春秋左氏傳≫ 宣公 15년에 秦나라가 晉나라를 토벌할 적에 輔氏에 주둔하였는데, 魏顆가 진나라 군사를 패퇴시키고 杜回를 사로잡았다. 과거에 魏武子에게 아들이 없는 嬖妾이 있었는데, 위무자가 병이 들자 아들 위과에게 명하기를 "그녀를 반드시 改嫁시켜라."라고

그 은택을 받게 되어, 영원히 편안할 것이다.〔一人有慶 兆民賴之 其寧惟永〕"를 줄여 쓴 것이다.

55) 塵露微增海岳：≪文選≫ 권37 曹植의 〈求自試表〉의 "티끌과 이슬 같은 작은 정성으로 태산과 바다와 같은 國恩을 돕고 반딧불과 촛불의 미약한 빛이나마 해와 달의 광휘에 보태고 싶다.〔冀以塵露之微 補益山海 螢燭末光 增輝日月〕"에서 유래한 것이다.

56) 哀鳴：≪論語≫ 〈泰伯〉의 "새가 장차 죽으려 할 때 그 울음소리가 슬프고, 사람이 장차 죽으려 할 때 그 말이 선하다.〔鳥之將死 其鳴也哀 人之將死 其言也善〕"에서 줄여 쓴 것이다.

57) 死骨不朽：≪春秋左氏傳≫ 襄公 24년에 叔孫豹가 "덕을 세우는 것이 최상이요, 공을 세우는 것이 그 다음이요, 훌륭한 저술을 남기는 것이 그 다음인데, 이 세 가지는 세월이 아무리 흘러도 없어지지 않으니, 이를 일러 썩지 않는다고 한다.〔太上有立德 其次有立功 其次有立言 雖久不廢 此之謂不朽〕"라고 말하였다.

하였다가, 병이 위독해지자 "반드시 殉葬시켜라."라고 하였다. 위무자가 죽은 뒤에 위과가 어떤 노인이 풀을 엮어 杜回의 길을 막는 것을 보았는데, 두회가 그 풀에 걸려 넘어졌기 때문에 사로잡을 수 있었다. 그날 밤 꿈에 노인이 말하기를 "나는 그대가 개가시킨 부인의 아비이다. 그대가 그대 아버지의 정신이 맑을 때 내린 명을 따랐기 때문에 내가 그로 인해 보답한 것이다."라고 하였다.

또 병기는 흉기이고, 전쟁은 위험한 일이므로 부득이할 경우에 사용해야 하는 법이니, 가령 高句麗가 신하로서의 본분을 잃는다면 폐하께서 그들을 주벌하는 것이 옳고, 침략하여 중원의 백성들을 혼란스럽게 하면 폐하께서 그들을 멸망시키는 것이 옳으며, 오랫동안 중원의 근심거리가 된다면 폐하께서 그들을 제거하는 것이 옳으니, 이 중에 한 가지라도 해당된다면 비록 날마다 만 명의 군사가 죽는다고 해도 부끄러워할 것이 없습니다. 그런데 지금 이 세 가지 조건에 해당하는 것이 없는데, 중원을 스스로 번거롭게 하면서까지 안으로는 시해된 군주의 원한을 씻어주고 밖으로는 신라의 침략에 대한 복수라고 명분을 삼으니, 어찌 얻는 것은 적고 잃는 것이 크지 않겠습니까.

바라건대 폐하께서는 조상이 되는 老子의 '만족할 줄을 알면 치욕을 당하지 않고, 그칠 줄을 알면 위태롭지 않게 된다.'라는 경계를 따라서 만대의 높은 명성을 지키시고, 지속적인 은혜를 베풀고 관대한 명령을 내리시며 따뜻한 봄빛을 따라 은택을 베풀며, 고구려가 스스로 새로워지도록 허락하시어, 바다에 떠다니는 전선을 불태우고 소집된 병사들을 해산하소서. 그렇게 하시면 자연스레 중원과 오랑캐가 경하하며 의지하여 먼 곳에서는 공경하고 가까운 곳은 편안해할 것입니다.

신은 늙고 병든 몸으로 三公의 지위에 있으면서 조만간에 세상을 떠날 것이지만, 안타까운 점은 결국 작은 먼지와 이슬만 한 정성이라도 산과 바다 같은 폐하의 은혜에 보탬이 되지 못한 것입니다. 삼가 남은 정신과 붙어 있는 숨이 다할 때까지 結草報恩의 정성을 미리 대신하고자 하니, 혹여 이 애달픈 말을 받아들이신다면 신이 죽더라도 은혜를 잊지 않을 것입니다."

태종이 표문을 보고 탄식하였다.

"이 사람이 이처럼 위독한 상황에서도 오히려 우리 국가를 근심하니, 비록 간언을 따를 수는 없지만 결국에는 좋은 계책이구나."

【集論】

唐氏仲友曰 易既濟(六)〔九〕[58]三과 與未濟九(三)〔四〕[59]가 均是伐鬼方이요 均是三年之伐이나 在既濟엔 則戒之하고 在未濟엔 則勉之[60]하니 武功之未成에 聖人必勉之於始하고 武功之既成에 聖人必戒之於終이라 玄齡之書는 得既濟之象이어늘 太宗莫之聽者는 無畏相之心耳라

唐仲友가 말하였다.

"≪周易≫ 既濟卦의 九三과 未濟卦 九四가 동일하게 '伐鬼方'과 '三年之伐'을 말하였지만, 기제괘에서는 경계를 하고 미제괘에서는 면려를 하였으니, 武功을 아직 이루지 않았을 때에는 聖人이 반드시 시작을 면려하고, 武功을 이루고 나서는 聖人이 반드시 끝맺음을 경계한 것이다. 房玄齡의 글은 既濟의 象이 있었는데, 太宗이 따르지 않은 것은 재상을 두려워하는 마음이 없었기 때문이다."

朱氏黼曰 玄齡於太宗左右에 未嘗有所可否하고 每逢帝怒에 惟震懼遜謝는 非不能諫也라 史稱王魏善諫諍하니 房杜讓其直[61]이라하니 是以로 太宗初擧伐遼에 遂良再言之나 不聽하고 至是再擧에 外庭無敢一言이라 雖玄齡任用之久하고 相信之深이라도 亦不敢面陳於在廷之日하고 獨表諫於屬纊僅存之際하니 理切詞盡하여 太宗嘉納이나 不之從也하고 至身沒而後罷之라 以此觀太宗晩節하면 大略可攷矣라

朱黼가 말하였다.

"房玄齡이 太宗의 곁에 있으면서 可否를 말한 적이 없고, 늘 태종이 성을 낼 때면 두려워하며 겸손히 사례했던 것은 간언을 잘하지 못해서 그런 것이 아니다. 史官이 '王珪와 魏徵이 간언을 잘하니, 房玄齡과 杜如晦가 그 정직함을 사양하였다.'라고 하였으니, 이 때문에 태종이 처음 遼東을 정벌했을 때 褚遂良이 거듭 간언을 했으나 따르지 않았고, 이때에 와서 재차 정벌을 감행할 때에도 外庭에서는 감히 한마디 말을

58) (六)〔九〕: 저본에 '六'으로 되어 있으나, ≪周易≫에 의거하여 '九'으로 바로잡았다.

59) (三)〔四〕: 저본에 '三'으로 되어 있으나, ≪周易≫에 의거하여 '四'로 바로잡았다.

60) 易既濟(六)〔九〕三……則勉之 : ≪周易≫ 既濟 九三爻辭에는 "殷나라 高宗이 鬼方을 정벌하여 3년 만에 이기니, 소인은 쓰지 말아야 한다.〔高宗伐鬼方 三年克之 小人勿用〕"라고 하여 경계하였고, ≪周易≫ 未濟 九四爻辭에는 "貞하면 吉하여 뉘우침이 없으리니, 떨쳐나서 鬼方을 정벌하여 3년 만에 大國에 상을 내리도다.〔貞 吉 悔亡 震用伐鬼方 三年 有賞于大國〕"라고 하여 면려하였다.

61) 王魏善諫諍 房杜讓其直 : ≪資治通鑑≫ 권199 貞觀 22년 柳芳의 評論에 보인다.

하는 자가 없었다.

비록 방현령이 오랫동안 관직에 있었고 신의가 두터웠으나 역시 조정에 있을 때에는 감히 면전에서 간언을 하지 못하고, 다만 겨우 숨만 붙어 있어 임종에 가까울 때 表文으로 간언을 하였다. 이치가 절실하고 말을 다하여 태종이 기쁘게 받아들였으나 방현령의 말을 따르지는 않고, 죽음에 이른 뒤에야 그만두었다. 이 사실로 태종의 만년의 행동을 살펴본다면 대략 고찰할 수 있을 것이다."

愚按 玄齡此疏는 乃太宗征遼無功之後니 思謀再擧之時에 而玄齡行將屬纊之日也라 此疏辭意懇切이어늘 何乃不見於初親征之際耶아 豈太宗忿心難懲에 縱忠言苦口[62]라도 不足以尼其行耶아 毋乃俟其大擧無成하여 夫然後諫耶아 然玄齡此疏切矣어늘 太宗止曰 此人危篤에 尙能憂我國家라하니 亦未有樂從之意라 越明年에 則以疾而命皇儲聽政矣하니 否則忿兵再擧를 事未可知也라 書曰 無怠無荒하면 四夷來王이라하고 又曰 明王愼德이어든 四夷咸賓이라하니 帝王保治가 厥有旨哉인저 以太宗之賢猶爾어든 況其次者乎아

내가 살펴보건대, 房玄齡의 이 상소는 太宗이 遼東 정벌을 실패하고 난 뒤에 올린 것이니, 재차 정벌에 대한 도모를 생각할 때 방현령은 거의 죽음을 앞두고 있었다. 이 상소의 말뜻이 아주 절실한데 어찌하여 처음 태종이 친히 정벌할 때에는 보이지 않았던가. 아마도 태종의 성난 마음을 징계하기 어려워 비록 입에 쓴 좋은 약과 귀에 거슬리는 충언이라 하더라도 친히 나서는 정벌을 막기에는 부족하기 때문이 아니겠는가. 그래서 대규모 정벌이 실패하기를 기다린 뒤에 간언을 하려고 했던 것이 아니겠는가. 그러나 방현령의 이 상소가 절실하였는데 태종은 단지 "이 사람이 이처럼 위독한 상황에서도 오히려 우리 국가를 근심하는구나."라고 말하였으니 역시 즐거이 따를 뜻이 없었다. 그 이듬해에 태종이 병이 나서 명을 내려 태자에게 정무를 보게 하였으니, 만일 그렇지 않았다면 분노로 병사를 다시 출동시켰을지 알 수 없는 일이다. ≪書經≫ 〈虞書 大禹謨〉에 "게을리하지 않고 황폐하지 않으면 사방의 오랑캐들도 와서 왕으로 받들 것이다."라고 하였고, ≪書經≫ 〈周書 旅獒〉에 또 이르기를 "명철한 왕이 덕을 삼가면 四夷가 모두 손님이 되어 복종한다."라고 하였으니, 제왕이 治世를 보존하는 것이 뜻이 있을 것이다. 훌륭한 태종도 오히려 이와 같았는데, 하물며 그보다 못한 군주는 말할 나위가 있겠는가.

62) 忠言苦口 : ≪說苑≫ 〈正諫〉의 "좋은 약은 입에 쓰지만 병에는 이롭고, 충성스러운 말은 귀에는 거슬리지만 행동에는 이롭다.〔良藥苦於口利於病 忠言逆於耳利於行〕"를 줄여 쓴 것이다.

35-13-1

貞觀二十二年에 **軍旅亟動**하고 **宮室互興**하니 **百姓頗有勞弊**어늘 **充容**①**徐氏**②**上疏諫曰 貞觀已來**로 **二十有餘載**에 **風調雨順**하고 **年登歲稔**하여 **人無水旱之弊**하고 **國無饑饉之災**라 **昔漢武帝守文之常主**로대 **猶登刻玉之符**③하고 **齊桓公**은 **小國之庸君**이로되 **尙塗**④**泥金之望**⑤이어늘 **陛下推功損己**하시고 **讓德不居**하사 **億兆傾心**이나 **猶闕告成之禮**⑥하고 **云亭佇謁**이나 **未展升中之儀**⑦하니 **此之功德**은 **足以咀嚼百王**하고 **網羅千代者矣**라 **然古人有云** 호대 **雖休勿休**[63]라하니 **良有以也**라 **守(保末備)〔初保末〕**[64]은 **聖哲罕兼**하니 **是知業大者易(이)驕**⑧나 **願陛下難之**하시고 **善始者難終**이나 **願陛下易之**하소서

① 充容 : 唐制, 女官號, 九嬪之一也.
〈充容은〉 唐나라 제도에 의하면, 여인의 관직 호칭으로, 九嬪 중의 하나이다.

② 徐氏 : 名惠, 長城人. 生五月能言, 四歲通經, 八歲屬文. 父孝德, 嘗試使擬離騷, 爲小山篇曰 "仰幽巖而流眄, 撫桂枝以凝想, 將千齡兮此遇, 荃何爲兮獨往."[65] 太宗聞之, 召爲才人. 手不釋卷, 文辭敏贍, 帝益禮顧. 永徽初卒, 贈賢妃.
〈徐氏는〉 이름이 惠이고, 長城 사람이다. 태어난 지 5개월 만에 말을 하고, 4세에 經書에 통달하였으며, 8세에 문장을 지었다. 아버지 孝德이 시험 삼아 〈離騷〉를 본떠 글을 지어 보라고 하자, 〈小山篇〉을 다음과 같이 지었다.
"그윽한 바위를 바라다보며 눈을 돌리고, 계수나무 가지를 어루만지며 생각에 잠기네. 천 년 만에 이렇게 만났건만, 향풀은 어찌하여 홀로 가버렸나."
太宗이 그 소문을 듣고는 불러서 才人(女官 명칭)으로 삼았다. 손에서 책을 놓지 않았고, 文辭에 민첩하고 여유로워서 태종이 더욱 예우하고 돌봐주었다. 永徽(唐 高宗 연호) 초기에 세상을 떠났는데, 賢妃를 추증하였다.

③ 猶登刻玉之符 : 漢武帝封泰山下東方, 如郊祠太一之禮. 封廣丈二尺, 高九尺. 其下則有玉牒書, 書秘. 禮畢, 禪肅然山.
漢 武帝가 泰山 아래 동쪽에 封土를 쌓았는데, 太一神에게 제사를 지내는 郊祠처럼 하였다. 封土는 너비가 1장 2척이고, 높이가 9척이었다. 그 아래에는 玉牒書(封禪과 郊祀에 쓰는 玉簡 文書)를 두었는데, 내용은 극비였다. 예를 마치고는 肅然山에 封禪하였다.

---

63) 雖休勿休 : ≪書經≫ 〈周書 呂刑〉에 보인다.

64) (保末備)〔初保末〕: 저본에는 '保末備'로 되어 있으나, ≪舊唐書≫ 〈賢妃徐氏列傳〉에 의거하여 '初保末'로 바로잡았다.

65) 仰幽巖而流眄……荃何爲兮獨往 : 이와 관련된 〈離騷〉의 구절은 "傅說은 傅巖에서 담을 쌓고 있었다.〔說操築於傅巖兮〕", "신초와 균계가 섞여 있다.〔雜申椒與菌桂兮〕", "전초와 혜초가 변하여 띠풀이 되었다.〔荃蕙化而爲茅〕"라고 한 것이 있다.

④ 塗 : 塗・圖, 古通用.

塗와 圖는 옛날에 통용하였다.

⑤ 泥金之望 : 齊桓公旣霸, 會諸侯於葵丘, 欲行封禪. 後漢制, 封禪用玉牒・玉檢,[66] 以水銀和之爲泥. 望者, 望而祭也.

齊 桓公이 霸業을 이루고 나서 葵丘에서 제후들과 회맹하고 封禪을 행하려고 하였다. 後漢의 제도에 의하면 封禪에는 玉牒과 玉檢(수은을 섞은 금가루 위에 찍은 도장)을 사용하는데, 수은에다 〈금가루를〉 섞은 顔料이다. 望은 바라보면서 지내는 제사이다.

⑥ 猶闕告成之禮 : 通典 "古者帝王之興, 每易姓而起. 以致太平, 必封乎泰山, 所以告成功也."

≪通典≫에 "옛날에 제왕이 일어날 때에는 늘 姓을 바꾸어 일어났다. 太平을 이루고 반드시 泰山에 封禪을 하니, 성공을 아뢰기 위한 것이다."라고 하였다.

⑦ 云亭佇謁 未展升中之儀 : 黃帝禪亭亭, 五帝禪云云, 皆山名. 禮云 "升中于天."

黃帝가 亭亭에 封禪을 지내고 五帝가 云云에 封禪을 지냈다고 하였으니, 〈亭亭과 云云은〉 모두 산 이름이다. ≪禮記≫ 〈禮器〉에 "〈제후의 성취를〉 하늘에 올려 고한다."라 하였다.

⑧ 易(이)驕 : 易, 以豉切, 後同.

易(쉽다)는 以와 豉의 반절이다. 뒤에도 같다.

貞觀 22년(648)에 군사들이 자주 출동하고 궁궐의 건축이 서로 일어나 백성들이 아주 고달파하자, 充容 徐氏가 상소하여 간언하였다.

"정관 연간 이래로 20여 년간 비바람이 순조로웠고, 매년 풍작이 이어져 백성들에게는 홍수나 가뭄의 고통이 없었고, 나라에는 기근의 재앙이 없었습니다.

과거에 漢 武帝는 이미 제정된 법이나 준수하는 평범한 군주였으나, 오히려 〈泰山 封禪祭에서〉 玉에 새긴 符書를 올렸고, 齊 桓公은 작은 나라의 평범한 군주이면서도 오히려 〈封禪祭를 지내려고〉 泥金(수은에다 금가루를 섞은 顔料)을 쓰는 望祭祀를 계획했습니다. 그런데 폐하께서는 공로를 사양하여 줄이시고 덕을 양보하여 자처하지 않으시어, 백성들이 앙모하는데도 오히려 성공을 아뢰는 예를 생략하시고, 云云山과 亭亭山이 알현을 기다리는데도 천자가 하늘에 올려 고하는 제사 의식을 행하지 않으시니, 이와 같은 공덕은 전대의 모든 군주들을 합치고 千代를 망라하기에 충분합니다.

그러나 옛사람들이 말하기를 '〈겸손하여〉 비록 기쁜 일이 있더라도 기뻐하지 말라.'라고 하였으니, 이는 참으로 까닭이 있는 말입니다. 創業을 유지하고 守成을 보존하는 것은 성인이나 철인들에게도 드문 일이었습니다. 이를 통해 큰

66) 封禪用玉牒玉檢 : 이에 대하여는 ≪後漢書≫ 권17 〈祭祀志〉에 자세하다.

공업을 이룬 자는 교만해지기 쉬우나 바라건대 폐하께서는 그것을 어렵게 여기셔야 하고, 시작을 잘한 사람이 끝을 잘 맺기는 어려우나 바라건대 폐하께서는 〈끝을 잘 맺을 수 있다고〉 쉽게 여기셔야 함을 알 수 있습니다.

35-13-2

竊見頃年以來로 **力役兼總**하여 **東有遼海之軍**하고 **西有崑丘之役**[67)]하니 **士馬疲於甲冑**하고 **舟車倦於轉輸**⑨하며 **且召募投戎**에 **去留懷死生之痛**하고 **因風阻浪**에 **往來有漂溺之危**라 **一夫力耕**에 **年無數十之獲**이나 **一船致損**하면 **則傾覆數百之粮**하니 **是猶運有盡之農功**하여 **塡無窮之巨浪**하며 **圖未獲之他衆**하여 **喪已成之我軍**이라 **雖除兇伐暴**가 **有國常規**나 **然黷武窮兵**[68)]은 **先哲所戒**라 **昔秦皇併呑六國**[69)]이나 **反速危禍之基**하고 **晉武奄有三方**[70)]이나 **翻成覆敗之業**하니 **豈非矜功恃大**하며 **棄德輕邦**하며 **圖利忘害**하며 **肆情縱欲**이리오 **遂使悠悠六合**으로 **雖廣不救其亡**하고 **嗷嗷黎庶**로 **因弊以成其禍**하니 **是知地廣非常安之術**이요 **人勞乃易亂之源**이니 **願陛下布澤流仁**⑩하시며 **〔矜弊恤乏〕**[71)]하시고 **減行役之煩**하시고 **增雨露之惠**하소서

⑨ 轉輸：轉, 去聲.
轉(옮기다)은 去聲이다.

⑩ 願陛下布澤流仁：此下疑闕四字.
이 아래에 네 글자가 빠진 듯하다.

가만히 살펴보건대 근년 이래로 전쟁이 동시에 있어 동으로는 遼海의 고구려를 정벌하는 일이 있었고, 서로는 崑崙山의 전쟁이 있었으니, 병졸과 말은 전쟁에 지쳐 있고, 수송하는 수레와 선박을 모는 사람들은 군량을 나르는 데에 지쳐 있으며, 또 소집된 병사들은 전쟁터에 투입되어 떠나고 머무름에 生死의 고통을 느꼈으며, 바람과 풍랑으로 인해 오가는 사이에 바다에 표류하거나 빠

67) 西有崑丘之役：西域의 龜玆國을 정벌한 일을 말한다.
68) 黷武窮兵：《周書》 권6 〈帝紀 武帝 下〉 論에 보인다.
69) 秦皇幷呑六國：秦 始皇이 燕·趙·韓·魏·齊·楚 여섯 나라를 합병하여 통일한 일을 말한다.
70) 晉武奄有三方：晉 武帝가 魏·蜀·吳 세 나라를 차지하여 통일함을 말한다.
71) 〔矜弊恤乏〕：《唐文粹》 권27 〈諫太宗息兵罷役疏〉에 의하여 보충하였다.

질 위험이 있었습니다. 한 사람이 힘써 농사를 지어도 한 해에 수십 석의 수확을 얻지 못하지만, 한 척의 배가 파손되면 수백 석의 곡식을 잃게 됩니다. 이는 한정된 수확물을 운반하여 한없는 거센 파도에 메꾸는 것이며, 아직 얻지 못한 다른 나라의 백성들을 얻으려다가 이미 양성한 우리 군대를 잃게 되는 것입니다. 비록 흉악한 이들을 없애고 포악한 자들을 토벌하는 것이 국가의 정상적인 법이지만, 지나치게 무력을 남용하는 것은 옛 현인들이 경계한 것입니다.

옛날에 秦 始皇은 6국을 병탄하였으나 도리어 나라가 위태롭고 멸망하는 기반을 자초하였고, 晉 武帝는 〈魏・蜀・吳〉 三國을 곧바로 차지하였으나 도리어 실패하고 패망하는 일을 이루었으니, 이는 어찌 공업을 자랑하고 강대함을 믿으며, 덕을 버리고 나라를 경시하며, 이익을 도모하고 해로움을 잊으며, 감정을 방자하게 쏟고 욕심을 방종하게 부린 결과가 아니겠습니까.

결국 넓은 천하로 하여금 비록 넓더라도 멸망을 구원하지 못하게 하였으며, 슬퍼하는 백성들로 하여금 피폐로 인해 재앙을 받게 하였습니다. 이를 통해 넓은 영토가 항상 안정케 되는 방법이 아니며, 백성들의 고초가 쉽게 혼란케 되는 근원이 됨을 알 수 있으니, 바라건대 폐하께서는 은택과 仁義를 베푸시며 피폐와 궁핍을 긍휼히 여기시고 번거로운 출정을 줄이시며 雨露와 같은 은혜를 더욱 내려주소서.

35-13-3

妾又聞爲政之本은 **貴在無爲**[72]라하니 **竊見土木之功**을 **不可遂兼**이어늘 **北闕初建**에 **南營翠微**하고 **曾未踰時**에 **玉華創制**⑪하니 **非惟構架之勞**라 **頗有工力之費**니이다 **雖復**[73]**茅茨示約**이라도 **猶興木石之疲**하고 **假使和雇取人**이라도 **不無煩擾之弊**하니 **是以卑宮菲室**[74]이 **聖王之所安**이요 **金屋**[75]**瑤臺**[76]가 **驕主之爲麗**라 **故有道之君**은 **以逸**

---

72) 爲政之本 貴在無爲 : 이는 ≪梁書≫ 〈阮孝緖列傳〉의 "지극한 道의 근본은 귀함이 無爲에 있다.〔至道之本 貴在無爲〕"에서 유래한 것이다.

73) 雖復 : ≪舊唐書≫ 〈后妃上 賢妃徐氏〉에는 '終以'로 되어 있다.

74) 卑宮菲室 : ≪論語≫ 〈泰伯〉의 "자신의 궁실은 낮게 짓고 살면서 灌漑 사업에는 온 힘을 기울였으니, 禹임금은 내가 비난하지 못하겠다. 음식은 박하게 하고, 귀신에게 효도하였다.〔卑宮室而盡力乎溝洫 禹吾無間然矣 菲飮食而致孝乎鬼神〕"에서 줄여 쓴 것이다.

75) 金屋 : 漢 武帝가 어릴 때에 그의 고종누이 陳阿嬌와 궁중에서 서로 즐겁게 노는데 그의 고

逸人하고 無道之君은 以樂樂身⑫[77]하나니 願陛下使之以時[78]면 則力不竭矣요 用而息之면 則心斯悅矣리이다 夫珍玩技巧는 爲喪國之斧斤⑬이요 珠玉錦繡는 實迷心之酖毒이라 竊見服玩鮮靡가 如變化於自然하고 職貢奇珍이 若神仙之所製하니 雖馳華於季俗이나 實敗素於淳風이라 是知漆器[79]가 非延叛之方이로되 桀造之而人叛하고 玉杯豈招亡之術이리오마는 紂用之而國亡⑭하니 方驗侈麗之源하여 不可不遏이라 夫作法於儉이라도 猶恐其奢어든 作法於奢면 何以制後리오

⑪ 曾未踰時 玉華創制 : 曾, 音層. 翠微・玉華竝宮名.
曾(일찍)은 音이 層이다. 翠微와 玉華는 모두 궁전의 이름이다.

⑫ 以樂樂身 : 樂, 竝音洛.
樂(즐겁다)은 모두 音이 洛이다.

⑬ 夫珍玩技巧 爲喪國之斧斤 : 夫, 音扶, 後同.
夫(대저)는 音이 扶이다. 뒤에도 같다.

⑭ 紂用之而國亡 : 紂始爲象箸, 箕子曰 "彼爲象箸, 必將爲犀玉之杯."
紂王이 상아로 젓가락을 만들자, 箕子가 말하기를 "저 사람이 상아로 젓가락을 만들었으니, 장차 반드시 무소뿔과 옥으로 술잔을 만들 것이다."라고 하였다.

신첩이 또 듣기로, 정치의 근본은 '無爲之治'를 귀하게 여긴다고 하였습니다. 가만히 보건대, 토목건축을 동시에 진행해서는 안 되는데, 북쪽의 궁궐이 막

모가 묻기를, "장래에 아교와 짝이 되면 어떻겠는가." 하니, 무제는 "좋습니다. 만약 아교를 얻어 아내로 삼는다면 金屋을 지어 넣어두겠습니다.〔好 若得阿嬌作婦 當作金屋貯之也〕"라고 하였다. 진아교는 후일 무제의 陳皇后가 되었다. ≪漢武故事≫

76) 瑤臺 : 옥 장식 누대이다. 夏나라 桀王이 妹喜를 총애하여 그가 원하는 것은 모두 들어주었는데, 瓊宮과 瑤臺를 만들고, 고기 산과 고기 포 숲을 만들었으며, 배를 띄울 만큼 큰 술 연못을 만들어놓고 말희와 즐기다가 나라를 망하게 하였다. ≪史略 권1 夏后氏 殷成湯≫

77) 有道之君……以樂樂身 : 이는 ≪黃石公三略≫의 "도가 있는 군주는 즐거움으로 백성들을 즐겁게 해주고 도가 없는 군주는 즐거움으로 자신만 즐기니, 백성들을 즐겁게 해주는 이는 오래가서 장대해지고 자신만 즐기는 이는 오래가지 않아 망한다.〔有德之君 以樂樂人 無德之君 以樂樂身 樂人者 久而長 樂身者 不久而亡〕"에서 유래한 것이다.

78) 使之以時 : ≪論語≫ 〈學而〉에 "千乘의 兵車를 소유한 제후국을 다스릴 때는 일을 신중히 하고 신의로우며, 재용을 절약하고 관리를 아끼며, 백성을 부리기를 농한기에 해야 한다.〔道千乘之國 敬事而信 節用而愛人 使民以時〕"라고 하였다.

79) 漆器 : ≪說苑≫ 〈反質〉에 "堯임금이 천하의 일을 놓자 舜임금이 받았다. 식기를 만들었는데 나무를 베어 재단하였고, 銅鐵을 녹여서 칼을 꾸몄으며, 漆黑으로 기물을 만들었다. 제후들이 사치스러워하여 승복하지 않는 나라가 13국이었다.〔堯釋天下 舜受之 作爲食器 斬木而裁之 銷銅鐵 修其刃 猶漆黑之以爲器 諸侯侈 國之不服者十有三〕"라고 하였다.

지어지자마자 남쪽에 翠微宮을 짓고, 또 시일이 얼마 안 되어 玉華宮을 새로 지었으니, 건물을 짓는 것이 수고로울 뿐 아니라, 상당히 인력의 낭비가 있습니다. 비록 다시 띠풀 지붕을 써서 검소함을 보인다고 하더라도 오히려 나무나 돌을 마련하느라 고생스럽고, 가령 임금을 주고 사람을 고용한다 하더라도 백성들을 번거롭게 하는 병폐가 없을 수 없습니다. 이 때문에 낮고 보잘것없는 궁전은 훌륭한 군주의 안식처였고, 金玉으로 장식한 궁전은 교만한 군주의 사치한 물건이었습니다.

그러므로 도가 있는 군주는 편안함으로 백성들을 편안하게 해주고, 도가 없는 군주는 즐거움으로 자신만 즐기니, 바라건대 폐하께서는 때에 맞추어 백성들을 동원하시면 인력이 고갈되지 않을 것이고, 백성을 부리더라도 쉬게 하면 마음으로 기뻐할 것입니다.

진귀한 玩好品이나 정교한 세공물은 나라를 멸망시키는 도끼이며, 珠玉이나 아름다운 비단은 실로 마음을 미혹시키는 酖毒입니다. 제가 가만히 보니 의복과 완호품이 곱고 화려한 것은 마치 자연의 조화와 같고, 공물로 바치는 진귀한 보물은 마치 신선의 손에서 나온 것 같습니다. 이것이 비록 말세의 풍속에 화려함을 드날리는 것이지만, 실로 순후한 풍속에 질박함을 파괴하는 것입니다.

이로 인해 漆器가 반역을 부르는 도구는 아니지만 桀王이 그것을 만들어 제후들이 반역을 하였고, 옥 술잔이 어찌 나라의 멸망을 초래하는 것이겠는가마는 紂王이 그것을 사용하여 나라가 망했음을 알겠으니, 사치함과 화려함의 근원을 증험해내어 막지 않아서는 안 됩니다. 검소한 데서 법령이 정해지더라도 사치에 빠질까 걱정하는데, 사치에서 법령을 정한다면 어떻게 후세 사람들을 규제할 수 있겠습니까.

35-13-4

伏惟陛下는 明照未形하시고 智周無際하사 窮奧祕於麟閣⑮하고 盡探賾於儒林⑯하소서 千王理亂之蹤과 百代安危之迹과 興亡衰亂之數와 得失成敗之機는 固亦包呑心府之中하시며 循環目圍之內하사 乃宸衷久察하시니 無假一二言焉이라 惟知之非難이요 行之不易[80)]하니 志驕於業著하며 體逸於時安이라 伏願抑志摧心하여 愼終成始하고 削

輕過以添重德하시며 擇今是以替前非하시면 則鴻名與日月無窮하고 盛業與乾坤永泰하리이다하니 太宗甚善其言하여 特加優賜甚厚하다

⑮ 窮奧祕於麟閣 : 漢宣帝圖功臣於麒麟閣.
漢 宣帝는 麒麟閣에 功臣의 畫像을 그려놓았다.
⑯ 盡探賾於儒林 : 探, 平聲. 賾, (土)〔士〕[81]革切.
探(탐구하다)은 平聲이다. 賾(심오하다)은 士와 革의 반절이다.

삼가 바라건대, 폐하께서는 명철함이 아직 나타나지 않았을 때에 비추어보시고, 지혜는 끝없이 두루 살피시어 麒麟閣에서 심오한 비책을 궁구하고, 儒林들에게서 은미한 이치를 모두 탐구하소서. 역대 제왕의 治世와 亂世의 자취, 과거 시대의 安危의 흔적, 흥망성쇠의 운수, 득실과 성패의 관건 같은 것은 본래 또한 가슴속에 간직하고 계시고, 시야 안에 떠돌고 있어 폐하께서 오랫동안 살피고 계시니, 신첩의 한두 마디 말을 빌려 표현할 것이 없습니다. 오직 아는 것이 어려운 것이 아니라 실천하는 것이 쉽지 않으니, 공업을 이루었을 때 마음이 교만해지고, 시국이 안정되었을 때 몸이 안일함에 빠지게 됩니다.

삼가 바라건대, 폐하께서 마음을 억누르시어 끝까지 삼가시어 처음과 같이 하고, 가벼운 허물을 줄여 큰 덕을 늘리며, 현재의 옳은 것을 택하여 과거의 잘못을 고친다면 폐하의 크나큰 명성은 日月과 함께 영원하고, 성대한 공업은 天地와 함께 길이 평안할 것입니다."

태종은 그 말을 아주 훌륭하게 여겨 특별히 후한 상을 많이 내렸다.

【集論】

愚按 人臣進諫於君을 古人擬之批鱗하니 雖士夫라도 猶以爲難이어든 況婦人女子乎아 其見之史傳은 則鄧曼論莫敖之敗[82]하고 成風請須句之封[83]하며 班姬辭共輦之載[84]하고 劉氏

---

80) 知之非難 行之不易 : ≪書經≫ 〈商書 說命 中〉의 "아는 것이 어려운 것이 아니라 행하는 것이 어렵다.〔非知之艱 行之惟艱〕"를 변용한 것이다.

81) (土)〔士〕: 저본에는 '土'로 되어 있으나, ≪六書故≫에 의거하여 '士'로 바로잡았다.

82) 鄧曼論莫敖之敗 : 鄧曼은 楚 武王의 부인이며, 莫敖는 楚나라의 官職名으로, 초나라 大夫 屈瑕를 말한다. 魯 桓公 13년(B.C. 699) 봄, 초 무왕이 굴하를 대장으로 삼아 羅國을 정벌하도록 하였다. 鬪伯比가 초 무왕에게 군대를 증원하여 굴하를 도우라고 간언하였는데, 무왕이 그 말을 따르지 않자 등만에게 말했다. 등만이 투백비의 말을 무왕에게 전하며 굴하가

救元達之刑[85]하니 寥寥千載에 不多見也라 太宗納諫之德은 冠絶古今하니 外之房杜王魏요 內之文德皇后니 亦足以交修而夾輔之矣라 宮妾之中에 復(부)有如徐氏者焉하니 觀其諫疏면 有老師宿儒라도 不能遠過者니 嗚呼라 賢哉로다

내가 살펴보건대, 신하로서 군주에게 간언하는 것을 옛사람들이 용의 비늘을 건드리는 것에 견주었으니, 비록 士夫라 하더라도 어렵게 여겼거늘, 하물며 부인과 여자는 말할 나위가 있겠는가. 史傳에 보이는 것은, 鄧曼은 莫敖의 패배에 대해 논하였고, 成風은 須句를 封해줄 것을 청하였으며, 班姬는 成帝와 함께 수레에 오르는 것을 사양하였고, 劉貴嬪은 陳元達을 형벌에서 구원하였으니, 아득한 천 년 사이에 많이 보이는 일이 아니다. 太宗이 간언을 받아들이는 덕은 고금에 으뜸이었다. 밖으로는 房玄齡·杜如晦·王珪·魏徵이 있었고, 안으로는 文德皇后가 있었으니, 역시 교대로 수양하여 보좌하기에 충분하였다. 宮妾 가운데 또 徐氏와 같은 이가 있었으니, 그의 상소를 보면 비록 노숙한 선생과 학자일지라도 훨씬 뛰어나지 못하니, 아! 훌륭하도다.

이전 전투의 승리로 인해 羅國을 업신여길 것이니, 그에게 경계하는 말을 하라고 간언하였다. 그러나 굴하는 이미 출발한 뒤였다. 결국 초나라 군대는 패배하였고 굴하는 荒穀에서 목을 매어 죽었다. ≪春秋左氏傳 桓公 13년≫

83) 成風請須句之封 : 須句는 風姓으로, 東平 須昌縣 서북쪽에 있는 나라이고, 成風은 魯 僖公의 어머니로, 수구가 그 親家이다. 邾人이 수구를 멸망시키자, 須句子(須句國 子爵)가 성풍에 의지하기 위해 魯나라로 도망쳐왔는데, 성풍이 그를 위해 희공에게 "明祀를 높이고 小國을 보호하는 것은 周나라의 예법이고, 蠻夷가 諸夏를 어지럽히는 것은 주나라의 재앙이니, 만약 수구를 封해준다면 이는 太皡와 有濟를 높여 제사를 수행하고 재앙을 푸는 일이오."라고 말하였다. ≪春秋左氏傳 僖公 21년≫

84) 班姬辭共輦之載 : 班姬는 班婕妤로, 漢 成帝 때 총애를 받던 궁녀이다. 성제가 後庭에서 노닐 때에 婕妤를 황제의 수레에 함께 태우려고 하였는데, 첩여가 사양하여 말하기를 "옛날의 그림을 보니, 훌륭한 임금은 모두 名臣을 옆에 둔 반면에 三代의 못된 임금은 총애하는 여자를 옆에 두었습니다. 지금 함께 수레에 태우려 한다면 이와 비슷하지 않겠습니까."라고 하니, 성제가 그 말을 옳게 여겨 그만두었다. ≪漢書 권97 孝成班婕妤列傳≫

85) 劉氏救元達之刑 : 劉氏는 前趙의 3대 군주 劉聰의 后妃인 劉貴嬪이고, 元達은 당시 諫言을 잘하던 신하인 陳元達이었다. 유총이 太后 張氏가 죽고 나서 유귀빈을 황후로 삼아 그를 위해 궁전을 지어주려고 하자, 廷尉 진원달이 간언을 올려 나라가 위급한 상황에서 궁전을 지어서는 안 된다고 간언을 올렸다. 그러자 유총이 大怒하여 진원달을 참수하려고 하였는데, 여러 신하들이 간언을 해도 듣지 않았다. 유귀빈이 그 사실을 알고 몰래 칙서를 내려 사형 집행을 정지시키고, 죽기를 각오하고 유총에게 상소를 올리자, 유총이 그제야 마음을 돌려 진원달을 석방하고 그의 忠心을 알아주었다. ≪晉書 권96 劉聰妻劉氏列傳≫

責任飜譯者 略歷

李忠九

京畿 果川 出生
中央大學校 教育學科 國語國文學 副專攻
成均館大學校 大學院 國語國文學 碩士, 博士
民族文化推進會 國譯硏修院
誠信女子大學校 硏究教授(現)
傳統文化硏究會 講師(現)

論文 및 譯書
〈經書諺解 硏究〉〈說文解字에 나타난 漢字字源 硏究〉 등 多數
譯書 《東山先生奏議》 《선비 安潚 日誌》 《小學集註》 《註解千字文》 등 多數
共譯 《國譯 治平要覽》 《增補四禮便覽 譯註本》 《譯註 國語》 《譯註 貞觀政要集論1·2》 《爾雅注疏》 등 多數

共同飜譯者 略歷

金奎璇

韓國外國語大學校 中國語科 學士, 碩士, 博士
鮮文大學校 教養學部 副教授(現)

論文 및 譯書
〈王士禎의 文學批評 연구〉 등 多數
譯書 《歷代詩話》 《秋史派의 글씨》 등 多數
共譯 《譯註 貞觀政要集論1·2》 《日省錄》 《毅菴集》 《秋史 金正喜 硏究》 등 多數

黃鳳德

全州大學校 漢文教育科 卒業
成均館大學校 大學院 漢文學科 碩士, 博士

論文 및 譯書
〈柳得恭의 二十一都懷古詩 硏究〉
共譯 《譯註 貞觀政要集論1·2》 《國譯 通鑑節要增損校註Ⅰ》 《文苑叢寶》
《千字文字解說》 등

李承容

嶺南大學校 漢文教育科 卒業
成均館大學校 大學院 漢文學科 碩士, 博士 修了
韓國古典飜譯院 專門課程 卒業
檀國大學校 東洋學硏究院 古典飜譯硏究室 硏究員(現)

論文 및 譯書
〈李匡師 流配期 漢詩의 抒情性 硏究〉
共譯 《譯註 貞觀政要集論1·2》 《國譯 通鑑節要增損校註Ⅰ》 《自著實紀》
《樂全堂集》 《寒溪日記》 《晝永編》 등

東洋古典譯註叢書 84

譯註 貞觀政要集論 3　　정가 25,000원

2016년 12월 30일 초판 발행
2017년 2월 28일 초판 2쇄

責任飜譯 李忠九
共同飜譯 金奎璇 黃鳳德 李承容
編　　輯 東洋古典飜譯編輯委員會
發 行 人 李啓晃
發 行 處 社團法人 傳統文化硏究會

서울시 종로구 삼일대로 428 낙원빌딩 411호
전화 : (02)762-8401 전송 : (02)747-0083
전자우편 : juntong@juntong.or.kr
홈페이지 : juntong.or.kr
사이버書堂 : cyberseodang.or.kr
온라인서점 : book.cyberseodang.or.kr

등록 : 1989. 7. 3. 제1-936호

인쇄처 : 한국법령정보주식회사(02-462-3860)
총　판 : 한국출판협동조합(070-7119-1750)

ISBN 979-11-5794-130-8 94910
　　　978-89-85395-71-7(세트)

※ 이 책은 2016년도 교육부 고전문헌 국역지원사업 지원비에 의해 초판(비매품) 간행.